JIANYU
Tufashijian Yingjiguanli

主　审：于保忠
主　编：黄绍华　孙　平

监狱突发事件应急管理

中国政法大学出版社

前 言

　　监狱是高度设防的场所，其原因就在于监狱集中关押了许多对社会具有危险性的人员。这些人虽处在监狱的监控环境下，但并不能保证其危险行为的自然消失。同时，社会不安全因素和自然灾害，很有可能危害到监狱的安全。因此，保证监狱的安全就需要建立起有关监狱安全的研究体系、指挥体系、信息体系和处置体系，有效地防范监狱突发事件的发生。

　　当今世界各个国家都会发生各种各样的突发事件，而且很多时候，这些突发事件会迅速演变为社会危机，考验政府的应急管理能力。2003年中国的"非典"事件，2008年中国的汶川大地震都在考验着政府处置突发事件的能力。突发事件从大的方面来说可分为自然灾害、事故灾害、突发公共卫生事件、突发社会安全事件四大类。无论什么样的突发事件，处理不好都可能向社会危机转移，直接挑战政府的执政能力。

　　作为国家专政机器的监狱，在维护安全稳定中的地位、作用将进一步凸显。如果监狱在安全稳定方面出了问题，它所造成的社会、政治影响会更加恶劣。其实对一般民众来说，监狱仿佛就是一颗定时炸弹，罪犯随时可能脱逃或暴狱，以致人们对监狱有一种恐怖的心理。这种心理不仅有对它内部管理的猜测或传统的认识，而且还往往想到监狱一旦发生暴狱，他们的生活将是何种的情形。所以人们在想象的过程中对监狱的感觉有了一定的理解模式。中国的监狱总体上来说是非常安全的，这一点已经被历史所证明。但监狱偶尔发生的一些案件会引起人们的极大关注。对监狱的管理者来说，要随着时空的变化不断变更自己的控制措施，其目的在于保证监狱的安全。监狱的安全是社会整体安全的一个重要组成部分。2007年11月1日开始实施的《中华人民共和国突发事件应对法》使对突发事件的处置有了法律依据。

　　古人言："居安思危，思则有备"，强调的就是预防在先，未雨绸缪。对监狱可能发生的突发事件是否善于预测、积极防范、有序处置可以看出监狱的管理水平。监狱机关要提高这一管理水平，必须牢牢把握事物的发展规律，积极主动地进行危机教育和危机预防，从而掌握监狱安全控制的主动权，确保监狱的长治久安。

将监狱应急管理的知识进行归纳和整理，为监狱一线的警察提供一个学习的版本，是一件好事，更是一件难事。因为，这方面可供参考的资料实在是太少，能完成这本书的编写是一次大胆的探索。我们期待这次探索是一个起点，今后我们将不断完善，使内容更加充实。

本书是由广东省监狱管理局、广东司法警官职业学院联合组织的课题组，历时一年，在充分论证、调研的基础上形成的研究成果。本书由广东省监狱管理局党委书记、局长于保忠同志审定，广东省监狱管理局政委黄绍华同志、原广东司法警官职业学院副院长、现广东广播电视大学副校长孙平教授为主编，广东省监狱管理局政治部主任赖其青同志、副主任周承高同志、广东司法警官职业学院科研处副处长王仁法教授为副主编。参加编写的人员由广东司法警官职业学院的教师和监狱一线的警察组成，案例部分由相关监狱提供。参与审定的还有广东省监狱管理局严方平副局长，东莞监狱的张世快同志，番禺监狱的林欣同志，广州监狱的王新宇同志，英德监狱的韩琛同志，还有监狱局的黎文球、陈幼平、陈传勇同志。此外，在编写过程中，还得到了广东省司法警察医院的大力支持，在此表示衷心感谢。

本书是国内第一本有关监狱突发事件应急管理方面的专业书籍，主要是为监狱警察培训提供服务的。编写的同时也参考了一些同行的著作，许多方面还显不足，希望读者不吝赐教。

主　编
2008 年 10 月

目 录

前 言 ·· I

第一篇 应急管理综述

第一章 突发事件与应急管理 ·· 1
  第一节 突发事件的概念、分类和特征 / 1
  第二节 应急管理的概念、模型和内容 / 7
  第三节 应急管理的过程 / 12
  第四节 应急管理的意义 / 14

第二章 政府应急管理 ·· 17
  第一节 政府应急管理的原则 / 17
  第二节 政府应急管理的责任与权力 / 19
  第三节 政府应急后勤保障 / 24
  第四节 政府应急状态的信息传播 / 26
  第五节 地方政府应急管理 / 32

第三章 应急管理体系 ·· 37
  第一节 国家应急救援预案概述 / 37
  第二节 国外应急管理体系 / 41
  第三节 应急管理体系的结构与内容 / 50
  第四节 我国应急管理体系构建现状 / 54

第二篇 监狱突发事件应急管理

第四章 监狱应急救援基础 ··· 58
  第一节 监狱应急救援系统的计划与实施 / 58
  第二节 监狱突发事件的类型与级别 / 62

第三节　相关组织与狱内突发事件的处置 / 65

第五章　监狱突发事件应急预案 ·· 74
第一节　监狱突发事件的特点 / 74
第二节　监狱突发事件应急组织 / 76
第三节　监狱突发事件应急预警机制 / 79

第六章　监狱应急预案编制 ·· 86
第一节　监狱应急预案的结构与编制 / 86
第二节　监狱应急预案的格式 / 92
第三节　监狱突发事件应急演习 / 99
第四节　监狱应急工作宣传、培训 / 104

第七章　监狱应急响应行动 ·· 107
第一节　监狱信息监测与报告 / 107
第二节　监狱应急响应 / 109
第三节　监狱突发事件的后期处置 / 113

第八章　监狱现场急救措施 ·· 116
第一节　监狱现场急救的概念和特点 / 116
第二节　监狱现场急救的任务 / 118
第三节　监狱常用现场急救的基本技能 / 120
第四节　监狱常见突发事件的现场急救 / 128

第三篇　监狱突发事件的应急处置

第九章　监管安全突发事件应急处置 ·· 135
第一节　监管安全突发事件处置的原则 / 135
第二节　应对罪犯脱逃的措施 / 137
第三节　应对罪犯自杀的措施 / 145
第四节　应对罪犯行凶的措施 / 150
第五节　应对罪犯劫持人质的措施 / 154
第六节　应对罪犯群体斗殴的措施 / 157
第七节　应对罪犯群体对抗管理的措施 / 159
第八节　应对恐怖袭击事件的措施 / 161
第九节　应对狱外不法分子滋扰的措施 / 163

第十节　应对汽车押解罪犯途中突发事件的措施 / 165
　　第十一节　应对专列押解途中突发事件的主要措施 / 168

第十章　监狱公共卫生事件应急处置 …………………………… 170
　　第一节　公共卫生事件的界定 / 170
　　第二节　公共卫生事件的特征与分级 / 172
　　第三节　公共卫生事件的应对 / 174
　　第四节　监狱公共卫生事件的防范与处置 / 175
　　第五节　监狱公共卫生事件的应对措施 / 177

第十一章　监狱生产安全事故应急处置 …………………………… 189
　　第一节　监狱安全生产现状与特点 / 189
　　第二节　监狱生产安全事故类型和特点 / 191
　　第三节　应对消防安全事故的措施 / 194
　　第四节　应对触电事故的措施 / 201
　　第五节　应对机械伤人事故的措施 / 208
　　第六节　应对危险品泄漏事故的措施 / 216

第十二章　监狱设施装备安全事故应急处置 ……………………… 220
　　第一节　设施装备安全事故的类型和特点 / 220
　　第二节　应对大面积停电事故的措施 / 222
　　第三节　应对大面积停水、水源被污染事故的措施 / 225
　　第四节　应对建筑物、围墙坍塌事故的措施 / 227
　　第五节　应对电网监测系统故障的措施 / 230
　　第六节　应对通讯中断事故的措施 / 232
　　第七节　应对网络信息安全事故的措施 / 234

第十三章　监狱自然灾害应急处置 ………………………………… 237
　　第一节　监狱自然灾害的类型与危害 / 237
　　第二节　监狱自然灾害危害的特殊性 / 241
　　第三节　监狱应对自然灾害的措施 / 245

第四篇　监狱突发事件案例解析

第十四章　监管安全突发事件案例 ………………………………… 250
　　案例1：罪犯劫持人质事件 / 250

案例2：罪犯故意杀人事件 / 255
　　案例3：艾滋病罪犯绝食事件 / 257
　　案例4：罪犯集体脱逃事件 / 260
　　案例5：重犯集体脱逃事件 / 264
　　案例6：罪犯爬气窗脱逃事件 / 267
　　案例7：艾滋病罪犯劫持亲属事件 / 271
　　案例8：罪犯上吊自杀事故 / 272
　　案例9：罪犯病死纠纷事件 / 275
　　案例10：罪犯暴力脱逃事件 / 278
　　案例11：罪犯剪刀袭警事件 / 282
　　案例12：村民围攻抢走逃犯事件 / 283

第十五章　公共卫生事件案例 ······ 285
　　案例1：罪犯食物中毒事件 / 285
　　案例2：罪犯大肠杆菌感染事件 / 287
　　案例3：某监狱流感疫情事件 / 289

第十六章　生产安全事故案例 ······ 292
　　案例1：罪犯重伤事故 / 292
　　案例2：罪犯触电伤亡事故 / 295
　　案例3：罪犯工伤事故 / 297
　　案例4：枪钉伤人事件 / 299
　　案例5：罪犯纵火事件 / 301
　　案例6：监狱车间火灾事故 / 304
　　案例7：意外火灾事故 / 309

第十七章　自然灾害案例 ······ 312
　　案例1：某监狱山体滑坡事故 / 312
　　案例2：特大洪灾事故 / 314
　　案例3：徒步转移罪犯事例 / 321

附一：中华人民共和国突发事件应对法 ······ 327
附二：国家突发公共事件总体应急预案 ······ 337
主要参考文献 ······ 344
后记 ······ 346

第一篇 ‖ 应急管理综述

第一章 突发事件与应急管理

第一节 突发事件的概念、分类和特征

一、突发事件的概念

突发事件的定义有广义和狭义之分。广义上讲，突发事件一般是指一切超常规突然发生，危及公众生命财产、社会秩序，直接给社会造成严重后果和影响，需要立即采取应对措施加以处理的事件。它既包括一切人为因素造成的、突然发生的、危害公众生命财产安全并直接给社会造成严重后果和影响的事件，也包括一切自然因素造成的、突然发生的、危害公众生命财产安全并直接给社会造成严重后果和影响的事件。狭义的突发事件，又称紧急事件，或称危机事件，仅指突然发生的、具有较大规模的、严重危害国家政治经济、社会治安秩序安定的事件。这种狭义的突发事件实质上限于同时具备三个条件：①突然发生，难于预料；②问题极端重要，关系安危，必须马上处置；③首次发生，无章可循。三者缺一不可。如，地震、火灾等符合条件一和条件二，但不满足条件三，不是首次发生，不是无章可循，抗震救灾多少是有原则、规范可以遵循的，所以就不能把这类天灾都列为突发事件。在这里，突发事件侧重于强调事件的突发性、偶然性，紧急事件侧重于强调处置事件的紧迫性、时间性，危机事件侧重于强调事件的规模和影响程度。

应该说突发事件的每种定义都有其合理的成分，都体现了突发事件某个方面的特征，同时也表明突发事件的应对涉及许多方面的复杂因素。而且，各类突发事件互相关联，相互转移，相互演变。在现实日常生活、社会工作中，要

根据具体情况给予界定，采用适当的处置方案。如，在社会生活中，一般的、个体的工伤事故、交通事故、疾病发作、打架斗殴等突发情况每时每刻都可能发生，如果没有对公共安全或公共秩序构成威胁，就不属于本书所要重点阐述的突发事件范畴，在实践中如何区分还需要具体分析。

监狱作为国家的刑罚执行机关，它有社会地位的特殊性和所处环境的复杂性的特点。对监狱突发事件的定义，应当以确保监狱全面安全的观点来划定，故采用上述突发事件广义的定义。监狱突发事件，泛指监狱突然发生的、破坏监管改造秩序、危及监管安全、生产安全、人身安全的事件以及自然灾害事故和食物中毒事故。主要包括罪犯脱逃、劫持人质、哄监、骚乱和暴乱等事件以及社会不法分子袭击看押目标、劫夺罪犯等监管安全事件等；火灾、机械伤人等生产安全事故；集体性食物中毒、霍乱、禽流感、SARS 和其他严重的传染性疾病等公共卫生事件；地震、水灾、风灾等自然灾害事故。这些突发事件中，尽管不是每一件都直接影响监狱工作的正常运转或监狱安全运作，但有些突发事件往往就对监狱构成威胁，有些重大的突发事件则可能引发或演变为危机。如，秘鲁南部的伊卡省 2007 年 8 月 15 日发生里氏 7.5 级强烈地震，在此处的一所监狱，因外墙被强震震垮，683 名关在里面的绑匪、小偷、毒贩和强暴犯趁乱逃走，使得秘鲁警方在救难之余还得派出警力搜索逃犯。秘鲁高层警官也表示，他们曾下令不论死活都要抓回这些极具危险性的罪犯。秘鲁总统于当晚宣布伊卡省进入紧急状态。所以，当每一件突发事件发生时，必须及时有效地处理，以防止更大的危机发生。

二、突发事件的分类

对突发事件类型的分析，可以使对突发事件的认识更加全面和深入，有助于预警、防范及应对机制的建立，有助于完善突发事件的应急管理。突发事件的种类很多，可以从各个不同角度对其分类，如，从起因、预知程度、可避免性、影响范围、复杂程度、发生顺序等方面进行分类。在我国，根据转型期政治经济文化实际以及国家公务员可能面对和必须了解的突发公共事件情况，国家于 2007 年 11 月 1 日起开始实行《中华人民共和国突发事件应对法》，该法将突发公共事件分为自然灾害、事故灾害、公共卫生事件和社会安全事件四大类。

（一）自然灾害

它是指由自然环境因素引起的灾害，主要包括水旱、台风、暴雨、冰雹、风雪、高温、沙尘暴等气象灾害，地震、山体滑坡、地陷、泥石流等地质灾害，海啸、风暴潮等海洋灾害，森林草原火灾和重大生物灾害等。自然灾害危害面广、破坏性大，是对人民生命财产安全的最大威胁和对社会经济发展的重大制约因素。

（二）事故灾害

事故灾害，又称技术发展型灾害，主要包括民航、铁路、公路、水运、轨道交通等重大交通运输事故，工矿企业、建筑工程、商贸场所及机关、事业单位发生的重大安全事故，城市公众生活必需的供水、供电、供油和供气等公共设施事故，通讯、网络系统等事故，核辐射泄露事故，重大环境污染和生态破坏事故等。这些事故的发生通常与技术发展和应用直接相关，在现代社会有日益增多的态势。

（三）公共卫生事件

突发公共卫生事件主要包括突然发生并造成或可能造成社会公共健康严重危害的重大传染性疾病疫情、群体性不明原因疾病、重大食物和职业中毒、重大动物疫情，以及其他严重影响公众健康和生命安全的事件。如鼠疫、霍乱、肺炭疽、传染性非典型性肺炎、食物中毒、重大动物疫情及外来有害生物入侵等。近年来我国公众医疗保健水平有了较大提高，但仍有多种传染病尚未得到有效遏制，公共卫生事件仍严重威胁着公众生命和健康安全。

（四）社会安全事件

社会安全事件，又称社会秩序型灾害，主要包括社会骚乱、非法聚集、恐怖袭击事件、民族宗教事件、经济安全事件、外敌攻击事件，以及规模较大的群众事件。此类社会动荡事件主要是由人为原因引起的，具有突发性强、规模大、易升级等特征，必须引起政府部门的足够重视。

上述各类突发公共事件可归整为自然灾害和人为灾害两大类，当然，这种划分类型的方法也是相对而言的，有些突发事件很难说是由自然原因引起的，还是人为的，或者还是其他原因造成的，而且不同类型之间可以相互转换，往往是互相交叉和关联的，某类突发性事件可能和其他类别的事件同时发生，或者引发次生、衍生事件，我们应当具体分析，统筹安排应对。《国家突发公共事件总体应急预案》对各类突发公共事件按照其性质、严重程度、可控性和影响范围等因素，将其分为四级：一般突发公共事件（Ⅳ级）、较大突发公共事件（Ⅲ级）、重大突发公共事件（Ⅱ级）和特别重大突发公共事件（Ⅰ级）。一般突发公共事件（Ⅳ级），指突然发生的、事态比较简单的、仅在较小范围内产生影响的突发公共事件，它对政治稳定和社会经济秩序也能造成严重危害或威胁，并有可能或已经造成人员伤亡和财产损失,但只要调度个别部门或县区的力量和资源就能够处置的事件;较大突发公共事件(Ⅲ级),指突然发生的、事态较为复杂的、在一定区域内发生影响的突发公共事件,它将对政治稳定和社会经济秩序造成一定危害或威胁,并可能或已经造成重大人员伤亡和较大财产损失以及生态环境破坏,需要调度个别部门、县区力量和资源进行处置;重大突发公共事件(Ⅱ级),指突然发生的、事态复杂的、在一定区域内产生重大影响的突发公共事件,它对政治稳定和社会经济秩序造成严重危害或威胁,并可能或已经造成重大人员伤亡、重大财产损失或严重生态环境破坏,需要调度多个部门、县区和相关单位力量和资源进行联合处置;特别重大突发公共事件(Ⅰ级),指突然发生的、事态非常复杂的、在一定区域内产生重大影响的突发公共事件,它对政治稳定和社会经济秩序带来严重危害或威胁,可能或已经造成特别重大的人员伤亡、特别重大的财产损失或重大生态环境破坏,属于需要政府统一组织协调,调度力量和资源进行应急处置的紧急事件。

我国政府还根据风险分析结果,将可能发生和可以预警的突发公共事件用红色、橙色、黄色和蓝色表示。除了国家总体应急预案、专项应急预案、部门应急预案外,各省、自治区、直辖市也分别完成了省级总体预案的制定工作,许多市、区(县)也制定了应急预案,分别对突发事件作出了规定性的分类。

三、突发事件的特征

突发事件的类别很多,各类不同的突发事件也千差万别,但有一点却是共同的,即它们涉及的对象不是单人,而是社会公众,至少是一个特定单位或地域中的一群人。有些学者把突发事件的特征总结为"突发性、紧迫性、不确定性和威胁性",更多的是把突发事件的特征概括为"突发性和紧急性、不确定性和易变性、社会性和扩散性、危害性和破坏性"。

(一)突发性和紧急性

突发事件往往是在意想不到、没有准备或者只有短时预兆的情况下发生的,突如其来,令人措手不及,必须当机立断采取紧急措施加以处置和控制,否则将会造成更大的危害和损失。如化学品泄漏、爆炸等事故发生后可能已造成人员财产损失,但若不能立即采取紧急救助,人员财产损失将会不断扩大。由于突发事件来得突然,一般都具有强大的爆发力,又有很强的冲击力和破坏性,其直接破坏往往在瞬间实现,使人们措手不及。由于其影响力的扩张迅速,人们往往没有足够的力量实现对其完全的控制,可利用的资源优势十分有限。如信息不对称、技术手段缺乏、物质保障不到位等,使决策和指挥控制、公众反应与配合都显得十分紧急。如果对突发事件处置不当可能会给公共生活和公共秩序带来巨大的破坏，需要社会公众和管理部门及时拿出对策，化解危机，消除影响，减少损失。

突发事件最显著的特点就是难以预测其发生，如果能精确预测也就不成为突发事件了。当然，突发事件的突发性只是一种表现和一种结果，它的暴发从本质上来说有一个从量变到质变的过程，不同的突发事件在发展速度上还是有一些差异的，有的几乎是在瞬间完成的，如爆炸、地震等；有的则有一个相对较长一些的酝酿过程，如传染病疫情的暴发、台风灾害等的形成就比地震、恐怖袭击等影响的扩张速度要慢一些。突发性的背后是渐变性，只是渐变的过程被人们忽略了。突发事件的紧急性要求其应对系统要有充分的事先预备，以便在事件发生后能够迅速作出有效的反应。事先准备既包括有形的物质准备，如充足资金、物资、设施等，也包括无形的法律、法规的准备。

(二) 不确定性和易变性

事件发生的时间、形式和危害往往不规则、不确定、难于预测。诸如各种事故、火灾等灾害和风险，人们难以判断其在什么时候、什么地方、以什么样的形式发生。也就是说，突发事件的起因不清楚，既可能是一种单一的原因引起事件发生，也可能是多种原因综合作用的结果，同时公众的反应程度以及社会管理的有效程度也是难以预知的。突发事件的发展、变化方向是多变的，具有高度的不确定性和易变性。往往一个突发事件现象在其发展过程中会引起一连串的相关反应，即所谓的"涟漪反应"或"连锁反应"。美国"9·11"恐怖袭击以后，虽然美国航空运输业受到严重打击，民航客机上座率大幅度下降。到了圣诞节和新年前后，美国政府大力号召国民乘坐飞机出行，以解救濒临破产的航空运输业，振兴国内经济，但上座率仍然不足50%。

突发事件的不确定性和易变性是因事件突然发生、时间紧急、原因不明所致，表现为突发事件的偶然性和随机性。如果弄清楚了突发事件产生的真正原因，进一步的危机发生、发展方向和结果就是可以预测的，也是可以控制的了。如我国"非典"发生的初期，人们很难预测到疫情会扩大到什么范围，如果最早发现"非典"时就预料到其高度广泛流行的威胁，及时采取必要的控制措施，或许可以避免其后来的大范围传播。尽管随着科学技术的发展，有些如地震、台风、旱灾、水灾、疫情等灾害和风险，通过现代的科技手段，人们可以在一定程度上对某些突发事件作出预测，但预测的精确度仍然受技术水平等各种因素的制约，对这些灾害风险发生的具体形式及其所造成的影响或后果，还难以确保预见度，所以我们看到的是没有被预测到的重大事件时常发生。

针对突发事件的不确定性，在进行突发事件应急处置时，应增加组织机构处置突发事件的灵活性，强化组织机构的横向联系，鼓励部门之间的沟通协作，克服传统科层制结构效率低的弱点，以便随机应变，有效应对各种未能事先预见到的情况。

（三）社会性和扩散性

既然突发事件是特指影响公众生活和社会秩序的危机事件，那么社会性就必然成为突发事件的主要特点之一。社会性突发事件往往是由极少数组织者、操纵者和一些公众组合而成，或者是由少数人操纵，通过宣传鼓动而把一些公众卷到事件中来。社会性突发事件涉及到一部分人或某些社会公众的切身利益，这必然会使一部分公众产生心理压力和心态变化，尤其在舆论导向、社会价值以至政府重大方针政策的制定、贯彻执行上，所产生的后果及其影响都是深远的、不可低估的。突发事件发生后，往往令人瞩目，常常会成为社会和舆论关注的焦点和热点。一时间，它可成为一般公众街谈巷议的话题，成为传媒追踪报道的内容，成为敌视力量发现破绽的线索，成为主管部门检查批评的对象。突发事件一旦出现，它就会像一根牵动社会的"神经"，迅速引起社会不同的反应，令社会各界密切关注，尤其现代互联网的高速发展，往往一个一般的突发事件也会通过互联网迅速传播，并容易被不明真相的人进行网上炒作，导致处置事件时倍显被动。一些人为灾害和政治事件甚至还会产生重大国际影响。

（四）危害性和破坏性

这是突发事件的本质特征。突发事件一旦发生，其影响往往十分广泛，包括公众的生命、财产、日常生活、社会秩序、经济甚至政权都可能受到不同程度的损害，这也就是所说的突发事件的危害性。无论是在历史上还是在当代社会，给人类带来巨大灾难的突发事件不胜枚举。如一次地震或海啸死亡的人数可达几十万人，人为的美国"9·11"恐怖袭击死亡也将近3000人，我国近年来频繁出现的重大矿山安全事故给群众生命和财产都造成了巨大的损失，每次矿难死亡少则几人、几十人，多则过百人。不论什么性质和规模的突发事件，都会带来负面影响，造成不良后果。损失和破坏的程度如何，视事件的性质、规模和处理方式的恰当与否而定。如果不加以及时控制，一个群体或一个社会就有可能被肢解，并发生极度混乱。

第二节 应急管理的概念、模型和内容

一、应急管理的概念

应急管理,是指政府及其他组织在组织管理过程中为了应对即将面临或正在面临着的突发事件,就事件预防、事件识别、事件处置和组织形象、恢复管理等行为所进行的一系列有计划、有组织的管理领导过程的总称。

应急管理主要是应对突发性灾害(或"突发性紧急状态"),其主要任务是如何有效地预防和处置各种突发事件,最大限度地减少突发事件的负面影响。应急管理本身不是一个学术领域,而是一个实际运作的系统。在国内外的公共行政管理院系中,还没有这方面操作性强的课程,更谈不上一个独立的学习专业,有的只是大同小异的基本理论探讨。科研界的注意力一般都放在自然灾害方面,如地震、洪水、化学泄漏等。而应急管理作为现代各级政府的一个重要功能,也才刚刚引起各级政府官员的重视。在这种情况下,难免出现自然科学家不懂应急管理,而地方政府中的应急管理人员又不太懂自然科学的状况。由于应对突发事件需要政府采取与常态管理不同的紧急措施和程序,超出了常态管理的范畴,所以政府应急管理又是一种特殊的政府管理形态。从一般的运作方式来看,政府的日常管理和应急管理是两种迥然不同的政府行为。两者之间的不同主要是由管理对象在性质、发展、反馈形式上的不同造成的。一般的政府管理行为形成于一个长久的过程中,其运作是在一个固定的模式之下进行的,遵循政府运作过程中的程序化、规章化、职业化。政府运作中的程序化和规章化是十分重要的,因为政府对社会财富拥有分配与再分配的权力。相反,由于紧急状态不是每天都发生,应急管理系统需对应急状况做出反应的人员更不是每天都需要进行紧急救险,整个系统不常有机会运转。结果是,一旦紧急状况发生,那套程序化、规章化、职业化的政府管理过程就无法有效地工作,正常的政府运作模式不能有效地运转,一个地方政府也会显得束手无策。因此,应急管理计划应该被包含到一个政府的日常的工作中去。

二、应急管理的模型

应对突发事件,特别是重大突发事件,需要广泛动员各种组织力量参与,需要统一指挥、统一行动,需要各个方面相互协作、快速反应,需要有技术、物质、资金、舆论的支持和保障,需要有法律和政策的依据。

针对监狱的突发事件，监狱管理机关将会同中国人民武装警察部队，根据《中华人民共和国监狱法》以及其他有关法律、法规，结合监管形势发展的需要，制定有利于进一步提高处置突发事件的快速反应方案。对此进行研究，制定合理方案，将有利于进一步提高监狱警察、驻监武警官兵联合作战能力，及时镇压和打击狱内各种违法犯罪活动，共同维护监狱安全和稳定。

现代政府应急管理的框架模型就是通过组织整合、资源整合、行动整合等应急要素整合而形成的一体化模型。从世界上一些主要国家的做法和经验以及我国近年来的实践看，现代政府应急管理模型主要有共同体应对型、单向操作型、综合运用型及保障支持型。

(一) 政府及其他社会组织构成的应急管理共同体应对型

在现代国家，应急组织系统通常由政府部门和各种社会主体共同组成，包括政府机构、非政府公共组织、新闻媒体、工商企业等公民社会组织主体，其核心部分是警方、消防、紧急救助、环境保护、救灾减灾和新闻等部门。这些部门组成强大的力量来管理和化解因突发事件可能导致的危机。这种模型是全方位、宏观性较强的应急管理模型，是通过各个部门在其职能范围内，针对一系列的突发事件，特别是可能导致社会震荡的突发事件，所采取的各项有关应急预防、处置、恢复的工作模式总和。如美国的城市应急组织构成包括警察、消防、911中心、医疗救助、有关政府机构、社会服务团体、新闻媒体、工商企业等部门。政府在制定应急计划、确定分工、提供资助和组织培训等方面都要将这些部门考虑在内。

我国的应急管理理念源于西方政府的危机治理理论。在这种思想的影响下，许多人认为改进我国的应急管理的最终思路是向西方新公共管理体制看齐，走社会化、开放化的路子。同时，随着社会进一步发展，政府改革方向必然是变全能型政府为有限政府，变政府中心为公共中心，加强公共服务中的顾客导向，倡导全社会的共同治理。政府在进行应急管理中要尽量利用和培育社会力量，而不要将一切事情都揽到自己身上，要突出自己的主导地位，淡化自己的主体地位，学会调动全社会的力量提高应急管理的效率。

在这种应急管理共同体应对模型中，相对于政府的大包大揽，公民社会组织的积极参与具有显而易见的优越性：①这些公民社会组织可以起到很好的联系和沟通政府与群众之间的管道和桥梁作用；②这些公民社会组织往往在知识、技能、人员、网络等多方面具有政府很难具备的特长，在应对具体的突发事件时效率更高、效果更显著；③公民社会组织的兴起是一个世界性的现象，国际公民社会组织之间的联合和合作也是方兴未艾；④这些公民社会组织还是推动政府改革的强大动力源。

(二) 统一指挥、分工负责的应急管理单向操作型

从主要发达国家情况看,也有统一指挥、分工负责的应急管理单向操作型应急管理模型,它具有统一指挥、分工明确、相互协作、各负其责等特征。如美国是一个联邦制国家,有联邦政府、50个州政府和8.7万个地方政府,州政府和地方政府具有高度自治权。在应对危机事件过程中,各政府之间形成了一种分工协作、团结配合的关系;在同一层面上,形成了统一指挥、协同作战的关系。

衡量一种应急管理模式成功与否的关键在于看它是否适应所在国的经济社会发展的实际水平,是否能符合现实的国情需要。目前我国的社会经济形态正处在向市场经济转型的过程中,还属于工业化中级阶段。这就决定了国家还要在社会生活中发挥十分重要的主导作用,现阶段继续依托政府作为应急管理主体力量是毋庸置疑的。经过长期的实践,我国逐步形成了国务院统一领导,分类别、分部门对各类突发事件进行应急管理的模型。即国务院统一领导,部门分工负责,在抗灾救灾协调机制以及应急协调机制等方面形成了统一体系。

(三) 反应快速的现代化应急管理综合运用型

现代政府应急管理以及时准确地收集、分析和发布应急管理信息,以科学决策、极早预警的快速反应为特征。现代国家都把利用最新信息通信技术,建立信息共享、反应灵敏的应急信息系统作为应急管理体系建设的核心部分。有些发达国家的应急信息系统还得到计算机系统、数据库系统、地理信息系统、卫星定位系统、遥感技术系统和视频技术系统的支持。目前,我国的政府应急管理中,对于各种先进的高新科技的运用还刚刚开始。在利用信息技术、网络技术建设科学高效的预警机制和决策机制方面,还有很长的路要走,最好的办法就是学习和借鉴西方发达国家的经验和技术。

当然,现代应急管理也不能完全依赖和盲目迷信高科技的作用。应该看到,高科技自身也有其不足之处。如信息技术固然极大地提高工作效率,但同时也加大了决策泄密的风险;由于技术资源的不对等,很容易实现对网络信息的干扰和控制等。加之我国是一个发展中的大国,各地区、各部门之间的情况千差万别,不可能短期内建成完全现代化的、整齐有序的应急管理体系。因此,必须借鉴和运用多种方式,尤其是在长期的实践中,被证明适合我国国情的、行之有效的好形式。如思想政治工作曾经是中国共产党的一项优良传统,在以往艰苦的革命战争和新中国的建设历程中都发挥了不可取代的作用。在大力开展

市场经济建设的今天，尽管思想政治工作遇到了前所未有的挑战，但在突发事件的应急管理中，做好深入细致的思想政治工作是发现现实问题、解决认识偏差、端正公仆意识、增强集体观念的关键所在。尤其是对由于人民内部矛盾直接引发的突发事件的处理，思想政治工作更具有其他方法无法取代的优越性。我国在抗击"非典"的战役中，传统的居委会和社区组织就发挥了十分重要的作用，这也是现代应急管理模式综合运用型的绝好例证。

（四）有资金保障、公众支持和法律法规完善的应急管理模型

现代应急管理体系必须有技术、物资、资金、法规、培训、公众等方面的支持保障。应对突发事件的资金来源包括国家和地方财政资金、商业及政策保险赔付资金和社会捐助资金三个方面，通过物资储备、财政预算、与工商交通运输企业签订协议等方式，为应对危机提供物力、财力的保障。目前，我国应对突发事件应急管理的资金主要来源于政府拨款，少量来自社会捐助，而在应对突发事件中可以起到重要作用的保险还没有发挥其应有的作用。对于重大的公共突发事件的应对，不能仅仅依靠各级政府的力量，国内外的经验都表明，广泛的公众支持对有效应对公共危机的作用是非常关键的。在出现严重突发事件时，每一个社会成员、企业、团体都有义务为应对危机出力，这一点是很容易为公众接受的。问题在于如何在危急时刻使社会各方面的力量能够正确地和协调一致地行动，只有在危机出现之前建立一个合理的公众支持系统，形成一个各方面都有充分准备的公众支持的系统框架，才能保证危机关键时刻社会动员的效率和效力。公众支持系统的建立需要政府对公众进行引导和协调，支持民间应急组织的建立与发展，借助新闻媒体的渠道和影响提高公众的危机意识和保护能力。同时，政府可以通过组织人员培训和教育，不断提高应急管理人员和社会公众的应急处置能力、协作能力和自我保护能力，通过动员专业技术机构和人员的参与合作为应急管理提供技术和智力支持等为政府应急管理提供有力的保障，这也是许多国家的流行做法。应急管理需要政府采取特殊应对措施的同时，也必须有法律依据，依法实施应急措施。在应急管理方面，发达国家一般都制定有紧急状态管理和防灾减灾的法律法规，政府制定的应急管理计划也具有法律效力。这些法律法规对紧急状态下政府管理权限、应急处置措施和程序、政府责任、公民权利和义务等都有明确的法律界定，为政府实施应急处置提供了具有可操作性的法律依据，同时可以起到限制滥用行政权力的作用。

三、应急管理的内容

突发事件的应急管理是通过建立必要的危机应急机制来防范和化解危机的。

它的功能是防范、化解危机，它不仅要管理已经发生的突发事件，实施化解措施，减少由于危机可能造成的损失，同时还要在日常工作中未雨绸缪，做好防范工作，把可能发生的突发事件消灭在萌芽状态。突发事件管理的主要工作是研究问题、发现问题、解决问题，从防范危机、化解危机到恢复社会秩序。这说明突发事件管理是全方位的、全过程的管理工作，是一个完整的系统工程。

作为突发事件的应急机制是指应对突发事件所迫切需要的工作系统的组织之间相互作用的过程和方式。其主要内容包括：启动应急预案、应急疏散、紧急救援、危机控制等内容。

（一）启动应急预案

突发事件的应急预案是指突发事件管理主体为了更好地应对突发事件，在事件发生前经过一定程序制定的应急管理的总体方案。

一般地说，突发事件应急预案在总体上反映人类对危机管理的理论水平和技术水平，一个国家或一个地区、一个部门制定的应急预案，就是该国或当地、该部门危机管理水平的集中体现。制定应急预案对及时、有序地处理突发事件至关重要。应急预案包括很多，尤其是子案更是五花八门。一般地说，突发应急预案包括一个总体预案，总体预案下分别制定相关的子预案。应急预案的主要内容一般包括突发事件应急管理的指挥机构组成和相关部门的职责，以及实施预防措施方案，等等。

（二）应急疏散

应急疏散是指在突发事件已经发生时，为尽量减少人员伤亡，将安全受到威胁的民众紧急转移到安全地带的应急管理措施。

应急疏散具有以下主要特征：①应急疏散实施的时间是在突发事件已经发生时，这与突发事件发生前的紧急疏散不同，区别于发生前是危机预控，发生后是应急管理；②应急疏散的依据是被疏散的人员将面临着巨大的危险，如果不紧急疏散，很可能造成重大伤亡，当然对没有危险的人员就不必疏散，不然就会造成不必要的损失；③应急疏散的内容是把安全受到威胁的民众紧急转移到安全地带；④应急疏散的目的是最大限度地减少人员伤亡。

应急疏散是应急管理的一项行之有效的紧急措施，因为它可以以较小的代价最大限度地减少人员伤亡，体现以人为本的理念。应急疏散除了疏散人员外，还需要疏散设备、物资等。

(三) 紧急救援

紧急救援是突发事件管理的一个重要环节，也是老百姓最在乎、最关注的应急管理措施。紧急救援有着极其重要的意义，它是构建和谐社会的必要条件，是减少伤亡和损失的重要措施，是防止危机扩大不可缺少的环节，同时体现着政府保护公众生命财产的不可推卸的责任。

现代紧急救援组织主要包括：①救援指挥机构。通常由政府派出的得力领导人加上常设应急管理机构组成，是权威性和效率性都很高的救援指挥机构。②职业和专业救援队伍。完整的救援体系往往需要由分层次、分地区、具有一定地方特色和行业特色的多元化的各种救援力量组成。③民间组织和自愿组织。有些民间组织（如红十字会），早已成为各种灾难和危机中的重要救援力量。④军队和武警。现代的紧急救援经常使用军队，尤其是在大型的灾难和危机中，军队还常常成为紧急救援的主力军。我国的武装警察部队也经常参与救援行动。

(四) 危机控制

危机控制是指危机发生时，人们为了尽快消除险情，防止危机扩大和升级，尽量减少危机造成的损失而采取多种形式的措施的过程及其总和。

危机控制的基本特征：①危机控制发生在危机产生之后，之前的防止危机产生措施属于危机预控；②进行危机控制的目的首先是为了尽快消除险情，只有消除了险情，才能恢复公共安全秩序；③危机控制的内容是为了达到上述目的而采取的各种措施；④如果危机控制措施不力，导致危机控制失败，往往会造成局面失控，造成危机扩大、升级，甚至演变为危机链，造成重大人员伤亡和财产损失。

第三节 应急管理的过程

一、突发事件的预防

预防，又称缓解、减少，是指在危机发生之前，政府为了消除突发事件出现的机会或者为了减轻危机的损害所做的各种预防性工作。

突发事件多种多样，有些是可以预防的，有些是无法避免的，但可以通过各种预防性措施减轻其危害。如加强土地、建筑规划标准管理，使建筑物能够达到防震、防火、防飓风等灾害的要求；组织水利工程设施建设，以便防洪泄洪；检查排除事故、灾难、疫情隐患等项工作。经验表明，在这个阶段尤其要注重风险评估工作，尽可能预测和事先考虑到在哪些地方会出现哪些风险，并采取相应的预防措施以减少风险，防患于未然，避免盲目自信、麻痹大意。

二、应对的准备工作

准备是指政府针对特定的或者潜在的突发事件所做的各种应对准备工作。有备才能无患，充分准备是应急管理的一项主要原则。

准备的主要措施有：利用现代通讯信息技术建立信息收集网络，加强信息分析整理，依靠专家、技术和知识提高风险信息分析能力，以争取早期预警和正确决策；组织制定应急方案，并根据情况变化随时对预案加以修改完善；就应急预案组织模拟演习和人员培训；设立风险类别和等级，建立预警系统；与各个政府部门、社会救援组织和工商企业等部门订立应急合作计划，以落实应急处置时的场地设施使用、技术支持、物资设备供应、救援人员等事项，为应对突发事件做好准备。准备得越充分，应对危机就会越有成效。

三、突发事件的回应

回应是指政府在危机发生发展过程中所进行的各种紧急处置和救援工作。及时应对是应急管理的又一项主要原则。

回应的主要措施包括：进行预警提示，启动应急计划，提供紧急救援，实施控制隔离，紧急疏散居民，评估灾难程度，向公众报告危机状况以及政府采取的应对措施，提供基本的公共设施和安全保障等一系列工作。这是应对危机的关键阶段、实战阶段，考验着政府应急处置能力。这里，尤其需要解决好以下几个问题：①要提高快速反应能力。反应速度越快，意味着越能减少损害。经验表明，建立统一的指挥中心将有助于提高快速反应能力。建立单点指挥（统一指挥）的机制，要求遇到危机事件向单一指挥中心报告，应急处置由单一指挥中心发布命令，以确保尽快反应。这个做法同样也适用于各种自然灾害、社会动荡方面的应急管理。②应对危机，特别是重大危机，需要政府具有较强的组织动员能力和协调能力，使各方面的力量都能参与进来，相互协作，共同应对危机。③要依法进行紧急处置，避免滥用职权。④要为一线反应人员配备必要的设施装备，以提高危机状态下的应急处置能力，并保护好一线应急人员。⑤要采取有效方法管理非理性行为，因为人们在灾难和危机情况下通常会不听从指挥，不服从管理，不遵守法律，如发生火灾时人们总是不顾一切地挤向同一个出口，最终可能都无法脱离风险。

四、恢复与重建

恢复是指在危机事件得到有效控制之后，政府为了恢复正常的状态和秩序所进行的各种善后工作。

恢复的主要措施包括：启动恢复计划，提供灾后救济救助，重建被毁设施，尽快恢复正常的社会生产秩序，进行灾害和管理评估等善后工作。这个阶段的工作重点，一是要强化市政、民政、医疗、保险、财政等部门的介入，尽快做好灾后重建恢复；二是要进行客观的灾后评估，分析总结应急管理的经验教训，这不仅可以为今后应对类似危机奠定新的基础，而且也有助于促进制度和管理革新，化危机为转机。

总之，突发事件的应急管理就是在事件发生前，尽可能防止事故发生；在事故发生时，将事故造成的损失降低到最小程度，尽量避免危机的形成；在危机或事故过后尽快恢复正常生产、生活秩序，以保持社会秩序、保障社会安全、维护社会稳定、促进社会发展。

第四节 应急管理的意义

一、加强应急管理是全面履行政府职能的需要

中国是世界上发生灾害较多的国家，从远古时代的大禹治水到2008年的抗震救灾，突发的各种灾害事件频频发生，不仅给人民生命财产、经济社会发展造成巨大损失，而且对社会秩序和公共安全造成威胁。此外，有一些突发公共事件是由管理不当、玩忽职守所引发的，在处理过程中当地政府又存在"捂盖子"的行为，总之，这类损失虽然是软性的、不可量化的，但其伤害和长远的影响甚至可能超过直接损失。

加强突发事件的应急管理，是关系国家经济社会发展全局和人民群众生命财产安全的大事，是政府在特殊状态下的特殊管理形式。政府及其他公共组织通过建立必要的应急机制，采取一系列必要措施，可以防范、化解危机，恢复社会秩序，保障人们正常生产和生活，维护社会稳定，促进社会和谐健康发展。

公共管理的机构主要是政府，同时还有行使公共职能的其他机构。政府和其他公共机构除了常规管理之外，还需要居安思危，积极应对可能出现的各种突发事件。在这个意义上突发事件管理也是公共管理的一项重要内容，只是由于突发事件发生的几率较少，这也决定了它又不同于一般的公共管理。常规的公共管理机制不足以处理突发的、不确定的、易变的、破坏性强的突发公共事件，需要通过特殊机制，采取特殊的应对手段。这就需要建立一套完整严密的管理机制，其包括必要的常设机构，这种机构根据所管理的危机对象的严重程度和可能涉及的范围的不同，既可以松散的委员会形式存在，也可以固定的日常运转的办事机构形式存在。总之，当突发事件出现的时候，能够在第一时间、以第一速度作出反应，启动管理机制。

应急管理系统的建设，不仅是政府的职责，同时也需要每一位公众的支持和参与，当一个特别重大的突发事件发生后，如果一级等着一级下指示，与各级部门、广大公众自动按照预案启动，这个效率相差很大。所以，对突发事件处置得好坏，关键在于第一时间涉及到的公众和指挥人员的行动是否正确。正因为这样，政府就必须加强各项应急管理预案的建设，并做好宣传教育培训工作。

二、加强应急管理是社会发展的需要

当前，我国现代化建设进入新的阶段，改革和发展正处于关键时期，城市化、全球化进程的加快，人口增长、聚集和流动的增加，生态环境的恶化，生物技术、能源技术、新型材料技术、核技术等高新技术的应用，体制转轨、利益分配、社会结构的剧烈变动等方面因素的存在，使得突发事件日趋常态化、多样化、复合化，而且形式、规模、传播速度和影响程度也有所升级。

面对各种突发事件带来的挑战，我国政府一再强调要居安思危，增强忧患意识，并在加强政府应急管理，建立健全应急管理体系建设方面取得了很大进展，初步形成了一整套预防和处置各种突发事件的有效方法和程序，成功应对了许多的危机和挑战，在应急管理方面也积累了丰富经验。如，我国河南省陕县2007年"7·29"洪水淹井事件中，经过76个小时的全力抢救，被困的69名矿工全部脱困，创造了煤矿救援历史上罕见的奇迹。又如，2007年8月12日凌晨4时，"湛江大暴雨要引发大地震"的谣言无端生起，在风狂雨骤的湛江市乌石、北和、覃斗等地不胫而走，让本已充满恐慌的群众惊慌不已。早上8时25分，正在现场指挥气象防灾的某省省气象局副局长决定，利用气象部门的手机短信应急服务平台，向湛江民众发送辟谣短信。8时30分，接到指示的省气象局科技服务中心立即启动应急服务预案，在运营商全力支持下，做好一切准备，随时向湛江市140万手机用户发送紧急短信。8时41分，辟谣短信以每小时50万条的速度开始下发，湛江民众开始陆续收到由省气象部门和地震部门联合发布的短信。谣言止于智者。短信发出后，百姓顿悟，谣言迅速平息。此次迅速辟谣显示了手机气象短信应急服务平台在灾害天气信息服务和突发公共事件应急服务中的重要作用。

我国应急管理工作基础仍然薄弱，应急管理框架体系建设还存在着诸多缺陷和不足，在战略上缺乏对应急管理的整体规划和资源整合，综合性的应急管理过程仍不到位，传统式的应急方式占有较大比重，政府应急管理体制、机制建设还存在诸多问题，预防和应急救援队伍及应急能力建设有待提高，特别是在突发事件趋向常态化、多样化、复合化的背景下，以上缺陷和不足日益凸显，难以适应应对重大突发事件的需要。

三、应急管理是提高政府执政能力的需要

提高政府全面应对突发事件的能力，应当树立现代管理新理念，从传统的即时反应、被动应对转向综合性的应急管理，从类别管理、部门管理转向全面整合的应急管理，从随机性的、就事论事的应急管理转向依靠健全的应急体系和规范进行应急管理。国家高度重视国家应急体系建设和应急管理工作，专门制定印发《中华人民共和国突发事件应对法》，明确提出了应急管理工作的指导思想、工作目标、主要任务和工作要求。"居安思危，思则有备，有备无患。"相关的职能部门要在各级政府及相关职能机关的坚强领导下，以保障公众生命财产安全为根本，以落实和完善应急预案为基础，以提高预防和处置突发公共事件能力为重点，不断增强政治意识和责任意识，全面加强各级机关的应急管理工作，把各种可能出现的问题尽可能估计得充分一些，并且宁可估计得严重一些，切实将应急管理的常态和非常态工作相结合，把准备工作做扎实，尽可能避免和减少事故造成的伤亡和损失，确保一旦有事，能够快速应对、有效处置。

第二章 政府应急管理

第一节 政府应急管理的原则

一、以人为本、减少危害的原则

在建立和谐社会的新形势下,保障社会公共安全更为社会所关注。一方面人的价值包括生命价值的期望值在提升,另一方面对安全方面所发生的重大案件、重大事故,人们的承受能力又在降低。在这种背景下,我们要切实履行政府的社会管理和公共服务职能,把保障公众健康和生命财产安全作为首要任务,最大程度地减少突发公共事件及其造成的人员伤亡和危害。

在处置监狱突发事件中,必须把确保监狱安全放在首位。多种事件同时发生时,首先处置威胁最大的,并把主要力量集中使用于重点地域和重要时段,并要遵循生命至高无上的执法理念。在应急管理决策时,要最大限度地保护最大多数人的生命安全,千方百计地挽救人的生命,哪怕这样做要付出很大的成本也在所不惜。如,2006年7月肆虐我国南方六省的强热带风暴"碧利斯"夺去了600多人的生命,造成了数百亿元的经济损失。在这场洪灾严重冲击下,某省监狱的160位监狱警察和武警战士,带领被洪水围困30多个小时的1663名罪犯,成功实施野外徒步的紧急大转移。转移途中,罪犯一律不戴戒具,而且做到了罪犯无一例伤亡逃脱。人数比例为1∶10的看押徒步大转移,这样的决策需要大勇气、大智慧,而这项决策的信念根基就是生命高于一切。面对突如其来的"碧利斯",监狱警察在自己的家被冲毁、不知家人安危的情况下,无一例外坚守岗位,并把食物和水首先供给罪犯,这体现的就是对人的生命高度尊重和负责的理念。

二、居安思危、预防为主的原则

应急管理理论的出发点就是"居安思危",也就是说,不是等到突发事件发生后，危机来临时，才开始被动反应，而是在危机仍然在孕育和萌芽的时期，就能够通过深入细致的观察和研究，防微杜渐，及早做好各种预防措施的准备。只有这样，才能在真正危机来临时不至于惊慌失措。我们在平时就要高度重视公共安全工作，常抓不懈，防患于未然，增强忧患意识，坚持预防与应急相结合，常态与非常态相结合，做好应对突发事件的各项准备工作。

做好应急管理的预防主要有以下四种途径：①制定好科学的应急预案；②适当进行应急处理的预演；③做好应对危机时的物资、财力、技术、信息、人员的战略储备；④预测和分析即将到来的危机。

三、统一领导、分级负责的原则

各种危机之间的关系错综复杂，在处理危机时应强调尽量运用专家的力量，以科学知识和职业技术为武器，以现代的智囊机构为应急管理护驾。实践证明，现代智囊机构具有以下特点：一是形式上的多样性；二是活动方式上的灵活性；三是人员结构的综合性。因此，应急管理必须在上级的统一领导下，建立健全分类管理、分级负责、条块结合、属地管理为主的应急管理体制，在各级党委领导下，实行行政领导责任制，充分发挥专业应急指挥机构的作用。

四、依法规范、加强管理的原则

要依据有关法律和行政法规来加强应急管理，维护公众的合法权益，使应对突发事件的工作规范化、制度化、法制化。在突发事件应急管理时，有些人为了控制危机，保护人的生命健康，往往把依法行事抛到九霄云外。实际上，这样做会破坏正常的社会秩序，造成更大的破坏和损失。只有在现有法律规范下保护公共安全、动用国家紧急权力来控制危机，才不会破坏国家的法制秩序。在监狱突发事件发生时，要根据监狱工作的特点，判定突发事件的不同性质，采取相应的处置方法，视情况按程序请求所在地公安机关、武警部队以及医疗机构等有关部门协助。

监狱是国家的刑罚执行机关。监狱工作的质量，往往可从一个侧面反映国家的文明与进步程度。监狱突发事件的发生有它的背景复杂性和参与者的特殊性。当突发事件发生时，关键时刻的果断决策，来自对监狱日常管理质量的了解和自信。

五、快速反应、协同应对的原则

现代社会的突发事件，往往意外性强、力度大、发展快、扩散效应明显，往往出乎人们的意料，而且危机来势凶猛，时间紧急，公共安全处于极度的危险之中。无论是危机决策、应急疏散、紧急救援，还是危机控制，都是千钧一发。行动迅速是危机成败的关键，任何犹豫不决和决策延误都可能造成巨大的损失。所以，政府必须在第一时间内作出正确的反应。反应时间的长短在很大程度上直接决定了应急管理的成败。

必须加强以属地管理为主的应急处置队伍建设，建立联动协调制度，充分动员和发挥乡镇、社区、企事业单位、社会团体和志愿者队伍的作用，依靠公众力量，形成统一指挥、反应灵敏、功能齐全、协调有序、运转高效的应急管理机制。对监狱发生的各类突发事件，必须以最快的速度、最短的时间采取果断措施予以处置，力争将事态制止在初发阶段。各级主要领导按应急预案的规定，必须在第一时间赶赴现场履行职责。

六、依靠科技、提高素质的原则

应加强公共安全的科学研究和技术开发，采用先进的监测、预测、预警、预防和应急处置技术及设施，充分发挥专家队伍和专业人员的作用，提高应对突发公共事件的科技水平和指挥能力，避免发生次生、衍生事件。加强宣传和培训教育工作，提高公众自救、互救和应对各类突发公共事件的综合素质。

在处置监狱突发暴力犯罪事件中，要把握限度，控制影响。能够通过教育、劝阻或者政治攻势解决的，就不使用强制手段。能够通过警用械具控制的，就不用武器。非使用武器不可的，能击伤就不击毙。使用武器时，应当避免伤害无辜。应急处理对于参与人员的素质要求很高，这些人员如果不能进行提前准备，就很难在突发事件发生时的紧急关头找到合适的人员，从而延误战机并导致处置失败。应加强监狱人民警察队伍应急管理教育培训，让所有监狱人民警察明白应急管理的重要性和必要性，提高对突发事件发生的警惕性。

第二节 政府应急管理的责任与权力

一、政府应急管理的责任

危机有其发展的阶段性，在危机尚未暴发、发生初期、高峰时期及危机后期等不同的发展阶段，人们对政府的期望是不同的，甚至存在一些矛盾。这种矛盾的两难选择，一直左右着政府应急管理机制的建设。从常理上讲，通过政府来防治突发事件，为公私利益构筑一道坚实的围墙，或者拯救公私利益于危难之中，政府所实施的这种于公于私皆有利的防治措施，似乎当然能够赢得公众的普遍理解与支持，但有时事实未必如此。之所以这样说，是因为突发公共事件犹如一面凸透镜，一旦聚焦于公共管理及其法律规制，就有可能点燃在常规状态下隐藏至深、但在非常规的突发事件中暴露无遗的各种内在张力，导致政府、公众与法律之间的关系变得空前紧张起来，使得常规状态下似乎能够和平共处的各种法律价值与利益关系，骤然变得剑拔弩张。在常规状态下，纳税人经常有意无意地抱怨政府将大量的行政资源与社会资源投入到"百年不遇"的突发事件防范机制之上，而并未将"钱"用在"刃刃"上。但危机真的不期而至时，却又抱怨政府不去防患未然、只会亡羊补牢。在常规状态下，出于行动自由的实际需要，人们尝试着从各个方向共同努力以便将政府改造为一个"专心掌舵而不去划桨"的有限政府，希望政府管得越少越好。但是，一旦当危机发生而孤立无援时，却又迫切希望政府摇身一变成为一个无所不能、包揽一切的全能政府。人们为了维护自身的合法权益，希望政府能够依法行政，严格遵循行政合法性原则，不越法律雷池半步。但当人们的合法权益因危机暴发而变得岌岌可危时，却又希望政府不再机械地拘泥于法律的条条框框，要见机行事、雷厉风行地采取各种立竿见影的应急处理措施，以便维护或者恢复遭破坏的公共秩序与公共安全。当危机出现之后，人们一方面希望政府能够果敢地采取各种应急处理措施，迅速控制事态的发展、全力恢复或者重建公共秩序，但另一方面却又对政府所采取的各种行政规制、行政征用、行政强制等极有可能造成公民权益严重减损的应急处理措施评头论足。当人们对政府能在针对突发公共事件的应急处理中披荆斩棘、勇往直前而拍手称快时，却又很难不对政府所实施的那些缺乏足够法律保障、畅行无阻的应急措施提心吊胆。在应急处理过程中，以处置 SARS 为例，当 SARS 暴发时，人们一方面希望政府能对 SARS 患者、疑似病人，甚至与其有过密切接触的所有人等一切直接或潜在地威胁着公共安全的不确定因素，采取诸如限制人身自由等强制措施。但另一方面，如果我们自己真的不幸成了被强制的对象，当我们被强制隔离，被限制人身自由，甚至因此被歧视而品尝孤独时，我们却又很难对政府与公众抱以同情的理解，我们有可能怨天尤人，认为这些措施小题大做，抱怨政府不尊重人权，埋怨法律过于苛刻，甚至可能临阵脱逃。政府在保持社会持续、稳定、协调的进程中，应大力提高应对各种危机的能力。推而论之，危机的特点要求政府必须承担起进行应急管理的责任。

国内外不少应急管理专家指出，危机不可能绝对避免，但却可以管理、控制和化解，尽可能减少危机的发生，并把危机带来的损失降到最低限度，将公共危机转变为经济和社会发展的契机。当前，我国搞好应急管理的关键在于认真总结以往处理突发性危机事件的经验教训，借鉴国外应急管理的成功做法，按照公共应急管理规律，构建科学的公共应急管理机制。

（一）建立应急管理体制

当今世界主要国家都已建立了符合自己国情的应急管理体系，并颁布了一系列配套的法律法规，这样，在危机来临时，便可最大程度地预防和避免损失，维护稳定的社会秩序，在全球化、信息化不断发展，我国经济转轨、社会转型越来越深入的情况下，建立一个集危机预、防、抗、救、建于一体，信息畅通、反应快捷、指挥有力、责任明确、依法运转、成本低廉的新型应急管理体系，是适应新形势的迫切需要和切实提高我国政府应急管理能力的体制保证。我国政府对应急管理的基本原则应在政府行政框架内，采取统一管理，分级、分类负责的应急管理体制。

（二）构建危机决策体系

公共决策体系，在任何社会治理结构中都处于核心的地位。公共决策体系包括和平时期常规状态下的程序化决策和危机时期非常规状态下的非程序化决策两个方面，也有学者概括为"危机事前决策"和"危机事后决策"两种模式。危机决策是一种非程序化决策，它要求决策者必须在相当有限的时间里作出重大决策和反应，要求决策机构和决策人员在有限的时间、资源、人力等约束条件下完成应对危机的具体措施，即在一旦出现预料之外的某种紧急情况下，打破常规，省去决策中的某些"繁文缛节"，以尽快的速度做出应急对策。

（三）建立危机预警系统

危机预警系统是指政府为了能在危机来临时尽早地发现，建立一套能够感应危机来临的信号，并判断这些信号与危机之间关系的系统，通过对危机风险源、危机征兆进行不断地监测，从而在各种信号显示危机来临时及时地向组织或个人发出警报，提醒组织或个人对危机采取行动。

美国行政学家奥斯本（David Osborne）和盖布勒（Ted Garbler）提出了"有预见性的政府—预防而不是治疗"的治理范式，认为政府事前的预防重于事后的补救，政府应该重视战略思考和长期规划，能够针对未来可能发生的危机，事前做出妥善的安排。政府管理的目的是"使用少量的钱预防，而不是花大量的钱治疗"。

（四）建立危机沟通机制

一个有效的应急管理体制是政府成功管理危机的关键，这很大程度上取决于政府是否具有良好的信息沟通机制。良好的信息沟通机制在危机中具有极其重要的作用：它可以防止信息的误传；可以灵敏地启动预警系统，以在短时间内控制事态；可以对危机潜伏期的情报及时处理，为准确分析危机发生的概率以及发生后可能产生的负面影响提供数据支持。信息沟通机制是应急管理的前提条件和过程保证。

（五）进行应急管理法制化建设

英国哲学家洛克（John Locke）一针见血地指出："哪里没有法律，哪里就没有自由。"应急管理应以法治之，而建立健全应急管理法律制度是依法管理危机的前提。应急管理应以法治之，这不仅是我国依法治国基本方略的要求，也是实践经验的科学总结。依法管理危机，要求政府在应对危机时应当按照宪法和法律的规定调整政府与公民、政府与其他社会组织、公民与公民之间的关系，特别是应当明确政府和社会公众在防治危机工作中的权利与义务、权力与责任，由此建立一套比较规范的防治危机的社会组织网络和有效的制度规范体系。

（六）建立危机善后处理机制

危机结束后，政府要在危机处理方案和对策的指导下有序、有步骤地迅速、全面开展工作，并尽最大努力做好善后处理工作。一方面政府需要通过一系列决策稳定社会并动员社会参与危机救治；另一方面要建立和完善应急管理评价机制，从危机处理中总结经验教训，尽可能化危机为转机。

二、政府应急管理的权力

（一）应急管理中政府的特权

危机的突发性及其已对或者可能对公共利益和国家利益的破坏，决定了危机发生时，政府仅仅采取正常的行政措施，是难以维护或者恢复正常的社会秩序的。为了实现公共利益，保障公民的生命财产安全，为了长远和更高的人民的整体利益，必须牺牲目前短暂的权利、自由而赋予政府一种集中、强化和扩大化的紧急行政权，采取高效率、迅捷的紧急对抗措施，以消除紧急危险，渡过危机，尽快恢复到正常的社会秩序。要求作为社会主导力量的以政府为代表的国家机构要发挥决定性的主导作用，对危机进行专门的有效应对，这种有效应对的运用不仅体现为紧急状态下政府等国家机器的义务和责任，同时也体现为紧急状态下政府等国家机关所具有的特殊权力。一般讲，政府等国家机器在紧急状态下的紧急处置特权体现在如下几点：

1. 对社会财产和物资的调配和征用的特权。紧急状态下政府要组织全社会力量来应对危机，这种有效应对必然要求国家机关可调用一切必要之社会财产。

2. 对人员的调动、征用、限制行动的特权。紧急状态下政府对危机的应对往往必须要调动、征用相应的人员、人力或者限制有关人员的人身自由，紧急状态下的这种调动、征用、限制并不是在社会正常秩序下出于正常工作及日常事务原因所作的调动和征用，也不是在正常的执法环境中，由于特定人员违法的原因而对该人员依法进行人身限制，而是在紧急状态下打破正常状况下法律对公民和特定人员的保护，对正常情况下本不该调动和征用的人员进行及时调动和征调，对正常条件下本该保护的人们的自由行动权利进行紧急性限制。

3. 对社会正常秩序的局部变更的特权。在正常环境之下，人们生活在总体上是有相对稳定和程序化的规律性和周而复始性的，这种规律性和周而复始性形成了日常社会正常的秩序，这种正常的生活、工作、活动秩序在正常情况之下法律是给予保护的，但在紧急状态下为了应对危机，政府有将该正常秩序打破的特权。

4. 对法律规范的临时逾越的特权。紧急状态下对危机的应对要求政府采取一切必要之行动或调动一切力量或采取一切有效的措施进行应对，这种权力应对产生了打破正常法制秩序的结果，但这种打破从应对危机来讲又是非常必要的，因此法律有必要赋予政府在危机应对上临时逾越法制的特权。政府对法律规范临时逾越的特权是法律赋予的一种特别法权，一旦紧急状态消除，危机得以妥善处理，政府的这种特别法权必须依法取消。

(二) 对政府应急管理权力的法律规制

危机发生时，政府采取紧急对抗措施的正当性，正是限制公民部分基本权利的必要性之所在。从这个意义上说，政府行使紧急行政权，对公民基本权利予以限制，乃是从根本上保证实现全体公民的基本公共利益所必需的。尽管为了实现全体公民的基本利益而需要赋予政府一定的应急特权，但这应急特权只能用于合理的必要的情况而不能被滥用，如果滥用就会从根本上侵犯人民的基本人权和自由，损害国家和社会的公共利益，与人民赋予政府的应急特权之本意相反，正因如此，政府在紧急状态下的应急特权必须加以规制。一般讲，政府应急管理特权行使应遵循的程序有：

1. 紧急状态确定的程序化。紧急状态的确定必须以事件发生到法律规定的确定条件和情况为前提，并经由一定程序过程予以特定宣布。

2. 应急方案形成的程序化。应急预案及其他应急所需之方案，均应在事前根据法律规定的稳定程序和过程来制定，而不得随意形成应急方案。

3. 物资征调的程序化。应急条件下对国家、民众之救急物资的征调，也应有相对稳定的程序要求，而不得随意征调。

4. 公民人身自由限制的程序化。应急状态下对公民人身自由的限制，如何确认必须限制，如何限制，限制达到何种程度等均应事前予以程序化规定。

5. 社会秩序局部变更的程序化。应急状态下政府对社会秩序局部变更的确认条件、变更程度、待续的时间及何时结束都应预先进行程序化规定。

6. 危机结束后补偿的程序化。在紧急事件宣布结束之后，政府对于自己在危机应对中依紧急法制对公民的人身自由的限制、财产的征调以及社会秩序的变更中对公民所造成的侵犯都必须依法予以补偿，这些补偿都必须用一定的法律程序来加以保障。

唯有此，才能使政府在应急状态下实现对人民安全和自由、国家政治、经济基础、公私资源、财产以及社会正常秩序的健康保护。

第三节　政府应急后勤保障

一、技术信息保障

在科技日新月异的时代，政府依靠高科技应对突发性事件管理是必不可少的。引入高科技能够极大地减少事件带来的损失，节约成本，提高管理的绩效。

这种技术保障主要体现在四方面：①灾害评估，包括灾害管理、地理评估、环境评估、经济分析等，最终形成灾情分析和危机评估报告；②卫星遥感应用，包括遥感、地理信息系统等远距离监控技术及接收和分析卫星传送的信息；③网络通讯，包括计算机、网络、通信、电子等设备的运转及维护应急管理部门的网络和对外的通讯；④利用高新技术进行信息的搜集、储存、提取、分析和交流，成立专门的独立组织机构，公开甄别重大危机的诱因，建设重大危机"案例库"。

二、资金物资保障

充足的物质资源和资金是政府应急管理的基础。要使突发性事件应急管理有一个良好坚实的物质资金保障，应做好这几方面工作：

1. 设立专项基金。各级政府要把突发性事件管理的预算纳入政府的预算体系之中，设立必要的专项基金，用于应对各种危机和危机所需应急物资的购买、储备和更新等项目。建立监督制度和程序以保证基金的合法、合理、有效使用。

考虑增加应对突发性事件管理的总预算费,加大政府公共职能的投入,基本形成应对突发性事件的有效公共投入体制框架,使这一部分的公共投入长期化、规范化、制度化。

2. 建立战略储备。政府要建立完善各种战略性资源的储备制度,并建立资源目录,以便在关键时期有效地调动资源,同时要保证交通部门在关键时期对应急物资的及时运送。

3. 确保应急用品质量。政府明确应急用品的定点生产企业,对其产品质量进行监督,严防假冒伪劣产品用于应急处理工作中。

4. 管好捐款捐物。政府要加强对各种捐款捐物进行严格管理,建立严格的审计监督制度,对贪污、私分、截留、挪用捐款捐物者严肃处理。

三、社会力量保障

社会力量保障包括应急管理评估系统、专家组以及公民应对意识与能力和多种社会组织等保障力量。应急管理的评估在于查找、分析防灾系统及环节中存在的危险、隐患因素及管理缺陷,从而提出合理可靠的安全对策措施,以达到用尽可能低的安全投入获得最优的安全投资效益的效果;专家组是指突发性事件的处置过程中需要的具有一定专业性和技术性的人才组成的团队,这支队伍可以提供该领域的技术支持及各种情况下突发性事件管理的决策咨询,为提高突发性事件管理的科学化水平提供有效的智力支持和专业保障;社会公众既是危机的承受者,也是防范和处置危机的参与者。危机意识、对危机的心理承受能力以及所掌握的应急救灾知识和自救互救技能,是公众应对公共安全危机所应具备的综合素质。社会公众的综合素质高低,在有效处置公共安全危机中,发挥着重要作用。国内外很多突发事件的案例,有成功的经验,也有反面的教训。加强宣传教育,在预防和处置危机中极为重要,是应急处置体系建设的基础性工作。

随着改革的深入,有限责任政府的认识逐步深入人心,政府会逐步把不该管、不能管的事务归还于社会,会在政府的有限管理范围内管理得更好,更到位,承担有限责任。在一个开放、分权和多中心治理的社会,没有社会力量的参与是不可想象的。但是,在应急管理中,政府的责任可以用无限来形容,因为只有政府才能承担危机处理与恢复的重担,但是仅仅依靠政府的力量有时又难以完全征服危机,这样就要改变传统政府单纯依靠政府力量和军事力量,而限制或忽视非政府组织和公众个人在危机中发挥作用的管理思维,要形成全民参与、共同战胜危机的局面,培养广大公众的参与意识,鼓励非政府组织的发展和介入。在政府应急管理中,非政府组织可以发挥双重作用:一是可以提高公众自我组织和自救行动的能力，比如可以提供心理咨询等自救支持；二是可以动用民间资源解决政府一时难以解决的问题，譬如从事人道主义行动的红十字会、社会志愿者组织可以深入到公众生活的各个层面。伴随着社会开放与文明程度的提升，公众参与社会管理的意识越来越强，因而政府应该注意因势利导地多培育各类与国际性专业组织和国际志愿者组织接轨的组织形式，发挥现有工会、妇联、共青团等组织的能量，指导它们开展活动，扩大它们在应急管理参与中的空间与渠道，使之在社会治理中扮演应有的角色。

第四节 政府应急状态的信息传播

一、应急状态信息传播机制的作用

（一）满足信息需求

政府在突发事件应急法律、机构等方面做出的努力，为建立应急状态下有效的信息传播机制奠定了一定的基础，但是，面对突如其来的各种各样的公共危机，政府所面临的考验是巨大的，需要继续完善政府的应急状态信息传播机制，最终构建灵活高效的应急状态信息传播机制。

政府对整个公共危机管理的过程，实质上就是相关信息的互动过程，即关于紧急事件信息的空间分布由不对称到对称，又由新的不对称到新的对称的循环往复的过程。只有政府构建灵活、有效的应急状态信息传播机制，才能使政府既能从外界不断了解到多变的公共危机信息，及时在政府管理体系之内传递，消化信息并做出决策，然后通过政府有关部门或大众媒体传递给公众，并将公众的意见高效地反馈给政府，政府再根据反馈意见适时出台和调整有关措施。在整个政府信息传播不断循环往复的过程中，政府系统内部及其与系统外部的大众媒体，以及大众媒体与公众三者之间的相互关系和作用，构成了政府应急状态信息传播机制。

政府应急状态信息机制的建立，有利于满足不同层次的信息需求，保障公众的知情权，增强政府公共应急管理的透明度和民主性。危机时期，不仅公众对信息的需求更加迫切，而且国际社会也同样要求全面准确的信息披露和解读。良好的信息传播机制不仅体现了政府的公共服务功能，而且也可以满足不同层次的信息需求。为控制危机事态，尽快稳定社会秩序，避免社会恐慌，政府首先必须依靠强大的信息管理系统有目的地选择信息源和信息传播渠道，在第一时间发布权威的信息，从而有效地控制媒体传播的导向，避免不正确、不全面的信息误导社会公众，使其错误地理解应急管理主体的行为意图，或加剧公众的恐惧心理，造成危机顺利解决的障碍。而且，在全球化浪潮影响下，随着知识经济的发展和公民民主意识的提升，现代政府的职能有了重大而深刻的转变，建设一个公正透明、廉洁高效的民主政府已成为当今国家的发展趋势。对社会公众而言，公共应急管理的透明度和民主性意味着对他们的知情权和参与权的尊重。

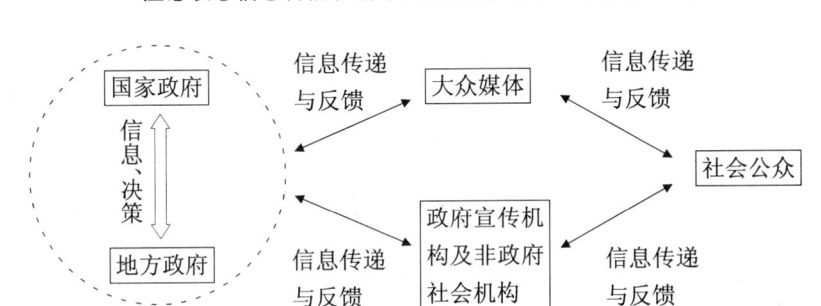

应急状态信息传播机制中的政府、媒体和公众的相互关系

（二）提供决策前提

政府应急信息机制的建立还为政府应对危机、进行正确决策，提供了必要的前提。信息传播是双向机制：一方面，政府通过传播机制把危机状况、应对措施、相关事态发展传递给公众；另一方面，公众通过传播机制把自己的想法反馈给政府，帮助政府进行科学决策。与此同时，政府通过发挥信息传播的舆论导向功能稳定民众心理，引导公众选择正确的行为，正确地对待突发性的危机事件，有效配合政府在最短时间内控制危机。

（三）调动救治资源

政府应急信息机制的建立，也有利于政府调动社会力量、社会资源进行危机救治。公共危机不仅仅是政府这一单一组织面临的危机，也是社会众多成员面临的危机。随着政府职能的转化，更多的部门或者是非政府组织在应急管理中的角色也越来越明显。畅通的信息传播机制可以使政府在应急管理中调动多方面的力量寻求合作与支持，充分发挥民间组织的资源，自救与他救相结合，由此起到降低政府公共应急管理的成本和社会损失的作用。

二、应急状态信息传播机制的现状

我国政府始终重视对危机的管理,也逐步建立了自己的危机处理体系,并形成了一套较为有效的应急管理方法,并在公共危机信息管理方面进行了积极探索,取得了不小的成绩。主要表现有以下几个方面:

1. 形成了分级管理、条块结合的管理体制。由于危机的管理体制是分级管理、条块结合的,在危机信息管理方面也呈现出这种特点。这种体制保证了政府对信息管理的统一领导,形成了一张纵到基层、横到各方面的信息网,在很大程度上保障了危机信息能够迅速、有效地收集和传递。

2. 部门危机信息管理系统初具规模。随着计算机知识在我国政府部门的普遍应用,硬件设备的不断完善和电子政务水平的逐步提高,我国政府中负有直接处置危机职责的部门,如卫生、地震、消防、公安、安全生产监管、气象、水利等部门,根据各自所要应对的危机的特点,经过多年努力,都建立起了相应的公共危机信息管理系统,如匪警110、火警119、急救120、交警122等报警救助系统。这些危机信息管理系统能够担负起公共危机事件信息监测和收集的功能,能够对危机信息进行有效的处理,及时发布预警信息,并为作出正确的危机决策提供支持。

3. 公共危机信息管理有一定的法律保障。我国已相继颁布了有关应急管理的法律、行政法规、部门规章130多件,这些法律法规对公共危机信息的报告、传递渠道、时限要求、信息内容、信息发布等作出了明确规定。

4. 强大的政治动员能力。我国政府具有强大的政治动员能力,面对危机时,可以在短时间内通过政治控制、利益关联、新闻宣传等手段,自上而下进行动员,使民众和政府立场一致,支持政府进行公共应急管理,形成全民动员、集体参与、共渡难关的局面。在危机信息管理中,由于社会力量的参与,信息通道不再堵塞,信息的真实性得到保证,使政府决策的可信度和可行度大大提高,从而能有效控制事态发展,减少危机带来的危害。

三、大众媒体在应急管理中的角色与功能

突发事件的突发性、紧急性,以及事态发展的不确定性,使应急管理面临严重的信息匮乏、信息不对称所带来的决策困境。在这个意义上,信息成为制约突发事件应急管理能力和水平的关键要素。在社会日益信息化的今天,大众媒体已经成为人们主要的信息源。因此,大众媒体在突发事件应急管理中担当着重要的角色与功能。

(一) 社会风险的守望和预警者

美国传播学家拉斯韦尔认为，社会守望是大众传播的重要功能之一。在这一点上，它与应急管理的预警功能是一致的。应急管理预警就是要对危害公共安全的各种风险进行监控，以期提前发现威胁并告知管理者和公众及时采取措施规避之。这就是说，大众媒体事实上可以充当应急管理预警者的角色。

大众媒体社会预警者的角色，主要是从改变人们的注意力分配，提高决策的理性程度来发挥其功能的：①对于公众而言，由于受专业素质、地理位置、生理状况等个体条件的限制，其对周围环境变化的信息搜集、处理、分析鉴别能力，对各种潜在威胁的感知和反应能力是有限的。大众媒体对各种正在发生的或者潜在的危险向社会发出的警告，可以促使公众注意，并采取正确的措施，从而提高自我保护的意识和能力。②对于政府的管理者而言，虽然科技的高度发达为信息的获取和传递提供了技术上的极大便利，但是，由于决策者的注意力资源是有限的，在有限理性的支配下，面对日趋复杂的社会公共事务，他们不可能对所有的事务都保持高度的灵敏度和回应力。所以，大众媒体对某一事件的持续关注，一方面可以改变决策者的注意力分配，促使其设立政策议程或者直接采取行动；另一方面，可以弥补政府内部信息传播机制的迟缓和失真，为政府决策提供充分、及时的信息，从而保证政府采取及时、正确的行动，规避风险。

(二) 社会舆论的引导者

"舆论"（Public Opinion）在英文中的意思是"公众的意见"，是指一定的社会群体对人们普遍关心的社会事件所持的共同意见，是社会性个体知觉和集合意识的外化。在应急管理中，舆论表现在两个方面：一是公众对于突发事件本身的认知和态度，二是公众对于政府应急管理行动的理解和态度。这两个方面的舆论对于突发事件的成功应对，直至整个社会的稳定具有极其重要的作用。大众媒体作为现代社会最强大、最有影响力的舆论组织，必然在应急管理中担当舆论导向者的角色。

从突发事件本身来说，事件发生后，公众往往希望最大限度地获得有关信息，比如事件性质、规模、危害程度、发展趋势以及应当采取什么样的防范措施，等等。如果公众无法从正当、权威的渠道获取信息，他们就会转向寻求别的信息来源，这就给流言和不真实的小道消息提供了生存和膨胀的空间。

从政府的应急管理行动来讲，当社会舆论与政府的行动相一致时，公众表现为对政府的高度理解和支持，这时，政府和社会就会形成一种整合的力量，应急管理活动往往也就比较有效。比如，SARS期间，由于初期政府没有及时公布真相和采取强有力措施，当政府真正开始采取行动时，尽管此时官方、媒体的报道连篇累牍，但百姓仍将信将疑，他们依旧从其他渠道搜集信息，并用来作为行动的参考。在这种情形下，大众媒体就可以从两个方面来发挥舆论引导作用：一方面，及时地搜集、表达公众的意见和需求，使公众的声音能够进入政府的决策议程；另一方面及时地宣传、解释政府的行动，引导公众理解和支持政府的行动。

(三) 集体行动的沟通者

随着理论与实践的发展，政府应急管理活动被认为是一个以政府为主导的，由营利组织、非营利组织、公民共同参与的行动体系。在社会分工越来越细致的现代社会，协调和有组织的社会活动，离不开不同部分间的信息沟通。从这个角度讲，大众媒体可以成为居于其间的一个十分重要的桥梁。

这种桥梁的角色，在应急管理实践中可以发挥两个方面的功能：①社会动员。一方面，在突发事件发生之前，大众媒体通过持续不断的宣传、解释，提高公众的风险意识和应急能力，并及时做好各种应急准备工作。比如，媒体对地震、火灾、传染性疾病的预防、自救知识的宣传教育等；另一方面，当突发事件发生后，在突如其来的打击面前，公众可能陷入惊慌失措、无所适从的境地，这时大众媒体通过及时传递政府的行动，以及公众应当采取的正确行动等信息，可以很快将公众的注意力和行动统一到政府所期望的目标上来，从而恢复正常的社会秩序。②社会整合。社会动员使社会成员行动起来，社会整合则是在此基础上，协调各方的行动，提高整体效能。传播学研究认为，大众倾向于关注和思考传媒所注意的那些问题，并按照大众媒体给各个问题确定的次序，分配自己的注意力。因而，大众媒体可以通过预先有意识、有选择的安排和设计来调动公众的注意力。

(四) 不当行为的监督者

在突发事件的应急管理中，不可避免地会出现一些不合公共利益的行为，政府也设计了一整套控制系统或工具对自身加以控制和监督，比如专门的纪检部门、司法部门等。这种"硬控制"，虽然具有很强的制约力，但它只能在有限的范围、特定的条件下发挥作用。因而，社会的自我监督、约束的"软控制"就显得十分必要。在这个意义上，大众媒体在应急管理中可以担当社会不良行为监督者的角色。

大众媒体的这种监督角色，主要从两个方面发挥其功能：①行为约束和纠正。大众媒体通过其灵敏的触角，及时发现在应急管理中的各种不当行为，并予以公开，使被监督者迫于舆论的压力而做出合乎理性的行为。无论是公共部门及其管理者，还是私人组织或个人，他们在应急管理活动中的行为和表现，随时都会通过大众媒体被置于大众的视野之中，任何不合乎公共利益，不利于突发事件的应对的行为，都会因为公开而付出政治的、经济的、法律的代价。②教育和警示。大众媒体对不当行为的公开和批评，先进行为的倡导和颂扬，在应急管理中，可以起到很好的教育和警示作用。比如，在抗击"非典"期间，媒体对有关因防治不力而被撤职的官员的报道，对其他官员就起到了极强的警示作用。

（五）社会心理的救治者

突发事件的发生不仅会造成生命和财产的损失，而且还会对人的心理带来极大的冲击，导致严重的心理问题。在个体层面上，它主要表现为恐惧、无助、绝望、抑郁、狂躁等不良情绪；在社会层面上，它主要表现为群体的焦虑、恐惧、对政府的不信任、不合作等情绪和行为。有时，突发事件所造成的心理影响会持续很长时间。在这个意义上，消除突发事件所造成的心理影响在应急管理中具有举足轻重的地位。

大众媒体独特的信息传播优势必然会成为社会心理救治的重要平台。一方面，大众媒体可以充当权威信息、科学信息的发布平台，通过让公众及时了解相关信息，消除公众的疑虑，增强公众的信心。另一方面，大众媒体可以充当公众情绪宣泄的平台。在应急管理中，大众媒体不仅要"上情下达"，还要"下情上达"，给予公众表达意见、发表看法的渠道，在沟通和对话中，缓解公众的紧张和焦虑情绪。比如，开通热线电话，及时听取和反馈群众的意见和呼声，加强灾区生活情况和灾民感受的报道等，这些方法都在以往的案例中收到了很好的效果。

当然，应急管理中大众媒体的功能并不是万能的，如果运用不好，其反作用就会显现出来：①当大众媒体传播的信息不准确时，由于公众对大众媒体的信任和依赖，就有很强的误导作用；②当大众媒体过度渲染某种已经发生或潜在的危险时，就极易引发公众的恐慌和焦虑。所以，大众媒体以公众利益为本的社会责任感就显得特别重要。除此以外，大众媒体功能的发挥还会受到许多因素的制约，比如，大众媒体与政府的关系、紧急状态下政府对大众信息传播的管制、大众媒体的自身利益及其从业人员的素质等，其中，大众媒体与政府之间的关系，以及政府的媒体管理政策是当前我国应急管理实践急需研究和解决的现实问题，这两个方面问题的解决将在体制和机制上促进大众媒体功能的发挥，并在很大程度上提升我国的突发事件应急管理能力和水平。

第五节 地方政府应急管理

一、地方政府的应急管理

（一）我国地方政府在应急管理中的角色定位

在社会危机的管理与处置中，地方政府扮演着一个非常重要的角色。加强政府的社会管理和公共服务职能，这既是对地方政府提出的现实要求，也是地方政府加强应急管理义不容辞的责任。危机状态下更要依法明确政府的角色定位，在紧急状态下赋予政府行政紧急权力十分必要。政府在应对危机中，应逐步向制度化方向转变，限制政府滥用职权，真正确立地方政府的危机领导和服务角色。

（二）我国地方政府在应急管理中的职能

地方政府在进行应急管理过程中一般经过监测、预警阶段，预控、预防阶段，危机处理阶段，评估、恢复阶段。而政府在不同阶段肩负着不同职能，具体体现在以下四个方面：

1. 监测、预警职能。监测、预警职能是政府应急管理的前提，其主要内容是发现危机的存在，为防范危机提供依据。

2. 预控、预防职能。预控、预防职能是根据监测、预警职能，对可能发生的危机事件通过预先的控制和防范，以防止危机的发生，或者减轻危机发生后的危害后果。

3. 危机处理职能。危机处理职能是对于已经发生的危机事件，政府根据事先制定的应急预案，采取应急行动，控制或者消除正在发生的危机事件，减轻灾害危害，保护人民生命和财产安全。

4. 评估、恢复职能。评估、恢复职能是对危机事件造成的危害后果进行评估，在评估的基础上做好恢复与重建工作。危机事件发生后，对危机事件造成的后果进行评估，决定着重建成本，关系着人民生命与财产的安危。

在突发公共安全事件处理上，地方政府必须建立突发公共安全事件应急反应机制，建立一套完善的危机预警系统和决策管理系统，再造政府流程，将部门协调行动制度化，建立统一协调的决策机构，以保障各个部门及各级决策者能在第一时间对危机做出判断,迅速反应,政令畅通,统一指挥,统一行动,协调配合,确保我们在各种危机面前转危为安。

二、地方政府应急管理体系的完善

(一) 树立全面的危机意识

危机会带来各种损失,但危机也是机会和转机,如果决策者直面危机,危机的发生也隐喻着新的发展机会,可以促进制度的革新和环境的变革。从政府应急管理的意义上而言,导致危机出现的因素和发展的薄弱环节往往会受到政府和社会的关注,危机的出现会促使政府重新评估其应对公共危机的制度、政策和行为,具有改进政府管理之缺失的作用。公共应急管理中的政府理念,决定了它在应急管理中的行为以及这种行为所带来的成效,因而应该受到我们的重视。在明确了政府在应急管理中的价值取向后,结合我国政府改革的实际进程,全方位创新政府治理理念,政府就可以在人本政府、法治政府、阳光政府、诚信政府、责任政府、有限政府、服务型政府理念的导引下积极、主动、有效地处理危机,造福于国家、社会与人民。

(二) 强化危机属地化管理

在我国,国务院是突发事件应急管理工作的最高行政领导机构。地方各级人民政府是本行政区域突发事件应急管理工作的行政领导机构。地方政府是各种危机的先期处置主体,建立健全社会有效应对危机的危机体系,各级地方政府是关键所在。地方政府在应急管理中的职能,突出体现在危机的先期处置中,属地管理是应急管理必须坚持的原则。危机一般都具有明显的区域化特征,实行属地管理,有利于及时、全面地掌握信息,迅速做出决策,有效统筹、协调各方面的资源和力量。从实践上看各种突发公共事件的起源大都出于地方,在这样的情况下应急管理的权力应当重心下移,强化地方"就地消化"的能力,一旦危机演变速度超出地方政府的处置能力,则重心上移,中央政府要及时介入。

(三) 完善地方政府危机总体预案

地方应急预案指的是省市(地)、县及其基层政权组织的应急预案,明确各地政府是处置发生在当地突发公共事件的责任主体。《地方政府突发公共事件应急总体预案》是地方应急管理体系的总纲,规定了地方政府应对重大危机的工作原则、组织体系和运行机制,对于指导地方政府各部门有效处置危机,保障公众生命财产安全，减少损失具有重要意义。《地方政府突发公共事件应急总体预案》是在《国家突发公共事件总体应急预案》的总体框架下，根据地方社会、经济中可能遇见的紧急情况和危机，为有效整合地方区域现有各种应急资源，加快建立地方区域突发公共事件预警和应急机制，提高地方政府应对公共危机的能力，保障人民群众的生命安全和现代化建设成果，保障社会稳定，促进经济、社会全面、协调、可持续发展而制定的地方应急预案。目前的预案大都是在国家和省级层面制定的，还应当进一步根据各地的具体情况，制定以地方政府部门为基础的应急预案，同时通过演练、模拟和应用，不断完善这些预案。同时，与预案工作配套的体制问题必须解决，要有一个比较常设的机构，去组织、检查、督促地方日常应急管理体系的建设，突发事件发生后能够起到调度和协调应急管理工作的作用。

（四）加强地方政府危机信息管理

危机信息管理是应急管理的首要管理环节，没有充分、及时、准确的信息就不可能进行有效的应急管理，没有危机信息管理就没有危机决策、危机执行。将应急管理纳入到国家整体发展战略中，并使应急管理能够与这一目标相适应是完全必要的。

（五）建立和完善应急管理的组织领导体系

应急管理是各级政府、各个政府部门的职责和责任。地方政府应急管理的组织领导体系是政府科学、高效地组织、指挥各相关部门和单位，向公众提供社会危机处置服务的组织框架模式和重要依据。建立地方政府应急管理组织领导体系，对提高地方政府信息获取能力、快速反应能力、组织协调能力、决策指挥能力和综合服务能力具有重要的作用。把应急管理的职能整合到地方政府各部门的职能体系之中，整合到地方政府各部门的日常工作之中，是十分重要的。但是，有效应对公共危机，需要各种社会力量的有机合作，需要各种资源的紧急调配，需要地区、区域和区际间的相互协作，需要一个富有弹性的、适应性很强的组织结构。因而，掌握着强大公共权力的政府宏观地、科学地指挥和组织，是战胜公共危机，恢复社会良性运行的重要保证。

（六）提供充分的物质保障和财政资源支持

物质资源和财政资源是政府应急管理的基础。政府要加大直接服务于人民的基础设施的投入，因为基础设施的落后往往是导致危机产生和扩大的一个重要因素。各级人民政府要把应急管理的预算纳入政府的预算体系之中，政府有必要设立必要的专项基金，用于应对各种危机。要建立监督的制度和程序以保证基金的合法、合理以及有效的使用。政府应急管理的物质保障和财政资源支持是指政府运用专门的力量，在处理紧急和意外事件的行动中，对特定的对象所进行的保障和支持。实践证明，在应急管理中有无充足及时的物质保障和财政资源支持，是直接影响危机处置后果的关键所在。

（七）建立地方政府应急管理绩效评估机制

以绩效评估为基础的应急管理是西方国家在政府应急管理工作中提出的一个新思路、新方法。政府绩效评估是以绩效为本，以加强与完善公共责任机制，使政府在管理公共事务、传递公共服务等方面具有竞争力。在过去，对于政府管理行为的成本考虑不足，因而现在将绩效管理引入应急管理就显得尤为重要。按照传统的思维，只要能够平息危机，花再大的代价也是在所不惜的。正是由于绩效考核的缺乏，在实际的应急管理工作中问题频出。

建立地方政府应急管理绩效评估机制，应主要做到以下几个方面：

1. 以公众为中心的服务理念。要统一思想，牢固树立以公众为中心的服务理念，这是危机绩效评估的发展方向。实行绩效评估就是真正将人民群众的满意程度作为我们应急管理工作的评价标准。

2. 制定科学的应急管理考核指标。政府职能是一种制度的规定性，绩效评估就是使制度转化为具体的管理行为、管理秩序和社会生活秩序过程中的一种评判、控制和监督。为了科学客观地实现这种评判和监督，联合国专门提出了绩效导向的应急管理的要求，即：可长期持续，有明确的绩效标准和专业标杆可测量，月内或年内可实现，能够满足不同情景的相关联性，在明确时间表内完成项目的及时性。绩效目标也称为绩效标准，就是对于具体的政府应急管理活动划分等级和提出具体要求的指标。除了对不同的绩效等级规定明确具体的绩效要求之外，绩效目标还规定了明确严格的产出和结果评估措施。

3. 要重视应急管理的信息收集工作。进行评估的基础是各个方面相关信息的迅速有效的收集，所以畅通高效的信息收集工作至关重要。应急管理中所涉及的信息资料主要来源于政府公共部门、社会公众以及对实际效果的鉴定、评估者所进行的调查和听证等。随着行政体制的进一步深化，绩效评估也开始为我国各级地方政府所重视，在实践中得以运用。

（八）把应急管理纳入地方政府的可持续发展战略之中

国民经济和社会发展的可持续发展战略之中，应当有应急管理的内容。首先，我们要转变应急管理的观念。要避免就危机谈危机，就应急管理谈论应急管理的做法。事实上，导致危机发生的正是某些特定的社会、文化、经济和政治环境。尽管人们不能消除危机，但是人们可以消除危机产生的部分原因，防止危机的扩大和恶化。因此，把应急管理纳入国民经济和社会发展的可持续发展战略之中是十分重要的。我们要把应急管理同经济的发展结合起来、把应急管理同资源和环境保护结合起来、把应急管理和文化发展结合起来、把应急管理同以人为中心的发展结合起来、把应急管理同政治和法制的发展结合起来、把应急管理同社会基础设施的发展结合起来，要把应急管理的策略有机地整合到国家方方面面的可持续发展的战略之中。地方政府要在各种政策的制定中，把危机风险的认定和评估作为一个重要的方面和环节，以期收到防患于未然的效果。制定国家应急管理的整体战略和政策，指导各级政府和整个社会的应急管理，是政府应急管理体系的重要组成部分。

第三章　应急管理体系

第一节　国家应急救援预案概述

一、国家应急救援预案的类型

（一）国家总体应急救援预案

国家总体应急救援预案是针对突然发生的，造成或者可能造成重大人员伤亡、财产损失、生态环境破坏和严重社会危害的，危及公共安全的公共突发事件所制定的预案。

（二）国家专项应急救援预案

国家专项应急预案主要是国务院及其有关部门为应对某一类型或某几种类型突发公共事件而制定的应急预案。如国家自然灾害应急救助预案等在内的19项专项应急救援预案。

（三）国务院各部门应急救援预案

国务院各部门应急预案是国务院有关部门根据总体应急预案、专项应急预案和部门职责为应对突发公共事件制定的预案。

（四）地方应急救援预案

地方应急预案具体包括：省级人民政府的突发公共事件总体应急预案、专项应急预案和部门应急预案；各市（地）、县（市）人民政府及其基层政权组织的突发公共事件应急预案。上述预案在省级人民政府的领导下，按照分类管理、分级负责的原则，由地方人民政府及其有关部门分别制定。

另外还有企事业单位根据有关法律法规制定的相应应急预案、举办大型会展和文化体育等重大活动主办单位制定的应急预案等。

二、国家应急救援预案的结构组成

（一）应急预案的总则

包括应急预案的编制目的、编制依据、分类分级、适用范围、工作原则以及应急预案的体系。

（二）应急预案的组织体系

包括应急预案的领导机构、办事机构、工作机构、地方机构以及应急预案的专家组。

（三）应急预案的运行机制

包括应急预案的预测与预警、应急处置、恢复与重建以及信息发布。

（四）应急预案的应急保障

包括应急预案的人力资源、财力保障、物资保障、基本生活保障、医疗卫生保障、交通运输保障、治安维护、人员维护、通信保障、公共设施、科技支撑。

（五）应急预案的监督管理

应急预案的演练、宣传和培训、责任与奖惩。

（六）应急预案的修订

根据实际情况的变化，要及时修订应急预案。

三、国家应急救援预案的特点

国家应急救援工作涉及技术事故、自然灾害及城市管理、重大工程、公共活动场所、公共交通、公共卫生方面的突发事件等多个公共安全领域，因而国家应急救援预案必然是一个复杂的大系统，具有科学性、可操作性、复杂性的特点。

（一）国家应急救援预案的科学性

应急救援预案的制定，从事件或灾情设定、信息收集传输与整合、力量部署到物资调集和实施行动，都要讲究科学。我们必须在科学论证的基础上确定方案，在实战演练中完善预案，在科学决策的基础上采取行动。

（二）国家应急救援预案的可操作性

应急救援预案是针对可能发生的事故灾害而制定的，主要目的就是要在事故发生之时能根据预案来进行力量调度和物资调配，为灾害事故的有效处置打下扎实的基础。有了它，当事故（件）发生后，我们就能按照预案进行力量部署，采取处置对策，组织实施救援，达到知己知彼、速战速决的目标，将灾害损失控制在最小程度。因此，制定的各项应急救援预案必须具有可操作性。

（三）国家应急救援预案的复杂性

制定应急预案是一项细致复杂的工作。从内容上来讲，应急预案既包括突发性公共事件，又包括自然灾害、事故灾难、公共卫生和社会安全等事件。从制定过程来看，需要收集资料、开展调研、确定力量部署等，还要进行实战演练以检验预案是否具有可操作性。从实施过程和行动来讲，预案的制定是根据人们对灾害事故设想发生的情景来制定的，由于预案制定者认识的局限性、灾害事故发生点的不确定性以及事故现场千变万化等因素，使得预案不可能完全符合实际情况，随时需要调整修改。以上这些，足以说明救援预案的复杂性。

四、国家应急救援预案的作用

（一）应急救援预案是构建和谐社会的安全屏障

和谐社会是人与自然和谐相处的具有安全感的社会。公民的生存安全、财产安全是最基本的权利，如果没有安全保障，就无法达到人与人之间的和谐和人与自然的和谐，也就无法谈及构建和谐社会。所以，应急机制和处置预案是构建和谐社会的必需要件，以此为社会打造安全屏障。建立健全应对自然灾害、事故灾难、公共卫生和社会安全等方面的社会预警体系，形成统一指挥、功能齐全、反应灵敏、运转高效的应急机制，提高保障公共安全和处置突发事件的能力，是政府全面履行职能，特别是加强社会管理和公共服务职能的一项重要工作，也是构建和谐社会的一项重要任务。

（二）应急救援预案是维护国家安全和社会稳定的战略举措

进入21世纪，恐怖活动日益猖獗，手段花样翻新，破坏后果严重，给人类带来了严重灾难。据国外有关机构统计，当今世界上以极端主义、民族分裂主义、宗教主义、国家法西斯和黑社会性质为代表的恐怖组织有 1000 多个。长期以来，世界各国都深受恐怖活动之害，我国也不例外，尤其是 20 世纪 90 年代以后，境内外敌对势力相互勾结，在我国境内组织了一系列爆炸、暗杀、纵火、投毒、袭击等恐怖暴力事件，严重危害了我国各族人民群众的生命财产安全、社会稳定和民族团结，因此制定应急救援预案是维护国家安全和社会稳定的战略举措。

（三）应急救援预案是成功处置各类突发事件的前提和基础

应急预案在处置各类突发事件中具有重要作用。可以说，一套严密、有效的应急预案对处置突发事件起着决定性的作用。

制定应急救援预案，有利于掌握作战行动的主动权，有利于促进对可能发生的突发事件的预测，有利于增强应急队伍训练的针对性，有利于对灾害事故的规律和处置对策进行深入研究。所以我们说，应急救援预案为成功处置各类突发事件提供了前提和基础。

当然，也不能过分夸大预案的作用，不能认为有了预案就一定能打胜仗，甚至在救援时一成不变地根据预案来指挥和实施救援。尤其在灾害事故现场，指挥员面对灾情，必须依据实际灾情部署战斗，而不是完全依据预案来指挥作战。这是因为，灾害事故复杂多变，客观灾情与预定灾情不会完全相同，战斗部署必须因"灾"制宜。再则，计划指挥与临场指挥是救援指挥的两种不同形式，它们之间既有联系，又有区别。计划指挥是对临场指挥的某种假设，临场指挥又可参考计划指挥的措施，但两者不能互相代替。计划指挥更不能取代临场指挥，只能帮助指挥员更有效地决策。当救援现场实际情况与预案不符时，不能照搬照套预案，指挥员要及时加以调整，果断作出决策，保证顺利地完成救援任务。

国家应急救援预案在创建和谐社会中发挥的作用越来越大，地位越来越明显。在制定应急救援预案时，既要有宏观上的总体预案，也要有某一个重点单（部）位的预案。预案制作中要充分整合地区资源、信息资源、专家资源、装备资源和其他可以利用的救援力量资源，以期在每次应急救援中形成最大的合力，以实现制作预案的最终目的。相信在各级政府和专业机关的重视下，我国的应急救援体系和应急救援预案将会更加完善，并将在保护国家和人民生命财产安全中发挥更大的作用。

第二节　国外应急管理体系

一、各国应急管理的状况

（一）美国应急管理体系

应急管理是一项复杂的系统工程，需要一个科学合理、协调有力的运行体系以保证应急管理的高效、有序的展开。应急管理体系（Emergency Management System）是保证应急管理有效运行的一些制度安排和条件保障，它是应急管理的基础和核心。

1. 美国应急管理体系的特点。美国是世界上最为重视应急管理的国家之一，它的应急管理体系有两个突出特点：

（1）组织机构完备，职能明确。联邦应急机构处于美国应急管理体系的第一层次，除此之外，全美各州以及各州管辖的地方政府均设有相应的应急管理办公室，分别处在应急管理组织体系的第二、第三层次。每一个层次的管理机构都有一个在非常时期具有相当职权的运行部门——应急运行调度中心。不同层次中心的职能包括：搜集潜在的各类灾害和恐怖袭击等信息，保持与政府相关部门及社会各界的联系畅通，汇总及分析各类相关信息，下达紧急事务处置指令，及时反馈应急管理过程中的各类情况等。

（2）极其重视预警系统建设。美国政府把应急预警看做是控制突发事件事态扩大的有效手段。以防范突发公共卫生事件为例，美国组建了国家应急行动中心、电子网络疾病监测报告系统、大都市症状监测系统以及临床公共卫生沟通系统等四个层次的防范系统。

2. 美国应急管理体系解析。

（1）美国应急管理组织体系。经过多年的改进和加强，美国已基本建立起了一个比较完善的应急管理组织体系，由联邦、州、县和地方政府四级构成，联邦、州、县、市、社区五个层次的管理与响应机构，比较全面地覆盖了美国本土和各个领域。

当事故发生后，应急行动的指挥权属于当地政府，仅在地方政府提出援助请求时，上级政府才调用相应资源予以增援，并不接替当地政府对这些资源的处置和指挥权限。但是，上一级政府有权在灾后对这些资源所涉及的资金使用情况进行审计。

作为联邦制国家，美国各州政府具有独立的立法权与相应的行政权，一般都设有专门机构负责本州应急管理事务，具体做法不尽相同。以加州为例，加州通过实施标准应急管理系统，在全加州构建出五个级别的应急组织层次，分别为州、地区、县、地方和现场。其中，州一级负责应急管理事务的机构为州应急服务办公室，主任及副主任由州长任命。州应急服务办公室又将全加州58个县划分为3个行政地区。同时，为了通过互助系统共享资源，又将全加州划分出6个互助区，将员工分派到不同行政区办公，以便协调全州6个互助区的应急管理工作。县一级机构主要是作为该县所有地方政府应急信息的节点单位和互助提供单位；地方一级主要是由市政府负责管理，和协调该辖区内的所有应急响应和灾后恢复活动；现场一级主要是由一些应急响应组织对本辖区事发现场应急资源和响应活动的指挥控制。事实上，加州地区一级的应急仍然是由州政府机构来负责，而县一级的应急需要依托该辖区内实力较强的地方政府，如旧金山县依托旧金山市，洛杉矶县依托洛杉矶市。

（2）美国应急运行中心。美国各级政府的应急管理部门中，大多建有应急运行中心及备用中心，以便发生灾难时相应部门的人员进行指挥和协调活动。中心一般配有语音通讯系统、网络信息系统、指挥调度系统、移动指挥装备系统、综合信息显示系统、视频会商系统、地理信息系统、安全管理系统等，并考虑安全认证、容积备份和技术支持等问题。运行中心主要作为应急基础设施存在，建筑相当坚固，并采取各种措施来保证中心及内部应急人员的安全。加州应急服务办公室应急运行中心建设过程中，就在固有防震级别的基础上，加设了加固框架。而洛杉矶市应急准备局的应急运行中心则设在地下3层，备有多路通风系统及氧气供应系统。

运行中心还被作为演习和训练的场所。加州应急服务办公室管理的运行中心建成后，共指挥过6次重大事故应急救援，每年举行1次重大应急救援演习和若干次小应急救援演习，并为应急指挥人员提供专业训练和培训。

（3）美国应急管理机制。当前美国应急管理机制的基本特点是：统一管理，属地为主，分级响应，标准运行。

"统一管理"是指自然灾害、技术事故、恐怖袭击等各类重大突发事件发生后，一律由各级政府的应急管理部门统一调度指挥。平时与应急准备相关的工作，如培训、宣传、演习和物资、技术保障等，也归入到政府的应急管理部门负责。

"属地为主"是指无论事件的规模有多大，涉及范围有多广，应急响应的指挥任务都由事发地的政府来承担，联邦与上一级政府的任务是援助和协调，一般不负责指挥。联邦应急管理机构很少介入地方的指挥系统。在"9·11"事件和"卡特里娜号"飓风这样性质严重、影响广泛的重大事件应急救援活动中，也主要由事发地纽约市政府和奥兰多市政府作为指挥核心。

"分级响应"强调的是应急响应的规模和强度，而不是指挥权的转移，在同一级政府的应急响应中，可以采用不同的响应级别。确定响应级别的原则，一是事件的严重程度；二是公众的关注程度，如奥运会、奥斯卡金像奖颁奖会，虽然难以确定是否发生重大破坏性事件，但由于公众关注度高，仍然要始终保持最高的预警和响应级别。

"标准运行"主要是指从应急准备一直到应急恢复的过程中，要遵循标准化的运行程序。包括物资、调度、信息共享、通讯联络、术语代码、文件格式乃至救援人员服装标志等，都要采用所有人都能识别和接受的标准，以减少失误，提高效率。

（二）日本应急管理体系

1. 日本应急管理体系的特点。

（1）建立了完善的应急法律法规体系。日本的应急管理可谓是"立法先行"，相关的法律法规极为完善。1947年日本就出台了《灾害救助法》，在此基础上1961年出台了《灾害基本对策法》，该法为日本防灾应急的根本大法。自《灾害基本对策法》实施以来，经过多次大的调整，在提高政府应急管理能力方面发挥着重要的作用。按照该法规定，日本从中央到地方都必须制定相应层次的防灾计划。各级政府制定的防灾计划作为应对各种突发灾害事件的重要法宝，一旦灾害来到，即可有备无患地加以应对。

（2）重视灾害防范研究工作。日本处在较为特殊的地理位置，地震等自然灾害多有发生，伴随着自然灾害还易引发其他类型的事故灾害。为了尽可能减少损失，日本政府特别重视灾害防范的研究工作，每年投入约400亿日元的专项科技研究经费，大力促进应急科学技术的研究。日本防灾科学技术研究所、东京大学地震研究所、京都大学防灾研究所都是世界著名的防灾科技研究机构，在震灾对策研究、火灾对策研究、火山灾害对策研究、雪害对策研究、危险物品灾害对策研究方面，均处在国际领先水平。

（3）重视应急管理通信系统的建设和运用。2003年3月，日本中央防灾会议通过了《关于完善防灾信息体系的基本方针》，为应急信息体系建设提供重要指导。除了已有的比较完善的气象防灾信息、流域信息系统、道路灾害信息系统以及覆盖全国的"中央灾害管理无线广播通讯系统"以外，政府与政府、政府与公民、政府与企业的应急电子政务系统也已开始应用，在应急管理中发挥出不可替代的作用。

2. 日本应急管理体系解析。

(1) 日本应急管理组织体系。在应急管理的组织方面,日本建立起了以内阁首相为最高指挥官,由内阁官房来负责总体协调、联络,并通过安全保障会议、阁僚会议或内阁会议、中央防灾会议等决策机构制定危机对策,由警察厅、防卫厅、海上保安厅、消防厅等各省厅、部门根据具体情况予以配合的高度严密、科学高效的组织体系,形成了国防安全保障——危机管理——防灾减灾的体统,既分工明确,又相互关联,合成一体。

(2) 日本应急运行中心。2002年4月建成的首都官邸为日本应急运行中心。它用最新技术和设备装备,加强了建筑物本身的抗灾能力和防止危机突发能力,地下一层为危机管理中心,楼屋顶上可起降直升飞机,大门前喷水池在紧急时期可以排水作为直升飞机的起降台。该危机管理中心可以说是日本危机管理功能最先进的中心,具有同时处理两个以上危机事态的多功能系统,防止危机事态长期化的食品储备系统,防止信息泄漏和外人潜入的信息安全系统,防止断水、断电、断通信的储备系统,汇总全国的各种危机管理信息的多媒体多渠道信息通信系统。

(三) 澳大利亚应急管理体系

1. 澳大利亚应急管理体系的特点。

(1) 建立了层次分明、职责明确的政府应急管理体系。澳大利亚设立了一套三个层次承担不同职责的政府应急管理体系:①联邦政府层面:联邦政府通过顾问安排承担领导角色等途径,为州和地区发生的主要灾害提供物质和财政援助;②州和地区层面:6个州和2个地区则为保护生命、财产和环境安全承担主要责任,各州和地区通过立法、建立委员会机构以及提升警务、消防、救护、应急服务、健康福利机构等各方面的能力来实现这一目标;③社区层面:澳大利亚全国范围内约有700个社区,它们虽然不直接控制灾害相应机构,但必须在灾难预防、缓解以及为救灾计划进行协调等方面承担责任。

(2) 建立了有效的应急资金管理体系。在国家"自然灾害消除安排(NDRA)"的框架下,联邦政府为各州和地区提供资金援助,减轻了用于救灾和恢复重建的资金负担。联邦政府还直接向受灾的个人提供资金援助,并负责提供信息和咨询服务等,让公众直接得到联邦政府的救助。

2. 澳大利亚应急管理体系解析。

在历经了1974年达尔文"特蕾西"飓风事故、1983年维多利亚和澳大利亚南部的森林大火、1986年昆士兰州北部"威妮弗蕾德"飓风、1990年新南威尔士中部和昆士兰州南部的大洪水、1993年维多利亚东北部的洪灾以及1994年新南威尔士的林区大火等几次重大危机事件后，1993 年 1 月 1 日，澳大利亚把"自然灾害组织"改名为澳大利亚应急管理中心（EMA，Emergency Management Australia）。

澳大利亚应急管理中心的主要职责是依靠州与地方政府，在遭受自然灾害、技术灾害和人为灾害时，保护澳大利亚公民的生命与财产。而联邦政府承诺协助州和地区发展自己的应急管理能力来保护所有的澳大利亚公民的生命及其财产安全。对此，澳大利亚应急管理中心主要负责日常管理协调功能，它还根据危机事态的发展以及受灾地区的请求，协调联邦政府给予发生重大灾害的州和地方以实物帮助。应急管理中心与政府和外界联系紧密，不仅与一些联邦主管当局、州与地区机构和产业实体紧密合作，而且与全世界的同类性质的机构保持密切联系。该中心包括四个小组：计划与运作小组、开发小组、知识管理与商务小组以及教育与培训小组。

澳大利亚应急管理中心的主要任务是减少澳大利亚及本地区的灾害冲击。该中心主要通过制订、协调并且支持有效的全国应急管理安排，向联邦机关、州、地方、产业和国际社会提供关于应急管理事务的咨询。作为国际开发组织在澳大利亚代表的机构，协助对大洋洲地区有关国家的应急管理。其核心功能包括危机发生时期和日常的应急管理两个方面。

（四）加拿大应急管理体系

1. 加拿大应急管理体系的特点。

（1）重视地方部门在应急管理体系中的作用，应急反应迅速。加拿大政府要求，任何紧急事件首先应由当地官方部门进行处置，如医院、消防部门、警察机关和市政当局等。如果需要协助，可向省或地区紧急事件管理组织请求；如果紧急事件不断升级以至超出了省或地区的资源能力，可向政府寻求援助。从各省或地区到加拿大政府的请求通过关键基础设施保护和紧急事件准备办公室（OCIPEP，Office of Critical Infrastructure Protection and Emergency Preparedness）进行协调。从省或地方请求的提出，到国家层面做出反应，以及资源的调集和专家的到位，往往只需要几分钟就可以完成。

（2）强调公众的参与，重视应急管理教育。为了让公众了解、支持和积极参与，加拿大政府每年 5 月举行一次由省、地区政府、自治市、非政府组织、志愿者以及教师等人共同参与宣传的"紧急事件准备宣传周"，向公众传播应急知识，以提升公众参与应急管理的能力。专门从事应急教育和培训的加拿大应急准备学院，从 1951 年至今一直担当培养应急人才的任务。

2. 加拿大应急管理体系解析。2001 年 2 月 5 日，加拿大总理宣布建立关键基础设施保护与应急准备办公室（OCIPEP），隶属于加拿大国防部，并由国防部长出任该办公室的主任。办公室的职责包括加拿大已经存在的灾害预防功能，同时，该办公室将建立并使用一个综合性的方法以保护加拿大的关键基础设施。总体而言，其已经成为确保国内灾害预防与安全的第一负责机构。

关键基础设施保护与应急管理准备办公室的主要职责为：与各私人部门、地方当局、海外领地以及与一些重要的国际同类性质的机构（特别是美国的机构）建立伙伴关系；促进加拿大关键基础设施的领导与员工之间的对话，并促进有关灾害威胁和脆弱性信息的共享；向联邦政府计算机事故分析和协调系统提供关键数据信息，并与联邦职能部门一起合作，承担起保护信息系统和网络的职责；提升其他合作领域的合作水平，推动和促进有关信息技术安全方面的研究，使灾害预防达到较高水平。

关键基础设施保护与应急管理准备办公室是国防部领导下的文官组织，其主要人员构成是：部长（Minister，国防部长兼任）、副部长（Deputy Minister）、联合副部长（Associate Deputy Minister）、副部长助理（Assistant Deputy Minister）和项目总监（Director General, Programs）、外部关系和公共事务总监（Director General, External Relations and Public Affairs）、政策计划和准备总监（Director General, Policy）、执行总监（Director General, Operations）、社团服务高级总监（Senior Director, Corporate Services）；其设立的部门有：项目创新处、财政援助和计划处、研究和发展处、教育培训处、公共事务处、国内合作处、国际合作处、紧急事务管理政策处、关键基础设施处、战略管理处、威胁和事故分析处、关键计算机基础设施保护处、执行计划和支持处、关键基础设施地质和依存处、紧急事务运作中心、财政和管理处、信息技术和无线通信处和魁北克地区处等10个地区处。

（五）俄罗斯紧急管理体系

俄罗斯应急管理也形成了较为完备的应急管理立法体系。俄罗斯在1994年通过了《关于保护居民和领土免遭自然和人为灾害法》，对在俄生活的各国公民、无国籍人员提供旨在免受自然和人为灾害影响的法律保护；1995年7月，通过了《事故救援机构和救援人员地位法》，规定在发生紧急情况时，联邦政府可借助该法律协调国家各机构与地方自治机关、企业及其他法人之间的工作，规定了救援人员的救援权利和责任等；1997年颁布实施了《工业危险生产安全法》，对控制工业领域的各种危机作了详细的规定；1999年制定了《公民公共卫生和流行病医疗保护法案》，主要为保障公民公共卫生安全、控制流行病发生提供了法律依据；2002年通过《紧急状态》，对紧急状态的各种法律问题作了详细规定。

经过多年的发展，较为完备的应急管理立法体系，已经在俄罗斯形成，保障了俄罗斯应急管理走上法制轨道。在联合应急方面俄罗斯相当注重协调管理。21个自治共和国、6个边疆区、49个州、2个联邦直辖市、10个民族自治专区等89个联邦主体组成的俄罗斯联邦，共同构筑起了"俄罗斯联邦预防和消除紧急情况的统一国家体系（USEPE）"。这一应急体系包含几个基本的层次，每一个层次依所处环境不同承担的功能分成三种情况：①在日常准备阶段，承担诸如制定一般紧急事件的处理预案、对周围环境的监测和对危险设施的监控以及进行应急教育培训等事务；②在预警阶段，为应对可能发生的应急事件做准备，比如，提前准备好随时为应急救援服务的化学药品和其他救援物资等；③在应急阶段，启动疏散、搜寻和营救以及提供医疗服务等应急事务功能，执行各项应急任务。

受财政压力、经济危机、民族冲突等多重因素的影响，尽管俄罗斯的应急管理还面临各种困难和挑战，但所取得的成绩和经验应当值得肯定，特别是它的立法经验和联合应急做法有一定的借鉴意义。

二、国外应急管理的启示

（一）设立专门的综合性指导协调机构

现代国家把有效应对各种突发公共事件、维护社会公共安全作为自身一项重要职能，在新的形势下，积极探索适合本国最有效的应急管理体系，通过应急管理体系的改革和创新，进一步提升应急管理的能力。西方国家的应急管理已由单一部门应对单一灾种的做法，转变为由规格更高、力量更强的综合部门应对各种类型的突发事件，以实现应急管理力量的整合。

美国对重大突发事件应急管理更是从单项防灾到综合防灾直至发展成为今天的循环、持续改进型的危机管理模式，美国联邦政府指定国土安全部作为人为和自然灾害以及紧急事件的核心机构，联邦应急管理局（Federal Emergency Management Agency，简称FEMA）虽然已并入国土安全部，但仍可作为直接向总统报告、专门负责重特大灾害应急管理的联邦政府机构存在，职能得到进一步加强，局长继续由总统任命。澳大利亚的紧急事态管理署（Emergency Management Australia，简称EMA），加拿大的公共安全和应急准备办公室、俄罗斯的紧急情况部都是国家的核心应急机构，是国家公共安全的"总管家"。它们不再针对某种灾害，而是侧重对所有灾害综合应对协调。然而，在应急管理中仅有政府是不够的，需要动员社会上一切力量参与突发事件应急管理的全过程，因此各国非常重视民间组织、社区组织、志愿者组织甚至是公民个人的自救与互救作用,通过反复的教育和宣传,培养了公民极强的安全意识,形成了良好的安全文化氛围。其中澳大利亚的"志愿者服务澳大利亚"(Volunteering Australia,也称"志愿的澳大利亚公司",Volunteering Australia Inc.)、美国的"全国抗灾志愿者组织"(National Volunteer Organization Against Disasters,简称NVOAD)等比较著名,在突发事件应急管理中发挥了重要的作用。

综合部门应对突发事件,将更加系统,从突发事件的每个时间段、每个空间领域更好地协调各方的工作,大大提高应急管理的效率。

(二)建立较完善的应急管理法制体系

日本早在1947年就出台了《灾害救助法》,在长达60年的应急管理实践中,起到了非常好的作用;俄罗斯的应急立法也相当完备,《紧急状态法》等相关法律在指导应急方面效果很好。美国已经制定了《国家突发事件管理系统》,要求所有联邦政府与机构采用,并一次开展事故管理和应急预防、准备、响应与恢复计划及活动。在澳大利亚,宪法规定,保护公民生命和财产的首要职责在于州,因此几乎所有的州都制定了专门的应急管理法规,用以协调本州的突发事件应急行动。

在现代社会里,对于应急管理同样也需要法律的保障,以明确在突发事件发生后,发生地的省市各部门、各机构、企事业单位及个人的职责,除此之外还应明确省市各部门为避免突发事件所应当做的准备,使整个社会重视突发事件,了解在突发事件发生后的做法,避免处于混乱以致加重突发事件处理不当所造成的损害。

(三)积极培育全社会防范和应对突发公共事件的能力

很多突发公共事件很难预测什么时间、什么地点出现,所以仅仅依靠政府的应急力量是不够的,而必须动员全社会力量,并让社会公众有能力去应对灾害,应注重对人员较为集中的社区、学校等地方的宣传培育,这些地方往往有着老年人、患病者和儿童,他们对保护自己、处理突发事件的能力较弱。国外的突发事件应急管理,尤其是灾害意识方面的教育与培训非常全面和深入。在澳大利亚,当地政府甚至赠与旅游者介绍本地灾害以及如何自救的小册子。

西方国家在应急管理实践过程中,发现与其花大量的人力、物力、财力于事后的处理,不如做好突发事件的预防。对此,西方国家逐渐从应对为主发展为侧重预防,提出了突发事件应急管理的预防(prevention)、准备(preparation)、应对(response)、恢复(recovery)四个方面(简称PPRR),强调这四个方面不是时间上的连续阶段,而是有重叠的综合过程,并且在突发事件管理中充分贯彻了防灾、减灾思想以及风险管理的方法。

(四) 强化应急保障系统,做到有备无患

应急力量的提升必须依靠强有力的应急资源作保证,西方国家已经在应急管理中形成了比较完善的管理系统,其中包括指挥系统、资源系统、信息与通讯系统、后勤保障系统等若干个操作系统。高素质的应急人力资源、高水平的应急救援装备以及高可靠性的应急技术保障资源等都是不可或缺的。应急信息系统、应急财务经费也都应获得保障,最终是为确保应急管理的有效实施。这些系统时刻监控灾害事件发生的可能性,在事件发生后依法展开行动,而不再需要等待上级主管的命令。

美国联邦政府利用《国家应急预案》应急支持职能附件的方式,明确联邦政府机构和红十字会的资源保障任务、政策、组织构成和职责,每一项职能附件规定相应的联邦政府协调机构、牵头机构和支持机构。协调机构负责事前策划,与牵头机构、支持机构保持联系,并定期组织召开本职能相关机构的协调会。牵头机构作为职能的执行主体,负责提供人力,并尽可能获取足够使用的应急资源。支持机构应牵头机构要求,提供人力、装备、技术和信息方面的支持。美国联邦应急管理局还建立了应急信息系统层次结构模型,包括联邦应急管理信息系统、网络应急管理系统、灾害损失评估系统,不仅使各类应急信息系统的信息资源能得到及时更新,还能促进不同系统之间的信息资源共享,为应急决策过程提供技术支持。美国已有较为完善的突发事件应急资金管理制度。从 2002 年至 2005 年三年来,美国联邦应急管理局每年应急资金预算约为 32 亿美元,其中包括联邦每年 23 亿美元的灾害应急基金。联邦应急管理的财政预算,不仅用于日常应急响应和培训、演习活动,还用于防灾、减灾和灾后恢复活动。

应急保障系统的建立,是为了使应急计划得到有效的实施,在自然灾害或是人为灾害的紧急状态中,有可能出现的、最坏的情况就是应急保障系统,特别是动力、通讯、运输和信息系统受到损害。如就通讯这一项看,以政府为领导的救灾行动中的协调工作全部需要依靠通讯系统,一旦被损害,将拖延应急措施的实施。

(五) 重视应急研究和人才培养

在新的社会复杂形势下,应急的难度越来越大,技术要求越来越高。重视应急人才的培育、应急理论和技术的研究以适应社会的发展及不同时期、不同区域的应急处理，是各国的普遍经验。日本、美国、澳大利亚等国都极为重视应急理论和技术的研究，在应急人才培养方面都形成了比较成熟的体系。我国在应急管理上虽也有专人指挥并实行，但一般都依灾害类别进行建设和管理，各部门的要求、配备的装备、指挥结构、数据和系统接口不统一，相互之间难以协调。在人才培养上，应当是职业化的，由全国制定统一的考核标准，实施统一培训。缺少专业的应急管理人才，应急理论和技术的研究难以有效展开，易导致重复研究，浪费大量的人力、物力。

第三节　应急管理体系的结构与内容

一、应急管理的基本框架

在社会管理中应急管理是一个不可或缺的方面，是直接关系到国计民生和政治稳定的根本大事。无论是世界上发生洪水、海啸、地震等自然灾害，还是中东战争、古巴导弹危机事件、美国种族大骚乱、法国"红五月风暴"、"9·11"事件等人为造成的灾难，无不让整个世界为之震撼。如何有效应对危机，实施有效的应急管理成了各国政府关注的焦点。

从最广泛的意义上说，应急管理包括了事前、事中、事后所有方面的管理。传统的应急管理着重强调对危机反应的管理，而不重视危机的前因后果。不管是偶然事故、紧急事故和灾难事故的管理，还是复原或事态继续管理都是应急管理。有效的应急管理需要转移或缩减危机的来源、范围和影响，提高危机初始管理的地位，改进危机冲击的反应管理，完善修复管理，并能迅速有效地减轻危机造成的损害。要做好以上工作，需要建立全方位的应急管理体系。

通常的应急管理结合了时间序列，也就是在危机发生、发展的每一阶段制定出相应的战略。为构建全方位的应急管理体系，还可以从组织行为、决策过程两方面分析应急管理的基本框架。

（一）依时间序列构建的框架

即根据危机的三个阶段（危机前、危机发生和危机后）及每个阶段又可分为不同的子阶段，将应急管理分为紧急预警、危机控制、危机善后处理三种框架类型。

（二）依组织行为构建的框架

为了最大程度限制和避免公共紧急状态给民众的生命和财产造成损害，世界各国采取了相应的措施和对策来处理与公共紧急状态有关的危机事件。从组织行为的角度出发，根据应急管理体系构建过程中的政府效能、媒体作用、应对网络和法律原则等四个主题，构建相应的应急管理框架类型。

（三）依决策过程构建的框架

公共决策在任何社会的公共治理结构中都处于核心地位。从公共决策的形成过程来说，公共决策体系包括和平时期常规状态下的程序化决策和危机时期非常规状态下的非程序化决策两个方面。危机情况下特殊的决策问题与特殊的决策环境，给决策者带来高度紧张和压力，对此，决策者必须采取科学的决策方法和艺术。

二、应急管理体系的内容

（一）应急管理的预警机制

应急管理的预警是整个应急管理过程的第一个阶段，目的是为了有效地预防和避免公共突发事件的发生。危机预警是指根据有关危机现象过去和现在的数据、情报和资料，运用逻辑推理和科学预测的方法、技术，对某些危机现象出现的约束性条件、未来发展趋势和演变规律做出估计与推断，并发出确切的警示信号或信息，使政府和民众提前了解危机发展的状态，以便及时采取应对策略，防止或消除不利后果的一系列活动。

预警系统从其手段上可分为电子预警系统和指标性预警系统。电子预警系统主要是通过电子装置进行信息采集、信息分析、决策和发布警报的自动预警系统。指标性预警系统主要是对那些无法根据直接获得的信息判断能否发生，是哪一级以及有多大危害的突发事件进行预警的系统，它需要对信息进行加工后才能得出正确的结论。

预警系统从其时间上可分为中长期预警和短期预警两类。中长期是对潜在对象在较长时间跨度内的目标、实力、政策趋向和引发危机的可能性做出预测和防治，以有效地避免危机的发生。短期预警是对潜在对象在较短时间内引发危机的可能性及可能采取的战略、策略、具体措施等作出预测和估价，以减缓和中断冲突激化过程。

信息收集子系统的任务是对有关危机风险和危机征兆等信息进行收集，在信息收集时要注意信息传递的障碍，包括人为障碍和非人为障碍。信息加工子系统包括了信息整理、信息识别和信息转化三大功能。决策子系统是根据信息加工子系统的结果决定是否发出危机警报和危机警报的级别，并向警报子系统发出指令。警报子系统是向应急管理小组成员发出明确无误的警报，使他们采取正确的措施，警报系统要告诉相关人员危机的来临，这就要求警报系统能与危机管理小组成员进行有效的沟通。咨询子系统是保证政府决策科学性的专家咨询系统。

（二）应急管理的控制处理机制

控制处理是应急管理工作的重要职能之一，在应急管理中，尽管有很好的危机应对计划，有很好的危机应对组织，危机管理者的效率也很高，但是由于原来制定的应对计划不当或者危机情境的发展与原来预测不同，造成危机应对计划局部或整体不符现状，使得应急管理活动中存在各种偏差，应急管理者难以实现应急计划的要求和目标，这时就需要强化应急管理应对过程中的控制处理。

1. 应急管理控制处理的内涵。控制是指监视管理过程中的各项活动以保证它们按照计划进行并纠正各种重要偏差的过程。有效的危机应对控制应具备三个特征：①信息应该准确。控制活动必须给应急管理者提供可靠的、准确的信息数据。②信息提供及时。危机应对控制应该能够及时影响、改变应急管理者的关注点，使管理者能正确决策。修改危机处理措施，再好的信息如果不及时，对应急管理者都是毫无用处的。③选择好关键点控制。管理者不可能控制危机中的每一个人所做的每一件事情，因此应该控制关键性的活动或者关键环节，而这些环节往往很容易出现偏差，并对应急管理是否成功影响很大。

2. 应急管理控制处理策略。①危机中止策略。当危机发生后应及时发现危机产生的根源和扩散的途径，采取积极有效的手段阻断其发展。例如，危机根源在于生产过程造成污染，就应立即关闭有关工厂，让其主动承担相应的损失，防止危机进一步扩散。②危机隔离策略。危机的发生往往具有"涟漪效应"，应将危机的负面影响隔离在最小范围内，避免造成更大的人员伤亡和财产损失。可采取危害隔离，如火灾发生后，采取果断措施切断火源，亦可采取人员隔离。

3. 应急管理控制处理方法。①尽快确认危机。许多应急管理的失败在于当危机发生以后，没有认识到问题的严重，以致贻误最佳的危机处理时机。危机确认延误的原因可能有，预警系统出现障碍；组织结构不合理，造成信息传递迟缓；一线人员害怕承担责任，对危机信息隐瞒不报；高层管理者危机意识淡薄。②确保冷静决策。面对突如其来的危机，要求应急管理者不受公众激愤的情绪影响，切不可惊慌失措，乱了分寸，而应镇定自若，保持清醒的头脑，沉着面对现实，迅速组织人员查清危机的真正原因，找到解决的有效办法，果断做出决策。③迅速做出反应。久拖不决是处理危机的大忌。危机发生后，伴随着大众媒体的介入，组织往往处于公众的指责声中，这时只有诚恳的态度才是挽救危机的有效途径，傲慢无礼或推诿责任只能招致公众的更大反感。④高度关注信息控制。一是要对信息监控和记录，并对信息进行分析，确定其可靠、有效性；二是对于危机信息事实披露，危机发生后，公众希望了解真相，政府部门应适度地、有选择地告知事实真相。⑤有重点地采取行动。在应急管理反应行动中应有主次之分，先解决危害较大的、时间要求紧迫的问题，再着手解决其他问题。

（三）应急管理的善后处理机制

控制处理危机阶段结束，并不意味着应急管理已经完结，只是进入一个新的阶段——危机善后处理。在出现危机，特别是重大责任事故，导致社会公众利益受损时，应急管理机构必须承担相应的责任，给予公众一定的精神补偿和物质补偿。在民众中加强思想教育，积极地总结经验教训，引导群众认清危机状态的危害，减少心理震荡，增强对政府的信任力。从长远来看，要稳定人心、稳定社会秩序，必须适应社会生产力的发展要求，不断从各方面进行利益关系调整，加强法制建设，逐步地化解社会矛盾，实现和谐社会，增强对危机的免疫功能，预防危机再次发生。

1. 完善应急管理善后处理机制。当危机事件被完全控制时，危机事件也就最终得到解决。但是，危机事件会导致社会出现一种高度不稳定的失衡状态，并可能持续一段时期，加之某些危机具有明显的变异性和互动性，因此极度紧迫的逆境状态解放出来后应急管理组织还应对危机后的特定时期进行跟踪、反馈，确保危机事件的根本解决。①安抚机制。政府及其他组织应面向公众，争取广泛的社会支持，对涉及危机事件的相关人员作善后安排。建立被害人救助制度，使危机带来的社会震荡消减到最低限度，同时恰当地处理公共突发事件的参与者。②转变机制。危机发生后应及时培养民众的危机意识，提高他们的危机应对技能，增进社会整体的抗危机水平。充分发挥危机可能促进组织发展、社会整合的一种积极力量功能，以维持社会系统的活力。③社会心态恢复机制。由于危机事件造成巨大人员伤亡和财产损失，给社会生产、生活带来巨大的震荡和破坏，社会公众的心态往往呈现反弹和低落的状态，这时需要建立让社会公众重拾信心的制度。

2. 加强反馈调整机制。完善的危机反馈可以降低未来再次发生危机的几率，并强化处理危机能力，还可增进危机中的沟通技巧，其中最重要的是评估弱点。

3. 健全精神心理救助机制。恢复和重建不仅意味着恢复危机中受损的东西，也意味着恢复和重建危机中受害人的心理和精神。美国"9·11"事件后，大量的心理学工作者活跃在第一线，因为伤害不仅仅发生在身体或物质层面，人们的心理和精神所受到的损伤可能比建筑物和人们身体所受的损害更为严重。事实上，面对危机时刻，恰恰是政府采取行动取信于民的契机。

加强灾难心理卫生研究工作；建立、健全灾后精神卫生救援制度，通过立法途径将心理援助纳入政府救灾计划；充分发挥新闻媒体在应急管理中的心理引导作用。这些都将有助于灾后心理危机干预工作，确实使广大民众从危机事件的阴影中恢复，对应急管理工作起到积极作用。

第四节 我国应急管理体系构建现状

一、我国应急管理的进展

我国政府的应急管理职能和能力的完善是一个理论研究和具体实践互相促进的过程。

应急管理完善过程的转折点是"非典"的有效控制。为有效应对非典，政府成立全国防止非典型性肺炎指挥部，以这一组织为核心，政府在组织、医疗、物资、科研和治安等方面进行了有效的应急管理。2003年5月7日，国务院第七次常务会议通过了《突发公共卫生事件应急条例》。2006年1月1日，中国政府网正式开通，应急管理处在重要位置，形成了整体性的应急管理脉络，其菜单包含有：突发事件、机构设置、工作动态、应急预案、应急演练、法律法规、科普宣教、典型案例。2006年1月8日，国务院发布《国家突发公共事件总体应急预案》，国务院各有关部门已编制了国家专项预案和部门预案；全国各省、自治区、直辖市的省级突发公共事件总体应急预案均已编制完成，我国政府的应急管理机制已见雏形。2007年8月30日颁布的《中华人民共和国突发事件应对法》，标志着我国政府应急管理走上了法制的轨道。

二、当前我国应急管理的体系结构

我国应急管理流程可分为三个时期和四个步骤。三个时期分别是：前应急管理时期、应急管理时期、后应急管理时期；四个步骤分别是：缓解、预备、反应、恢复。

前应急管理时期包括应急管理的前两个阶段：缓解和预备。政府在缓解环节应该采取的措施有：宏观把握社会情势，对可能发生的危急情况进行确认；对各种危机情况加以评估，按照发生概率对各种情况排序；制定危机情况预案，分析预案并构造预测模型；对以往发生的危急情况进行"案例分析"；确定专业化的管理人员；建立可持续的监控体系，对危机情况进行实时的预警。

预备环节是为了有效地对危机情况做出反应。它包括制订计划，建立一支预备队；寻求合作者；整合应急管理所需要的各种硬件设施和软件设施；对应急管理计划开展演练活动。

应急管理时期指的是反应环节。这一环节的目的在于控制危机情况并使之最小化。由于现代社会发生的危机情况往往复杂而又充满变数，就需要根据其性质对各个部门进行职能协调，并让信息在各个部门之间无阻碍流通。反应环节首先要搜集尽可能多的信息并确定这些信息的可靠程度，这有助于界定危机情况的影响范围；其次，实施应急管理计划，计划分为两类：处理计划和信息计划。处理计划是政府调用各种资源弱化危机情况的影响，即政府如何处理危机情况；信息计划是在以政府为管理核心的前提下，大众媒体追踪报道危机情况，但目的都是提高政府保障公共安全和处置突发公共事件的能力，最大程度地预防和减少突发公共事件及其造成的损害，保障公众的生命财产安全，维护国家安全和社会稳定，促进经济社会全面、协调、可持续发展。

后应急管理时期是恢复环节，政府应该采取一系列的恢复性措施，包括政府正式宣布危机情报已经解除，继续和大众媒体保持联系，各个组织之间互相沟通，总结经验，进行应急管理绩效评估。

三、我国应急管理体系的完善

（一）完善标准化的综合应急管理中枢机构

虽然《国家突发公共事件总体应急预案》在一定程度上体现了我国政府应急管理的进步。我国重大灾害应急管理模式属于单项灾种为主的原因型管理，即按突发公共事件类别、原因分别由对应的行政部门负责。

我国现行的应急管理体制，大部分转承于原有的计划经济体制，根据危机的类别由相应部门进行垂直管理，缺乏独立和常设的应急管理协调机制。国务院是国家紧急事务管理的最高行政机构，遇到突发事件通常成立临时性指挥机构，对各部门进行协调和指挥。而地方政府，目前大部分仍采用分部门、分灾种的单一的城市应急模式。由于体制和机制的限制，往往导致权力集中、协调困难、决策缓慢等问题，面对危机重大的灾害时无法有效地开展应急工作。

以医疗卫生事务管理为例，一般情况下一个国家只有3到4个政府机构对医疗卫生事务实施管理，但目前我国有10个左右的权威机构为此负责，实行的是以部门和灾种为依据的防灾救灾模式。当大区域的灾难出现时，主要以"人海战术"应对，复合型灾难出现时，由于"责权"有限，各地、各部门间协作与沟通困难，影响了防灾救灾的效率。另一方面，我国大多数城市都建有多个报警系统和指挥信息平台，如公安的110，消防119，交警的122，医疗急救的120，还有政府值班室，人防通讯网等。这对遏制单一的灾种来说的确有效，反应也较为迅速。但多数情况下的灾难往往具有连锁反应，一种灾难可能引发其他危机的发生，特别是公共危机一般具有紧迫性、复杂性和扩散性等特征，其应对和管理涉及多个部门，而他们之间的配合和沟通是有效控制危机，化解风险的关键。

对此，建立一个标准的综合应急管理中枢机构是我国应急管理的基础性、根本性问题，也是完善我国应急管理机制的一个亟待解决的问题。

（二）应急管理资源需要进行整合

各级政府应合理地调整公共财产支出范围，将应急管理的经费支出列入各级政府的年度财政预算，应急管理资金的来源、用途和使用程序都必须规范化和透明化。除加大原有的抗灾减灾方面的支出基数外，还应建立公共安全风险防范基金和稳定的应急管理经费投入渠道以及多元化的市场筹措方式，以保证应急费用的足额、及时到位。建立健全国家重要应急物资监测网络、预警体系和应急物资生产、储备、调拨及紧急配送体系，确保应急所需物资和生活用品的及时供应。应急管理是一个复杂的多目标优化问题，在应急管理资源有限的情况下，必须解决资源的整合利用问题。

（三）重视预警机制

应急管理的首要环节为危机的预测，其建立的根本目的在于通过完善的体系使危机的损失降到最低。戴维·奥斯本指出，政府管理的目的是"花少量的钱预防，而不是花大量的钱治疗"。而现阶段，很多部门均存在着"重事后反应，轻预警分析"的现象，防患于未然同样应是衡量危机管理的重要指标。

（四）充分调动媒体及其他社会力量

世界各国应急管理的一个基本原则是"属地管理"，即主要依靠当地的力量实行应急管理。这些力量包括乡镇、社区、企事业单位、社会团体和志愿者队伍等。为了强化政府的应急管理能力，政府有必要建立统一领导、分工协作的组织体制。除了政府，市场组织、非营利组织等都可以在应急管理过程中发挥应有的功能。如在应急管理过程中，大众媒体的作用就不容忽视。大众传媒是政府信息发布的平台，因而在应急管理的信息发布上是合作关系，公开突发危机的真实信息是大众传媒的职责所在，政府作为危机管理者，也在控制新闻传播导向、创造媒体公正介入的程序等方面负有责任。

(五) 应急管理需要技术创新

技术层面的基础性工作有：应急服务点的选址问题；应急资源的配置问题；应急资源的调度问题。这三个方面本质上要求优化应急管理规划。如事故发生时，应该投入多少人力资源和物力资源，这些资源的运输路线是否最优，如何使应急管理社会成本尽可能小，应急管理的各种参与主体如何统一行动等。应急管理需依赖于经济学、管理学、运筹学等学科的知识。应急管理的技术含量需要提高，需要将技术性学科融入应急管理过程中。

第二篇 ‖ 监狱突发事件应急管理

第四章 监狱应急救援基础

第一节 监狱应急救援系统的计划与实施

一、建立监狱应急救援系统

（一）组织系统

监狱现行处置突发事件机制一般属于三级架构，即省监狱管理局、监狱、监区。省监狱管理局是监狱应急救援工作的业务指导者，负责武器装备的配备、全省监狱救援预案的制订与修改；监狱是实际处置监狱突发事件的中心机构，负责制订与修改本监狱的应急救援预案，组织应急防暴力量和组织预案联合演练；监区是监狱应急救援的基层单位，主要任务是制订监区应急救援预案及进行本监区应急救援的演练。

（二）指挥系统

监狱现行指挥系统属于集中型指挥体制中的扁平式树状型领导指挥体制，即按照行政隶属关系，指挥机关或指挥员对其下属机关和下属防暴力量（多层级）进行指挥，其指挥对象往往是若干个。

（三）装备系统

防暴装备由省司法厅、省监狱管理局统一配置或指导性配置，各监狱配备了常规的武器装备、防暴器材、通讯设备、车辆及相关物资装备，按照突发事件的工作需要统一组织调用，以保障紧急时刻所需。

（四）训练系统

省监狱管理局下达监狱目标性训练任务，具体训练由监狱、监区组织实施，同时省监狱管理局负责监狱、监区应急训练的检查与指导。监狱应当定期组织综合性应急处置演练。监狱各职能部门组织相应的专项应急演练，明确演练的课题、队伍、内容、范围、组织、评估和总结等。各监区应当积极组织本区域综合性应急处置演练和专项演练。演练要从实战角度出发，切实提高应急队伍的救援能力。

（五）处置突发事件的救援力量系统

由监狱警察与驻监狱武警看押部队组成，尖刀力量是监狱防暴队和武警应急班。监狱管理部门要抓好包括监狱应急队伍在内的应急救援力量的建设。要把监狱应急救援队伍纳入监狱整体救援体系之中，建立应急处置突发事件的联动机制；要着眼应急应战需要，建立完善应急预案，加强监狱应急救援训练和演练，不断提高监狱应急救援队伍的救援能力和水平。

（六）预测、预警系统

1. 信息监测与报告系统。为达到早发现、早报告、早处置的目标，监狱突发事件的信息预测与报告系统，由监狱的狱政、教育、狱内侦查、生活卫生等职能部门构成，并各自负责自己的监测责任。如监狱卫生突发事件由监狱生活卫生部门根据监狱食品卫生检查制度和监狱疫情报告制度进行监测。发现突发事件，按监区、监狱、监狱局的层级，立即逐级向上报告，必要时可越级报告。

2. 预警系统。监狱突发事件报警属信息监测部门负责，接警、处警单位是监狱应急指挥中心，并按监狱处置突发事件应急预案实施。监管安全预警在预防为主、减少损失的原则下，根据掌控的监管形势，及时对不稳定因素进行预警，使监管改造工作从被动局面迅速地转变为积极主动的工作局面，对不确定、不稳定因素进行有针对性的防御，确保监狱的安全与稳定。

3. 预测、预警支持系统。监狱突发事件预测、预警支持系统主要由监狱狱政管理信息系统、卫生检测系统和安全检测系统组成，其中自然灾害的预测主要依靠社会行业部门的预测结果。信息传递、反馈及应急指挥信息系统均采用垂直途径，保障高效、快捷和资源共享。监管安全的预警是对监管工作进行全方位、全时空的监测，监狱有关部门将所有可能会对监管安全造成潜在威胁的事件隐患、危机信息一一列举出来，并加以分类，考虑其可能造成的后果，制定和提出应对措施，及时进行处置。

二、监狱应急救援系统的组织实施

（一）工作原则

1. 快速反应，积极主动。对监狱发生的各种突发事件，必须以最快的速度，最短的时间，采取果断措施予以处置，力争将突发事件制止在初发阶段。

2. 统一领导，集中指挥，密切协同，灵活机动。参战人员必须坚决服从统一领导和指挥，处置力量内部必须建立自上而下的独立指挥体系，实施集中统一指挥。各分支力量既要严格执行上级的命令、指示，又要充分发挥主观能动性，积极主动地履行职能，活用战法，根据担负的任务以及事件的态势，灵活运用各种战法，机动处置各种复杂情况。适时协调团队行动，提高处置应急救援效率。

3. 区分性质，依法处置。根据监狱突发事件的不同性质，采取不同的处置方法。处置监狱突发事件，必须严格按照党和国家的方针、政策，依照法律法规，合理使用武力，避免事件升级或引发新的矛盾。区别对象、情况，有针对性地确定打击时机、手段、程度和范围等。

4. 维护监狱警察和罪犯的合法权益，确保监狱安全稳定。维护监狱的安全和稳定，保障监狱警察、狱内罪犯的各种合法权益，是监狱工作的根本目标。狱内突发事件对监狱工作将产生危害和影响，因此，维护监狱警察和罪犯的合法权益、维护监狱安全稳定是处置狱内突发事件的立足点和出发点。

5. 把握限度，控制影响。对监狱发生的突发情况，能够通过教育疏导或者政治攻势解决的，就不要使用强制手段；能使用警械具的，就不使用武器；非使用武器不能处置的，能击伤就不击毙。使用武器时，应当避免伤害无辜。

6. 慎用警力、慎用强制措施、慎用警械和武器。处置监狱监管安全突发事件时，要慎重动用兵力，慎重选择战术方法和处置手段，严格执行使用警械和武器的有关规定。

（二）应急保障与实施

1. 通信与信息保障。突发事件发生后，监狱警察和驻监狱武警看押部队的通信方式主要采取"群呼"和"发出警报"的方式，需要地方公安机关、卫生等部门协助时，通信主要以书面通报及110、119和120等公共应急电话联络。

2. 应急队伍保障。监狱主要应急队伍是监狱警察和武警看押部队，专业队伍是监狱防暴队。为保障这支队伍的战斗力，应注意做到以下方面：一是防暴队员要挑选政治素质强、作风扎实、身体素质好、业务技能过硬的警察组成；二是加强应急队伍的平时训练，做到训练规范化、学习制度化、演练实战化、要求细致化。

3. 交通运输保障。要注意协调好各种关系，确保监狱发生突发事件时，能顺利调动监狱所有运输工具和征（租）用社会车辆作为应急运输工具，使现场抢险物资和抢险人员运送顺畅，必要时还要请求公安部门对事故现场和相关通道实行交通管制，保证救灾物资、器材和人员的紧急输送。

4. 医疗卫生保障。省监狱局建立中心医院，各监狱建立监狱医院。省监狱局中心医院负责指导全省监狱医院业务和卫生防疫工作，监狱医院负责本监狱罪犯医疗卫生和防疫工作，必要时可请求社会医疗力量进行支援。监狱医院负责在现场附近的安全区域内设立临时医疗救护点，对受伤人员进行现场分类和紧急救治，并护送重伤人员至医院进一步治疗，以及对救援人员进行医学监护和为现场救援提供医疗技术指导。必要时可向社会医疗救护部门请求支援，全力确保受伤人员的生命安全。

5. 治安保障。应急状态下警力集结、布控方案、执勤方式和行动措施等按照监狱不同类型突发事件预案执行。着重对重点罪犯、重点部位、重点时段、重点物品的管理以及负责对监狱现场及周围人员进行防护指导、人员疏散及周围物资转移、布置安全警戒，禁止无关人员和车辆进入危险区域，在人员疏散区域进行治安巡逻，严格执行制度规定，各项措施落实到位，让罪犯无机可乘，确保监狱不发生其他突发事件。

6. 物资保障。监狱处置突发事件物资主要包括武器装备、警械具、医疗器械、药品、粮食等。建立健全应急救援物资装备保障体系，省监狱管理部门负责做好应急救灾物资的调度，确保监狱应急救援所需的各类物资器材能够供应充足、及时。各监狱要加强对应急储备物资的保管维护，并及时予以补充和更新，确保设施装备的完好。如地区缺乏相应应急救援物资，可通过上级政府进行物资装备调剂，确保供应充足。必要时，可依法动员或征用社会物资。对应急救援工作中急需调用的物资、设备、人员和可用场地，任何组织和个人都不得阻拦或拒绝。接到现场指挥部下达的命令后，凡因玩忽职守，所提供物资不能按时到达指定地点而延误应急救援时机，造成事故进一步扩大的，应严肃追究有关人员的责任。

7. 紧急避难场所保障。监狱教学楼、空余监舍、劳动生产车间和监管区内空旷地带作为紧急避难场所，必要时可利用社会上的公园、学校、宾馆、防空设施等作为紧急情况下的临时生活的安全场所。

8. 技术储备与保障。监狱要紧密结合监狱应急需要，依托监狱外的科研机构，开展突发事件预测、预防、预警和应急处置等技术的科学研究。监狱应急救援队伍，应组织制订各类应急处置专业技术方案，配备应急救援装备，开展专业技能培训，定期组织应急处置演练。同时积极加强各应急救援部门间的协作配合，提高监狱应急救援队伍的快速反应和协同作战能力，确保能拉得出，打得响。发挥本系统处置突发事件专家顾问组在应急救援行动中的作用，使其负责对应急救援提出方案和安全措施、对事故危害进行预测，为救援的决策提供智力支持。

（三）监狱应急救援系统的基本要求

1. 规范监狱值班秩序。监狱各单位根据监狱处置突发事件应急预案制定本单位的预案，对勤务部署、通信保障、方案演练等予以明确。同时加大值班的监督力度，确保制度落实。为确保参战单位反应迅速，处置有效，有关单位要定期对武器装备、车辆设备、警戒设施设备进行集中检查和保养维修，使其始终处于良好状态。

2. 提高快速反应能力。要加强应急预案联合演练，提高监狱警察和武警战士的快速反应能力。各单位接到各种突发事件报警后，监狱防暴队和监区警察要在规定时间内分别赶到指定地点集合。

3. 服从命令，统一指挥。各参战队员要做到坚决服从命令，接受指挥部统一指挥，以便迅速、有效、稳妥地处置突发事件。对知情而不行动、行动迟缓或不服从命令的行为人员，视其情节给予严肃处理。

总之监狱应急救援系统的计划与组织实施是一项复杂的系统工程，需要监狱及其相关部门、地方各级人民政府、武警部队、公安机关、社会团体的支持。特别是监狱突发事件应急救援联动机制是监狱应急救援系统计划组织实施的基础，必须要发挥应急救援联动机制的作用，才能保证整个监狱应急救援的有序、高效开展。

第二节 监狱突发事件的类型与级别

一、监狱突发事件的类型

第一，监管安全事件，如罪犯脱逃、劫持人质、哄监、骚乱和暴乱事件，社会不法分子袭击看押目标、劫夺罪犯事件等。

第二，公共卫生事件，如食物中毒以及霍乱、传染性非典性肺炎等重大疫情。

第三，生产安全事故，如生产安全事故中的机械伤人、触电、易燃易爆物品爆炸、危险化学品爆炸等。

第四，自然灾害事故，如地震、水灾、火灾、风灾、山体滑坡等。

二、监狱突发事件的级别

根据监狱突发事件的类型不同以及各个类型对监管安全和社会政治影响的不同，监狱突发事件一般分为四级：Ⅰ级（特别重大）、Ⅱ级（重大）、Ⅲ级（较大）和Ⅳ级（一般）。

根据监狱突发事件的级别不同，相应地，对可能发生和可以预警的监狱突发事件进行预警时，预警级别一般划分为四级：Ⅰ级（特别重大）、Ⅱ级（重大）、Ⅲ级（较大）和Ⅳ级（一般），依次用红色、橙色、黄色和蓝色表示。

三、监狱突发事件的预防处警系统

监狱突发事件预警要坚持立足于防，争取主动，注意把握形势，相机而动。要以最大限度地减少危机造成的损失为原则，根据掌控的监管形势，及时地对不稳定因素进行预警，使监管改造工作从被动局面迅速转变为积极主动地对不确定、不稳定因素进行有针对性地防御，确保监狱的安全与稳定。具体包括监管安全危机的监测、预见、预警发报和处置在内的预防处警工作系统。

（一）监狱突发事件的监测

在监狱工作中，要建立纵横交错的监测网络，运用各种渠道、各种形式对可能会造成监管安全危机的因素实施全方位、全时空的监测。监狱警察要积极主动地监测搜集狱情信息，要经常深入罪犯改造现场，以从事罪犯监管改造工作的经验、知识和判断力观察、掌握罪犯在各种环境、各种条件、各种情景下的思想、心理活动和行为特征。同时，采用个别谈话、心理测量和笔试测验等方法广泛采集罪犯个体各方面的信息。还可充分利用罪犯的特殊身份和条件，积极开展各层次隐蔽渠道的狱情收集，掌握隐蔽面信息，全面、准确、及时、有效地监测收集监管工作信息，掌控监管形势。

监测的主要范围是：①监测在押罪犯的结构，包括刑期结构、年龄结构、犯罪类型结构、余刑结构、顽固危险罪犯、重点罪犯比例结构；②监测罪犯违纪违规率的升降和罪犯违纪违规行为的恶性程度的变化；③监测气候和时节的变化对罪犯的情绪带来的影响；④监测监狱重大的活动期间，罪犯的情绪起伏不定的情况；⑤监测国家的重大节假日、重大社会活动给罪犯带来的影响；⑥

监测社会形势的变化，给罪犯的情绪带来的影响；⑦监测监狱的一些重大改革措施、警察工作的松紧、奖惩政策、警察执法情况等关乎罪犯切身利益的举措给罪犯带来的影响；⑧监测社会上、监狱内的疫情传播给罪犯带来的影响；⑨监测重点罪犯、重点部位的情况；⑩监测罪犯思想、行为的异常情况；⑪监测罪犯心理、技能、身体状况；⑫监测监管警戒设施运行状况；⑬监测监狱情报信息中所显示出来的不稳定因素的变化。

（二）监狱突发事件的预见分析

在监测收集到大量的监狱情报信息后，要善于对原始的、分散的、孤立的信息进行归纳整理，使之成为系统的、有条理的信息，挖掘其深层次价值。预见分析要坚持静态与动态相联系，内在与外在相联系，现实与历史相联系，个别与群体相联系，过程与因果相联系，形式与内容相联系，运用透过现象发现本质的原则，深入分析研究，及时准确地预测出一段时间内监管安全可能发生的问题的类型、形式、手法和环节，制定解决问题的办法。

预见分析的主要内容是：①罪犯结构的变化是否超出一定范围，根据这些结构的变化，及时地评估到对监管安全可能带来的不利影响；②近期罪犯思想、行为倾向及违纪、抗改、破坏活动的特点和规律，根据这些特点和规律，及时进行综合分析及评估对监管安全可能带来的不利影响，并对将来一段时间里的罪犯思想、行为、违纪违规行为动向进行预测；③国家的重大节假日、重大社会活动、监狱重大活动期间，罪犯思想情绪的起伏情况，根据罪犯思想情绪变化，及时准确地预测出罪犯思想行为动向，评估其给监管安全可能带来的不利影响；④监狱的一些重大的改革措施、警察工作的松紧、奖惩政策、警察执法情况等关乎罪犯切身利益的举措，造成罪犯思想、行为的变化情况，是否给监管安全带来不利影响，是否需要加强防控；⑤天气的变化，社会上、监狱内的疫情传播，造成罪犯思想、行为的变化情况，是否对监管安全带来不利影响，是否需要加强防控；⑥罪犯思想、行为异常情况及其他监狱情报信息所显示出的不稳定因素的变化现象及成因评析，并对可能给监管安全带来的不利因素进行预测；⑦以个别谈话、行为观察、笔试测验、心理测量、技能测定、身体检查等方法测定采集的罪犯个体信息为依据，及时进行综合分析评判，预测罪犯的思想、行为，评估其对监管安全的不利影响。

（三）监狱突发事件的预警发报

根据掌控的监管形势，及时根据实际情况确定防御等级进行预警和防控，确保监狱的安全稳定。

一旦监管安全预警信号发出，监狱各方应立即进入临战状态，在坚持日常防控的基础上，按照相关处警指引采取果断措施，消除警情，确保监狱的安全稳定。

监狱一般突发事件发生后，监狱应立即开展处置，启动监狱应急救援预案。

监狱较大突发事件发生后，监狱、武警驻监狱部队应急指挥部应立即开展处置，必要时请求省司法厅、监狱管理局、省武警部队启动较大突发事件响应应急预案。

监狱重大突发事件发生后，监狱、驻监狱部队要及时成立应急指挥部，按照各自的职责立即开展处置工作，上报突发事件情况，请求省政府、司法部启动省、部级重大突发事件响应应急预案。

监狱特大事件发生后，监狱、驻监狱武警部队要及时成立应急指挥部，按照各自的职责立即开展先期的处置，并做好紧急控制、救援和撤离等工作。及时上报突发事件情况直至国务院，国务院职能部门要迅速启动应急预案，指挥处置突发事件。

根据监狱突发事件的类型与级别不同，各级监狱部门及政府机关应发布不同的预警信号，启动不同的应急救援响应，保证监狱应急救援系统处于良好的备战状态；指导监狱应急行动按计划有序地进行；防止因应急行动组织不力或现场救援工作的无序和混乱而延误应急救援的开展。

第三节　相关组织与狱内突发事件的处置

一、武警部队的配合

《监狱法》第41条规定：监狱的武装警戒由人民武装警察部队负责。武装警戒是指由中国人民武装警察部队依法以公开的武装形式对监狱场所实施的外围警戒活动，它是国家为保证监狱刑罚执行、惩罚和改造工作得以顺利实施而采取的一项安全防范性军事措施，是国家强制力的重要体现，是一种特殊形式的狱政管理工作。武装警戒是以公开的武装形式进行的警戒活动。武装警戒部队与监狱人民警察虽然都有权配带武器警械，但两者是有区别的。武装警戒部队是国家武装力量的组成部分，它进行的是公开的武装活动，对监狱场所实施的外围警戒是一项军事性措施，它对危害目标安全的行为主要以军事手段予以打击。而监狱人民警察是一支司法行政管理力量，它主要依靠行政管理的手段对罪犯予以行政管理和制裁，只有在追捕和内部巡逻时才公开佩带武器警械，一般情况下是不允许使用武器的。

我国监狱实施武装警戒的主体力量是法定的专门武装队伍，即现在的中国人民武装警察部队。武装警戒工作的实质是以强制性的武装力量、武装措施保证监狱对罪犯的惩罚和改造工作的顺利进行。我国的武装警戒是以军事性的手段为惩罚和改造工作服务的一项军事化管理措施，它以军事化的组织和军事化的行动来保证惩罚和改造工作的顺利进行，来保证监狱场所的安全。

按照狱政管理工作的范畴和武装警察部队看押执勤职责的要求，驻守监狱的武警部队的职责范围主要包括以下内容：

1. 防范和制止罪犯逃跑、行凶，镇压暴动和骚乱。防范和制止狱内罪犯逃跑、行凶，镇压犯罪分子的暴动和骚乱是武装警戒的首要任务。只有及时发现和制止罪犯的逃跑、行凶、破坏、暴乱等违法犯罪行为，才能使罪犯由被迫接受改造走向自觉接受改造，保障了监狱的安全也就保障了社会的安定。

2. 防范和打击狱外敌对分子的袭击和劫夺罪犯等犯罪活动。武装警戒部队要严密防范社会上的敌对分子对看押目标的袭击破坏。国际社会及国内的一些敌对分子总是把目标对准我国的专政机关，监狱也是他们袭击和破坏的目标之一，因此这是武装警戒防范的重点。

此外，武装警戒部队还要防范和打击社会上的犯罪分子对罪犯的袭击和劫夺的犯罪活动。近年来，社会刑事犯罪发生了一些变化，涉黑、涉毒、涉枪、集团性犯罪增多，一些犯罪团伙成员落入法网后，其他成员或出于报复，或为了营救骨干分子，或为了杀人灭口等不同目的，极有可能袭击在押罪犯和劫夺在押罪犯，这种形势不可低估，需要监狱在武装警戒方面予以高度重视。

3. 追捕逃犯，押解罪犯。脱逃是在押罪犯为逃避监狱惩罚改造而以非法的方式、手段脱离监管场所的一种重新犯罪活动，具有极为严重的社会危害性。为了维护法律的尊严，保障社会安定，维护监狱机关的声誉，武装警戒部队应协同监狱人民警察迅速将逃犯捕获归案，以减少逃犯对社会的危害。

在监狱司法实践活动中，国家及监狱主管机关根据社会政治、治安和监管改造的形势变化与监管工作的需要，往往要将在押罪犯由一处转移到另一处去改造，有时也会因生产劳动等方面的需要将罪犯押往其他地点劳作，在这些活动中需要武装警戒部队配合，予以途中押解和现场看押。

为了促进监狱系统和武警看押部队的建设，加强协同配合，提高狱政管理和看押执勤工作质量，共保监狱安全，充分发挥双方在维护社会稳定中的职能作用，2001年5月，司法部和武警总部决定，在全国监狱系统和武警看押部队之间开展"共建、共管、共保安全"（即"三共"）的活动。在监狱系统和武警看押部队中开展"三共"活动，是新时期加强狱政管理和看押执勤工作，提高监狱安全系数的重要措施，是推动警武双方共建社会主义精神文明的重要手段，是促进双方队伍建设和力量合成的有效载体。所谓"共保安全"就是要通过共建共管，促进双方力量的有机合成，增强合力，共同建设，共同发展，确保监狱安全和社会稳定。保证监狱的安全是武警看押部队和监狱机关双方共同的责任，双方的工作方式不同，人员构成不同，但是双方的工作目的是相同的，都是要在确保安全的前提下，为改造工作服务。如果监狱场所的安全得不到保证，罪犯的安全得不到保障，其他的任何一项工作都无法顺利进行。同时，安全工作仅仅依靠一方的力量是不够的，武警看押部队和监狱机关如果配合不好也容易产生安全漏洞。因此，武警看押部队和监狱机关双方形成合力，就会铸成监管安全的铜墙铁壁。

《监狱法》明确规定，监狱武装警戒任务由中国人民武装警察部队统一承担，监狱机关对武警看押部队实行业务领导。中国人民武装警察部队是国家武装性质的一支内卫部队，其基本任务之一就是对监狱场所实施外围警戒。监狱机关要对武警看押部队实行业务领导，使部队官兵了解监狱的基本情况，了解在押犯的基本情况，了解狱政管理的基本程序。需要武警出面解决的事宜，由监狱机关从业务上进行指导，武警士兵不得自行直接接触罪犯，武警士兵不参与具体的狱政管理工作。

按照职责分工需要，日常管理活动过程中，武警看押部队要在监狱机关党委的统一领导下开展工作。武警看押部队与监狱机关的业务部门要建立健全联席会议、相互监督、联检联评等制度，定期通报各自的情况，互通信息，在工作上密切配合，在生活上互相关心，在队伍建设上互相帮助，共同维护好监狱的安全，齐心协力完成好武装警戒和惩罚、改造的工作。

武装警戒是一项严肃的工作，同时还是一项十分细致的工作。因此要求武警看押部队掌握情况，争取主动，严密布置，确保安全，统一指挥，密切配合。

武警看押部队在组织实施武装警戒时，指挥人员必须了解监狱的基本情况，了解在押犯的基本情况，了解监狱周围的地形以及监狱周围的敌情、社情。结合武警看押部队的情况，认真分析形势、准确判断，做到知己知彼。在实施警戒的过程中，要随时了解和掌握情况，根据情况的发展变化，及时调整和改进执勤方案。需要掌握的情况是多方面的，比如监狱的容量，在押犯的数量结构，在押犯的刑期和思想动态，警戒目标所处的地形、位置、建筑结构，警戒设施的完备程度，监狱单位的内部管理规定，监管方面的法规，上级的有关指示、规定，等等。只有准确掌握了情况，才能争取工作的主动，才能有的放矢地做好各个环节的工作。

武警部队的指挥员，在布置兵力时，要依据严密布置、确保安全的兵力布置原则，做到一般布置与重点布置相结合，兵力布置与警戒设施相结合。警戒设施完善的地方少布置一些，差的地方就要多布置一些，保证目标的安全，防止出现监控死角、盲点。为了做到严密布置，必须事先拟定兵力布置方案，经部队领导和监狱业务管理部门共同协商同意后才能实施。这里特别注意的是兵力布置方案一定要经过监狱业务管理部门讨论、通过，否则会引起不必要的矛盾，也会造成监控的漏洞。

在武装执勤过程中，武警看押部队要与监狱管理部门密切配合，在出勤时间、兵力多少、哨位设置等方面要共同协商，统一认识，统一指挥，不能出现指挥不一致的情况。在处置罪犯逃跑、暴动、骚乱等突发事件时，要由警武双方组成联合指挥组，统一指挥，统一布置，统一分配任务，明确岗位，互相配合。在平息罪犯骚乱时，具体的思想攻势、劝导罪犯的工作由监狱管理部门负责，武警部队不要单独接触罪犯，当需要武装平息时，武警部队负责积极采取军事手段打击首要分子。对突发事件，在情况紧急，没有时间统一行动、统一布置的情况下，先得知情况者先行动，并在处置过程中，主动沟通情况，边行动边报告边统一，这样才能抓住战机。

武装警戒工作要把预防工作做到前面，积极着手谋略，坚持预防为主，努力将危险事故消灭在萌芽状态。武警部队在执勤工作中，要尽量发挥以武力为后盾的震慑作用，多做防范工作。非特殊情况，一般不要直接使用武力，在非使用武力镇压不能制止的情况下，才允许使用武力。而使用武力镇压时也要防止击伤面的扩大，防止伤及无辜。在采取武力镇压时，主要镇压首恶分子，不可随意扩大打击面。

对武警战士来说，要掌握基本的突发事件处置方法。当遇有罪犯翻越围墙准备越狱逃跑或超越警戒线逃跑时，武警战士在非使用武器不能制止的情况下，在保证执勤目标的安全、不伤及他人、不引起灾害性后果的情况下，才能使用武器。使用武器时，应根据具体情况来决定使用枪托、枪刺或开枪射击，使用武器不等于就是开枪射击。除遇有特殊紧急情况以外，开枪射击前应先行进行口头警告或鸣枪警告，制止无效时，再行射击。射击时力求击伤其身体的次要部位，犯罪分子一有畏服表示，应立即停止射击，不得随意剥夺罪犯的生命。开枪射击的现场要保护好，以便有关部门进行事故认定和责任认定。

监狱内发生罪犯暴动、骚乱、凶杀、绝食、劫持人质等事件，由于是在监墙以内，便于控制，总的来说只要发现及时、处置得当，是容易平息的。但是也有一些不利因素，如罪犯过于集中，事态易于扩大，而且罪犯容易利用建筑物进行顽抗，易利用监狱内各种劳动工具作为行凶的武器等。另外，罪犯也可能劫持监狱人民警察或监狱职工、外来厂方工人等人员做人质，使武器难以发挥作用。一旦发生罪犯暴动、骚乱、劫持人质的事件，武警看押部队要立即按应急方案部署兵力。武警看押部队与监狱双方的领导要亲临现场，共同指挥。一般应采取"先文后武"、"政策攻心"的策略，尽可能使犯罪分子自动停止犯罪。如果犯罪分子不停止犯罪，武警看押部队要在掌握政策界线，区别性质的情况下，武装平息，重点打击首恶分子。

当遇有狱外敌对分子袭击时，如需调动兵力，武警战士要迅速向上级报告，请求兵力支援。指挥人员要亲临现场，协调、指挥部队的行动。一般情况下调动、指挥机动兵力投入战斗，原看押力量不动，同时加强监区警戒，严密注视监内情况。当然，看押哨兵也可以视情况给以回击。

当发生自然灾害时，武警看押部队既要加强警戒，又要做好抗灾工作。如得知水灾预报后，应做好各种防范准备或实施转移，准备好抢险、救护的物资器材，选择好控制罪犯的制高点，与监狱管理部门共同配合。如需转移罪犯，要迅速制定周密的转移方案，做好途中警戒，明确到达新的地点后的警戒方案，如哨兵的数量、位置、看押形式和方法等。当发生地震时，武警看押部队要迅速做好安全防范，严密警戒，保证监狱的安全。在兵力紧张的情况下，要迅速向上级请求增派兵力，同时要积极协助监狱进行抗震救灾工作。

当监狱发生火灾时，武警看押部队要迅速调动机动兵力，协同固定哨位加强警戒控制，坚守岗位。在兵力允许的情况下，要积极协助监狱或有关消防部门扑灭火灾，抢救财产，转移罪犯。在行动过程中要与监狱管理部门密切配合，统一行动。

武装追捕是指当监狱罪犯逃跑后，武警看押部队在监狱管理部门的组织指挥下，配合监狱人民警察实施的紧急追捕行动。武装追捕的对象是指从监狱脱逃的在押犯，不包括社会上的其他犯罪分子。武装追捕一般是紧急性质的追捕，即当监狱发生罪犯越狱逃跑后，马上进行的武装追捕。实施武装追捕的武警战士一般不需要隐蔽身份，监狱人民警察可视情况决定是否隐蔽身份。如果属于长期追捕，武警部队一般不参与，主要由公安机关负责追捕，监狱密切配合。武装追捕一般采取追踪、搜索、设卡、堵截、捕获等手段实施追捕。它不同于监狱方面实施的追捕，监狱方面实施的追捕以秘密追捕和公开追捕相结合的方式进行，而武装追捕一般都是采取公开的追捕方式。另外，武警战士反应速度快、身体素质好、运动能力强、武器装备好，这也是武装追捕的特点。由于武警战士公开使用武器进行追踪、搜索、设卡、堵截、捕获，一般要比监狱人民警察采取的措施更加有效。当然，追捕工作要在监狱管理部门的组织指挥下，警武双方共同实施。实施武装追捕时首先要由警武双方分析情况，按照应急处置方案采取行动。要摸清逃跑的确切人数、逃跑的方向、逃跑的时间、逃跑的距离，准备好追捕需要的设备和其他物质，按照分工，合理组织追捕小组的数量，然后迅速将追捕力量运送到堵截位置上。在实施追捕时，要以快制快，就近用兵，情况紧急时，武警战士要边行动边报告。在追踪时要方向明确，加快速度。在搜索过程中，一定要认真、仔细，不放过任何可疑地点，不放过任何可疑人员。对容易忽视的地点、容易引起错觉的人员一定要高度警惕。在堵截过程中，不放过任何一辆可疑车辆、任何一位可疑人员。同时要注意方式方法，不要引起交通堵塞或群众的不满。当发现逃犯后，要迅速捕获。如遇到逃犯顽抗，要先行警告，不听警告或逃犯袭击追捕人员时，可以武力制止，但尽量不要击毙。捕获逃犯后，一定要给逃犯加戴械具，严密押解，保证安全押解，防止再次发生脱逃。追捕工作结束后，要进行总结，积累经验。

二、公安机关的配合

我国公安机关是人民民主专政的重要工具，是武装性质的国家治安行政力量和刑事司法力量。地方各级公安机关担负着维护社会治安秩序，保障国家安全稳定的重任。在我国，公安机关是人民政府领导下的行政职能部门，是国家行政管理体系的重要组成部分。公安机关由于其职权和工作性质的关系，它与一般的国家行政部门有很大的不同，它是武装性质的警察组织，通过防范、打击、管理、控制、教育等多种手段完成社会控制任务和社会稳定任务。公安机关是国家专门的治安力量，是行使社会控制的强制力量。公安机关不是单纯的行政机关，公安机关具有刑事执法权力，能对违法犯罪分子采取刑事强制措施。

根据《中华人民共和国人民警察法》的采取规定，公安机关具有下列职责：

（1）预防、制止和侦查违法犯罪活动；
（2）维护社会治安秩序，制止危害社会治安秩序的行为；
（3）维护交通安全和交通秩序，处理交通事故；
（4）组织、实施消防工作，实行消防监督；
（5）管理枪支弹药、管制刀具和易燃易爆、剧毒、放射性等危险物品；
（6）对法律、法规规定的特种行业进行管理；
（7）警卫国家规定的特定人员，守卫重要的场所和设施；
（8）管理集会、游行、示威活动；
（9）管理户政、国籍、入境出境事务和外国人在中国境内居留、旅行的有关事务；
（10）维护国（边）境地区的治安秩序；
（11）对被判处管制、拘役、剥夺政治权利的罪犯和监外执行的罪犯执行刑罚，对被宣告缓刑、假释的罪犯实行监督、考察；

（12）监督管理计算机信息系统的安全保护工作；

（13）指导和监督国家机关、社会团体、企业事业组织和重点建设工程的治安保卫工作，指导治安保卫委员会等群众性组织的治安防范工作；

（14）法律、法规规定的其他职责。

监狱发生的突发事件，一般情况下不需要公安机关介入，主要依靠自身的力量解决。但是，有一些狱内突发事件在特殊情况下，也需要公安机关相关职能部门配合。

火灾事故是监狱面临的一种事故，它是指在一定的时间和空间上失去控制的燃烧事故。火灾事故是一种严重的灾害性事故，是一种严重影响监狱安全的事故，必须引起高度的重视。我国的监狱实行的是大规模的罪犯集中劳动的模式，劳动场所的火灾隐患集中。罪犯在日常生活中丢弃烟头的现象也比较突出，罪犯生活场所也存在一定的火灾隐患。一旦狱内发生了火灾，一般是由监狱管理部门组织灭火。但较大的火灾就必须求助公安消防部门的配合。公安消防部队是国家专门的消防组织，它在物资、装备、技术方面有独特的优势，对狱内发生的火灾可以进行有效的扑灭。另外，狱内如发生有害气体的泄漏、特殊的抢险救助，也需要公安消防部队的配合。

监狱如果发生罪犯脱逃，监狱必须按照国家有关法律规定，与公安机关密切协作，按照各自的分工，共同完成追捕任务。在监狱周边地区的警戒和搜索也必须由公安机关配合，公安交通部门在需要时要进行必要的交通疏导和交通管制。监狱如发生暴狱、骚乱事件，在监狱自身无法控制的时候，也需要公安机关派出相关的力量配合，特别是需要公安机关进行技术支持时，公安机关的作用是非常明显的。监狱在出现严重自然灾害事故后，有时需要对罪犯进行转移，在转移罪犯的过程中，公安机关必须保证转移队伍沿途的安全，配合监狱机关搞好安全警戒。在大规模调遣罪犯过程中，公安机关必须负责有关车站、码头和相关区域的安全。

监狱内部发生的突发事件种类较多，在处置过程中涉及的部门也多，有些突发事件处置的专业技术要求较高，单靠监狱自身是很难完成处置任务的。为有效地控制突发事件造成的危害和影响，就需要依靠公安110指挥中心、公安消防部门、公安交通部门、公安治安部门、公安侦查部门专业力量的配合。这些机构和部门有专业的队伍、专门的设施和设备，而且掌握专门的技术和技能，能够协助监狱处置突发性事件。当然，由于隶属关系的不同，监狱机关在突发事件处置过程中要与公安机关进行有效的协商，对自己能够解决的突发事件主要还是依靠自身的力量完成，没有能力完成处置任务时就要及时求助公安部门，对可能造成的社会影响和宣传报道必须提出明确的要求。

三、政府应急处置机构的介入

监狱发生重大突发事件后，会出现需要地方政府协助和协调的情况。地方出现一些重大突发事件可能也会波及到监狱，影响到监狱的安全。在这种时候就会出现监狱与地方政府协调的问题。有时，一起危机处理涉及许多政府部门，不是一个部门能够完成的，而且危机事件越复杂涉及的部门就越多，协调的难度就越大。因此，要有效地处理危机，必须建立有效的协调机制。地方发生重大突发性事故后，应急处置工作由地方各级人民政府负责组织实施。超出本级应急处置能力时，地方政府向上级政府部门请求帮助，由上级政府部门指挥处置。监狱处置危机事件存在单位之间的自行协调，也存在上级管理部门与地方单位的上级机关进行协调的问题。

依据《中华人民共和国突发事件应对法》、《中华人民共和国传染病防治法》、《突发公共卫生事件应急条例》、《国家突发公共事件总体应急预案》和《国家突发公共卫生事件应急预案》等法律法规，卫生事件的处置是地方卫生行政管理部门组织实施的，涉及监狱内部的卫生事件，要在地方卫生行政管理部门和监狱上级管理部门的联合指挥下进行处置，技术方面的问题必须接受地方卫生行政管理部门的指导。

为及时有效地处理各类突发环境事件，依据《中华人民共和国突发事件应对法》、《中华人民共和国环境保护法》、《中华人民共和国安全生产法》、《国家突发公共事件总体应急预案》、《国家突发环境事件应急预案》、《省（市、区）突发环境事件应急预案编制指南》及相关的法律、法规，环境污染事件、生物物种安全环境事件、辐射事件、危险化学品污染事件、饮用水源污染事件等都可能威胁到监狱的安全，地方政府在处置环境事件中要千方百计保证监狱的安全。监狱发生环境污染事件也要及时报地方环境管理行政部门，同时上报监狱上级管理部门。在具体的处置过程中要接受地方环境管理行政部门的指导。

为了有效处置突发性地质灾害，提高应急工作水平，根据《国务院地质灾害防治条例》的规定，地方政府成立了处置突发性地质灾害事故领导机构。地质灾害，是指自然因素或者人为活动引发的危害人民群众生命和财产安全的崩塌、滑坡、泥石流、地面塌陷等与地质作用有关的灾害。监狱一旦受到地质灾害的威胁，必须依靠地方政府进行处置。地方政府在处置突发性地质灾害事故过程中要绝对保证监狱的安全，发现地质灾害迹象要向监狱通报，监狱在处置突发性地质灾害过程中要保证关押罪犯的生命安全。

为提高救灾工作水平和应急反应能力，确保人民生命财产安全，迅速、有序、高效地开展救灾工作，根据国家有关规定，地方政府成立了自然灾害处置领导机构，一些地方叫"三防指挥部"（防汛、防旱、防风指挥部）。对台风、强热带风暴、暴雨、洪涝可能给监狱带来的威胁，"三防指挥部"必须及时通知监狱做好防护工作，一旦发生自然灾害，监狱要依靠地方政府的大力支持。在进行罪犯转移过程中监狱要和地方政府进行密切联系，保证转移过程中不发生人员脱逃或伤亡事故。

第五章　监狱突发事件应急预案

第一节　监狱突发事件的特点

一、监狱突发事件爆发的突发性

监狱突发事件的爆发，具有相对的突发性。监狱突发事件的组织、发动者，在事件爆发前，总是避人耳目，秘密行动，并试图选择最适当的时机和场所，然后采取突然袭击的方式，以求形成声势，影响正常监管改造秩序，从而达到预期目的。这些组织者熟知监管改造的漏洞，他们力求以最快的速度，形成规模，以便以罪犯集体的力量阻碍监狱职能部门的管理，给监狱管理带来难度。

二、监狱突发事件爆发的复杂性

引起监狱突发事件的矛盾纠纷平时因种种原因掩盖着，一旦内外条件具备，就会一触即发。另外，策划者为达到其预定目的，常常采取隐蔽预谋的方式，在暗中进行一系列策划活动，使我们难以察觉。

监狱突发事件总是由一定的原因引发的，即使是由某些自然因素导致的，这些自然因素也只有与一定的矛盾相结合才能引发事件，因此监狱警察管理罪犯时要注意他们的异常反映，注意观察他们的细微变化，争取把他们在监狱内闹事、犯罪的想法消灭在萌芽状态。

监狱突发事件发生在特定的环境内，必然与构成特定环境的某些矛盾密切相关，它是多种矛盾交织冲突的产物。这种多因性体现了监狱突发事件形成的复杂性。当前，在罪犯改造过程中，各种矛盾错综复杂，引发监狱突发事件的客观因素相应增多。监狱突发事件的一部分起因有的包含着罪犯的合理要求，这些合理要求长期得不到解决，就容易引发监狱突发事件的爆发，例如，监狱警察执法的不公正、不公平问题涉及到部分罪犯的切身利益，极易引起其他罪犯的同情，处置不当，或不尽早解决，就会产生连锁反应，激化矛盾，使事态扩大升级。

三、监狱突发事件危害的严重性

由于监狱突发事件主体是在特定环境内的罪犯,极易引起国外媒体以及反动势力的宣传和干预,影响我国政府在国际社会中的声誉。因此,预防和处置监狱突发事件已成为监狱机关维护政治稳定和社会安定以及国家声誉的一项重要任务。

监狱突发事件的主要危害如下:①监狱突发事件削弱了监狱的惩罚改造职能。由于群体性事件的发生,往往使监狱管理部门始料不及,处理起来十分棘手,工作处于被动,常常使整个监狱正常的生产、生活和改造无法正常进行,必然削弱监狱的惩罚改造职能。②监狱突发事件影响社会政治稳定。监狱突发事件也是社会不安定因素之一,不仅影响监狱的正常惩罚改造、生产和生活秩序,同时也影响整个社会和国家的政治稳定。③监狱突发事件容易被居心不良者和敌对势力所利用。国外敌对势力一直借助"人权"的幌子来干预中国内政外交。监狱突发事件的发生必会成为居心不良者和敌对势力攻击我国政府侵犯罪犯"人权"的把柄,为此他们会大肆渲染,歪曲事实真相,攻击我国的政治和法律制度。因此监狱突发事件具有较强的政治性和国际性。

四、监狱突发事件处置的迫切性

过去,狱内的突发事件,主要是罪犯脱逃、自杀、凶杀、斗殴之类,一般情况下监狱机关自身就能解决,加上监狱的封闭性,也不会造成很大的社会反响。随着经济社会的急速转型,一方面,监狱在押犯构成呈复杂化态势,另一方面,经济全球化、信息网络化、行刑社会化的发展,不仅"大墙已不再神秘",而且大墙已难与社会隔离。因此,狱内的突发事件,在范围、性质上已向纵横延展,可能造成监狱机关的危机。

罪犯的反社会、攻击性行为直接威胁监狱警察的人身安全。监狱警察直面各种罪犯,他们中不乏反社会意识强烈或心理矛盾冲突激烈的罪犯,特别是当前罪犯中暴力型罪犯、涉黑社会型罪犯增多,加上各种媒体过多直露暴力镜头和信息,极易诱发罪犯袭警或暴乱事件。一旦发生监狱安全事件,将对监管改造秩序造成极大破坏,甚至威胁到社会的和谐发展。

在全球化条件下和信息化世界里,一个局部性危机,就可能演化为全球危机。我们已经进入了一个充满危机的风险社会和一个全球化的开放社会。人们遭遇重大突发公共安全事件的风险越来越大,不确定因素越来越多,正所谓"天有不测风云"。如"非典"和"高致病性禽流感",以及由不可抗拒的力量导致的洪涝、地震等自然灾害等，随时都有可能降临在我们身边。如果我们各个部门、行业不能顺应时代要求，不能居安思危、未雨绸缪，不能尽早建立起周密完善的应急管理机制，就不能应对随时可能发生的突发事件，就会在客观上使一个孤立的突发事件产生扩散，进而甚至演变为巨大的不堪设想的社会灾难。监狱是集中关押罪犯的场所，罪犯高密度的居住环境和生产环境极易成为疫病发生的高危环境，稍有差错就有可能酿成重大事故，引发社会局部动荡，也有可能给国际反华势力以"人权践踏"等口实把柄。因此，监狱系统建立健全一整套针对各种可能的灾害事件的应急管理预案，对监狱机关有序、快速地处置监狱突发事件，确保监管安全，具有重要的意义。

第二节 监狱突发事件应急组织

一、监狱应急组织机构与职责

监狱系统现行处置突发事件机制一般属于三级架构，即省监狱管理局、监狱、监区。省监狱管理局负责处置突发事件的业务指导、全省应急预案的制订；监狱是实际处置突发事件的中心机构，负责制订监狱预案，组织应急防暴力量和预案联合演练；监区是处置突发事件的基本单元，主要任务是制订监区预案及本监区的演练。

（一）省监狱管理局成立突发事件领导指挥小组

省监狱管理局负责全省监狱系统突发事件处置工作的统一组织和协调。
突发事件领导指挥小组构成如下：

组　　长：省监狱局局长
副组长：省监狱局副局长
成　　员：省监狱局相关处室正职领导

其主要职责是：负责全省监狱突发事件武器装备的配备，做好监狱突发事件的演练指导与检查工作；突发事件发生后，决定启动、终止突发事件应急救援预案，决定有关重要事项，提出重大决策建议，制定处置措施，及时向省司法厅、省人民政府报告处置情况，同时赶赴现场指导、调查、处理、紧急救援和对警察、职工、驻监狱部队慰问，负责与武警总队、监狱当地政府及其他有关部门的协调工作。

(二) 监狱成立突发事件应急指挥部

其主要职责是：负责定期组织监狱内的各种突发事件应急预案的组织演练工作，及时发现演练中出现的问题并负责监狱应急预案的修订完善工作；突发事件发生后，决定启动、终止应急救援预案，决定有关重要事项，提出重大决策建议，制定处置措施，及时向省监狱局报告处置情况，及时赶赴现场指导、调查、处理、紧急救援和对警察、职工、驻监狱部队慰问，负责与其他有关部门的协调工作。

指挥部设在监狱长办公室，组织机构如下：

  总指挥：监狱长
  副总指挥：监狱政委、分管副监狱长、监狱其他领导、武警支队领导
  成员：监狱相关业务科室领导和工作人员

监狱根据突发事件的种类、性质，必要时可与驻监武警大（中）队组成联合指挥部，结合预案的分工，共同参与处置。

(三) 监区成立突发事件应急指挥小组

监区突发事件应急指挥小组，由各监区长任组长，监区其他领导任副组长，组员包括管教干事、生产干事、政工干事及各管区警长。

突发事件应急指挥小组的职责是：迅速将突发事件向上级报告。应急指挥小组负责根据突发事件发生的原因、时间和方式果断作出决策，指挥、调动全监区的警力，尽量稳住事态的发展，减少损失。组长（监区长）负责应急处置全面指挥调度工作；政工教导员负责警察的召集动员工作；副组长（分管狱政管理、教育改造的监区长）负责案发现场的勘查和处置现场平息事件的指挥工作；副组长（分管生产的监区长）负责监仓、生产工场正常运作和安全防范工作。

二、监狱应急处置突发事件力量编成

监狱人民警察和驻监狱武警看押部队是处置突发事件的主要力量。监狱建立专门处置突发事件的防暴队；监狱防暴队与武警应急班是应急处置突发事件的尖刀力量。

(一) 防暴队

防暴队队长和副队长分别由狱政科长和侦查科长担任，下设小分队（组）；

现场处置分队，执行现场突击攻破任务；现场取证分队，执行获取、保存犯罪证据的任务及分析罪犯逃跑时间、方向，提出有利追捕的建议；宣传瓦解分队，负责对罪犯宣传法律、政策，进行谈判，对其团伙进行离间、分化，瓦解其意志，迫使其投降；后勤保障分队，当罪犯脱逃时，向当地公安机关110报警，请求公安机关设卡搜查，保证应急救援所需的财物及交通运输车辆；医疗救护分队，发生人员伤亡事件时，负责医疗救护工作；战时护卫队，当发生暴狱、劫狱等突发事件后，负责家属区、办公区的警卫巡逻任务。

（二）武警应急班

驻监狱武警部队对目标进行武装警戒，主要是负责监狱外围的武装警戒。驻监狱武警部队要成立应急班，加强对监狱突发事件的处置，并根据突发事件的态势及时上报给上级武警机关，必要时请求上级武警部队的支援。

三、监狱应急指挥部处置原则和要求

监狱应急指挥部处置监狱突发事件，必须及时掌握情况，正确使用警力，灵活运用战术，充分发挥主观能动性，力求以最小的代价完成任务。

（一）监狱应急指挥部处置的原则

1. 知己知彼，正确决策。全面、透彻地了解突发事件的情况，了解狱内和监狱周边的敌情，熟知监狱、部队及周边联防单位情况，熟悉现场环境，在正确判断的基础上，及时作出处置决定。

2. 集中统一，协调行动。监狱、武警部队双方的各级指挥员必须坚决执行上级命令，严格遵守纪律，按照统一计划行动，坚决完成任务。

3. 灵活机动，迅速果断。随时掌握情况变化，根据现场情况，灵活使用警力，巧妙运用战术，选准有利时机，果断采取行动。

（二）监狱应急指挥部处置的要求

监狱警察收到群呼信号后，休班警察和应急行动分队成员应立即赶到突发事件应急处置指挥部，听从指挥；值班警察收到群呼信号后应立即要求现场罪犯停止生产劳动，全部有秩序地在生产工场蹲下并清点人数，向突发事件应急处置指挥部报告罪犯人数。

应急行动分队、宣传瓦解分队应在应急处置小组的指挥下及时控制肇事现场，阻止事态发展及恶化；其余休班警察应迅速赶到现场协助控制局势及协助值班警察将罪犯带回监仓内或封闭在楼层、小组内，并密切注视罪犯思想动态。

听到监狱发出的突发事件信号后,现场值班警察要立即控制、稳住本监区的监管局势,清点罪犯人数,将罪犯带回监舍,封闭在楼层、小组内,并把情况向指挥部报告,密切监视本监区罪犯动态,对顽固危险的罪犯要严加看管。

第三节 监狱突发事件应急预警机制

一、监狱突发事件的预警

预警一词,最早源于军事,也最常用于军事,原指通过提前发现、分析和判断敌人的进攻信号,并把这种进攻信号的威胁程度报告给指挥部门,提前采取应对措施。后来这个词逐步应用到政治、经济、社会、自然等领域。预警日渐成为一个广义的概念。监狱突发事件暴发前的预警是指监狱通过各种途径和方法,收集可能引发监狱突发事件的苗头和隐患性信息,并对收集到的关于监狱突发事件的各方面信息、情报、资料,运用逻辑推理和科学预测的方法与技术,对监狱突发事件未来发展趋势和演变规律等作出估计与推断,并向监狱指挥机构发出确切的信号或信息,使处置人员提前了解事态状态,以便及时采取针对性的应对措施,防止或清除不利后果发生的一系列活动。

监狱突发事件的预警包括监狱突发事件的监测、预测、预报和预控几个方面的工作。其中,监测是对监狱内可能引发监狱内突发事件的各种因素和事件的表象进行监控,收集监狱内突发事件可能发生的信息,及时掌握第一手材料;预测和预报是通过对监测活动收集上来的有关安全的信息进行鉴别、分类和分析,对未来可能发生的监狱突发事件的类型及其危害程度作出估计,并在必要时发出警报;预控是针对引发监狱突发事件的可能性因素,采取积极应对措施和制定各种预案,以有效避免监狱突发事件的发生或减少其造成的损失。

监狱突发事件预警功能一般包含三个方面:

(1) 预见功能。通过对监狱内罪犯劳动、学习、生活、心理特定指标的研究,找出某种敏感性指标的异常征兆。这种预见功能是突发事件预警的首要功能。

(2) 警示功能。通过对监狱内罪犯劳动、学习、生活中特定指标的监测,监狱可以将有关信息和结果向相关部门、监狱警察发出警示,以便有的放矢地采取有效防控措施,发挥导向功能。

(3) 阻止、化解、消除功能。对于许多现实危险倾向,监狱可以通过一定的措施给予相应的控制和消除,将监狱突发事件的苗头消灭在萌芽阶段,犯罪案件消灭在预谋阶段。这在某些程度上防范了未来监狱突发事件的暴发，这是预警系统中最重要的也是最现实的目标。

二、监狱建立应急预警机制的必要性

（一）建立和完善监狱应急预警机制，是新形势下提高监狱突发事件防御能力的需要

危机冲突理论认为，没有一个社会系统的整合十分完美，冲突是普遍存在的。监狱中始终存在着监管与反监管、矫治与反矫治的斗争，当监管对象个人的反监管、反矫治行为上升为集体的反监管、反矫治行为时就会发生闹狱、暴乱、骚乱等突发事件。同时，受个人因素、社会因素、环境因素、地理因素等变化和影响，监狱突发事件会随时发生，并且种类和形式也在变化。监狱突发事件发生的必然性，对监狱的执政能力提出挑战。在新的形势下，建立紧急状态下监狱应急预警机制，对于提高监狱防御和处置突发事件的能力具有重要意义。一个好的预警机制在突发事件发生时能提高综合的能力、加速的能力、决策的能力、执行的能力。应急预警机制的建立，能使监狱从上到下高度重视，增强各个部门、全体监狱警察收集情报信息的积极性、主动性和责任性，对不同时期内可能发生的各种形式的监狱内突发事件事先有一个充分估计，提前做好准备，驾驭监狱安全形势。

（二）建立和完善监狱应急预警机制，是加强监狱依法行政能力建设的重要方面

监狱是国家机器的重要组成部分，监狱以完成国家法律赋予的执行刑罚、惩罚改造罪犯、维护监狱安全的任务为己任。监狱突发事件应急预警机制的建立，是国家司法行政机关依法行使法定职权进行狱内管理活动的重要内容，是依法行政能力建设的重要方面。它起到全面加强监狱警察履行岗位职责的能力、驾驭监所安全的能力、实施科学管理的能力、做好教育转化的能力、处置突发事件能力的作用。监狱应急管理体现了"预先主动反应"这一监狱安全管理的理念，是提高驾驭监狱安全能力，树立正确安全观念，增强主动防范意识的具体体现。监狱突发事件预警机制紧紧围绕确保监所安全、稳定的要求，实现了由简单粗放型、间接管理型向直接型和早发现、早预防、早转化、早处置的科学管理型转变。

（三）建立和完善监狱应急预警机制，是提升监狱警察突发事件处置能力的客观要求

从生理学的角度讲，人体在突然受到外来强力刺激或巨大伤害时，会产生"应激反应"来对抗外界的打击，这是自我保护的本能。所以，我们看到很多人在突如其来的灾害面前表现出超常的能力，会做出平时根本做不到的事。但是，应激反应也有另外一种情况，就是危险来临时，反而制约了反应能力，连正常情况下很容易做到的事情都做不到。正常情况下，监狱内部各个部门各司其职，正常有序地运转，一旦出现威胁监狱安全的突发事件，监狱高水平的"应激反应"管理能力可以通过强有力的组织指挥措施使监狱各个部门协调配合、统一指挥，积极稳妥地开展切实有效的工作；反之，如果只有低水平的"应激反应"管理能力，将使监狱在危险面前束手无策。建立和健全监狱突发事件的应急预警机制，是提高监狱"应激反应"、处置能力和水平的重要手段和方式。通过建立完备的监狱突发事件应急预警机制，发挥预警的预见功能、警示功能，既可以做到早察觉、早发现、早预防、早处理，又可以抓早、抓小、抓苗头，把监狱突发事件消灭在萌芽阶段，提高警察的主动反应能力。建立完备的监狱突发事件应急预警机制，当事件发生时，警察在被动的情况下的应激能力就会得到积极发挥，及时控制突发事件，只要控制得住，就能处置得了，就能变被动反应为主动反应，以极小的代价把事件带来的损失降到最低限度。

（四）建立和完善监狱应急预警机制，是维护监狱安全、稳定的重要保障

在构建和谐社会的过程中，监狱安全与稳定已经越来越受到社会的关注。监狱安全工作机制的目的是要实现监狱系统的安全与稳定。监狱安全不仅指监管安全，还包括生产安全、经济安全、警察职工人身安全、罪犯人身安全等。从狭义上讲，监狱系统安全目标是无罪犯脱逃，无狱内重大案件，无重大安全生产事故，无非正常死亡。监狱应急管理机制是从事先的预防及控制监狱突发事件的角度，做到构建上下统一、反应敏捷、运转高效、协调有序的防控管理机制。它是快速处置突发事件、构建安全、稳定的监狱安全秩序的重要保障。在监狱突发事件的预防和处置活动中，预警是突发事件处置的第一道防线，通过预警系统的建立，可以帮助监狱对分阶段内可能发生的各种形式的突发事件有一个充分的估计，提前做好应急准备，选择一个最佳的应对方案，以最大的限度避免狱内突发事件的发生，维护监狱安全、稳定。

(五) 监狱应急预警机制是监狱安全文化内涵建设的体现

监狱安全文化是指监狱工作者在预防监狱安全事故，抵御自然灾害，促进监狱工作健康稳定发展的实践过程中所形成的物质和精神财富的总和。它包括监狱安全价值观、监狱安全活动、监狱安全规章制度、监狱安全技术及设施等。监狱安全文化的核心是以人为本。这反映了监狱管理者和罪犯对监狱安全的共同追求。而预警机制把预防、防范和管理有机地结合起来，其中防范是安全文化的物质层，预防是安全文化的精神层，管理是安全文化的行为层。监狱预警机制的建设促进了安全防范的理念内化于心、安全防范的基本制度固化于制、安全防范的基本设施外化于形。预警机制对安全文化建设能够产生积极作用，它丰富了监狱安全文化的内涵，推进了监狱安全文化建设的深入发展。

三、监狱突发事件预警机制构建途径

(一) 以整合监狱情报信息资源为目标，建立渠道通畅、网络严密的监狱突发事件的监测机制

监测机制的建设是监狱突发事件预警机制建设的前提和关键。监测的本质是架设覆盖三大现场的监控网络，监视监狱内每个可能引发监狱突发事件的细小不良变化，发现和收集各种情报信息，为预警防范提供资料和依据。监狱突发事件的监测主要通过以下途径实现：

1. 建立收集监狱异常信息情报网络。监狱异常信息又称监狱异常犯情，是指在押罪犯个体或者群体的思想活动和行为表现出与往常有较大差异，较容易引发消极改造或者抗拒改造的言行，容易引发监狱突发事件，对监狱监管安全存在威胁的情况。全面、准确、及时、有效地收集异常犯情，建立灵敏、高效的情报信息网络，切实做到早发现、早报告、早控制、早处置，这是对监狱人民警察工作的职责要求，是监狱人民警察必须具备的基本技能，是监狱侦查工作的基础和灵魂，是确保监狱安全的重要工作。目前，监狱异常犯情收集的常规方法有：观察法、资料收集法、问卷法、访谈法、情况汇报法、心理咨询法、技术监控法和个案分析法；实践中除常规建立正常的狱内犯情收集制度外，异常犯情的收集和处置并没有固定的模式，采取什么样的方式、方法和程序、步骤，完全取决于实际情况的需要，但是必须遵循实事求是的原则。结合监狱工作实践，监狱异常犯情收集更多采用如下结合的方法：内查外调法，阅听信息法，问测结合法，心理评估法。这些方法的落实都要求管教警察"警力下沉"，切实转变工作作风，特别是坚持正常的下监房、找罪犯谈话制度，深入到罪犯

的一切活动中去，切实做到对罪犯直接管理，这样就能随时随地发现和掌握监内狱情，捕捉到狱内罪犯有脱逃、自杀、实施重大案件可能的各种深层次狱情，从而有效地落实防范措施，消除事故隐患。

2. 加强监狱内部各监区间的情报交流、各监狱间的情报交流、系统内部的交流、协作和合作，实现情报信息的共享，构建一个覆盖面广、四通八达的灵敏、高效的情报信息网络。建立健全情报信息的收集、整理、传递、应用、反馈等工作法规制度，建立情报信息收集的奖励制度和责任追究制度，按照"高度集中、统一规范、分工负责"的原则，明确规定监狱内各个部门获取有关信息的职责和任务，合理划分各部门的信息采集、传递、处理、分析以及情报信息管理等职责，及时发现和掌握引发监狱突发事件的苗头信息，牢牢把握监狱突发事件应急处置的主动权，确保各种情报信息及时上报。

（二）建立专门的情报信息管理、协调和处理机构，构建监狱突发事件的预测和预报机制

通过监测获取异常信息仅仅是预警信息工作的一个方面。狱内异常犯情存在于罪犯的群体之中，表现为一种隐蔽的态势，不经过大量调查研究、摸底排查、分析判断等项工作，难以从中及时发现和准确掌握监内狱情动态，特别是现实危险大的深层次狱情，如不能尽快掌握，将给安全工作带来重大隐患。预测和预报就是对情报信息的分析研究、真伪判断、价值评定，这是提升情报信息价值的关键环节。监狱突发事件的预测和预警应主要包括对异常信息的分析评估、对警报级别的决策以及警报的发出等三个方面。

1. 情报信息的分析评估。它是将监测系统收集的信息进行整理和归类、识别和转化的一系列活动。信息评估的步骤和方法主要包括以下几个方面：一是对收集的信息进行筛选和甄别，排除干扰信息和虚假信息，将信息进行去粗存精，去伪存真，以保证信息的准确性和及时性；二是采用定性和定量相结合的处理方法，对于可能引发的监狱突发事件的苗头性信息资料所预见的事件类型、危害程度、发生概率等进行分析和评估。对监狱突发事件的信息分析评估，可以采取两个标准：一是可能性，即突发事件苗头进一步恶化或失控的几率有多大；二是影响和危害程度，即对监狱安全秩序造成的破坏，以便采取相应的措施防范或者应对已经发生的监狱突发事件。

2. 警报级别与处置方案决策。根据对信息的分析评估，决定是否发出警报和确定警报的级别，并向报警系统发出指令。在制定决策时，首先要确定不同类型不同级别的监狱突发事件暴发的临界点，给出每个临界点相应的指标即需要达到的水平。然后将警示性信息预报的事件所具备的各项指标与给出的临界

暴发点的指标进行比较，判断所预报的事件达到哪个临界点，从而决定是否发出警报和警报的级别。同时，对监狱突发事件的应对预防、遏制和消除以及各个阶段采取的预控措施进行决策，优选出具有最佳效益的行动方案。

3. 报警的发出。当监狱出现突发事件暴发征兆时，立即向监狱发出明确无误的报警，使监狱在事件发生之前采取有效的预控措施，防止事件的发生或减少事件的发生所造成的危害。只有当应急主体在接到报警后，在事件暴发之前做出预防和应急准备，才能说明预警是有效的。

（三）针对引发监狱突发事件的可能性因素，制定预案、组织演练、做好预控

监狱突发事件处置预案是通过对监狱突发事件构成的危险分析、犯罪情况的综合分析和研究，结合已有的工作经验和教训，根据任务和职责，事先制定出的工作方案。

1. 预案是整个处置的指导方案。预案的制定必须在客观的基础之上，否则，不仅预案难以付诸实施，而且会造成处置行动的失误和混乱。同时，必须认识到监狱监管对象的特殊性、监狱突发事件本身具有不规则性特点，监狱突发事件处置难度大，不是哪个部门能单独完成的，监狱应急预案的制定必须邀请参加处置工作的各个部门共同完成，包括监狱内部各个部门、武警部门、公安机关、检察机关、消防部门、交通指挥部门、医疗急救部门等的参加。监狱应急预案主要包括：建立处置指挥系统，处置行动的原则，处置行动队伍，处置权限，技术装备配置，处置行动的纪律，协调机制，处置步骤和方法等。预案必须体现出系统性、预测性、可操作性、实用性、全面性、超前性。

2. 预案的演练。模拟演练是提高整体作战和监狱警察处置监狱突发事件能力的重要环节。《孙子兵法》中强调："用兵之法，无恃其不来，恃吾有以待也；无恃其不攻，恃吾所有不可攻也。"诸葛亮在用兵时强调："夫军无习练，百不当一；习而用之，一可当百。"意即军队要时刻要做好作战准备，才能立于不败之地。模拟演练要着眼于处理实际问题的能力，着眼于训练出现复杂情况的应变能力，演练是为了实战，也是检验预案。预案演练的好坏，直接关系和影响着方案所定的目标、内容、策略、措施能否付诸实施；同时也要明确，没有全体参战人员对预案的深刻理解和自觉积极支持，任何好的方案都可能成为毫无价值的一纸空文。模拟演练时，要贯彻二个结合的原则：一是把一般演练与特殊训练结合起来；二是把基础训练和应用结合起来。模拟演练的基本要求是：真实、踏实、实用、实际。通过模拟演练提高处置的综合能力和战术配合能力，检查指挥协调机制的运行是否畅通，积累处置经验，使警察掌握一些处置的基

本技能,并形成实战战斗力。这样能够尽量保证处置中警察不流血、不牺牲。模拟演练中要避免以下几种情形:一是情况设定过于简单;二是处置对象的对抗性程度不够;三是现场情况变化预测不够。演练中发现一个问题就是一份成绩,就能减少一个漏洞,避免一份损失。

3. 预案的完善。应急预案不可能一蹴而就,不可能一下子完美无缺。各类预案经过一段时间的实践演练,还要补充、修改、完善,逐步成为处置监狱突发性事件的一种规程和标准。我们不能忽视的是,预案在逐渐完善的过程中,对人们的行为具有规范作用,减少人为的随意性和盲目性,增强科学性,也是处置指挥实现从经验决策到科学决策、提高指挥决策效率的过程。

第六章 监狱应急预案编制

第一节 监狱应急预案的结构与编制

一、监狱应急预案的概念和作用

应急预案是针对可能发生的重大事故（件）或灾害，为保证迅速、有序、有效地开展应急与救援行动、降低事故损失而预先制定的有关计划或方案。它是在辨识和评估潜在的重大危险、事故类型、发生的可能性及发生过程、事故后果及影响严重程度的基础上，对应急机构与职责、人员、技术、装备、设施（备）、物资、救援行动及其指挥与协调等方面预先做出的具体安排，它明确了在突发事故发生之前、发生过程中以及刚刚结束之后，谁负责做什么，何时做，以及相应的策略和资源准备等。

古人云："凡事预则立，不预则废。"无数的经验教训表明，在各种突发事件的应急救援中，若制定了有效的应急预案，各级领导和指挥人员就能加强对重大突发事件处理的综合指挥能力，提高紧急救援反应速度和协调水平；救援小组各成员就能有章可循，分工明确，忙而不乱，减少失误；其他人员也能积极地协助有关部门处理突发事件，消除恐惧紧张心理，避免事故影响的扩大和蔓延。遵循预案措施，及时组织应急救援，可极大地降低事故的后果严重程度，在完全有准备的条件下，甚至可以将事故消灭在发生的初始阶段，从而最大限度地减少人员的伤亡、财产的损失以及环境的破坏。因此，应急预案在应急工作中的重要作用显而易见。应急预案确定了应急工作的范围和应急体系，例如，应急资源配置、人员培训和演习等，使应急准备和应急管理不再是无据可依、无章可循。应急行动对时间要求十分敏感，制定应急预案有利于做出及时的应急响应，降低事故损害后果。应急预案，可保证应急行动有足够的灵活性，即使对预料之外发生的突发事件或事故，也可以起到基本的应急指导作用，成为保证指导应急救援的"底线"。当发生超过监狱应急能力的重大事故时，便于与上级主管部门以及省级、国家级应急部门协调。预案的编制、评审、发布和宣传有利于监狱各部门及社会各方了解面临的重大风险及其相应的应急措施，有利于促进全员提高风险防范意识和能力。

二、监狱应急预案的分类

预案的分类有多种方法，如按行政区域可划分为国家级、省级、市级、区（县）级和行业预案，按时间特征可划分为常备预案和临时预案（如偶尔组织的大型集会等），按事故灾害或紧急情况的发生过程、性质和机理类型可划分为自然灾害、事故灾难、突发公共卫生事件和突发安全事件等预案。而最适合监狱组织实施的预案文件体系的分类方法是按预案的适用对象范围进行分类，即将应急预案划分为综合预案、专项预案和现场预案，以保证预案文件体系的层次清晰和开放性。

（一）综合预案

综合预案是监狱发生突发事件的整体预案，从总体上阐述监狱的应急方针、政策、应急组织结构及相应的职责、应急行动的总体思路等。通过综合预案可以很清晰地了解应急体系及预案的文件体系，更重要的是可以作为应急救援工作的基础和"底线"，即使对那些没有预料的紧急情况也能起到一般的应急指导作用。

（二）专项预案

专项预案是针对某种具体的、特定类型的紧急情况，如火灾、爆炸、危险物质泄漏、地震灾害、洪涝灾害、突发公共卫生事件、突发监管安全事件等紧急情况所制定的应急预案。专项预案是在综合预案的基础上充分考虑某种特定危险的特点，对应急的形势、组织机构、应急活动等进行更具体的阐述，具有较强的针对性。

（三）现场预案

现场预案是在专项预案的基础上，根据具体情况需要编制的。它是针对特定的具体场所（即以现场为目标），通常是该类型事故风险较大的场所或重要防护区域等场所制定的预案。例如，传染病暴发事故专项预案下编制的传染病源的场外应急预案，防洪专项预案下的某洪区的防洪预案等。现场应急预案的特点是针对某一具体现场存在的某类特殊危险，结合可能受其影响的周边环境情况，在详细分析的基础上，对应急救援中的各个方面做出具体、周密而细致的安排。因而现场预案具有更强的针对性和对现场具体救援活动的指导性。

三、监狱应急预案的基本结构

综合预案、专项预案和现场预案由于各自所处的层次和适用的范围不同，其内容在详略程度和侧重点上也会有所不同，但都可以采用相似的基本结构。建议采用一个基本预案加上应急功能设置、特殊风险预案、标准操作程序和支持附件的构成，以保证各种类型预案之间的协调性和一致性。

（一）基本预案

基本预案是一个应急预案的总体描述。主要阐述应急预案所要解决的紧急情况、应急的组织体系、方针、应急资源、应急的总体思路，并明确各应急组织在应急准备和应急行动中的职责，以及应急预案的演练和管理等规定。

基本预案的具体内容可以包括：预案发布令；各应急机构的署名页；术语与定义；相关法律法规授权和依据；方针、原则与适用范围；危险分析与环境综述；应急资源的管理和综述；机构与职责；分级响应机制；教育、培训与演练规定；与其他应急预案的关系；有关互助协议的签定；预案的制定、更新、评审、发布等管理规定；其他，如分发记录和修改记录等。

（二）应急功能设置

应急功能是针对在各类重大事故应急救援中通常都要采取或完成的一系列基本的应急行动和任务进行总结而编写的计划，如通讯保障、人群疏散、人群安置、医疗等。它着眼于监狱对突发事故响应时所要实施的紧急任务。

各类重大事故尽管起因各异，但其后果和影响却是大同小异的。例如，地震、洪灾和飓风等都可能迫使人群离开原生活区域，都需要实施"人群安置和救济"，而围绕这一任务或"功能"，可以在综合预案中制定共性的计划，而在专项预案中针对每种具体的不同类型的灾害，可根据其暴发速度、持续时间、袭击范围和强度等特点，只需对该项计划作一些小的调整，从而避免重复的编制工作。同样，对其他的应急任务也是如此。关键是要找出和明确应急救援过程中所要完成的各种应急任务或功能，并明确其有关的应急组织，确保其都能完成所承担的应急任务。

由于应急功能是围绕应急行动出现的，因此它们的主要对象是那些任务执行机构。针对每一应急功能应明确其针对的形势、目标、负责机构和支持机构、任务要求、应急准备和操作程序等。应急预案中包含的功能设置的数量和类型因地方差异会有所不同，主要取决于所针对的潜在重大事故危险类型，以及各监狱的应急组织方式和运行机制等具体情况。

比较典型的应急功能包括：接警与通知；指挥与控制；警报和紧急公告；通讯；事态监测与评估；警戒与治安；人群疏散；人群安置；医疗与卫生；公共关系；应急人员安全；消防和抢险；泄漏物控制；现场恢复等。

（三）特殊风险预案

特殊风险预案是在对潜在重大事故风险辨识、评价和分析的基础上，针对每一种类型的重大事故风险进行基本的描述，明确其相应的主要负责部门、有关支持部门及其相应的职责，并为该类专项预案的制定提出有关的特殊要求和指导。

特殊风险有：地震；洪水；火灾；台风；大面积停水停电；重大生产安全事故；易燃易爆品、化学品、危险品泄漏事故；中毒事故；突发公共卫生事件；监狱内、外部突发事件；其他，如敏感日期、大型活动等。

（四）标准操作程序

由于在应急预案中没有给出每个任务的实施细节，各个应急部门必须制定相应的标准操作程序，为组织或个人提供履行应急预案中规定的职责和任务时所需的详细指导。标准操作程序应保证与应急预案的协调性和一致性，其中重要的标准操作程序可附在应急预案之后或以适当的方式引用。

标准操作程序的描述应简单明了，一般包括目的与适用范围、职责、具体任务说明或步骤、负责人、有关附件（检查表、附图表）等，标准操作程序本身也应尽量采用检查表的形式，对其中的每一步应留有标记记录区，供逐项检查核对时使用。已做过核对标记的检查表，成为应急过程中所产生的记录的一部分。

（五）支持附件

应对应急系统中有关的支持保障系统进行详细的描述，并提供有关的附图表。

典型的支持附件包括：通讯系统；信息网络系统；警报系统分布及覆盖范围；重大危险源登记及分布图；重大事故灾害影响范围预测图；重要防护目标一览表、分布图；应急机构、人员通讯联络一览表；消防队等应急力量一览表、分布图；应急装备、设备（施）、物资一览表；应急物资供应企业名录；医院、急救中心一览表；外部机构通讯联络一览表；战术指挥图；疏散路线图；蔽护及安置场所一览表、分布图；电视台、广播电台等新闻媒体联络一览表；技术参考（手册、后果预测和评估模型及有关支持软件等）；专家名录等。

四、监狱应急预案的编制步骤

监狱应急预案的制定一般可以分为四大步骤，即组建应急预案编制队伍、开展现状与能力分析、制定预案和预案实施。

（一）组建编制队伍

应急响应和管理不是个别部门和人员能够完成的，预案从编制、维护到实施都应该有各级各部门的广泛参与。并且预案的编制需要投入大量的时间和精力，所以应该组建编制队伍，促进工作的开展和学习交流。

预案编制小组组长由监狱领导担任，这样可以增强预案的全局性和权威性，促进应急工作的实施。编制小组组成人员经监狱领导同意后形成书面文件，并且明确分工，确定编制工作的时间进度和费用等。编制小组在编制过程中或编制完成之后，要征求各应急响应部门的意见。

（二）现状分析

1. 现有相关情况分析。①法律法规和现有预案分析。分析国家、省和地方法律、法规与规章，如职业安全卫生法律法规、环境保护法律法规、消防法律法规与规程、地震安全规程、交通法规、地区区划法规、应急管理规定等。需要调研的现有预案包括政府与企业的预案，如疏散预案、消防预案、安全卫生预案、环境保护预案、保险预案、危险品预案、风险管理预案等。②内、外部资源和能力分析。紧急情况所需要的内部资源和能力包括：人员（消防、危险品响应队伍、应急医疗服务、保安、应急管理小组、疏散队伍、公共信息），设备（消防设备、控制设备、通讯设备、急救供应、应急生活必需品供应、警报系统、应急电力设备、污染消除设备），设施（应急行动中心、临时医疗区域、避难区域、急救站、消毒设施），能力（培训、疏散预案、人员支持系统），备份系统（有关人员花名册、通讯、运输与接收、信息支持系统、应急电力、恢复支持）。

在紧急情况下需要大量的外部资源，应与监狱外部某些单位建立必要的联系，如地方应急管理办公室、消防部门、应急医疗服务机构、公安部门、公共设施管理部门等。

2. 危险源与风险分析。分析各类突发事件的可能性和对单位的潜在影响。①历史情况。在监狱及周边单位和监狱所在地区以往发生过的紧急情况，包括自然灾害、生产安全事故、公共卫生事件、恐怖活动等。②地理因素。单位所处地理条件可能产生的影响，包括邻近洪水区域，邻近地震断裂带和大坝，邻近危险化学品的生产、贮存、使用和运输企业，邻近重大交通干线和机场，邻近发电厂等。③人员因素。包括培训不足，粗心大意，错误操作，物质滥用，疲劳等。④物理因素。包括监狱设施的健全，易燃易爆品、化学品、危险品的贮存，设备的维修，以及照明及警报系统、紧急通道与出口的检查等。

（三）制定预案

1．撰写预案。确定具体的工作目标和阶段性工作时间表。制定工作任务清单，落实到具体的人员和时间。根据危险源与风险分析，确定解决问题的资源和存在的问题。确定预案总体和各章节的最佳结构。将预案按章节分配给每一位编写组成员。制定各项具体工作的时间进度表。

2．与外部机构协调一致。应急预案应充分利用社会应急资源，与地方政府预案、上级主管单位以及相关部门的预案相衔接。确定需要与外部机构沟通的内容，包括监狱应急响应的通道，向谁汇报、如何汇报，如何与外部机构和人员沟通，应急响应活动的负责人，以及在紧急情况下，哪些权力部门应该进入现场等。

3．评审和修订。应急预案编制完成后，应进行评审。评审由监狱主要负责人组织有关部门和人员进行。外部评审由上级主管部门或地方政府负责安全管理的部门组织审查。经充分讨论和审查后，对不足之处予以修订。

4．批准和发布。评审后，按规定报有关部门备案，并经监狱负责人签署发布。经会议讨论，监狱领导批准后发布预案。将预案装订好并逐一编号，发放并签收预案。注意应急响应核心人员手中应备份应急预案。

（四）预案实施

1．**融入监狱整体工作**。将应急管理工作变成日常工作的一部分，培养全体警察的应急意识，不断提高应急能力。

2．培训和演习。应注重全体人员的参与和培训，公布有关预案、报警电话等，广泛宣传应急法律法规和预防、避险、自救、互救、减灾等常识，使所有与事故有关人员均掌握危险源的危险性、应急处置方案和技能。定期组织技术培训、应急响应设备的使用练习、疏散演习、全面演习等。

3．预案的评审与修订。应急预案每年至少要评审一次。评审时应注意如下问题：在危险源与风险分析时发现的问题和不足是否得到充分的重视？应急管理和响应人员是否理解各自的职责？监狱的风险有无变化？新成员是否经过培训？监狱的培训是否达到目的？预案中相关人员的姓名、职务和电话号码是否正确？除了年度评审之外，某些特定时间还应开展评审和修订，如每次培训和演习之后、每次紧急情况发生之后、人员或职责发生变动之后、监狱的布局和设施发生变化之后、政策和程序发生变化之后。

第二节　监狱应急预案的格式

一、监狱应急预案的写作格式

预案是计划的一种，在写法上与计划相似，在通常情况下，一份完整的监狱突发事件应急预案应包括：

（一）标题

标题的写法主要有两种：一是完整式标题，由适用范围（包括国家、地区、单位等）＋事由＋文种组成，如《监狱安全生产事故灾难应急预案》、《××监狱特大洪涝灾害救灾应急预案》，这种写法最为常见；二是省略式标题，由事由＋文种组成，省略适用范围，如《食品中毒事件应急预案》、《危险品泄漏事故应急预案》。

此外，总体预案应当在标题中注明"总体"二字，如《监狱突发公共事件总体应急预案》；需要限定该预案所涉及的突发事件的危害级别的，多在标题中提示，如《监狱特大自然灾害救灾应急预案》；试行性预案往往在标题后标明"试行"等字样，并外加圆括号，如《化学品安全事故应急预案（试行）》。

（二）正文

正文是预案的主体和核心部分，其结构要素有：

1. 总则。

（1）编制目的。即该预案的预期效果。一般是用"为（为了）……，制定本预案"的句式，如"为应对突发大面积停电事件，正确、迅速、有序地组织和恢复电力供应，减轻停电给经济社会活动造成的影响和损失，促进事故应急工作的制度化和规范化，提高事故应急的快速反应能力，依据《国家处置电网大面积停电事件应急预案》（国办函〔2005〕44号），结合我省实际，制订本预案。"。

（2）编制依据。即制定该预案所根据的有关法律、法规、上级机关文件、其他情况等。用"依据（根据）……，制定本预案"的句式表述，如"依据

《中华人民共和国突发事件应对法》、《中华人民共和国宪法》、《中华人民共和国防洪法》、《中华人民共和国防震减灾法》、《中华人民共和国气象法》、《国家突发公共事件总体应急预案》、《中华人民共和国减灾规划（1998～2010年）》、国务院有关部门'三防'规定及国家有关救灾工作方针、政策和原则，制定本预案。"有时可以将编制依据与目的合写。

（3）适用范围。指出适用于该预案的各类突发事件。如"本预案适用于处置自然因素或者人为活动引发的危害人民生命和财产安全的山体崩塌、滑坡、泥石流、地面塌陷等与地质作用有关的地质灾害。"

（4）工作原则。如以人为本，安全第一、依法规范、职责明确，统一领导、分级负责，条块结合、以块为主，资源整合、信息共享，依靠科学、依法规范，预防为主、平战结合，警民合作、公众参与，切合实际、抓住要点等。

2. 组织体系及相关机构职责。

（1）应急指挥机构。根据处置突发公共事件实际设立监狱应急指挥机构，明确其职责及组成人员，组成人员只列单位名称。

（2）应急指挥机构成员单位。明确应急指挥机构各组成人员单位职责。

（3）应急指挥机构工作机构。明确应急指挥机构办公室职责。

（4）各基层单位应急指挥机构。根据工作需要，各基层单位相应设立应急指挥机构。

下边摘录《北京市危险化学品事故应急救援预案》的部分内容，说明组织体系与相关机构职责的具体编写方式：

危险化学品事故应急救援组织及职责

（一）市危险化学品事故应急救援指挥部成立市危险化学品事故应急救援指挥部，负责组织实施危险化学品事故应急救援工作。市危险化学品事故应急救援指挥部组成：总指挥：主管安全生产工作的副市长　副总指挥：市政府主管副秘书长；市安全生产监督局、市公安局负责同志　成员单位：市政府办公厅、市安全生产监督局、市公安局……

（二）指挥部职责　危险化学品事故发生后，总指挥或总指挥委托副总指挥赶赴事故现场进行现场指挥，成立现场指挥部，批准现场救援方案，组织现场抢救……

（三）成员单位职责　1. 市政府办公厅：承接危险化学品事故报告；请示总指挥启动应急救援预案……2. 市安全生产监督局：负责市危险化学品事故应急救援指挥部的日常工作……

组织体系框架也可用图表描述。

3. 预警预防机制。

（1）预防预警信息。确定预警信息监测、收集、报告和发布的方法、程序，建立信息来源与分析、常规数据监测、风险分析与分级等制度。

（2）预防预警行动。明确预警预防方式方法、渠道以及监督检查措施和信息交流与通报程序，预警期间采取的应急措施及有关应急准备。

（3）预警支持系统。建立相关技术支持平台、信息监测系统、载体、网络及技术设施等。

（4）预警级别发布。明确预警级别的确定原则、信息确认与发布程序等，按照突发公共事件严重性和紧急程度，分为一般Ⅳ级、较重Ⅲ级、严重Ⅱ级、特别严重Ⅰ级的四级预警，颜色依次用蓝色、黄色、橙色和红色表示。

下边看一下卫生部、中国气象局《高温中暑事件卫生应急预案》的相关内容：

3.2　高温中暑事件的预测、预警

建立高温中暑事件预测、预警机制。各级气象行政主管机构和卫生行政部门开展高温中暑事件的预测分析，结合高温气象条件、高温中暑事件的发生情况及其发展趋势，确定预警发布的级别，经报本级人民政府同意后发布。

省级（含省级）以下气象行政主管机构和卫生行政部门发布预警，必须报送上级气象行政主管机构和卫生行政部门备案；同时，及时分析汇总下级气象行政主管机构和卫生行政部门发布的预警，并报送上级气象行政主管机构和卫生行政部门备案。

3.2.1　一级预警（红色预警）高温中暑事件级别达到Ⅰ级，且高温中暑气象预报级别达"极易发生中暑"，高温天气还有持续或加重趋势的。

3.2.2　二级预警（橙色预警）高温中暑事件级别达到Ⅱ级，且高温中暑气象预报级别达"易发生中暑"以上，高温天气还有持续或加重趋势的。

4. 应急响应。

（1）分级响应。根据突发事件确定科学的分级标准，按照突发事件的可控性、严重程度和影响范围，原则上按一般Ⅳ级、较大Ⅲ级、重大Ⅱ级、特别重大Ⅰ级的四级确定响应主体，明确相应级别指挥机构工作职责、权限和要求，并启动相应预案。

（2）信息报送和处理。建立突发事件快速应急信息系统。明确常规信息、现场信息采集的范围、内容、方法、报送程序和时限要求。

(3) 指挥和协调。现场指挥遵循属地化为主的原则，建立监狱统一领导下的以突发事件主管部门为主、各部门参与的应急救援协调机制。明确指挥机构的职能和任务。

(4) 紧急处置。制定详细、科学的应对突发事件处置技术方案、处置措施，明确各级指挥机构的工作要求。

(5) 应急结束。明确应急状态解除的发布机构及程序。

下边摘录《国家安全生产事故灾难应急预案》的一段内容，说明应急分级响应的具体编写方式：

4.1 分级响应 Ⅰ级应急响应行动（具体标准见1.3）由国务院安委会办公室或国务院有关部门组织实施。当国务院安委会办公室或国务院有关部门进行Ⅰ级应急响应行动时，事发地各级人民政府应当按照相应的预案全力以赴组织救援，并及时向国务院及国务院安委会办公室、国务院有关部门报告救援工作进展情况。Ⅱ级及以下应急响应行动的组织实施由省级人民政府决定……

4.2 指挥和协调 进入Ⅰ级响应后，国务院有关部门及其专业应急救援指挥机构立即按照预案组织相关应急救援力量，配合地方政府组织实施应急救援。国务院安委会办公室根据事故灾难的情况开展应急救援协调工作……

4.3 紧急处置 现场处置主要依靠本行政区域内的应急处置力量。事故灾难发生后，发生事故的单位和当地人民政府按照应急预案迅速采取措施。根据事态发展变化情况，出现急剧恶化的特殊险情时，现场应急救援指挥部在充分考虑专家和有关方面意见的基础上，依法及时采取紧急处置措施。

…………

4.10 应急结束 当遇险人员全部得救，事故现场得以控制，环境符合有关标准，导致次生、衍生事故隐患消除后，经现场应急救援指挥部确认和批准，现场应急处置工作结束，应急救援队伍撤离现场。由事故发生地省级人民政府宣布应急结束。

5. 后期处置。

(1) 善后处置。说明人员安置与补偿、物资和劳务的征用补偿、灾后重建、污染物收集、现场清理与处理等。

(2) 社会救助。明确社会救助的程序和要求，明确有关方面捐赠资金和物资的管理与监督等事项。

(3) 后果评估。交代事件调查承办机构和审核程序，进行事故灾难调查报告、经验教训总结及提出改进建议。

6. 保障措施。

（1）人力资源。要求列出各类应急响应的人力资源，包括监狱、政府、军队、武警、机关团体、企事业单位、公益团体和志愿者队伍等。

（2）财力保障。明确应急经费来源、使用范围、数量和管理监督措施，提供应急状态时经费的保障措施。

（3）物资保障。根据具体情况和需要，明确具体的物资储备和调拨渠道等。

（4）通信保障。建立通信系统维护及信息采集等制度，确保应急期间信息通畅。

（5）交通运输保障。包括各类交通运输工具数量、分布、功能、使用状态等信息，征用单位的起用方案，交通线路规划等。

（6）医疗卫生保障。包括医疗救治资源分布，救治能力与专长，卫生疾控机构能力与分布，各单位的应急准备保障措施，调用方案等。

（7）人员防护。制定应急避险、人员疏散及救援人员安全措施等。

（8）技术装备保障。包括技术系统及储备、应急设施设备等。

下边摘录《某省处置电网大面积停电事件应急预案》的内容，说明保障措施的编写问题：

6.1 技术保障。全面加强技术支持部门的应急基础保障工作。电力管理部门应聘请电力生产、管理、科研等各方面专家，组成大面积停电处置专家咨询小组，对应急处置进行技术咨询和决策支持。电力企业应认真分析和研究电网大面积停电可能造成的社会危害和损失，增加技术投入，研究、学习国际先进经验，不断完善电网大面积停电应急技术保障体系。

6.2 装备保障。各相关地区、各有关部门以及电力企业在积极利用现有装备的基础上，根据应急工作需要，建立和完善救援装备数据库和调用制度，配备必要的应急救援装备。各应急指挥机构应掌握各专业的应急救援装备的储备情况，并保证救援装备始终处在随时可正常使用的状态。

6.3 人员保障。加强电力企业的电力调度、运行值班、抢修维护、生产管理、事故救援队伍建设，通过日常技能培训和模拟演练等手段提高各类人员的业务素质、技术水平和应急处置能力。

7. 附则。

（1）名词术语解释。对预案中出现的名词术语、缩略语和编码等进行定义和说明。如"自然灾害：指给人类生存带来危害或损害人类生活环境的自然现象，包括洪涝、干旱灾害，台风、冰雹、雪、沙尘暴等气象灾害，火山、地震灾害、山体崩塌、滑坡、泥石流等地质灾害，风暴潮、海啸等海洋灾害，森林草原火灾和重大生物灾害等。""本预案有关数量的表述中，'以上'含本数，'以下'不含本数。"

（2）预案管理与更新。明确管理和监督主体，对预案实施的全过程进行监督检查；明确预案修订、完善、备案、评审与更新制度以及其他方式、方法和承办机构。如"本预案由国家防总办公室负责管理，并负责组织对预案进行评估。每5年对本预案评审一次，并视情况变化作出相应修改。各流域管理机构，各省、自治区、直辖市防汛抗旱指挥机构根据本预案制定相关江河、地区和重点工程的防汛抗旱应急预案。"

（3）奖励与责任追究。对在应急管理中作出突出贡献的先进集体和个人，予以表彰和奖励；对玩忽职守造成损失的，依据国家有关法律法规追究当事人的责任，构成犯罪的，依法追究其刑事责任。

（4）预案实施时间。预案实施或生效时间，一般从印发之日起施行，常用"本预案自发布（印发）之日起实施（生效）"的句式表述。

（三）落款

1. 印章。在落款处加盖印章；需要署名时，署制订预案的机关或单位名称的全称或者规范化简称。

2. 成文时间。用汉字将年、月、日标全；"零"写为"〇"。如"二〇〇七年三月一日"。

上述格式要素在总体预案中大多载明，专项等预案则根据实际需要有所取舍。

二、监狱应急预案的写作体例

（一）结构方式

监狱突发事件应急预案根据涉及事件的综合性或专项性、条文的数量等实际情况，可以采用以下几种结构：

1. 分部式。它适用于条文较多的预案。全文分成几个大部分，每个部分就是一个层次。第一部分是总则，概述目的、原则、依据、适用范围等；中间各个部分是分则，具体说明有关方案的具体内容、措施、步骤等；最后一个部分是附则，对名词术语、预案管理与更新、奖励与责任追究、实施时间等加以补充。在每个部分中，又逐级划分，结构层次序数依次为"1."、"1.1"、"1.1.1"等，其中一、二层序数后面多加小标题。国家预案、省级总体预案基本上采用此种写法。如"3. 运行机制"、"3.1 预测与预警"、"3.1.1 预警级别和发布"。

2. 章条式。它适用于条文较多的预案。全文以章、条划分层次。第一章是总则，中间各章是分则，最后一章是附则。各章内分若干条，而且每条之间连续编号，也就是所谓的"章断条连"。条的序数可用"第一条"或者"一、"的形式编排，条下可以设款、项、目，款不编序数，项写成"（一）"，目写成"1."等。

3. 条陈式。它适用于条文较少的预案。有两种写法：①前言＋条陈式。第一段为前言，从第二段起分条表述。如《全国高致病性禽流感应急预案》，第一段以"为及时、有效地预防、控制和扑灭高致病性禽流感，确保养殖业持续发展和人民健康安全，依据《中华人民共和国动物防疫法》，制定本预案"作前言，从第二段起分六条对"疫情报告"、"疫情确认"、"疫情分级"、"应急指挥系统和部门分工"、"控制措施"、"保障措施"作了说明。②条陈贯底式。即从第一段起就列若干条，直至最后一段，而且多用公文的"一、"、"（一）"、"1."、"（1）"四级序数写法，这种写法在单位、重大活动等预案中普遍运用。

（二）用纸幅面尺寸

一般采用国际标准 A4 型（210mm×297mm）。张贴的预案用纸大小，根据实际需要确定。

（三）数字使用

预案中的数字除成文日期、部分结构层次序数和在词、词组、惯用语、缩略语、具有修辞色彩语句中作为词素的数字必须使用汉字外，应当使用阿拉伯数字。

（四）排版规格及装订要求

一般参考国家行政机关公文格式，如：

1. 排版规格。预案标题用 2 号小标宋体字，可分一行或多行居中排布；回行时，注意做到词意完整，排列对称，间距恰当。

正文结构层次的第一层序数和小标题用 3 号仿宋体字加粗，其余序数和文字均用 3 号仿宋体字；每自然段左空两字，回行顶格，数字、年份不能回行。

若预案中附图表，则其中文字用小 4 号仿宋体字。

页码用阿拉伯数码标识，数码左右各放一条 4 号一字线，如"－1－"。

2. 左侧装订。不掉页。

第三节 监狱突发事件应急演习

一、监狱应急演习的目的和意义

突发事件的应急处理不能纸上谈兵,要想提高监狱警察在应急状态下分工协作和快速反应及处置的能力,就应该组织突发事件应急处理演习。所谓演习,就是为检验应急计划的有效性、应急准备的完善性、应急响应能力的适应性和应急人员的协同性而进行的一种模拟应急响应的实践活动。它是检测重大事故应急管理工作的最好度量标准。

为提高和检验监狱应急指挥机构应对突发事件的应急处理能力,考察各个部门之间的配合,应进行突发事件的演习,提高监狱整体作战和处置突发事件的能力,使全体参与人员了解个人在整体目标中的地位和作用。

首先,演习使全体参与人员认真学习、理解预案。特别是监狱各级领导,要全面了解、切实掌握方案的精神实质和具体要求,并把自己担任的职责任务与总体目标融为一体。没有演习的实践,是很难真正体会这些要求的。

其次,演习可检验和提高监狱领导控制局面的临场指挥能力。每个突发事件,实质上都是一种非正常的局面和形势。参加指挥和处置突发事件的各级指挥员,必须具有敏锐的洞悉事态、发现问题、驾驭矛盾、解决问题的能力,也就是设法控制局面的能力。这种能力要从临战指挥实践中取得,而演习正是为各级指挥取得控制局势和临战指挥能力的最好办法。

再次,演习可检验和提高整体协同作战和临场遇事决策的能力。突发事件的控制和处理,决不是一个部门所能独立完成的,必须在监狱统一领导下组织好各个参与单位的协同配合,使每个阶段、各个环节紧密衔接、环环紧扣,按照总体目标的要求,协调配合,各尽其责,最大限度地发挥参与单位和个人的作用。协同作战经验和临战决策的能力都要在实战和演习中摸索,尤其是现场指挥的临战决策,由于随机性很大,不确定因素很多,常带有一定风险。因此,更要求决策者要积极稳妥,切合实际,准确地进行指挥,既不可轻举妄动,随意决策,又要抓住战机,果断行使指挥权。

最后,演习可检验和提高每个参与成员独立作战和快速反应的能力。独立作战要看个人处理问题是否做到依法采取行动。快速反应,包括整体行动,参与单位和每个成员以及指挥决策等。对每个成员来讲,快速反应就是克服行动迟缓和遇事犹豫不决。临场处置事件,解决问题,行动上要求做到既讲速度又重效率，发现问题快，上报领导快，制定决策快。只有这样，才能在整体上控制事态的发展，迅速平息事件。

二、监狱应急演习的种类

应急演习种类很多，可按不同标准进行分类。按参加部门，可分为联合演习和部门演习；按参加人员，可分为指挥部演习和基层现场演习；按演习规模，可分为综合演习和单项演习；按演习目的，可分为检验性演习、研究性演习、示范性演习。根据监狱安全应急的特点，主要进行以下几种演习：

1. 指挥部演习。指挥部演习是由应急指挥部指挥成员及应急指挥部办公室有关人员参加的模拟指挥演习，目的是熟悉应急响应时的指挥程序、步骤和工作内容。这类演习一般通过口头演习、电话演习、文书作业演习等形式进行。

2. 单项演习。单项演习是针对监狱突发事件应急过程中某个环节进行的专项演习，如紧急疏散演习、医疗救护演习、防暴队快速反应演习、应急通讯联络演习、应急报告程序演习等，目的主要是为了检验和提高某个特定环节的应急响应能力。

3. 综合演习。综合演习是为了比较全面地检查应急预案的执行能力，针对应急预案中全部或大部分应急响应功能进行的演习。综合演习一般要求真实性高，实战性强，持续时间长，参与部门多，调用资源和设备齐全。

一般情况下，要求监狱自然灾害、事故灾害、卫生事件、监管安全事件四种应急预案做到每年演习一次以上，全体监狱警察和武警看押部队都要参加演习。演习结束后，从实战效果、可操作性、模拟性、预案的缺陷等方面进行评估和总结，并提出完善、改进意见。

三、监狱应急演习的参与人员

按照整个演习过程中扮演的角色和承担的任务，可将应急演习参与人员分为如下四类：

1. 设计人员，即为实现应急目标而设计具体演习目标、情境等的人员。他们的任务是对本单位或部门的危险源与风险进行研究和分析，有针对性地设计具体的演习目标、情境，以及参与人员和部门等情节，制定演习方案，并在演习结束后主持总结评价。

2. 控制人员，即根据演习设计，控制应急演习进展的人员。他们在演习过程中的任务包括：确保应急演习目标得到充分演示；确保演习活动对于演习人员具有一定的挑战性；保证演习进度；解答演习人员疑问和处理演习过程中出现的问题；保证演习过程的安全等。

3. 响应人员，即在演习过程中，模拟真实情境采取响应行动的人员。他们所承担的具体任务包括：处置突发事件；控制现场；疏散人员；救助伤员或被困人员；获取并管理各类应急资源；与其他应急响应人员协同应对重大事故或紧急事件等。

4. 模拟人员，即在演习过程中，为使演习更真实，扮演突发事件的肇事者、受害人等角色，如模拟自杀、行凶、劫持人质、恐怖袭击、哄监闹狱等情境中的肇事者，或模拟自然灾害、人为事故中的伤员、被困人员、受影响人员、围观人员等。

四、监狱应急演习的准备

预案演习准备是搞好演习的首要环节，它是整个演习过程的统领，也是任务最为繁重的一个环节。主要工作包括：

(一) 确立演习目标

演习可检验应急预案的实用性和可操作性，但这并非演习的唯一目标，更大程度上，演习是为了检验和提高监狱各级部门对具体突发事件的应急处理能力和协同作战能力，使应急响应人员将已经获得的知识和技能与应急实际相结合。因此，演习的目标就应该包括检验预案和实际处置两方面的内容。围绕演习目标，结合监狱实际条件假定情境，确定演习的目的、原则、方式、方法、规模等。

(二) 组建演习机构

1. 成立演习指挥部，明确组成人员。根据预案中组织体系及相关机构职责的设置，一般情况下，总指挥由监狱长担任；副总指挥由监狱政委、副监狱长和驻监武警部队负责人担任；其成员可为各成员组组长。

2. 划分职能小组，明确组成人员。根据演习目的、规模等情境，可设置多个职能组，并明确组长（队长）和组员名单。如警戒组，可由狱政科人员组成，狱政科科长任组长；装备组，可由生卫装备科人员组成，生卫装备科科长任组长；医疗组，可由监狱医院人员组成，医院院长任组长等；宣传瓦解组，由教育改造科、心理矫治科人员以及监区的教育干事组成。

3. 确立各级机构的职能任务。明确组成机构及其人员的职责，形成"统一指挥、分级负责、协调有序、运转高效"的应急联动体系，提高快速反应能力。

（三）编制演习方案

1. 演习情景说明。演习情景是指对假想突发事件按其发生过程进行叙述性的说明，设计出一个或一系列的情景事件，包括重大事件和次级事件，目的是通过引入这些需要应急组织做出相应响应行动的事件，刺激演习不断进行，从而全面检验演习目标。

演习情景中必须说明何时、何地、发生何种事件（故）、事件（故）的强度和危害状况、现场条件等事项，如："××年×月×日×时，××监区××组罪犯张×在××生产车间突然用劳动工具剪刀抵住厂方女师傅的太阳穴实施劫持，现场有两名罪犯上前阻止被剪刀划伤，造成短时混乱。"演习情景可以通过口头、书面、广播、视频或音频方式等向演习人员说明。

2. 演习实施计划。为确保演习成功，策划小组应事先制定演习计划。演习计划的主要内容包括：演习的总体思想、原则和适用范围；演习情景；演习目标、评价准则及评价方法；演习程序；控制人员、评价人员的任务及职责；演习所需的必要支撑条件和工作步骤。

3. 演习评价计划。由评价人员根据演习目标对演习进展情况进行观察和记录。评价的主要目标包括：应急动员能力、指挥和协调能力、事态评估能力、资源管理能力、通讯保障能力、应急物资和设施的准备情况等。

4. 有关演习文书。根据演习方案的要求，编制相应的演习文书，主要包括事件（故）报告记录、会议记录、有关请示和指令、演习人员通讯录等。

5. 演习人员手册。通过手册向演习人员详细提供有关演习的具体信息和程序。但有时为实现演习的检验目的，会对某些信息予以保密，如情景事件等。

（四）开展专项训练

为了保证演习顺利完成，应在演习前组织有关人员认真学习有关法律、法规、应急预案和专项行动方案，并由演习方案制定人向有关人员讲解演习方案，明确注意事项，并组织开展相应的专项训练或预演。

（五）组织后勤保障

在演习前，要做好演习场地的布置，准备好演习所需的通信、办公、交通设施和物资器材，落实演习经费，邀请有关演习观摩人员等。

五、监狱应急演习的实施

监狱应急演习的实施是搞好演习的关键环节，演习开始前，演习指挥部应对演习的总体情况进行简要介绍。演习总指挥下达启动演习命令后，演习人员进入演习状态，按照演习计划规定的程序进行演习。在演习过程中，有关人员要严格遵守演习现场规则，特别是严守演习纪律。演习总指挥要控制好演习进程，出现意外情况时，应及时调整演习计划，或宣布暂停演习。完成全部演习任务后，由演习总指挥宣布结束演习。

监狱应急演习现场规则的主要内容包括：

（1）确保演习人员和可能受其影响的人员知晓模拟紧急事件（故）。

（2）参与演习的所有人员不得采取降低保证本人或公众安全条件的行动，不得进入禁止进入的区域，不得接触不必要的危险，也不得使他人遭受危险。

（3）演习过程中不得把假想事故、情景事件或模拟条件错当成真的，特别是在可能使用模拟的方法来提高演习真实程度的地方，如使用烟雾发生器、虚构伤亡事故和灭火地段等，当计划这种模拟行动时，事先必须考虑到可能影响设施安全运行的所有问题。

（4）演习不应要求承受极端的气候条件（不要达到可以称为自然灾害的水平）、高辐射或污染水平，不应为了演习需要的技巧而污染大气或造成类似危险。

（5）参演的应急响应设施、人员不得预先启动、集结，所有演习人员在演习事件促使其做出响应行动前应处于正常的工作状态。

（6）除演习方案或情景设计中列出的可模拟行动及控制人员的指令外，演习人员应将演习事件或信息当作真实事件或信息做出响应，应将模拟的危险条件当作真实情况采取应急行动。

（7）所有演习人员应当遵守相关法律法规，服从执法人员的指令。

（8）控制人员应仅向演习人员提供与其所承担功能有关并由其负责发布的信息，演习人员必须通过现有紧急信息获取渠道了解必要的信息，演习过程中传递的所有信息都必须具有明显标志。

（9）演习过程中不应妨碍发现真正的紧急情况，应同时制订发现真正紧急事件时可立即终止、取消演习的程序，迅速、明确地通知所有响应人员从演习到真正应急的转变。

（10）演习人员没有启动演习方案中的关键行动时，控制人员可发布控制消息，指导演习人员采取相应行动，也可提供现场培训活动，帮助演习人员完成关键行动。

六、监狱应急演习的总结

演习结束后，进行总结是全面评价演习是否达到演习目标、应急预案和应急水平是否需要改进的一个重要步骤，也是演习人员进行自我评价的机会。演习总结与评价可以通过座谈、汇报、自我评价和通报等形式完成。

策划小组负责人应在演习结束规定期限内，根据评价人员演习过程中收集和整理的资料，以及演习人员和公开会议中获得的信息，编写演习报告。演习报告是对演习情况的详细说明和对该次演习的评价，因此要全面反映和总结演习准备、实施情况，要充分肯定成绩，但主要是查找出存在的问题和不足，并深挖根本原因。对演习中暴露出来的问题，要组织有关人员认真分析研究，提出相应的改进意见和措施，并制定整改时间表，指定专人监督、检查纠正措施的进展情况。

第四节　监狱应急工作宣传、培训

一、监狱应急工作的宣传教育

监狱应该结合实际，负责本单位关于突发事件应急工作的宣传、教育，提高全体警察应对危机的防范意识。

突发事件的一个主要特点，就是表现在其突发性上。突发事件的发生，往往给人们以措手不及的打击，给人们的生命、财产造成难以估量的损失，使人们在缺乏心理准备的情况下，茫然失措，悲观失望。宣传工作可以帮助人们克服悲观情绪，树立战胜困难的勇气和信心。

要克服突发事件造成的困难，关键是要使人们增强团结互助的意识。及时发现、总结和推广各种先进典型，发挥典型的示范引导作用，用典型的力量去感染群众，这是增强人们团结互助意识的有效途径和方法。

监狱突发事件的宣传和教育主要是通过政治理论学习和有关处置突发事件方针、政策和法律、法规及业务知识的教育，提高监狱警察对处置突发事件任务、意义的认识，提高政策法制水平和心理适应能力，目的是为警察执行任务奠定坚定的思想基础。

二、监狱应急工作的培训

为适应处置突发事件的需要，对监狱警察进行突发事件处置的方针、原则、方法、组织指挥及防暴战术和防暴专业技术等必须进行培训，以提高监狱警察处置突发事件的能力和政策水平及战术、技术水平，提高整体战斗力。

应急力量的培训应当牢固树立训练为处置突发事件服务，养兵千日，用兵一时的思想，紧密结合任务特点，立足现有装备，着眼未来发展，坚持从难、从严、从实战需要出发，扎扎实实地抓好基础训练及不同条件、不同情况下的应用训练和综合演练。

（一）突出训练重点

根据接受培训的人员不同，选择不同侧重点，确定培训内容，制定培训计划。

1. 人员方面。以监狱防暴队为重点。实现防暴队专职化，实行专业化、军事化、常规化、系统化的训练，强化处置突发事件骨干力量的战斗力。监狱防暴队还应当强化作风、意志、战法研究、政策水平、攻心能力、指挥能力以及一些必要的专门防暴处突技术的训练，指挥人员尤其要重视对各种基本手段的运用原则和组织及实施方法的训练。

2. 培训内容方面。培训内容主要包括：鉴别异常情况并及时上报的能力与意识；对待各种事故如何处理；自救与互相救护的能力；使用各种器械、工具的技能与知识；任务的目的和如何完成任务；与上下级联系的方法和各种信号的含义；施工作业场所具有哪些危险隐患；防护用品的使用和自制简单防护用具；紧急状态下如何行动，等等。

（二）发展训练方式

根据处置突发事件的要求，日常训练一般以单兵训练或组合训练为主，适时组织与武警看押部队的联合演练。训练手段上，应当针对自身武器装备的配备，立足现有保障条件，着眼发展现代化训练手段，积极发展模拟训练环境和器材，不断提高团队的实战能力。

（三）保障训练效果

训练效果可以通过考核来完成。对于警察的训练要严格管理，依法治训，训练实绩与监狱警察的岗位考核挂钩，最终使监狱警察具备以下几种能力：

1. 超前预测能力。就是对事物的发展态势进行认真分析研究，找出可能导致突发事件的可预见因素和难预见因素中的可预见成分，积极采取措施防范的一种能力。"凡事预则立，不预则废。"用辩证唯物主义的观点看，世界是可知与不可知的辩证统一。就突发事件而言，常常是可预见因素中包含难以预见的因素，难以预见因素中包含着可预见的因素。从以往突发事件包含的难预见因素表现出来的特点中，从过去难以预见的因素影响的规律中，从难以预见因素与可预性因素的联系中，都可以认识其可预见成分。列宁曾说："认识是思维对客体的永远的没有止境的接近。"具备了超前预测能力,在复杂的犯情中才能见微知著、未雨绸缪,从蛛丝马迹中细察端倪,抓住那些似是而非、界限模糊、容易混淆的矛头,才能不被一叶障目,不为假象所惑,不被错误和虚假的信息误导,不被一般性信息所缠绕,才能在应对突发性事件中掌握主动权,坦然应对。

2. 快速反应能力。快速反应能力是军事术语,借用到处置突发事件,可作为及时性、针对性、有效性的形象概括。当今时代,对许多信息的获取,可以说从领导到基层警察是同步的,如果不具备应对突发事件的快速反应能力,就容易导致对突发性事件的影响难以进行事先调控,后果将很严重。因此工作的及时性与有效性是紧密联系在一起的,遇到问题能快速反应、及时跟上,成功的可能性才会大。相反,如果在工作中拖拖拉拉、行动迟缓,成了"马后炮",效果也就无从谈起,这只会使没问题变成有问题,小问题变成大问题。

3. 有效处置能力。处置能力就是按照上级有关指示精神对突发事件的有效处置能力。突发事件大多具有影响的广泛性、强烈的破坏性、冲击的连锁性,如果得不到及时处置,常常会由一种矛盾引发多种矛盾,由显现问题诱发潜在问题,产生一连串的反应。有些处置主体在处理突发事件时,主要还是被动地依靠上级决策和处理,没有把积极主动的处置作为自己应负的重大责任,个别的甚至在本单位发生突发性问题时,把矛盾上交、责任下推等。如果对突发事件处理不力,就会影响安全稳定。如果对单位的事故和案件处理不力,不仅会影响工作的开展,而且会给社会带来不稳定的因素。

第七章 监狱应急响应行动

第一节 监狱信息监测与报告

一、监狱信息监测

监狱应建立健全突发事件信息网络，做好信息监测和收集工作。监狱突发事件的信息监测工作有着明确的职能分工：监狱自然灾害和事故灾难类的突发事件由监狱安全部门根据各省监狱系统安全生产工作规范进行监测；监狱突发卫生类事件由监狱生活卫生部门根据《食品卫生检查制度》和《传染病报告制度》进行监测；监狱监管安全类事件由监狱狱内侦查部门根据监狱系统狱情调研工作规定进行监测。

对监测到的突发事件信息，要按照预案，立即向上级报告。监狱突发事件预测预警支持系统主要由监狱狱政管理信息系统、狱内侦查系统、卫生检测系统和生产安全检测系统组成，其中自然灾害的预测主要依靠社会行业部门预测结果。信息传递、反馈及应急指挥信息系统均采用垂直途径，以保障高效、快捷和资源共享。

二、监狱信息报告

信息报告是应急管理运行机制的重要环节，直接关系到突发事件的预测预警、应急处置、善后恢复等各项工作。各部门应加强领导，结合实际，建立健全工作机制，依据应急预案，研究制定各部门面临突发事件时信息报告的工作程序，将责任落实到岗位、落实到人，采取有力措施，切实做好信息报告工作，为积极有效应对突发事件创造条件。

（一）信息报告责任主体

突发事件信息报告实行分级负责制，监狱是受理报告和向上级报告突发事件信息的责任主体。责任主体有责任及时向当地监狱管理局报告监狱突发事件信息。

（二）信息报告时间和程序

监区发生突发事件后，应立即向监狱报告；监狱在获悉突发事件信息后，应在最短时间内向省监狱局报告；省监狱局应按规定向省司法厅和司法部监狱管理局报告。

（三）信息报告内容

信息报告内容要简明、准确，应包括以下要素：突发事件时间、地点、性质，信息来源，基本经过，初步原因，影响范围，已经采取的应急措施，应急指挥机构负责人联系方式等，并报告事态发展和处置情况，及时续报动态信息。

三、完善信息报告制度

（一）认识信息报告的重要性

信息报告是应急管理运行机制的重要环节，信息报告渠道的畅通与否和传递效率高低，直接影响到应对突发事件的预测预警、应急处置、善后恢复等项工作。及时、准确的信息报告，有利于掌握监狱突发事件的动态和发展趋势，采取积极有效的措施，最大限度地减少事故和人员伤亡的发生以及造成的损失。因此监狱各部门要高度重视，采取有力措施，切实做好信息报告工作，为积极有效地应对监狱突发事件创造条件。

（二）努力提高信息报告质量

监狱各部门要采取有效措施，不断提高信息报告的质量。要按照信息报告要素及有关要求，做到监狱突发事件信息报告要素完整、重点突出、表述准确、文字精炼。要注意做好监狱突发事件的续报，确保信息的连续性。

（三）建立信息报告通报制度和责任追究制度

对报告的监狱突发事件的情况，监狱上级机关应定期和不定期地进行考核。对能够及时准确报告监狱突发事件信息、报告质量高的提出表扬；对迟报、漏报以及报告质量差的进行通报批评，并要求查找原因，提出整改措施；对因迟报、漏报造成损失或重大影响，以及有意瞒报的，作为事件调查处理的一项重要内容，依据有关法律法规，追究相关人员的责任。

(四) 加强领导，全面提高信息报告工作水平

各监狱机关要高度重视，切实加强对监狱突发事件信息报告工作的领导，要结合监狱的实际，研究制定本监狱突发事件信息报告的具体办法，把责任落实到岗位、落实到人。加强对基层信息报告工作的指导，建立健全工作机制，努力提高信息报告的质量。各监狱要认真落实信息报告工作制度，查找薄弱环节，不断总结经验，研究提出改进措施。要选派政治素质好、业务水平高、责任心强的警察从事这项工作，要加强培训，不断提高业务能力，全面提高监狱突发事件信息报告工作水平。

第二节 监狱应急响应

一、监狱分级响应标准

根据监狱工作的特殊性质，突发事件的主要类别有：暴狱、劫狱、凶杀、劫持人质、脱逃、传染病暴发流行和集体食物中毒、重大安全生产事故、重大自然灾害事故。

根据突发事件造成的人员伤亡、财产损失或者可能造成的社会影响程度，监狱突发事件一般分为特大突发事件（Ⅰ级）、重大突发事件（Ⅱ级）、较大突发事件（Ⅲ级）和一般性突发事件（Ⅳ级）。不同突发事件发生，相应地就要启动Ⅰ级响应、Ⅱ级响应、Ⅲ级响应和Ⅳ级响应。

(一) 特大突发事件（Ⅰ级响应）

特大事件主要包括10人以上暴狱、越狱或者聚众劫狱的群体性事件；10人以下但涉及特管犯、死缓犯、15年以上有期徒刑犯的事件；对监管安全产生严重危害，造成恶劣社会影响的事件；需要由省人民政府和司法部、武警总部应急总指挥部启动响应的事件。

(二) 重大突发事件（Ⅱ级响应）

重大突发事件主要包括4人以上、9人以下暴狱、越狱或者聚众劫狱的小群体性事件；4人以下但涉及特管犯、死缓犯、15年以上有期徒刑犯的事件；对监管安全产生重大危害，造成较大社会影响的事件；需要由省司法厅、武警省总队和省监狱管理局应急指挥部启动响应的事件。

(三) 较大突发事件（Ⅲ级）

较大突发事件主要包括3人以下暴狱、越狱或者聚众劫狱的事件；对监管安全产生较大危害，造成一定社会影响的事件；需要由监狱、驻监武警部队应急指挥部启动响应的事件。

(四) 一般性突发事件（Ⅳ级）

一般性突发事件主要包括狱内一般案件，对监管安全产生一般危害，造成较小影响的事件。一般由监狱或监区直接指挥处置。

各级监狱机关应根据自身的协调、控制能力以及监狱突发事件的性质、涉及的范围、发生的规模、危害的程度、疫情灾情的大小等情况分级制定处置突发事件预案，做到分级负责，分级处置，确保任何狱内突发事件都能得到及时有效地处置。

二、信息共享和处理

监狱突发事件应急信息系统的共享对象主要是监狱、武警看押部队、地方公安机关及地方卫生部门。

监狱与武警看押部队以"共建共管共保安全"机制为平台，有效实现信息共享和处理，并共同处置监狱突发事件。

地方公安机关和卫生部门属于监狱联防单位，发生罪犯脱逃、哄监闹事、冲击监狱、劫夺罪犯等严重安全事故时，监狱以协查通报、110报警等途径传递信息，寻求支援；监狱与地方卫生部门的信息共享主要是狱内外突发疫情的通报，监狱防疫工作接受地方防疫部门的业务指导。

三、监狱应急响应程序与措施

监狱发生突发事件后，监狱应争取在第一时间内作出反应，值班监狱长应在最短时间内赶到现场，组织力量对事件的性质、类别、危险程度、影响范围等进行评估，应急指挥机构应立即开始运作，先期处置，控制事态发展，同时立即向上级报告。

(一) 监狱突发事件响应的基本程序

1. 报警。发生突发事件，事发现场警察应立即报告监狱突发事件指挥中心，指挥中心人员应立即报告当天值班监狱领导和驻监武警部队。遇到以下情形之一时须迅速报警：①罪犯发生打架斗殴或人身安全可能发生危险的；②发生突发事件，无法处置可能造成事故的；③发生哄监闹事、暴狱脱逃等紧急危险的；④发生打群架或劫持人质相威胁的；⑤罪犯袭击警察或警察自身安全可能发生危险的；⑥其他需要报警，请求指挥中心紧急支援的。

必须严格落实请示报告制度，只有在危机发生的第一时间做到请示报告，才能保证信息畅通和指挥顺畅，也为正确处理突发事件争取最宝贵的时间。

2. 发出警报。值班首长下令发出警报，必要时按规定向上级报告，并且控制好现场。警情能当时处置的，可先行处置；不能单独处置的，须等候上级的指示后再进行处理。同时启动相应的应急预案。

3. 集结警（兵）力。指挥中心根据警情的性质、事态规模、紧急程度，第一时间集结足够警（兵）力进行处置，由值班首长布置任务。

4. 封控现场。突发事件的发生必然引起恐慌甚至骚乱，特别是在人员高度密集、精神高度紧张的监狱，稍不留意就会一波未平一波又起，出现忙于应付的局面，甚至引起其他安全事件。因此警（兵）力到达现场后，首先要封锁现场和控制事态发展。

5. 有效处置。根据不同突发事件应急预案进行处置。政治事件、涉外事件由省监狱管理局直接指挥处置。

（二）监狱突发事件分级响应措施

1. Ⅰ级响应。监狱特大突发事件发生后，监狱要立即将情况报告给省监狱管理局，武警部队要将情况及时报告给省武警总队。监狱、驻监武警部队应及时成立应急指挥部，按照各自的职责立即开展先期的处置，并做好紧急控制、救援和撤离工作。监狱应急指挥部根据情况研究决定启动Ⅰ级响应程序前，要先请示省监狱管理局。监狱各职能部门要迅速按照预案规定到达指定岗位，开展事件处置工作，如协调及宣传工作，现场处置，对罪犯进行教育疏导和政治攻心等工作，后勤保障、善后处理等事宜，医疗救护、联系社会120医疗力量增援等事宜。

2. Ⅱ级响应。监狱重大突发事件发生后，监狱、驻监武警部队应及时成立应急指挥部，按照各自的职责立即开展处置工作，监狱应急指挥部根据情况研究决定启动Ⅱ级响应程序前，要先请示上级有关部门。

3. Ⅲ级响应。监狱较大突发事件发生后，监狱、驻监武警部队应及时成立应急指挥部，按照各自的职责立即开展处置工作，监狱应急指挥部根据情况，启动Ⅲ级响应程序。

4. Ⅳ级响应。监狱发生一般性突发事件后，监狱或监区可直接进行处置，必要时监狱、驻监武警部队可成立应急指挥部，各部门配合开展处置工作。

四、监狱应急响应的具体实施

应急预案启动后,现场指挥部和相应工作组立即开展工作。除特别重大突发事件需由上级主管部门统一协调指挥外,重大突发事件、较大突发事件和一般突发事件处置工作一般由监狱长任总指挥。总指挥应迅速了解事件基本情况和先期处置情况,按照处置工作预案,发布命令,组织各工作组立即开展应急处置,保证组织到位、应急救援队到位、应急保障物资到位。

(一)现场处置

监狱、武装警察部队、其他有关部门等参加处置工作的单位和人员应当服从现场指挥部的统一指挥,互相支持,密切配合,按照不同类型突发事件处置要求,做好现场处置工作。

1. 处置暴狱事件。对于罪犯挑起的暴狱事件,应立即启动监狱防暴预案进行处置。处置原则是坚持政治攻势、武装威慑与依法打击相结合,在实施有效威慑的前提下,对参与者进行教育争取,必要时对暴力犯罪分子实施武力打击。根据暴狱人员规模、事态发展、可控情况等采取相应的办法和步骤进行处置。

2. 处置劫狱事件。对于狱外不法分子暴力劫狱,指挥部应立即组织武装警察部队和监狱警察按预案占领阵地,包围监狱,同时报告公安部门,迅速形成对劫狱分子的合围态势,根据劫狱事态发展、可控情况等采取相应的办法和步骤进行处置。

3. 处置狱内凶杀事件。对于狱内发生的罪犯行凶、伤害其他罪犯的案件,首先由发现者急呼就近警察或组织周围的罪犯进行制止,并立即向指挥部报警。指挥部接到报警后要组织处置组赶到作案现场,对正在作案的单个罪犯以非杀伤性武器为先导,杀伤性武器为保障,进行制服。对正在作案的罪犯团伙,要根据现场的实际和地形,组织监狱警察和武装警察部队快速形成包围,制服行凶的罪犯。

4. 处置劫持人质事件。对于罪犯劫持人质,企图行凶、脱逃时,要严厉警告,开展政治攻势,控制事态发展,稳住罪犯的情绪,防止人质被害。如果罪犯可能对人质造成更大危害,在使用非杀伤性武器无效时,可在确保人质安全的前提下,使用杀伤性武器将其制服。制服罪犯后要及时抢救受伤人员,同时要立即突审,查清原因,直到彻底稳定局势为止。

5. 处置集体脱逃事件。对于罪犯企图集体越狱脱逃,根据事态发展、可控情况等按照相关预案进行处置。

6. 处置重大传染病暴发流行、集体食物中毒事件。对于监狱发生的非典、鼠疫、霍乱、炭疽等烈性传染性疾病疫情或集体食物中毒事件，监狱指挥部应先行处置，在报告上级机关的同时，立即报告卫生防疫部门，接受卫生防疫部门的统一指挥，协助卫生防疫部门尽快查明病因、检测毒源，采取隔离、救治、消除毒源等措施，防止疫情蔓延、毒害扩散。同时，加强对监狱的警戒防范，防止次生、衍生事件发生，保障监狱安全。

7. 处置重大安全生产事故（险情）。重大安全生产事故（险情）发生后，监狱指挥部应先行处置，在报告上级机关的同时，立即报告相关安全生产监督管理部门，接受安全生产监督管理部门的统一指挥，协助安全生产监督管理部门做好以下工作：实施疏散和救援行动，组织人员开展自救互救；紧急调配应急资源，进行应急处置；划定警戒区域，采取必要的强制驱离、封锁、隔离、管制等措施，对现场实施动态监测，加强安全防护，防止事故（险情）扩大。同时，加强对监狱的警戒防范，防止次生、衍生事件发生，保障监狱安全。

8. 处置重大自然灾害事件（险情）。对于监狱区域内发生的地震、洪涝、风暴等自然灾害（险情），监狱指挥部应先行处置，在报告上级机关的同时，立即报告当地人民政府和有关部门，接受政府和有关部门的统一指挥，协助政府有关部门开展人员救护、安置疏散、工程抢险、卫生防疫等应急工作。同时，加强对监狱的警戒防范，防止次生、衍生事件发生，保障监狱安全。

（二）新闻发布

需公开对外报道的监狱突发事件，应经上级主管部门审核。按照及时主动、准确把握、正确引导、讲究方式、注重效果、遵守纪律、严格把关的原则，根据有关规定，建立监狱突发事件新闻发布制度，组织、规范新闻媒体采访报道工作。

第三节 监狱突发事件的后期处置

一、监狱突发事件应急结束

监狱突发事件的善后处置工作由监狱负责。监狱要组织力量全面开展突发事件的损害核定工作，及时收集、清理和处理污染物，对事件情况、原因、人员补偿、征用物资补偿、重建能力、可利用资源等做出评估，制定补偿标准和事后恢复计划，并迅速实施。

当监狱突发事件得到有效控制，事件成立的条件已经消除，事件所造成的危害已经解除，无继发可能，事件现场的各种专业应急处置行动已无继续的必要时，应急结束的条件就基本得到满足了。

现场指挥部应向批准预案启动的省监狱管理局应急小组或省监狱管理局提出结束现场应急的报告。省监狱管理局应急小组根据各方意见，做出终止总体或专项应急预案的指令，撤消应急指挥部，宣布应急结束，开展下一步工作。

二、监狱突发事件善后工作

应急结束以后，监狱应积极采取措施，在尽可能短的时间内，努力消除突发事件带来的不良影响，做好善后工作。监狱突发事件后期处置工作包括：

1. 现场清理。监狱要对突发事件现场进行清理，做好核实、统计和上报灾情等工作，采取有效措施，确保监狱秩序稳定，对潜在隐患应当进行监测与评估，发现问题及时处理。监狱监管设施遭受破坏的，应及时予以修复或重建。

2. 伤亡赔偿。突发事件中造成罪犯死亡的，属于工伤的，按照司法部《罪犯工伤补偿办法（试行）》等有关规定予以补偿。对突发事件中致病、致残、死亡的国家工作人员或人民群众，按照国家有关规定，给予相应的补助和抚恤。对启用或者征用的安置场所、应急物资的所有人给予适当补偿。

3. 原因调查。纪检监察部门会同有关部门组成调查组，及时对突发事件进行调查，查清事件性质，查明事件原因和责任。根据《狱内案件立案标准》，属于责任事件的，应当对责任单位和个人提出处理意见，涉嫌犯罪的移交司法机关依法追究刑事责任。

一般性突发事件由监狱组织调查，属于较大以上突发事件的，由省监狱管理局业务部门指导或指挥调查。

三、监狱突发事件处置的评估与总结

突发事件处置完毕后，参与处置的有关监管部门应对处置工作进行总结，根据事件的性质和原因总结教训并提出防范和改进措施。针对协调处置突发事件过程中暴露出的有关问题，提出相应的意见和建议。

监狱在事发后应向省监狱管理局应急小组提交处置情况专题报告。报告内容包括事件基本情况、人员伤亡和财产损失、事件处置情况、引发事件的原因初步分析、善后处理情况及拟采取的防范措施等。

监管部门应针对处置过程中暴露出的问题及法律法规相关变化，进一步修改完善有关监管措施、风险监测及预警指标体系、风险提示和防范手段及应急预案，并提出相应的修改意见和建议。

对在突发事件应急处置工作中有良好表现或做出突出贡献的单位和个人，

监狱和武警驻监部队应依据有关规定给予表彰和奖励。

奖励的主要对象是：①出色完成应急处置任务，成绩显著的；②防止或抢救事故灾难有功，使人民群众的生命财产和国家集体的财产免受或者少受损失，成绩显著的；③对应急救援工作提出重大建议，实施效果显著的；④有其他特殊贡献的。

对参与处置工作中有不良行为的人员，监狱和武警驻监部队也应依据有关规定给予处分；构成犯罪的，移交司法机关依法追究刑事责任。

处罚的主要对象及情况是：①违抗命令、行动消极或者临阵脱逃的；②泄漏或者遗失国家秘密的；③擅离、玩忽职守或者不作为的；④遗弃装备或者丢失重要装备的；⑤违反规定使用警械具、武器的；⑥滥用职权的；⑦指挥失误造成严重不良后果的；⑧有其他影响任务完成的情形的。

第八章 监狱现场急救措施

第一节 监狱现场急救的概念和特点

一、监狱现场急救的概念

当人遭受意外伤害或突发疾病时，对伤、病员采取紧急救护措施，以挽救生命、缓解症状的治疗手段称为急救。

平时人们所说的急救，是指在医院、社区的家庭病床及救护车内对危重病人的抢救，这只是抢救工作的一部分。人们在社会生活中，经常发生各种各样的损伤和意外，如机械性损伤（交通损伤、枪击伤、钝器伤、锐器伤等）、机械性窒息（如缢、勒、扼伤等）、理化性损伤（如高低温伤、强酸强碱等化学品损伤）、意外事件和自然灾害（如水灾、火灾、爆炸、车祸、地震、火山爆发、泥石流、海啸等）等。根据损伤性质可将急救分为两类：一类是创伤性急救，是创伤初期的治疗，关系到创伤治疗的全过程和效果，常见于交通事故和生产生活中的各类意外伤害事件或故意伤害案件。另一类是疾病性急救，大多数发生在医院里，可在疾病的发生、发展、转归的各个阶段发生，是系统治疗的一部分。

现场急救，也叫现场抢救或入院前急救。它是指针对一些意外伤害、急重病人在医生未来治疗或未到达医院前在现场采取的及时有效的急救措施。

长期以来，人们曾经将抢救危重急症、意外伤害病人的希望完全寄托于医院和医生身上，缺乏对现场救护伤病人员的重要性和可实施性的认识。这种传统观念往往使处在生死之际的病人丧失了几分钟、十几分钟最宝贵的"黄金时间"。

现场急救突出的是一个"急"字，在经济发达的国家，如美国，推行的是"第一目击者"现场参与的急救模式。第一目击者是与急需救治的病人距离最近、最短时间内就能接触到伤者的现场人员。由于受传统观念和急救常识缺乏的限制，我国目前大多数第一目击者在现场不知如何有效地抢救伤患，导致大量伤患错失抢救时机，丧失了宝贵的生命。

监狱警察在日常管理工作中，对发生在狱内现场的伤病员采取的紧急救护措施称为监狱现场急救。目前，广大监狱警察由于缺乏基本救护知识，在日常管理工作中，面对监狱突发事件，特别是突发伤害事件中的受伤人员，不懂得如何进行现场急救，只能将现场病人转移至安全的地方或医院。现场病人在被送到医院治疗前的一段时间为医疗空白区，而这段医疗空白区往往是抢救伤病员的关键时期，称为救命的"黄金时间"。因此，大力普及监狱警察的现场急救知识概念，让广大警察通过救护培训，掌握初步的现场急救技术，从而在他们的参与下能够在黄金时间内展开有效的初步救护，就能为医院的后期救治创造条件，减少狱内死亡和伤残案件的发生，有助于我国现代化监狱管理水平和警察个人综合素质的提升。

二、监狱现场急救的特点

狱内急救是院外急救的一部分。由于监狱内的监管对象是一个特殊群体，所抢救的对象、环境、条件与在医院的情况大不相同，因此，应掌握它的具体特点，使急救者从思想上到工作上都有充分准备，以利于圆满完成任务。

（一）突发性

监狱现场急救往往是在我们预料之外的突然发生的意外或灾害性事件中出现伤员或病员，有时是少数的，有时是多发的，有时是分散的，有时是集中的。如遇群体性伤害事件，在及时向上级报告的同时，不仅需要在场人员参加急救，往往还要呼救场外更多的人员参加急救。

（二）紧迫性

突发性灾害事故发生后，伤员的情况往往非常复杂，甚至生命垂危。心跳、呼吸停止4分钟~6分钟，脑细胞将发生不可逆转的损害。4分钟内开始抢救，心肺复苏的成功率约50%；10分钟开始抢救，复苏的成功率几乎为0。因此，时间就是生命，必须分秒必争，争取在4分钟~6分钟、最好是4分钟内对心跳、呼吸骤停者立即进行心肺复苏，将伤病员从临危的边缘抢救回来；对大出血、骨折等病危者，用止血、包扎、固定等方法进行现场急救。

（三）艰难性

艰难性是指灾害事故发生现场的伤病员种类多、伤情重，一个人身上可能有多个系统、多个器官同时受累，需要具有丰富的医学知识、过硬的技术才能完成急救任务。但是，在监狱内部，常常出现伤病员多，要求急，要求高与救护知识缺乏的不适应局面。这种情况对狱内突发事件现场急救的开展形成了制约，因此，普及狱内警察现场急救意识和急救知识，也是目前监狱管理工作有待进一步完善和提高的重要一环。

（四）灵活性

现场急救往往是在缺医少药的情况下进行的，常无齐备的抢救器材、药品和转运工具。因此，要灵活机动地在事故现场周围寻找代用品，就地取材，获得冲洗消毒液、绷带、夹板、担架等。否则，就会丧失抢救时机，给伤病员造成更大的损伤和不可挽救的后果。

（五）关键性

监狱管理工作的特殊性，决定了监狱现场急救的关键性。在信息化社会高度发展的今天，监狱突发事件，特别是人员伤亡事件，不仅会影响狱内正常的生产、生活秩序，而且会在社会上造成一定影响，甚至被一些别有用心的破坏分子所利用。因此，对狱内突发事件中的伤病员进行及时有效的现场急救，体现了党和政府对罪犯的关怀，也是事关社会和谐、稳定的关键性问题。

第二节 监狱现场急救的任务

一、监狱现场急救的原则

（一）先救命、后治伤原则

即先排除危及生命的因素，再处理一般损伤。对呼吸困难、窒息和心跳停止的伤病员，迅速置头于后仰位，托起下颌，使呼吸道畅通，同时实施人工呼吸、胸外心脏按压等复苏措施，原地抢救。

（二）先重后轻原则

在周围环境不危及生命的条件下，一般不要轻易随便搬动伤员，暂不要给伤病员喝任何饮料和进食。根据伤情对病员进行分类抢救，在人力、物力资源有限的情况下，处理的原则是先重后轻、先急后缓、先近后远。对伤情稳定，估计转运途中不会加重伤情的伤病员，迅速组织人力，利用各种交通工具分别转运到附近的医疗单位急救。

（三）统一指挥原则

遇到意外伤害发生时，不要惊慌失措，要保持镇静，并设法维持好现场的秩序。如果现场受伤人员较多，一方面要马上分派人员迅速呼叫专业医务人员前来现场，另一方面要对伤病员进行必要的处理。整个现场抢救的一切行动必须服从有关领导的统一指挥，不可各自为政，以保证抢救工作统一有序地进行。

（四）自我防护原则

在做好抢救工作的同时，还应注意警察自身的安全防护，避免带来不必要的损伤。如火灾现场要先控制火势，或配备专用消防设备后方能进入；中毒现场要先去除引起中毒的因素；传染病患者要有适当的隔离措施等。

二、监狱现场急救的任务

监狱现场急救处理的主要任务是抢救生命、减少损伤、减轻伤员痛苦、预防伤情加重和减少并发症的发生，正确而迅速地把伤病员转送到医院，为进一步救治奠定基础。

（一）迅速排除致命和致伤因素

如搬开压在身上的重物；撤离中毒现场；发生火灾时应迅速脱离火灾现场；如果是触电意外，应立即切断电源；清除伤病员口鼻内的泥沙、呕吐物、血块或其他异物，保持呼吸道通畅等。

（二）检查伤员的生命体征

检查伤病员呼吸、心跳、脉搏情况。如有呼吸、心跳停止，应就地立刻进行胸外心脏按压和人工呼吸。

（三）根据实际情况进行适当处置

如有创伤出血者，应迅速包扎止血，就地取材，可用加压包扎、上止血带或指压止血等方法，对受伤部位进行简单的处理；有骨折需要固定的，可就地用木板等临时固定；如有腹腔脏器脱出或颅脑组织膨出，可用干净毛巾、软布料或搪瓷碗等加以保护；对伤情较重或神志不清的患者要注意心跳、呼吸及两侧瞳孔大小，保持呼吸道通畅，如解开衣扣，检查口腔有无异物，舌头有无后坠等，有舌后坠者，应将舌头拉出或用别针穿刺固定在口外，防止窒息。另外还要注意到对伤员的身体保暖，以免引起冻伤。

（四）迅速而正确地转运

在进行上述处理的同时，应及时联系医疗单位前来接应，或在严密监视下转送有关医疗单位继续救治，并要详细交待病情和处理经过。运送途中随时注意伤病员病情变化。

总之，就地抢救就是保证维持伤病员生命的前提下，抓住主要矛盾，分清轻重缓急，有条不紊地进行，切忌忙乱，以免延误救治，丧失有利时机。

三、监狱现场急救的注意事项

（1）发生突发意外或伤害事件，要及时向上级领导汇报，以便组织力量进行救援。

（2）在开展现场急救的同时，及时向就近医疗机构求救，保证患者得到及时有效的专业救治。

（3）注意区别伪装伤病员，防止个别罪犯伺机脱逃。

（4）做好安全防范工作，预防因管理漏洞造成安全事故的发生。

第三节　监狱常用现场急救的基本技能

一、心肺复苏术

心肺复苏术是针对呼吸和心跳停止的病人采取的一项急救措施，即以口对口人工呼吸代替自主呼吸、以胸外心脏按压建立有效的人工循环，以暂时保证脑组织及其他重要生命器官的氧气和血液供应的抢救技术。其主要措施包括畅通气道、口对口人工呼吸和人工胸外按压术，被简称为 ABC 三步曲。

（一）心跳、呼吸停止的原因

1. 各种器质性心血管病，如冠心病、急性心肌梗塞、心肌炎、肺源性心脏病等。

2. 各种意外事故，如溺水、触电、电击、严重创伤、大出血、气道梗塞、窒息、中毒等。

3. 其他，如手术及麻醉意外、诊断或治疗性操作失误或意外、酸碱平衡失调及电解质紊乱等。

（二）心跳、呼吸骤停的判断

1. 心跳、呼吸骤停的表现：突然意识丧失、大动脉（颈动脉）搏动消失、呼吸停止、瞳孔散大、眼球固定、脸色苍白、发绀等。

2. 心跳、呼吸骤停的判断：先检查患（伤）者有无呼吸，同时应注意心跳是否停止，大动脉搏动是否存在。一旦发现患（伤）者心跳停止，应立即开始心肺复苏，不要坐等医务人员或其他人员的到来，否则将丧失最佳的抢救时机。

（三）心肺复苏术的操作步骤

第一步（A，airway）开放气道，清理呼吸道异物。心肺复苏首要的一环是立即开放气道，方法可采取仰头抬颏法，即一手五指并拢，手掌尺侧置于患者额头上并将额头轻轻下压；另一手中指与食指并拢将患者下颌抬起，使呼吸道畅通。同时还应清除口腔及气道内异物，如用手伸进口内挖去异物、呕吐物等，若为液体（如溺水者）可采用倒水方法排出。有些仅因异物窒息而呼吸停止者，当畅通呼吸道后自主呼吸常可恢复。当病人有自主呼吸后，仍应采取有利于气道开放、仰头抬颏的体位，并松解病人的颈部衣物。

第二步（B，breathing）人工呼吸。当畅通气道后，病人仍无自主呼吸，应立即进行人工呼吸，可采用口对口人工呼吸法。此法进行人工呼吸是为患者肺部供应氧气的首选快速有效的方法。病人仰卧，有条件时可在其口上盖一层薄纱布（亦可用干净的毛巾、布料、衣物等替代），术者一手托起病人的下颌，另一手捏住病人的鼻孔并用该手顺势将病人头部向后仰；术者吸足一口气，以自己的口包住病人的口用力吹气，此时应见病人胸部抬高。吹气完毕即刻与病人的口唇脱离，放开捏鼻孔的手，使患者胸部自行恢复。术者换气后，再重复上述过程。抢救开始后首先吹气两次，采用单人或双人心肺复苏时，每按心脏30次后，吹气2次，即30：2。每次吹气量为800毫升~1200毫升，吹气时随时观察病人胸部有无起伏，有起伏者说明人工呼吸有效，无起伏者说明气道通畅不够或吹气不足。

第三步（C，circulation support）循环支持。当判定心跳已停止，应立即进行胸外心脏按压，建立人工循环。在人工呼吸的同时进行心脏按压，病人（以成人为例）仰卧在硬木板上或平的地面，头略低，操作者跪在患者右侧，以右手掌根部放在胸骨中1/3与下1/3的交界处，左手掌交叉重叠在右手背上，伸直肘关节，借术者自身体重，向下有节律地压迫胸骨，使之下陷4厘米~5厘米，按压后即放松，使胸骨复位，但双手不要离开胸壁，按压和放松时间应该相等，各占50%，如此反复进行。按压频率每分钟100次，按压与人工呼吸比例为30：2，即每按心脏30次后，吹气2次，如此循环操作。

心脏按压部位要正确，如部位过高，则胸骨不能下陷，起不到效果。如果过低，则可能将胃内容物挤出，甚至使呕吐物误吸入肺。如向两侧胸部错位易致肋骨骨折，造成气胸、血胸等。若向下错位严重者还可引起剑突骨折，致肝破裂等。抢救者按压胸骨时双臂应绷直，双肩在病人胸骨上方正中垂直向下用力，活动时用髋关节为支点，以肩、臂部重力向下按压。

（四）心肺复苏术有效指征观察

恢复自主的呼吸和脉搏；口唇、甲床转红；已散大的瞳孔由大变小，并有对光反射，或睫毛反射恢复；有知觉，反应及呻吟等；肌张力增高，或四肢抽动。

（五）终止心肺复苏术的条件

已恢复自主的呼吸和脉搏；有医务人到场。

（六）注意事项

（1）口对口吹气量不宜过大，一般不超过1200毫升，胸廓稍起伏即可。吹气时间不宜过长，过长会引起急性胃扩张、胃胀气和呕吐。吹气过程要注意观察患（伤）者气道是否通畅，胸廓是否被吹起。
（2）胸外心脏按术只能在患（伤）者心脏停止跳动下才能施行。
（3）口对口吹气和胸外心脏按压应同时进行，严格按吹气和按压的比例操作，吹气和按压的次数过多和过少均会影响复苏的成效。
（4）胸外心脏按压的位置必须准确。不准确容易损伤其他脏器。按压的力度要适宜，过大、过猛容易使胸骨骨折，引起气胸、血胸；按压的力度过轻，胸腔压力小，不足以推动血液循环。
（5）施行心肺复苏术时应将患（伤）者的衣扣及裤带解开，以免引起内脏损伤。

二、创伤现场急救四大技术

止血、包扎、骨折固定、搬运是监狱常见外伤现场救护的四项基本技术。

（一）现场止血术

在狱内各种突发事件中，常伴有外伤大出血的紧张场面。出血是创伤的突出表现，因此，止血是创伤现场救护的基本任务。有效的止血能减少出血，保存有效血容量，防止休克的发生。现场及时有效地止血，是挽救生命、降低死亡率、为病人赢得进一步治疗时间的重要技术。

1. 出血的种类。

（1）根据出血部位，分为外出血和内出血两种：

外出血——体表可见到。血管破裂后，血液经皮肤损伤处流出体外。

内出血——体表见不到。血液由破裂的血管流入组织、脏器或体腔内。

现场止血术以外出血止血为主。

（2）根据出血的血管种类，还可分为动脉出血、静脉出血及毛细血管出血三种：

动脉出血——血色鲜红，出血呈喷射状，与脉搏节律相同。危险性大。

静脉出血——血色暗红，血流较缓慢，呈持续状，不断流出。危险性较动脉出血小。

毛细血管出血——血色鲜红，血液从整个伤口创面渗出，一般不易找到出血点，常可自动凝固而止血。危险性小。

2. 失血的表现。一般情况下，一个成年人失血量在500毫升时，可以没有明显的症状。当失血量在800毫升以上时，伤者会出现面色、口唇苍白，皮肤出冷汗，手脚冰冷、无力，呼吸急促，脉搏快而微弱等症状。当出血量达1500毫升以上时，会引起大脑供血不足，伤者出现视物模糊、口渴、头晕、神志不清或焦躁不安症状，甚至出现昏迷症状。

3. 外出血的止血方法。

（1）指压止血法。指压止血法是一种简单有效的临时性止血方法。它根据动脉的走向，在出血伤口的近心端，通过用手指压迫血管，使血管闭合而达到临时止血的目的，然后再选择其他的止血方法。指压止血法适用于头、颈部和四肢的动脉出血。

（2）加压包扎止血法。它是急救中最常用的止血方法之一，适用于小动脉、静脉及毛细血管出血。方法是用消毒纱布或干净的手帕、毛巾、衣物等敷于伤口上，然后用三角巾或绷带加压包扎。压力以能止住血而又不影响伤肢的血液循环为合适。若伤处有骨折时，须另加夹板固定。关节脱位及伤口内有碎骨存在时不用此法。

（3）加垫屈肢止血法。适用于上肢和小腿出血。在没有骨折和关节伤时可采用。

（4）止血带止血法。当遇到四肢大动脉出血，使用上述方法止血无效时采用。常用的止血带有橡皮带、布条止血带等。不到万不得已时不要采用止血带止血。

4. 注意事项。

（1）上止血带时，皮肤与止血带之间不能直接接触，应加垫敷料、布垫或将止血带上在衣裤外面，以免损伤皮肤。

（2）上止血带要松紧适宜，以能止住血为度。扎松了不能止血，扎得过紧容易损伤皮肤、神经、组织，引起肢体坏死。

（3）上止血带时间过长，容易引起肢体坏死。因此，止血带上好后，要记录上止血带的时间，并每隔40分钟～50分钟放松一次，每次放松1分钟～3分钟。为防止止血带放松后大量出血，放松期间应在伤口处加压止血。

（4）运送伤者时，上止血带处要有明显标志，不要用衣物等遮盖伤口，以妨碍观察，并用标签注明上止血带的时间和放松止血带的时间。

（二）现场包扎术

快速、准确地将伤口用自粘贴、尼龙网套、纱布、三角巾或其他现场可以利用的布料进行包扎，是外伤救护的重要环节。它可以起到压迫止血、减少感染、保护伤口、减少疼痛、固定敷料及夹板等作用，有利于转运和进一步治疗。

常用的包扎材料有纱布、绷带、三角巾及其他临时代用品（如干净的手帕、毛巾、衣物、腰带、领带等）。绷带包扎一般用于支持受伤的肢体和关节，固定敷料或夹板和加压止血等。三角巾包扎主要用于包扎、悬吊受伤肢体，固定敷料，固定骨折等。

常用的包扎方法如下：

1. 环形绷带包扎法。此法是绷带包扎法中最基本的方法，多用于手腕、肢体、胸、腹等部位的包扎。

方法：将绷带作环形重叠缠绕，最后用扣针将带尾固定，或将带尾剪成两头打结固定。

注意事项：①缠绕绷带的方向应是从内向外，由下至上，从远端至近端。开始和结束时均要重复缠绕一圈以固定。打结、扣针固定应在伤口的上部，肢体的外侧。②包扎时应注意松紧度。不可过紧或过松，以不妨碍血液循环为宜。③包扎肢体时不得遮盖手指或脚趾尖，以便观察血液循环情况。④检查远端脉搏跳动，触摸手脚有否发凉等。

2. 三角巾包扎法。此法应用方便，适用于全身各部位包扎。使用时可根据需要将三角巾折成不同形状。三角巾全巾：三角巾全幅打开，可用于包扎或悬吊上肢；三角巾宽带：将三角巾顶角折向底边，然后再对折一次。可用于下肢骨折固定或加固上肢悬吊等；三角巾窄带：将三角巾宽带再对折一次。可用于足、踝部的"8"字固定等。

具体包扎方法如下：

（1）手部包扎法：三角巾平铺，手指对向顶角，将手平放在三角巾中央，底边横放手腕部，先将顶角向上反折，再将两底角向手背交叉绕一圈，在腕部打结即可。

（2）足部包扎法：方法同手部包扎法。

（3）头部包扎法：先把三角巾底边（或折叠）放于前额，顶角在脑后部，将三角巾从前额拉紧绕至额后打结，再把顶角拉紧并向上翻转固定。

（4）面部包扎法：先将三角巾顶角打一结，放于头顶上，然后将三角巾罩面部，并将眼睛和鼻孔处剪个小口，再将三角巾左右二角拉到颈后，绕回前面打结即成。

（5）胸部包扎法：如右胸受伤，将三角巾顶角放在右肩上，将底边扯到背后在右面打结，然后再将右角拉到肩部与顶角相结。

（6）背部包扎法：同胸部包扎，但位置相反，结打在胸部。

（7）手臂悬吊法：肱骨和锁骨骨折，先把三角巾折叠成四横指宽带，也可用绷带或软布带代替，将宽带中央置于伤肢前臂的下1/3处，将宽带两端在颈后打结。除肱骨和锁骨以外的上肢骨折，将三角巾顶角置于伤肢的肘后，前臂放在三角巾中央，伤肢屈肘90°，一底角拉向健侧肩上，另一底角向上翻折包住前臂，两底角在颈后打结。

（三）骨折固定术

骨折固定技术在现场急救中占有重要位置，及时、正确的固定，对预防休克，防止伤口感染，避免神经、血管、骨骼、软组织等再遭损伤有极好作用，并为下一步的搬运准备条件。

1. 骨折的种类。
（1）闭合性骨折：骨折处皮肤完整，骨折断端与外界不相通。
（2）开放性骨折：外伤伤口深及骨折处或骨折断端刺破皮肤露出体表外。
（3）复合性骨折：骨折断端损伤血管、神经或其他脏器，或伴有关节脱节等。
（4）不完全性骨折：骨的完整性和连续性未完全中断。
（5）完全性骨折：骨的完整性和连续性完全中断。

2. 骨折的症状：疼痛、肿胀、畸形、功能障碍、骨擦音。

3. 骨折的固定材料：最好用夹板，也可以就地取材，如竹竿、树枝、木棍、晾衣杆等。

4. 常见骨折的固定方法。

（1）头部骨折：伤者静卧位头稍高，在头部两侧放两个较大的枕头或砂袋将其固定住。

（2）肱骨骨折：救护者一人握伤者前臂使患肢肘关节向里弯，并向其下方外边牵引，另一个拿夹板固定，一块放臂内侧，另一块夹板放臂外侧，上过肩，下至肘外，然后用绷带包扎固定后吊起。

（3）前臂骨折：救护者一人使伤者臂屈成90°角，将一块平板放于前臂内侧，一端需超过手掌心，另一端超过关节少许，再用另一块夹板放于前臂外侧，长度如上，然后用绷带缠绕固定，并用悬臂带吊起。

（4）手骨骨折：将伤肢呈屈肘位，手掌向内侧，手指伸直，夹板放于内侧，用绷带缠绕包扎，悬臂带吊起。

（5）大腿骨折：伤者平卧，一人握住伤肢的足后跟，轻轻向外牵引，另一人按住伤者的骨盆部，第三人上夹板，一块放在大腿内侧，上自腹股沟（大腿根部），下至过脚跟少许，另一块放在大腿外侧，上自腋窝下至过脚跟少许，然后用绷带或三角巾固定。

（6）小腿骨骨折：固定方法同大腿骨折，固定在小腿外侧的夹板，其上端只需过膝少许。

（7）足骨骨折：夹住足关节，用稍大于足底的夹板放于足底，用绷带缠绕固定。

（8）脊柱骨折：采用"三人搬运法"使患者平卧于木板上，让伤者俯卧，用宽布带将伤员身体固定在担架上，以免转运时颠动。

（9）骨盆骨折：将伤员轻移至平板上，两腿微弯，骨盆处可垫少许棉布，然后用三角巾或衣服将骨盆固定在木板上。

（10）肋骨骨折：用宽布缠绕胸部，限制伤者的呼吸运动，将断肋固定住。

5. 骨折固定的注意事项。

（1）要注意伤口和全身状况，如伤口出血，应先止血，包扎固定。如有休克或呼吸、心跳骤停者应立即进行抢救。

（2）在处理开放性骨折时，局部要作清洁消毒处理，用纱布将伤口包好，严禁把暴露在伤口外的骨折断端送回伤口内，以免造成伤口污染和再度刺伤血管和神经。

（3）对于大腿、小腿、脊椎骨折的伤者，一般应就地固定，不要随便移动伤者，不要盲目复位，以免加重损伤程度。

（4）固定骨折所用夹板的长度与宽度要与骨折肢体相称，其长度一般应超过骨折上下两个关节为宜。

（5）固定用的夹板不应直接接触皮肤。在固定时可用纱布、三角巾垫、毛巾、衣物等软材料垫在夹板和肢体之间，特别是夹板两端、关节骨头突起部位和间隙部位，可适当加厚垫，以免引起皮肤磨损或局部组织压迫坏死。

（6）固定、捆绑的松紧度要适宜，过松达不到固定的目的，过紧影响血液循环，导致肢体坏死。固定四肢时，要将指（趾）端露出，以便随时观察肢体血液循环情况。如发现指（趾）苍白、发冷、麻木、疼痛、肿胀、甲床青紫时，说明固定、捆绑过紧，血液循环不畅，应立即松开，重新包扎固定。

（7）对四肢骨折固定时，应先捆绑骨折断处的上端，后捆绑骨折端处的下端。如捆绑次序颠倒，则会导致再度错位。上肢固定时，肢体要处于屈肘位；下肢固定时，肢体要处于伸膝位。

（四）搬运术

1. 搬运的方法。

常用的搬运有徒手搬运和担架搬运两种。可根据伤者的伤势轻重和运送的距离远近选择合适的搬运方法。徒手搬运法适用于伤势较轻且运送距离较近的伤者；担架搬运适用于伤势较重，不宜徒手搬运，且需转运距离较远的伤者。

（1）单人搬运法。

扶持法：急救者位于伤员的健侧，一手抱住伤员腰部，伤员的一手绕过急救者颈后至肩上，急救者另一手握住其腕部，两人协调缓行。

抱持法：急救者一手托住伤员的背部，另一手托住伤员的大腿及腘部，将伤员抱起。

背负法：救护者站在病人前面，呈同一方向，微弯背部，将病人背起，但胸部创伤者不宜采用。

（2）双人搬运法。

托椅式搬运法：两名急救者相对而立，各以一手互握对方的前臂，另一手互搭在对方的肩上，伤员坐在急救者互握的手上，背部支持于急救者的另一臂上，伤员两手分别搭于两名急救者的肩上。

拉车式：一个站在伤员的头部，两手插到腋下，将其抱入怀内，一个站在其足部，跨在他的两腿中间，两人步调一致慢慢抬起前行。

（3）三人搬运法。常见卧式三人搬运法，三名救护者同站于伤员的一侧，第一人以外侧的肘关节支持伤员的头颈部，另一肘置于伤员的肩胛下部，第二人用双手自腰至臀托抱伤员，第三人托抱伤员的大腿下部及小腿上部，使伤员头朝内侧面侧卧于三人的三臂中，协调地抬起和行走。

（4）担架搬运法。使伤员平卧在担架上，神志不清者，可用宽布带将其固定在担架上。脊柱骨折者或无担架可用床板和木板代替，搬运时前后步伐一致。

2. 注意事项。

（1）移动伤者时，首先应检查伤者的头、颈、胸、腹和四肢是否有损伤，如果有损伤，应先作急救处理，再根据不同的伤势选择不同的搬运方法。

（2）病（伤）情严重、路途遥远的伤病者，要做好途中护理，密切注意伤者的神志、呼吸、脉搏以及病（伤）势的变化。

（3）上止血带的伤者，要记录上止血带和放松止血带的时间。

（4）搬运脊椎骨折的伤者，要保持伤者身体的固定。颈椎骨折的伤者除了身体固定外，还要有专人牵引固定头部，避免移动。

（5）用担架搬运伤者时，一般头略高于脚，休克的伤者则脚略高于头。行进时伤者的脚在前，头在后，以便观察伤者情况。

（6）用汽车、救护车等运送时，担架要固定，防止起动、刹车时晃动使伤者再度受伤。

第四节　监狱常见突发事件的现场急救

一、中毒事件的现场急救

由于监狱处于相对封闭的环境内，一般毒物不易购买、隐藏或携带入内，因此，狱内常见的中毒以食物中毒为主。饮食不当可以引起多种疾病，凡是吃了有毒的食物生病的，就叫做食物中毒。人吃了有毒食物后，多数在几小时内发病，一般以急性胃肠炎最为多见。有头痛、头晕、恶心、呕吐、腹泻、发烧等症状，严重的还可以引起死亡。

（一）食物中毒的现场处理

（1）首先要了解中毒原因，中毒人数，引起中毒的食物，病人症状等情况。

（2）及时向卫生防疫部门报告疫情。

（3）安排和抢救病人。

（4）收集各种化验样品，如吃剩下的有毒食物、病人吐泻物、食具化验等。

（5）防止病情蔓延，找出中毒食物和原因后要立即采取相应措施。

（二）食物中毒的应急处理

要争分夺秒抢救病人，抢救越早效果越好。急救的原则是尽快清洗和排出消化道内的有毒物质，防止毒物被吸收，并给予对症治疗。症状重的应住院治疗。

让病人呕吐是排出胃内有毒食物时最重要的方法，而且简单易行。催吐应尽早进行，一般在食后 4 小时~6 小时内催吐都有一定效果。但对肝硬变、胃溃疡患者禁忌催吐。常用的催吐方法是刺激咽部。利用手边方便的东西如筷子、压舌板、汤勺或手指刺激咽后壁，使之引起呕吐反射。有时由于食物过稠，不易吐出和吐净，可让患者喝点温开水，然后再催吐，反复进行，直到呕吐物中没有食物为止，或口服 1：1000 的高锰酸钾溶液进行催吐。高锰酸钾有刺激胃粘膜的作用，可引起呕吐。

一般毒物吸收后多由肝脏解毒或由肾脏随尿排出，能饮水的病人口服大量液体也是一种简便有效的排毒方法。

（三）食物中毒的预防

监狱内人口密集，食物中毒往往是几十人甚至数百人同时发病，这不仅给中毒者带来痛苦，而且直接影响狱内正常的生产、生活秩序，严重的还可造成死亡。因此，做好食物中毒的预防工作，是保障罪犯及警察自身身体健康、维护监狱安全稳定的重要环节之一。主要是要做到注意食堂卫生，定期消毒用具，生熟食品分开，食物和餐具充分消毒，并注意食品的生产日期和有效日期，不使用过期食品材料等。

二、自杀的现场急救

对正在实施自杀行为的自杀者进行急救，是挽救其生命的最后手段。当自杀者正着手实施自杀行为时，应尽可能打消其自杀念头，使其停止实施自杀行为。一旦其自杀行为已经开始实施，应针对自杀者采取的自杀手段，积极开展急救。

（一）自缢方式自杀的急救

自缢者又称上吊，指自杀者利用套在颈部的绳索加上自身的重量，使绳索压迫颈部的重要器官，阻断血流，以致很快发生昏迷，窒息而死亡，也会刺激迷走神经发生反射性心跳停止。

自缢是监狱自杀者经常采取的手段之一。自缢死亡是由呼吸道、颈部血管、颈部神经受到压迫刺激、颈椎脱位或骨折等因素造成的。自杀者颈部受力不需很大即可造成死亡。对自缢者急救时应尽快解除其颈部受力，即尽快松解颈部绳索。需要特别指出的是，解除颈部绳索时应有证据意识，尽量记录、保存绳索的打结方式、状态等，以避免他杀伪装自缢情况下的证据缺失。解除自缢者颈部受压时，要注意对自缢者进行保护，防止绳索松解后，自缢者倒地或坠落导致损伤。在解除其颈部受力后，应使自缢者平卧，松解领口和紧裹的内衣、胸罩、腰带等确保呼吸道通畅。除此之外，还要注意以下几点：

（1）发现自缢者，立即抱起病人双腿向上托，减轻绳索对颈部的压迫，并唤他人来剪断绳索。

（2）使自缢者仰卧位，松解衣扣，迅速判明意识状态、心跳、呼吸等生命体征情况。对于心跳、呼吸停止者，立即根据具体情况采取胸外心脏按压、人工呼吸等急救措施进行现场急救。

（3）针刺人中、十宣、命门、关元等穴位。

（4）对怀疑颈椎脱位或骨折的，应注意对颈椎的保护。固定头、躯干部位，防止造成进一步损伤，并尽快转送医疗机构治疗。

（5）自缢者的衣物、绳索等物品应妥善保存，以备有关部门验证。

（二）利用锐器自杀的急救

自杀者往往使用锐器（如刀片、玻璃碎片、薄金属片等）刺切身体要害部位，以达到自杀的目的。常见的损伤部位为胸部、腹部、手腕部、颈部、腹股沟等大、中血管的部位。

对于刺切胸、腹部的自杀者，急救时注意观察损伤部位，进行止血、包扎等急救处理。如刺器仍在体内，不可冒然取出，以防止损伤进一步扩大，应用三角巾等固定，防止其发生移动即可。对腹部的损伤，如有脏器脱出，不可回纳，应以清洁敷料覆盖受伤部位。用三角巾、毛巾等布类做一环形垫圈放置于受伤部位，使脱出的脏器容纳其内，再将一大小与环形垫圈相适应的碗或盆扣在垫圈上，以防止压迫脏器。最后用三角巾或床单等包扎、固定住碗或盆即可，尽快将其转送医疗机构治疗。

对于损伤大、中血管的自杀者，如损伤部位位于四肢，应在采取相应止血措施的基础上，立即转送医疗机构治疗。对于颈部损伤，应立即压迫止血，创口小可用一指压向后方脊柱，创口大可能形成大血管横断或不完全横断时，应用两指分别压迫两端，控制出血直至送至医疗机构，由专业医护人员接替。如发现自杀者呼吸困难或有窒息可能时，应立即进行气管切开。若气管与外界相通，可由创口直接插入套管，注意及时清除气管内血液等异物，保持气道畅通，尽快转送至医疗机构治疗。

(三) 高空坠落自杀的急救

高空坠落也是自杀者经常采取的自杀手段之一。人体由高空坠落，在接触障碍物或地面时，受到巨大的冲击作用，使人体组织和器官遭受严重损伤而致死。

急救时，应先去除自杀者身上的硬物。对创伤局部进行止血和包扎，对四肢骨折处进行包扎固定，但怀疑颅底骨折、脑脊液漏者，不得进行填塞处理，以防止造成颅内感染。对颅骨开放性骨折者，予以局部包扎，但不可填塞处理。若有脑组织膨出，应用清洁敷料覆盖后用三角巾或其他替代品围成环形垫圈放置于脑组织膨出处，再用清洁的碗或类似物品扣在其上，包扎固定，以防止压迫脑组织。对出现严重胸部损伤的自杀者，如多发性肋骨骨折、胸骨骨折，若出现反常呼吸、胸壁浮动等症状，可用棉垫或多层毛巾置于胸壁浮动处，再用三角巾、绷带、或宽胶布加压包扎，消除反常呼吸。如肋骨骨折造成开放性气胸，应严密封闭胸壁伤口，维持和改善呼吸功能。搬运和转送过程中，不得扭转颈部及躯干，以防止发生或加重脊椎损伤。

三、触电的现场急救

电击伤俗称触电，包括交流电和雷电击伤，是由电流通过人体所致的损伤。大多数电击伤是因人体直接接触电源所致，也有被数千伏以上的高压电或雷电击伤的。接触1000伏以上的高压电多出现呼吸停止，200伏以下的低压电易引起心室纤颤及心跳骤停，220伏~1000伏的电压可致心脏和呼吸中枢同时麻痹，轻者造成机体损伤，功能障碍，重者死亡。

(一) 症状

强烈的电流通过人身体，会造成瞬间死亡或因休克而昏倒，身体也会有局部灼伤情形，表现有不同程度的烧伤、出血、焦黑等现象。烧伤区与周围正常组织界线清楚，一般有2处以上的创口，1个入口、1个或几个出口。重者创面深及皮下组织、肌腱、肌肉、神经，甚至深达骨骼，呈炭化状态，或全身机能障碍，如休克，呼吸、心跳停止等。

致死原因是由于电流引起脑（延髓的呼吸中枢）的高度抑制，心肌的抑制，心室纤维性颤动。触电后的损伤与电压、电流以及导体接触体表的情况有关。电压高、电流强、电阻小、体表潮湿，易致死。如果电流仅从一侧肢体或体表传导入地，或体干燥、电阻大，可能引起烧伤而未必死亡。

(二) 急救方法

1. 立即切断电源，或用不导电物体如干燥的木棍、竹棒或干布等物使伤员尽快脱离电源。急救者切勿直接接触触电伤员，防止自身触电而影响抢救工作的进行。

2. 当伤员脱离电源后，应立即检查伤员全身情况，特别是呼吸和心跳，发现呼吸、心跳停止时，应立即就地抢救。

(1) 轻症即神志清醒，呼吸、心跳均自主者，伤员就地平卧，严密观察，暂时不要站立或走动，防止继发休克或心衰。

(2) 呼吸停止，心搏存在者，就地平卧解松衣扣，通畅气道，立即口对口人工呼吸，有条件的可气管插管，加压氧气人工呼吸。亦可针刺人中、十宣、涌泉等穴，或给予呼吸兴奋剂（如山梗菜碱、咖啡因、可拉明）。

(3) 心搏停止，呼吸存在者，应立即做胸外心脏按压。

(4) 呼吸、心跳均停止者，则应在人工呼吸的同时施行胸外心脏按压，以尽快建立呼吸和循环，恢复全身器官的氧供应。现场抢救最好能两人分别施行口对口人工呼吸及胸外心脏按压，以2：30的比例进行，即人工呼吸2次，心脏按压30次，如此反复交替进行。如现场抢救仅有1人，也用同样的比例进行胸外心脏按压和人工呼吸，抢救一定要坚持到底。

3. 处理电击伤时，应注意有无其他损伤。如触电后弹离电源或自高空跌下，常并发颅脑外伤、血气胸、内脏破裂、四肢和骨盆骨折等。如有外伤、灼伤均需同时处理。

4. 现场抢救中，不要随意移动伤员，若确需移动时，抢救中断时间不应超过30秒。移动伤员或将其送医院，除应使伤员平躺在担架上并在背部垫以平硬阔木板外，还应继续抢救，呼吸、心跳停止者要继续人工呼吸和胸外心脏按压，在医院医务人员未接替前救治不能中止。

四、火灾的现场急救

火灾是日常生活中常见的灾害事故之一，而且在监狱内也时有发生。大部分是人为因素造成的，也有用电不当，生产事故，电线线路年久失修绝缘层破损后发生漏电、短路等引起火灾。在监狱范围内，生产事故和电线短路是造成火灾的主要原因。火灾发生后，如何及时开展有效的救护是减少损失、预防人员伤亡的关键。火灾的现场紧急救护主要包括以下几方面：

(1) 迅速去除引起火灾的因素，如切断电源等。

(2) 迅速灭火，立即脱离火源。衣服着火时，不要奔跑和呼叫，以免风助火势越烧越旺和引起呼吸道烧伤。可脱掉着火的衣服、用水灭火或卧倒在地滚动。如果衣服与烧伤的皮肤粘在一起，切不可硬行撕拉，可用剪刀从未粘连部分剪开，慢慢脱掉。

（3）镇痛。轻度烧伤者，可口服止痛片；重度烧伤者，可肌肉注射止痛药剂。

（4）保护创面、防止感染。对烧伤的创面一般不作特殊的处理。用清洁的布料或敷料包扎覆盖伤面，防止损伤创面和再次污染。不要弄破水泡，局部忌涂药物或油膏，可口服抗菌素。

（5）口渴严重时可饮盐水，以减少皮肤渗出，有利于预防休克。

（6）护送医院。烧伤严重者，应及时送医院治疗，但对呼吸和心跳停止者，要先就地进行心肺复苏急救，同时联系专业医疗机构，寻求支援，待呼吸和心跳恢复后，再送医院。

五、中暑的现场急救

（一）中暑的原因

在炎热的夏天，气温比较高，如果长时间在太阳下暴晒或在高温车间劳动等，太阳的热辐射或车间中各种热源，对人体就起了加热作用。若不能将体内大量余热散发出去，热量长时间在体内积蓄，人的体温调节中枢就会发生障碍，使人中暑。

（二）中暑的症状

中暑病人先是感觉头痛、头晕、眼花、心慌、胸闷、四肢无力。随后便出现呼吸急促、出虚汗、面色苍白、恶心呕吐，甚至意识不清，昏倒在地。有的由于出汗过多，引起肌肉和四肢痉挛。

（三）中暑的急救

发现有人中暑，应立即将病人脱离高温环境，移到阴凉通风的地方，让病人仰卧躺下休息，解开腰带和衣扣，并用凉水浸湿的毛巾敷在额头上，以帮助散热降温。如病人意识不清，可用手指或针刺人中、合谷等穴位，待病人清醒后，给喝一些含盐的凉开水、浓凉茶或清凉饮料，也可口服清凉药物如人丹、十滴水、藿香正气水等。中暑轻的病人，一般经过急救和休息后，能很快恢复健康，但中暑严重的病人，应送医院抢救治疗。

(四) 中暑的预防

（1）做好个人防暑工作，夏季劳动时应准备充足的降温饮品，如绿豆汤、凉茶等，提醒罪犯多喝一些含盐凉开水和清凉饮料。

（2）车间要有通风设备，充分利用车间的门、窗、风帽等进行自然通风。

（3）夏天在露天作业时要戴草帽，防止强光直接照射头部。并合理地安排劳动和休息时间，如早出工、晚收工，延长中午休息时间，以减少暴晒等。

六、吞食异物的现场急救

吞食异物致异物卡在食道或胃肠道为临床急症，在监狱比较常见罪犯利用吞食异物等手段自伤、自残。虽大部分异物可顺利通过消化道，但仍有部分病人需要紧急处理，否则消化道会出现梗阻、穿孔及出血等并发症，严重者甚至可危及生命。

异物卡在食道会因异物的种类不同而有不同的处置方式，食道异物卡住虽不至于马上引起呼吸抑制，但时间一久亦会引起食道溃疡破裂及纵膈腔浓疡等并发症。

若是电池卡在食道或吞食进入胃肠道，因电池壁会被胃酸腐蚀进而释放出电解液及重金属离子，在4小时~6小时即有可能会造成对肠胃道黏膜的烧烫伤和重金属中毒，进而造成肠胃道破裂穿孔，因此应尽速用内视镜夹除电池。若是具有尖锐的边缘，如已被打开的安全别针或刮胡刀片卡在食道，因有15%~30%的几率会导致食道黏膜破裂，故仍应在胃排空前尽速用内视镜取出。至于硬币卡在食道则用内视镜夹出，若是掉到肠胃道则大部分会随大便排出。异物若是长度大于5厘米，宽度大于2厘米，则不易通过胃幽门，因此仍需用内视镜夹出。

上述异物若通过胃幽门进入小肠，则无法用内视镜夹除，因此只能观察，大部分异物会在48小时~72小时排泄出体外，如异物造成胃肠道阻塞、破裂而有腹膜炎之征象者，必需马上送医院进行手术治疗。

第三篇 ‖ 监狱突发事件的应急处置

第九章　监管安全突发事件应急处置

第一节　监管安全突发事件处置的原则

一、监管安全突发事件的表现特征

（一）突发性

监狱监管安全突发事件是突然发生的，多数是不可预测的。引发事件的原因，一般都是多种因素的综合，既有罪犯主观因素的直接驱使，也有某种客观因素的间接诱惑，但在表现形式上总是反映为瞬间、一刹那，令人难以预料。就整个突发事件来说，其中必然包含了一个从量变到质变的过程，这是世界上任何事物发生、发展变化的规律，监狱监管安全突发事件也不例外。特殊的是这一变化的过程往往时间短暂，苗头不易察觉。或者是有的突发事件虽然经过一定时间甚至是长期的预谋和准备，但可能因信息不畅、耳目不灵、监控失误或者其伪装巧妙、手段隐蔽而未能及时发现、察觉。所以，从监管工作角度来看，不管其动机形成的时间长与短、快与慢，由于未能在事件发生之前预料、察觉，都会使人产生一种仓促感、紧迫感和突发感。在监狱外部发生的突发事件，由于脱离了监狱的管辖范围，支援力量不可能第一时间赶到。此时，就需要事发时在场的警察积极应对，立即制定出解决问题的方案和措施。

（二）关联性

导致监狱监管安全突发事件发生的因素是互相联系的，有可能互相转化。

一个事件的突然发生会引起连锁反应，环环相扣，一件事影响一大片。例如，罪犯越狱脱逃事件行为的发生，可能会引起劫持人质、绑架杀害监狱警察或罪犯、抢夺武器，流窜到社会上报复办案人员、继续偷盗、诈骗、抢劫等一系列新的违法犯罪行为。或是监狱发生罪犯脱逃，一旦未能及时抓捕，便会诱发其他监狱预谋脱逃罪犯效仿。有些监狱突发事件有时即使当时已经及时平息处置，但其潜在的负面效应仍会存在，并有可能继续妨碍、破坏监管秩序或是社会正常秩序。所以当一个突发事件发生以后要抓紧控制，迅速控制事态的发展，不要让突发事件衍射、滋生，要采用果断的措施把事态控制住。

（三）紧迫性

突发事件一旦发生，马上面临事件的处置防范问题。突发事件的处置是有紧迫性的，一方面是事件的演变非常迅速，我们必须争分夺秒，力争在最短的时间内将事态控制并迅速进行处置。另一方面是处置事件的机会稍纵即逝，监狱必须迅速出动，全力以赴，以免因处置不及时而延误战机，导致或是造成更加严重的后果。如果不及时控制，就完全有可能对社会安定、人民安全造成直接的威胁。

（四）多样性

监狱突发事件可以发生在不同的区域，可以有各种各样的表现形式。正因为它是难以预料的突发事件，所以它是不会在同一时间、同一地点重复发生的，每次发生的事件都有不同的特点和不同的表现，呈现出层出不穷的花样，表现出它的极端多样性。

监狱突发事件发生的突发性、关联性、紧迫性、多样性等特征，有着内在的关联性。正确认识和理解这些特点，对于认识各种突发事件的性质，采取有效的处置与预防措施，有着极为重要的作用。

二、处置监管安全突发事件的原则

监狱内部突发事件是非常规性事件，对监狱安全有很大的危害性，要实现最大限度地避免突发事件带来的损失，监狱人民警察在执行处置监狱内部突发事件任务中，应掌握和坚持科学的处置原则。

（一）及时性原则

突发事件来势猛，发展迅速，危害严重，任何迟滞拖延都可能造成事态的急性恶化。及时性原则要求在处置中要果断地采取行动，快速地控制现场，及时报告，并迅速开放信息渠道，通报各个部门相互配合，妥善处理。

（二）灵活性原则

突发性事件产生的原因、结果复杂多样，在特殊情况下，常规的方法常常难以奏效，这就需要我们监狱警察灵活应对，打破传统思维方式，有时为便于事态控制，在处置时可有所妥协、灵活，在执行上级命令、解决问题中，从实际情况出发，针对不同对象、不同情况采取不同的处理办法，以实现及时控制局面、解决问题、减轻危害、减少损失的目的。但灵活也要有度，不能违背法律和政策。

（三）依法处置原则

在监狱监管安全突发事件处置中，不管其涉及面多广，事态多危急，都应严格按照法律、法令及有关规定办事，这是监狱警察有效处置突发事件的前提。要针对情况中的不同对象、矛盾的不同性质、问题出现的不同场合、可能发生的不同后果，慎重依法采取不同的处置方法，不轻易许诺，不草率行事。

（四）确保安全原则

保障安全是突发事件处置的重要原则，不论出现什么情况，首先要考虑的是紧急情况是否触及现场其他人员的安全，要采取一切必要的措施保护场所和人员安全。处置时也应最大限度地避免和减少因突发事件而造成的人员伤害、财产损失为先决条件。

第二节 应对罪犯脱逃的措施

一、罪犯脱逃的原因

1. 逃避刑罚。人身自由的丧失、环境的刺激、罪责感的压力、严格的管束以及对前途、社会地位、家庭的忧虑等，给罪犯造成孤独无援、惊恐不安、心绪紊乱等复杂心理，并且相互交织在一起。许多罪犯虽然清醒地权衡了犯罪之乐与刑罚之苦，但逃避惩罚的强大侥幸心理往往将这种权衡冲抵得荡然无存，他们千方百计地逃避刑罚。

2. 迷恋狱外生活。一些罪犯入狱前过的是灯红酒绿、醉生梦死、奢侈糜烂的生活，他们在社会上游手好闲，好逸恶劳，无恶不作，过惯了放荡生活。而入狱后，其法律地位发生了变化，人身自由被剥夺，与社会、家庭隔离，在严格的管制和严密的监控下被动接受改造。当他们的恶习和犯罪思想还未得到彻底转变时，放荡不羁的生活习惯与严格的管理便会发生冲突，艰苦的生活环境与入狱前花天酒地的生活有了天壤之别的比较，他们自然而然地留恋旧生活，厌恶牢狱生活。

3. 家庭出现重大变故。家庭因素是某些罪犯产生脱逃心理的重要影响因素。某些罪犯思家恋亲心理十分强烈，尤其是得知家庭发生重大变故，如家人去世、配偶离异、亲人生病、孩子出事等，开始变得寝食不安，心理紧张、焦躁，强烈的情绪久久不能平息，严重影响了安心服刑。为了解决思念之苦和心理上的不安，非要逃回家去不可。

4. 狱内重新犯罪或有漏罪害怕被发现。有些罪犯入狱后秉性难改，不时发生违反监规纪律的行为，甚至重新犯罪。他们深知犯罪必须承担刑事责任，因此对自己的犯罪行为应当受到处罚的情况特别敏感，害怕受到法律加重处罚。一些罪犯在判刑时就有未被发现之罪，入狱后惶惶不可终日，总担心东窗事发。诸如此类的问题一直困扰着他们，因此孤注一掷、铤而走险脱逃。

5. 监狱管理方面的因素。在监狱这个关押着各种各样罪犯的特殊环境中，一些罪犯恶性难改，加之个别警察执法水平较低，责任意识不强，导致牢头狱霸滋生。他们肆意逞恶，欺凌、支配其他罪犯，致使其他罪犯困苦不堪。个别监狱警察工作方法不当，官僚作风严重，喜欢偏听偏信，处理问题不公正或执法手段粗暴，使罪犯的合法权益无法得到保障，遇到的问题无法得到妥善解决，一些罪犯遂产生逃跑的念头。

6. 报复证人。一些罪犯因被举报而获刑，一些罪犯因证人的作证而被定罪，他们对举报人、证人产生仇视情绪，怀恨在心，在伺机报复的恶念影响下脱逃。

7. 不认罪服法。对法院的判决不服本应通过申诉解决，但有些罪犯获刑后对法院产生了不信任感，觉得申诉无用。还有的罪犯对自身罪行的危害程度错误估计或者对某些法律条文理解错误，为自己的犯罪行为百般开脱，或者认为自己无罪，或者认为被他人陷害，又或者认为轻罪重判，基于这些错误认识加之外界因素的影响，导致产生了以脱逃来抗拒法律、重新犯罪的思想。

二、罪犯脱逃的防范

（一）罪犯实施脱逃的特点

在押罪犯脱逃是罪犯破坏监管改造秩序、逃避刑罚的极端行为，是罪犯在改造期间的一种继续犯罪活动,是其反社会心理在特殊条件下延续和发展的表现。多年来,防止罪犯脱逃一直是监狱监管工作的一项最重要的任务。当前,由于在押犯构成发生了显著变化,青年罪犯、重刑犯的比例居高不下,暴力犯、累犯、流窜犯的比例不断上升,狱内改造与反改造的斗争日趋严峻,敌情日趋复杂,罪犯脱逃的危险时刻存在,所以必须先摸清罪犯实施脱逃的特点,做好对脱逃犯罪的处置工作。

1. 脱逃思想的易生性。马斯洛需要层次理论认为,"自由"是人的重要需要。在高墙电网下生活的罪犯对自由的向往要比一般人更强烈,罪犯容易萌生脱逃思想,换个角度讲,罪犯都有潜在的逃跑欲望。如果罪犯产生脱逃思想,那么其日常行为也相应有所流露,值得警察关注,如:有意打听监狱周边地形和交通状况;出收工队列中常常东张西望,有意观察周围情况,或故意落在队伍后面,行为异常;私藏现金、证件,或囚服内着便装,有意脱离监管;经常表现出对狱外生活的留恋和对监狱生活的不满,或者有脱逃言语流露;私藏铁钩、绳索、锯条、刀片、便服等违禁品,或故意破坏囚服标志;前次脱逃未得逞,改造中继续有抵触行为等。

2. 预谋性和突发性并存。目前,全国大部分监狱在硬件设施上都日趋完备,建立了严格的管理制度,使罪犯脱逃变得相对困难,因此,有些罪犯在实施脱逃行为之前常常需要较长时间的预谋,并且有充分的思想、物质准备,他们往往选择好逃跑时机、路线、地点,有明确的去向和目的。但从实践来看,有预谋和准备脱逃的罪犯只占少数,而且犯罪类型多为流窜盗窃犯、抢劫犯和诈骗犯,这些罪犯犯罪伎俩多,比较适应脱逃后的生活,获得钱财相对容易。大部分实施脱逃的罪犯是在特定情形下临时起意的,如监管工作出现明显漏洞,或者执勤监狱警察突然生病等,在这种特定的条件下实施的脱逃行为随机性较大,具有突发性特点。在年龄结构上,40岁以下身强力壮的罪犯占有较高比例,这些罪犯身体素质较好,行动灵活,有冲破警戒和逃避追捕的能力。

3. 隐蔽性和公开性并存。面对监狱严密的监控,罪犯靠强行越狱存在一定的难度,因此,罪犯脱逃一般需要制定周密的计划,策略和手法上具有较强的针对性和隐蔽性,难于被监狱警察或其他罪犯发觉,如不少逃犯就是所谓的改造积极分子,平时伪装得较好,容易取得警察信任,使监管上产生麻痹。而当一些罪犯在预谋阶段就被识破或者在实施脱逃行为过程中受到阻挠时,他们往往会孤注一掷,甚至采用公开的暴力手段强行脱逃,如使用暴力劫持人质,胁迫脱逃等。

4. 极大的危害性。①个别罪犯成功脱逃会给监狱管理造成极大的负面影响,带来连锁反应。一些有脱逃思想的罪犯因此会认为监狱的管理松懈,管理者思想麻痹，有机可乘，并且暗地里会积极谋划脱逃方案，伺机实施。②脱逃罪犯一般都具有主观恶习深、手段残忍、报复性强等特点，他们在脱逃期间经常采用违法手段获取物资借以继续潜逃。有些为报复证人或其他相关人员而脱逃的罪犯，其造成的社会危害性更大。

（二）科学构建监狱防逃体系

1. 增强防范的主动性。首先，监狱要强化队伍的思想政治教育，充分发挥警察的主观能动性，使警察养成严谨的工作作风，增强责任感，加强事业心，时刻保持高度警惕，警钟长鸣，防逃于未然。监狱警察要强化专政意识，在思想上筑牢防逃堡垒，以维护监狱安全与稳定为天职，公正执法，认真履行工作职责。其次，做好狱情排查，对有脱逃思想的罪犯应及时做好引导转化工作，因人施教，对症下药，使他们放弃侥幸心理，走上积极改造的道路。再次，要加强罪犯的正面引导，重视个别谈话教育工作，使罪犯能够安心改造。经常性、不间断地对罪犯开展认罪服法教育，转变罪犯思想，消除侥幸心理，并辅以前途理想、人生观教育，组织有脱逃史的罪犯进行现身说法。有针对性地开展社会帮教，多渠道、多形式地教育罪犯认识逃跑是没有出路的，真正把脱逃思想消除在萌芽状态。最后，建立健全犯群组织，合理使用事务性罪犯和耳目罪犯，将这些罪犯纳入监狱防逃体系，发现、了解并协助警察监督、控制有脱逃危险的罪犯。监狱要密切配合公、检、法等机关对脱逃罪犯及时抓获、及时起诉、公开审判，以法律武器震慑想逃的，教育没逃的，鼓励举逃的，表扬抓逃的罪犯。

2. 健全和落实各项监管制度。首先，制定科学的、操作性强的防逃制度。近年来，监狱在押犯构成发生了明显的变化，监狱应在加强警察直接管理的基础上，结合实际，进一步修订完善诸如搜身制度、点名制度、会见制度、锁门制度、门卫管理制度、互监制度、脱逃危险分子的"包夹控"制度、查监制度等监管安全制度，加强对外来人员和车辆的管理。对较为特殊的岗位，监狱更应认真分析，完善相关防逃措施。对警力相对较弱、易发生突发性事件、出现极端天气等重点时段要加强检查和监管，如节假日、周末、夜间警力较少，供电突然中断，出现刮风下雨极端天气等时段，都是罪犯选择脱逃的最佳时机。其次，制定完备的防逃责任机制，加大对监管安全隐患的查处力度，对漠视监管安全以及造成监管安全漏洞、事故的人员要加强教育和处罚的力度，真正使防逃反逃工作抓在警察手上，落实在行动上，确保监狱的安全稳定。值得高度警惕的是，有些罪犯善于察言观色和投机钻营，他们往往会利用个别警察的麻痹心理和贪利心态，制造假象，设下圈套，骗取信任，采取"骗逃"手段得逞，对这类现象一定要加强防范。最后，在罪犯中也要建立一套防逃、反逃奖罚制度并进行宣传落实，加强罪犯群体间的牵制力和互相监控、互相制约力度，使罪犯中也能形成一种"群防群治"的良好氛围。

3. 加强监狱物防技防建设。物防技防基础设施是一个系统的立体防范体系，包括高墙、电网、铁丝网、探照灯、红外线探测仪、电视监视系统、警报器、通讯器材、监听器材、临时照明灯具等监控必需的设备。这些设备不仅要有，而且要做到经常保养，经常维修。对特别重要的部位和危险分子，可采用报警、摄录、监听、监视等综合报警装置，使各种技术相互配合，在监管控制罪犯方面发挥更为积极有效的作用。同时，还要积极引进先进技术，使监狱的监控设备系统不断更新换代，使其更趋科学化、现代化。

4. 加强对外沟通，建立强大的防逃网络。防逃和反逃，不仅是监狱的责任，而且是全社会共同的义务。监狱应当扩大对外宣传和交流的力度，让全社会正确认识和理解监狱工作，从而积极配合监狱的防逃工作。要建立健全防逃体系，除需依靠完善监狱内部防逃机制外，还必须与社会团体、武警部队、周边企事业单位、居民社区和社会各界人士以及罪犯亲属取得广泛联系，达成共识，努力做到有效的群防群治。

三、罪犯脱逃应急处置的措施

狱内罪犯脱逃有多种情况，如预谋、未遂和既遂等，对不同情况应采取不同的措施

（一）脱逃预谋的处置措施

1. 脱逃预谋的主要形式。由于监狱环境特殊，使得罪犯实施脱逃时在时机、方式和工具的选择上受到很大限制。

（1）脱逃工具的准备。例如，在服刑期间准备绳索、挖掘工具、剪切工具、绝缘衣物、便服等便于其实施脱逃的物品和工具。

（2）脱逃时机的选择。例如，逃犯研究监狱警察的活动规律，寻找监狱管理工作的漏洞，经常选择在饭前饭后、学习结束、出工收工、管理人员交接班、被押解途中等特定时间段实施脱逃；从事分散劳动、外出诊病、节假日、天气状况恶劣等也常被罪犯认为是脱逃的理想时机。

（3）脱逃方式的选择。例如，选择单人脱逃或者伙同他犯集体脱逃，选择秘密脱逃或者使用暴力手段强行冲监脱逃，内外勾结脱逃，劫持人质脱逃或者以欺骗手段脱逃等。

2. 脱逃预谋的处置措施。脱逃方式、时机、手段的选择过程就是脱逃预谋

的过程，监狱对此应采取有效措施，不给罪犯留下任何可乘之机，力争将罪犯脱逃消灭在预谋阶段。

（1）加强耳目布控，对有脱逃迹象的罪犯要严密监视，掌握其脱逃预谋的详细计划，并且落实好"互监"、"包夹"制度，随时掌握其思想和行为动态。

（2）进行突击查监，尤其要对容易被罪犯用作脱逃工具的危险物品、凶器加强清查，对涉嫌私藏可能用作脱逃工具或物品的罪犯要及时进行调查，发现蛛丝马迹，绝对不能放过。

（3）对可能存在脱逃思想的罪犯要进行耐心细致的谈话教育，讲明法律和政策，使其能够深刻认识到脱逃行为的严重后果，并主动放弃脱逃的想法。

（4）加强警戒，防止出现监管安全方面的漏洞。

（5）对罪犯的"亲情网"、"社会网"要记录在案，以便发生脱逃时能及时确定追逃方位。

（6）加强对外来车辆和人员的审批、控制和检查。经批准进入监管区的车辆必须车头朝里，驾驶员离开车辆时必须取出钥匙，锁好车门，离开时必须严格接受检查。外来人员不得随意接近三大现场以及与罪犯进行直接接触。

（7）落实门卫制度，防止罪犯乔装打扮混出大门。

（8）加强对罪犯会见、通信管理，防止内外勾结，串通作案。

（9）加强现金、便服等特殊物品的管理，使罪犯因缺乏必要的物资而放弃脱逃计划，中止脱逃预谋。

（二）脱逃未遂的处置措施

（1）隔离审查。罪犯实施脱逃未能得逞，必须迅速将涉嫌罪犯进行隔离审查，并对犯情进行彻底排查，使有关罪犯无一漏网。狱内侦查部门牵头对整个事件进行细致侦查和取证，使罪犯在证据面前能够坦白。侦查终结后，监狱应向检察机关提交起诉意见书。

（2）在全监范围内进行反脱逃教育，稳定监狱秩序，打击、震慑其他不稳定分子。

（3）表彰和奖励在制止罪犯脱逃过程中的有关人员，做到奖罚分明，调动犯群的反逃积极性。

（4）对监狱管理中存在的问题进行反思，查缺补漏，对于没有起到狱内秘密监控作用的耳目、互监小组进行撤换和整治，反之则要进行鼓励和保护。

（三）脱逃既遂的处置措施

罪犯脱逃既遂，是指罪犯采取各种方式逃离了监狱和警戒区域。对于突然发生的罪犯脱逃事件，必须以最快的速度，在最短的时间内，采取果断措施予以处置，力争控制事态。当班警察发现罪犯脱逃要及时报告，并立即清点罪犯人数、姓名和锁好监舍门。对于脱逃罪犯，监狱应组织力量及时进行围追堵截，将其抓获。未能及时抓获的，监狱应及时通知公安机关，由公安机关进行追捕，监狱予以配合。首先应成立追捕逃犯专案小组，根据罪犯的服刑表现、思想状况、脱逃动机等对罪犯的逃跑方向作出判断。为做好该项工作，专案小组可在犯群尤其是和逃犯来往关系密切、接触频繁的犯人中搜集、发掘线索，也可从罪犯档案、日记、和他人的来往书信中掌握其社会关系，为确定追捕方向提供有效依据。罪犯脱逃既遂的具体处置措施如下：

1. 按预案行动。发生罪犯脱逃时，监狱警察和哨兵应当迅速报警。监狱、驻监武警部队双方接到罪犯脱逃的信号后，应迅速按照处置突发事件预案行动，各级指挥员和各种处置力量应快速到位，封锁事发监区，加强对各哨位的警戒，控制制高点，防止罪犯乘机继续外逃。指挥部根据情况，决定启动响应等级，同时向上级反映情况，组织包围圈进行堵截追击。

2. 堵截。如罪犯逃离监管区，应当在监狱附近的车站和罪犯可能经过的道路上设卡堵截。在车站设卡时，卡点通常设在进、出口站；在道路上设卡时，卡点通常设在收费站的车辆检查点或者道路较窄及拐弯、上坡处；在桥梁、隧道设卡时，卡点必须距隧道有一定的距离，不得紧靠桥梁、隧道，更不能设在桥梁上和隧道内。在车站的进、出口站进行检查时，可以公开进行，也可化装成地方安全检查人员秘密进行；在道路上对过往车辆进行检查时，通常采取公开的武装形式，先令人员下车进行检查，再对车辆及车上物品进行检查。检查人员应当穿戴护具，保持高度警惕，严防罪犯袭击。在盘查过程中，对群众应当态度和蔼，讲究方法，不得训斥和刁难。

3. 追击。若罪犯逃离监狱的时间不长，或者发现罪犯的踪迹时，应当沿罪犯的逃跑路线实施追击。追击兵力通常大于罪犯数量的3倍以上，并力争在运行中将其捕歼。

4. 伏击。查明罪犯可能落脚的地点时，可以在该点或者通往该点的必经道路上设伏守候，待罪犯进入伏击地域时，采取突然行动将其捕歼。在罪犯落脚点设伏，应当对设伏点进行侦察，必要时对其进行包围搜查。在道路上设伏，应当准确掌握罪犯的特征，并将伏击点选择在便于我方实施隐蔽捕歼、不便于罪犯逃跑和躲藏的路段。实施伏击时，对持有武器和危险品的罪犯以抓捕为主。对罪犯驾驶的车辆进行火力攻击时，必须在准确判断车上没有其他人员的情况下才能实施。

5. 包围。当发现罪犯隐藏的地域时，应当在该地域外围设置包围圈，封锁通往该地域的所有通道，对出入车辆和人员进行检查。

6. 搜索。对罪犯隐藏的地域达成包围以后，应当及时对该地域实施搜索。搜索方式应根据不同的地形而定。对高地通常实施向心搜索；对谷地及平原有丛林、高苗的地方通常实施单向平推搜索；对居民地和较大的搜索地域通常实施分块搜索。搜索时应当先观察、弄清搜索地域的情况，再展开搜索，必要时在制高点派出观察员，边搜索边观察动静。

7. 攻心。对罪犯隐藏的准确地点实施包围以后，应当适时组织政治攻势，宣传有关法律、政策，必要时组织威慑性火力袭击，瓦解其意志，迫使其投降。

8. 突袭。对罪犯隐藏的准确地点实施秘密包围以后，可视情况组织突袭。突袭时，应当隐蔽接近罪犯的隐藏位置，趁其不备强行突入进行捕歼。

9. 强攻。政治攻势无效时，应当适时组织强行攻击。强攻方式通常根据现场地形、罪犯火力等因素确定。当罪犯隐藏在存放重要物资的场所和重要建筑物内时，应当以抵近捕歼为主。当罪犯隐藏在普通建筑物内并且火力不强时，应当采用火力攻击与抵近捕歼相结合的方式。当罪犯隐藏在野外或者相对孤立的房屋内，并且火力较强时，应以火力攻击为主。

追捕逃犯是监狱和公安机关相互配合，依法将逃犯捕获的活动，是与狱内犯罪行为做斗争的重要措施。及时捕回逃犯，有利于维护法律的尊严，威慑在押罪犯，保障监狱秩序及社会的稳定。《中华人民共和国监狱法》第42条规定："监狱发现在押罪犯脱逃，应当即时将其抓获，不能即时将其抓获的，应当立即通知公安机关，由公安机关负责追捕，监狱密切配合。"因此，监狱在追捕逃犯中，还应做好以下几方面的工作：

（1）建立警务协作制度。监狱应当与有关公安机关建立长期警务协作制度，经常互通情报，交流信息，密切双方关系。

（2）监狱应即时抓捕逃犯。监狱如果发现罪犯脱逃，应快速组织警力，一方面全面细致地在现场搜索，运用上述各种方法，争取即时抓捕逃犯。

（3）公安机关负责追捕逃犯。监狱不能即时抓捕逃犯时，应当在发现罪犯脱逃后的24小时内通知所在地公安机关，并提供逃犯详细的书面资料。公安机关接到通知后，负责追捕逃犯的全面工作。公安机关抓获逃犯后，应当及时通知原关押监狱。

（4）监狱协助公安机关追捕逃犯。监狱在公安机关追捕逃犯的过程中，要进一步向公安机关及时提供逃犯的有关信息，必要时也可以派出人员和车辆协助追捕。

第三节 应对罪犯自杀的措施

一、罪犯自杀的原因

自杀是行为人故意剥夺自己生命的行为。罪犯自杀属于监狱严重的监管事故，对监狱的改造秩序和声誉都将带来负面影响，同时也对罪犯家属造成了严重的精神伤害，甚至导致罪犯家属与监狱之间发生纠纷。有些心术不正的罪犯也会借机在犯群中散播谣言，使犯群对监狱警察产生误会和敌视，更有甚者会出现罪犯集体对抗监狱警察管理的行为，为监狱正常开展工作埋下了诸多不稳定因素。具体分析，导致罪犯实施自杀行为的成因包括以下几方面：

1. 悲观绝望。"人生最大的痛苦莫过于失去自由"，罪犯投入监狱服刑即意味着失去自由，生活环境和社会地位都将发生根本性的改变。面对漫长的牢狱生活，面对与家人分隔，一些罪犯随即产生了悲观和绝望的情绪，认为前途渺茫，没有任何希望，外在表现为神情沮丧、情绪低落、郁郁寡欢、思维迟钝、注意力不集中，对生活丧失了勇气，终止了追求，有时还会流露出厌世的想法。俗话说："好死不如赖活着"，正常情况下，人的求生欲望是非常强烈的，也包括在监狱服刑的罪犯。然而，有些罪犯因为陷入了极度的痛苦之中，很有可能导致他们走上绝路。

2. 自我封闭。有的罪犯性格孤僻，适应能力非常差，一旦环境发生了重大改变，便使其觉得不知所措，孤立无援，而且在心里铺设了层层防线，不愿意与他人进行沟通交流，监狱警察找其谈话时也往往以沉默示人。长此以往，这些罪犯陷入了自我封闭状态，得不到他人的理解和关心，人格开始出现解体，情感开始出现退化，逐渐从对他人冷漠转变为对自我冷漠，甚至发展到自我终结生命。

3. 自尊畸变。有的罪犯入狱前在社会上拥有较好的经济地位和政治地位，受人尊敬，如鱼得水。有的还可以说是一呼百应，要风得风，要雨得雨。然而这类罪犯一旦成为阶下囚后，很难接受现实，忍受不了受人管束、受人监督的日子，无法完成角色的转换，而且对其他罪犯打心眼里蔑视，不愿和他们交往。对待监狱警察的管理和谈话教育，往往表现出极端排斥。这类罪犯对人生的理解十分狭隘，如果受到当众批评使得颜面扫地或者遇到一些不顺心的事，他们往往会拿生命作为代价来挽回一点自尊。

4. 身体病残。身体病残的人较健康人往往存在更多的悲观情绪，情感也显得比较敏感脆弱。有些病残罪犯因为在劳动改造中处于弱势地位，取得好的改造成绩相对比较困难，特别是监狱的医疗条件十分有限，有些疾患严重的罪犯得不到有效医治或病情愈加严重，导致其对生活和前途失去了信心，感觉活着毫无价值可言，或者认为早晚会死在狱中，还不如早点自我了断。基于这些矛盾心理，有些病残罪犯走上了绝路。

5. 意外打击。亲情是罪犯十分重要的精神寄托，有的罪犯对亲人的感情甚至胜过自己的生命，而一旦这种亲情发生恶变，他们的精神世界也将随之崩塌，如亲人离世、妻离子散、家里飞来横祸等，都会给这些罪犯在精神上给予毁灭性打击，有些意志薄弱的罪犯会因情感上承受不了而寻短见。

6. 负罪沉重。有些初犯、偶犯或过失犯罪的罪犯，由于良知尚未泯灭，案发后心理常常伴随着恐惧、内疚和自责等负罪心理，对自己危害他人和社会的犯罪行为懊悔不已，当然这是认罪服法、悔过自新的前提。但是，这种负罪感如果过于强烈，就会过犹不及，势必会在精神上背负沉重的包袱，意志变得消沉，有的甚至把自己看得一文不值，轻视自己，如果任其发展而得不到慰藉，只有毁灭自己的生命才能得到解脱。

7. 逃避罪罚。有的罪犯本身刑期较长，在服刑期间重新犯罪被加刑，或者害怕余漏罪败露被加刑。面对未来漫漫刑期，大好年华将随之远去，他们惶惶不可终日，只有寄希望于一死来脱离"苦海"。

8. 其他因素。有的监狱警察工作方法比较简单，不能正确和及时处理罪犯遇到的问题，使他们无法脱离困境，或者有的罪犯不堪忍受牢头狱霸长期的欺凌和敲诈，从而导致寻短见；相反，有的罪犯则是为了吓唬和威胁监狱警察，或者引起他人关注而假自杀，想以此达到使监狱警察妥协的目的，逃避改造。

二、罪犯自杀的防范

（一）罪犯自杀的主要手段

1. 自缢。在监狱罪犯自缢死亡的案例中，绝大多数采取的是直立悬空的方式，极少数采取坐、跪、蹲式，多用被单、布条、裤带、鞋带等物制成的绳索勒于脖颈，悬于床头、栏杆、窗棂、厕所屋梁等处。

2. 割动脉血管。工具主要来源于打碎的窗户玻璃或热水瓶碎片、经过加工的罐头铁皮或塑料调羹柄、学习用具如圆规等。

3. 吞食有毒物品或利器。如吞食剧毒药品、洗涤剂、生产生活用化工原料或铁丝、小刀片、牙刷柄、玻璃碴、钢锯条、铁钉、调羹等。

4. 跳楼。目前监狱都有一些高层建筑，建筑物窗户都安有护栏，楼顶也有防护设备，平时罪犯是不能随便登上楼顶的，但是，有跳楼自杀打算的罪犯往往会做好充分准备，寻找和创造机会实施自杀行为。

5. 绝食和拒绝就医。有的罪犯为表达心中的不满或抗拒改造，往往通过绝食和拒绝就医以示"抗议"，以此来达到自己某方面的目的。

6. 其他。如头撞墙，罪犯采用这种自杀方法的也较多；触电身亡，即故意触摸监舍和厂房内的电源；撞车，即突然向监管区内行驶的机动车辆迎面撞去。此外，还有引爆氧气瓶、利用生产设备自杀等手段。

在罪犯自杀事件中，采用自缢、割手腕（割动脉血管）手段的占绝大多数。因为此类自杀手段方式简单、所寻工具往往是日常生活中经常遇到、需要时方便得到、管理时容易疏忽的物品，并且寻找场所方便，时机容易掌握，其手段对自杀者的心理也容易接受。

（二）罪犯自杀征兆的排查

生命是最宝贵的财富，追求生命是人类的天性和本能，罪犯也不例外。假如没有遭受重大的挫折和打击，假如没有经过左思右想、犹豫徘徊，罪犯一般不可能在霎时间产生轻生念头。所以，罪犯自杀行为从引发到实施必将经历一个变化发展过程，预备自杀的罪犯相较其他罪犯总会多少表露出一些异常现象，如在生理、心理、行为等方面的特征会产生较大程度变化，这是判断罪犯有无自杀倾向的早期信号，及时准确把握这些早期信号有助于争取心理疏导和思想教育转化的时机，了解罪犯自杀动机，防止意外发生。在情绪方面，自杀者常表现出焦虑、烦躁、伤感等异常情绪，有的思想压力大，情感脆弱，不时流露悲观厌世的言论，或者吃不下、睡不香，或者郁郁寡欢、频频走神，或者言行怪异、表现活跃。因此，要对罪犯"吃不好、睡不好、不要好、突然好、特要好"的反常现象及时捕捉和排查。在行为方面，自杀者常以一种比较含蓄的方式将苦恼和厌世的想法告诉亲近的人，同时还会准备自杀工具、药品或留下遗书、遗言等。

（三）罪犯自杀的预防对策

1. 努力构建公正、文明的执法环境。监狱公正文明的程度与监管安全息息相关。监狱警察公正执法、罪犯合法权益得到保障、狱内矛盾及时调处、适时进行心理疏导，可以使罪犯化解心理郁结，珍惜生命，看到光明前途，从而促使其放弃自杀念头，安心改造。相反，如果监狱警察执法不公、方法粗暴、罪犯人格不被尊重、合法权益得不到保障，将会激化矛盾，诱发罪犯自杀。因此，监狱应采取各种措施、方法，努力营造一个公正、文明的改造氛围，让罪犯在平等中改造，在希望中改造，在文明中改造。要最大限度地解决好罪犯的实际困难，保障他们的合法权益不受侵害。要创造条件，让社会、家人给罪犯以更多的关注和关爱，使罪犯能够感受到党和政府的召唤、社会的关心和亲人的温暖。

2. 建立心理危机干预机制。监狱应组织建立"监狱领导、心理矫治部门、监区"三位一体的罪犯心理危机干预机制，配备专业心理矫治人员，制定有效的干预措施，积极参与罪犯狱内自杀的防范工作。①开展罪犯心理健康教育，使罪犯能够正确认识心理问题，掌握正确的自我心理调节方法。②做好罪犯心理测试工作，对测试结果有自杀倾向的高危犯群进行评估，制定防范措施，做好控制工作。③积极开展心理疏导和治疗工作。许多自杀未遂者都具有精神障碍，因此，要使用科学方法，如建立心理咨询室、开通罪犯心理热线以及给罪犯提供宣泄压力、疏导情绪的场所和机会等，及时排解罪犯的心理障碍，释放心理压力。④要建立罪犯心理档案，对症下药。对有自杀倾向的罪犯要引导其正确对待挫折和困难，帮助他们分析挫折产生的原因，从多个方面帮助他们消除心理阴影，并做好跟踪干预，在教育和其他干预的同时，注意做好防范夹控工作，以防意外发生。

3. 严格控制管理。罪犯自杀需要一定的时间和空间，还需要一定的手段，如能严格控制好罪犯单独活动的时间、空间，则罪犯即使有自杀的念头，也缺少自杀的机会。要落实好警察直接管理制度，要尽量做到使罪犯学习、劳动、生活始终处于紧张而有节奏的整体活动和相互监督之中，这样，可以把罪犯自杀的时空条件消灭到最低限度。在"四个重点"管理上，①要加强对重点物品的管理。尤其是对那些便于自杀使用的利器、绳索等物品加强管理，发放、回收工具时要进行细致清点，严防劳动工具流出劳动场所。严格落实危险品的领发、回收、登记制度，坚持每天对罪犯进行搜身检查，定期或不定期实施查监制度，把一切危险物品拒绝在监狱门外。②要加强对重点时段的管理。控制好熄灯后特别是凌晨1时至3时这一薄弱时段，心理问题严重者、有思想问题者往往在这个时段容易做出极端行为。对罪犯家庭变故后、受到处理后、提审后、重大余罪暴露后等时段加强控制，往往这种时候罪犯情绪波动特别大，出现心理问题的概率急剧上升。要对休息日特别是春节、中秋节等重大节日加强控制，因为逢年过节也是罪犯特别思亲念友的时候，容易造成情绪极度低落。③要对重点场所加强控制与管理。如储藏室、卫生间、图书室、工具房、更衣室、库房等，这些场所已成为罪犯实施自杀的重要场所。因而，这些场所要保持良好的视线，禁止悬挂窗帘，同时门锁要由警察直接掌握。要严格执行罪犯的互监组制度，绝对禁止罪犯单独活动，规定罪犯必须"板块移动"，以防不测事故发生。夜间，监舍内可安装低功率的长明灯，严格巡查，加大巡逻密度。④要对重点人群加强控制与管理。如长刑犯、老病残犯、精神抑郁犯、家庭变故及无家属接见的罪犯等，这类犯人容易产生厌世情绪，应严格管控。对有自杀倾向的罪犯，还应在劳动中做特别安排。

4．开展健康向上的监区文化活动。针对罪犯的不同生理、心理特点以及年龄、身体状况，开展形式多样、有益身心健康的文体活动。要引导罪犯正当的情趣，转移罪犯的注意力，特别是对于一些悲观消极的罪犯，应鼓励他们多参与读书活动和文体活动，利用监区文化积极健康的氛围，使其受到感染和振奋。

5．改进教育改造的方式方法。教育改造是改变罪犯的认知结构、思想观念、价值准则和行为习惯的重要过程，这个再社会化的过程对健全人格、陶冶情操具有不可估量的作用。在防控罪犯自杀方面，教育改造的方式方法必须与时俱进，要首先从人文关怀的角度出发，使教育体现出以人为本，使罪犯能够发自内心的接受，从而使他们真正感受到生活的美好、生命的珍贵、人性的光辉。对有自杀苗头的罪犯应开展集体帮教、重点帮助，树立其生活信心，战胜自我，彻底消除自杀的倾向，巩固在希望中改造的信念，提高教育改造的针对性和有效性。

当然，预防罪犯自杀是一个十分复杂的系统工程、控制工程，工作难度大，要求高，稍有疏漏，则前功尽弃。要抛弃"自杀难防"的观念，不断提高业务素质和工作技巧，细化狱政管理工作，及时洞察犯情，加强对罪犯的个别教育、心理矫治工作，治标和治本双管齐下，罪犯自杀是可以预防的。

三、罪犯自杀应急处置的措施

1．现场解救。当发现罪犯欲自杀时，要注意观察其行为，对于下定决心自杀的行为人，要马上给予心理解救，耐心劝说，进行心理疏导，缓解其心理压力，劝其走出自杀的误区，唤起他留恋人生的欲望，使其放弃自杀念头。心理疏导的主要方法有：

（1）亲情法。是指利用自杀行为人对亲人的情感依恋进行感化。一个人最牵挂的就是亲人，他可以失去金钱、名誉、地位甚至生命，但他不愿失去亲人，特别是最亲的人。尽管自杀行为人欲轻生，但他对自己的亲人仍有不同程度的牵挂和眷恋，这些情感往往被自杀时的冲动所淡忘。只要在此关键时刻唤起其亲情，把其自杀行为的后果与其亲人将受到的伤害联系起来进行挽救教育，激发其对亲人的怜悯与眷恋，那么这种亲情就可以淡化自杀的冲动。

（2）迎合性理解法。任何人都希望得到他人的理解和共鸣。自杀行为人在走投无路的困境中，心理如陷入沼泽般难以自拔。此时，对于对话人理解自己、同情自己的话，更容易引起情感上的共鸣，从而产生对对话人的信任，而后不知不觉中会顺着对话人的意图，缓解自己冲动的心理。对话时所谓的迎合性理解，是指理解自杀行为人眼下最迫切的心理需要，如理解其不幸的挫折，与他人的矛盾等。"理解"的话要有分寸，过头即显假。要让对方明白，这是自己对其的一片好意，是使其避免"一失足成亲人痛"的结局。

（3）安抚其情绪。找个平日里与其谈得来的人进行沟通，通过交谈逐渐安抚、平静其心情。如果有条件采取一定措施的，要尽量避开危险场所，拿开危险物品。

2. 现场抢救。当发生罪犯自杀时，要求现场警察立即对自杀罪犯进行抢救，如采取割腕、撞墙等方法自杀的，要马上进行止血；上吊自杀很快被发现的，要立即实施人工呼吸等，并及时送往监狱医院抢救。

3. 及时报告。要求在解救自杀罪犯过程中同时向监区当班领导和狱政部门报告，报告要简明扼要，说明事件发生的时间、地点和事件的性质。发现问题要做到边处理边报告。

4. 保护现场。如罪犯自杀既遂，已显示死亡特征，要对自杀现场采取保护措施，设置隔离带，等待有关部门进行现场勘查，以便对事件处理和对责任的认定。对要送医院抢救的人员，应当将自杀现场残留的药丸、杀虫剂、农药等物品小心收集好带到医院，以利后续的诊断治疗。

5. 事后总结。事后要做出事件报告，详细记录有关情况。如发现过程、处置方法、解决情况及有关部门的结论等。

6. 对相关罪犯进行心理辅导。自杀行为有可能引起连锁反应，特别是与自杀罪犯较为亲近或同宿舍的罪犯，会不同程度产生悲伤或者恐惧的情绪，造成心理阴影。监狱心理矫治部门应及时介入这部分罪犯的心理干预，引导他们正确面对已经发生的自杀事件，及早消除悲痛情绪，防止个别罪犯因负面心理反应过度而陷入绝望的境地。

第四节 应对罪犯行凶的措施

一、罪犯行凶的原因

1. 遵纪守法意识淡漠，抗改情绪严重。有些罪犯被捕前在社会上放荡不羁惯了，可以说是目无法纪，无恶不作，一旦入狱便难以适应严格的管束，对监狱的各项制度置若罔闻，公开违犯。这类罪犯江湖习气较重，往往喜欢在犯群中采取暴力手段来奠定自己的地位。他们对警察的管理和教育更是充满敌意，对立情绪和抗改思想十分严重，甚至公开使用暴力对警察进行挑衅。

2. 存在较突出的暴力倾向。从众多狱内行凶案件来看，暴力型罪犯占较高比例。这类罪犯凶狠残暴、性格偏激、脾气暴躁、思维方式简单，当遇到矛盾激化时容易采取暴力手段。有些属于激情犯罪的暴力型罪犯，他们一般心胸比较狭窄，喜欢意气用事，有时只因为一句话、一个眼神、一件微不足道的小摩擦就有可能燃起心中的怒火，进而发展为激情行凶。产生这种行为的速度较快、手段残忍、后果严重，但是等到行为人情绪平静下来后，目睹惨状，便会追悔莫及。

3. 达到脱逃的目的。目前监狱大都实行封闭管理，罪犯脱逃难度较大，这样势必会使一些有着强烈脱逃企图的罪犯不择手段，甚至采取杀害警察、换穿警服的方式，假冒警察身份蒙混出监门脱逃。这类罪犯往往事先都会进行精心策划和准备，而且行凶带有明确的指向性，一般对妨碍其脱逃计划实施的警察或他犯逐一使用残暴手段进行杀害。

4. 具有较重的报复心理。罪犯间发生矛盾没有得到妥善解决而形成较深的积怨，或者有的罪犯因违纪被他犯举报而受到处罚，这些罪犯为了寻求心理上的平衡，出一口恶气，便采取残忍手段对他犯实施报复。还有的罪犯因为不满警察的管理教育和处罚，有时也会使用暴力手段对警察进行报复。这种报复行凶一般具有长期的隐蔽性和预谋性，只要时机成熟便会暴发出来。

5. 缺乏必要的心理疏通。罪犯在监狱里无时无刻不受到监督和约束，这样往往会使罪犯的改造生活一直处于高度压抑和紧张的状态中，很难有合理的渠道进行发泄和排解，从而使不良的心理情绪越积越深，容易引发暴力袭警、打架行凶等恶性事件发生。

6. 个别警察临场处置不当，教育方法简单。有些时候个别警察不能理性对待罪犯的对抗行为，临场处置能力较弱，只是一味采用强硬态度，使用过激言辞。当遇到一些逆反心理较重的罪犯时，便容易形成对立局面，导致矛盾激化，反而强化了这种对抗行为，进而引起罪犯采取暴力行凶手段。

二、罪犯行凶的防范

（一）罪犯行凶的特点

狱内罪犯行凶包括杀人、伤害。行凶的对象包括监狱警察、工人、其他罪犯、其他公民。

1. 动机较为明显。这些罪犯一般悔罪意识非常淡漠，反社会心理强烈，常常公开抗拒改造，报复社会和他人。他们行凶的动机可以说单纯是为了达到某个目的，如脱逃、报复、强奸、义气、激情杀人、伤害等。

2. 手段较为残暴。行凶罪犯一般暴力恣睢，粗野残暴。由于他们对国家和社会具有强烈的报复意识，一旦找准时机便会对警察、他犯和外来人员进行残忍的疯狂报复。有的一次杀死、杀伤多人，甚至采取对被害人碎尸、挖眼等手段进行残害。

3. 案件易于侦破。由于监狱空间有限，人员密集，监控设施较多，且实施行凶的罪犯与被害人之间联系密切，行为具有一定的针对性和指向性，目的也很明确，这些都有利于侦查人员进行排查和侦破。

4. 实施者一般刑期较长、年纪较轻、多为暴力型罪犯。从近年社会发案统计来看，青少年犯罪和暴力型犯罪的数量有明显上升趋势，如抢劫、故意杀人等暴力型犯罪逐年增多。有些青年暴力犯，由于案情严重，一般刑期都较长，他们大多性格暴躁，体力充沛，一旦遇到挫折或摩擦，便会将反改造意识明显地表现在行动上，不计后果地伤害他人。

5. 个体性和群体性兼具。监狱罪犯行凶事件既有个体行为也有群体行为。一般个体行为较为常见，而群体行为通常是指罪犯结成团伙共同实施，成员一般有3到5人。还有一种是聚众实施，突出表现为众多罪犯聚集在一起，比较常见的事件或案件为发生严重的罪犯打群架、集体骚乱、暴乱、强占监狱、杀害狱警、劫持人质、聚众越狱等。

（二）罪犯行凶的预防

罪犯行凶伤害行为的危害性非常大，一旦得逞，将造成不可挽回的严重后果，不仅会酿成监管事故，而且会使监管改造秩序受到严重干扰，给警察的人身安全造成危害，同时也会对积极改造、靠拢政府、揭发检举的罪犯构成严重的人身威胁，阻碍了改造正气的树立，因此，必须对罪犯行凶行为进行严厉打击和积极预防。在日常管理中，应对以下三种情况引起高度重视：

1. 罪犯制造和藏匿凶器。一些罪犯为了实施脱逃或报复计划，一般都会偷偷准备行凶工具，藏匿于十分隐蔽的地方，比如，有的将不锈钢调羹手柄进行打磨，使之如刀般锋利；有的将劳动生产、学习用的刃具偷偷夹带在身上或者藏匿起来备用等，只要时机成熟，便会使用这些凶器。

2. 仇视和对抗警察。有的罪犯具有较强的反社会心理，法律意识淡漠，思想狭隘偏激，行为粗暴，不计后果。他们不认罪服法，不听管教，公然违犯监规纪律，公开对抗警察的管理，并且对管教警察持仇视的态度，如果屡次发生对抗行为而没有得到有效控制，这种胆大妄为将会发展到对警察进行人身伤害。

3. 图谋报复。有的罪犯心胸狭窄，在日常改造中稍与他犯发生一点矛盾便会耿耿于怀，或者自己的违纪行为被他犯检举揭发后受到了处罚，于是，他们会千方百计寻找时机蓄意制造事端实施报复，或扬言要对警察或他犯进行报复。

预防罪犯行凶，要加强狱情的准确分析，对犯群做好排查工作，对排查出的重点罪犯要进行严密夹控，做好思想教育转化工作。除此之外，还应在教育和管理手段上采取主动攻势：①加强罪犯的法制教育和人生观教育，提高他们的法制观念，灌输守法公民的理念，根除暴力倾向。②要为罪犯创造一个公平公正的改造环境，使罪犯能够安心改造。管理警察必须做到公正执法、秉公办事，在处理罪犯矛盾或问题时，要耐心细致，及时准确。同时，还要建立和畅通罪犯反映问题的渠道，不积压矛盾，不置之不理，对所反映的问题要予以重视和解决，这是预防行凶伤害事件发生的重要工作内容。③要充分发挥耳目的作用，建立灵敏高效的信息渠道，做到对罪犯的情况了如指掌，防患于未然，有针对性地进行防范。④提高警察的防范意识，加强自我保护能力，对劳动工具、刀具利器、易燃易爆物品、艾滋病注射针头等物品要进行重点管理。⑤对危险分子要及时采取必要的防范措施，如实施禁闭控制或戴械具控制。对某些因生理原因导致危险行为的罪犯，如精神异常、行为怪异、行为极端等，可以采取药物控制的方法，但必须是在监狱医务人员的主持下进行，对不配合医务人员药物治疗的危险犯，监狱可以采取强制手段予以治疗，直至危险因素消除。

三、罪犯行凶应急处置的措施

1. 及时发现报警。罪犯行凶伤害他人的突发事件发生时，应立即逐级上报，以求得到指导和帮助。

2. 迅速控制事态。首先是要控制住事态，使其不扩大、不升级、不蔓延，这是处理整个事件的关键，也是事件处置成败的基础和前提，又是寻找更好的、彻底的处理办法的重要条件。监狱防暴队应立即赶赴现场，对罪犯实行包围，严密控制现场，监视罪犯的行动。要将行凶者与其他罪犯隔离开来，以免事态扩大。

3. 准确找到症结。利用控制事态后的有利时机，千方百计地掌握事态的各种境况，为决策提供可靠依据，透过现象看本质，制定出解决问题的具体办法。

4. 严厉儆戒，逼其就范。控制行凶现场后，应尽快查明事发原因、参与人员、行凶手段、受害人情况等，并采取针对性的法律规劝，疏导攻心。如系团伙犯罪，应先后分化瓦解，控制主谋，必要时以严厉的武装震慑逼其就范。

5. 伺机制服，平息事态。面对各种行凶事件，监狱警察应及时搜集掌握行凶罪犯和受害人的情况，在确保监管场所人员生命安全的同时，应及时将围观罪犯收进监舍，防止一些危险分子趁乱发难。对行凶罪犯既可口头、鸣枪警告，也可以避实就虚、迂回进攻。如受害人已死亡，可采取暴力手段立即制服罪犯；若受害人生命正遭威胁，则可采用非杀伤性武器制服行凶罪犯，解救受害人，之后应及时将受伤人员送往医院进行抢救。另外，要保护好犯罪现场，防止其他无关人员出入，使犯罪现场尽量保持原始状态，为狱侦部门和驻监检察部门的侦查取证创造良好的条件。

6. 严厉惩处。当事件平息后，如果有人员伤亡，要迅速组织力量救治伤员，处理死亡人员。同时，对行凶的罪犯要严厉惩处，打击其嚣张气焰。对达到重新犯罪情节的，要依法追究其刑事责任。

第五节　应对罪犯劫持人质的措施

一、罪犯劫持人质的原因

罪犯劫持人质，是指罪犯以暴力、胁迫或者其他方法劫持监狱警察、工作人员、同监罪犯或外来人员的事件。罪犯在狱内改造期间实施劫持人质事件，有其实施犯罪的主观因素和客观因素。

（一）罪犯实施劫持人质犯罪的主观因素

随着经济的发展，罪犯越来越趋向于年轻化，在这些罪犯里很多的人在入监以前思想上好逸恶劳、懒惰成性，生活上吃喝玩乐、贪图享受，这些特点决定了其在入监以后很难适应监狱里的环境，对于监狱里的劳动难以忍受，尤其是一些没有彻底得到改造的罪犯往往存有侥幸心理，骄傲自大，认为没有自己做不到的事情，在无法忍受监狱生活的情况下总是寻找适当的时机，企图劫持监狱警察和外来人员或其他罪犯以达到自己逃脱的目的。

（二）罪犯实施劫持人质犯罪的客观因素

在现实生活中，罪犯实施劫持人质犯罪的客观因素有很多。首先，与监狱的制度建设有关。每一种社会现象都有相应的制度措施予以规范。监狱是一个特殊的部门，这是由其所管辖的对象和任务决定的。性质的特殊决定了必须有与这种特殊性相适应的规章制度来对其进行规范。对于罪犯在狱内实施劫持人质这一现象，制度上的原因主要是与监狱有关的规章制度存在漏洞，同时也与有些警察和工作人员规章制度的落实不到位有关。其次，在实践中，一些监狱警察在教育管理的过程中对罪犯不去实施直接管理，而是通过罪犯管理罪犯，致使罪犯之间产生激烈矛盾。

二、罪犯劫持人质的特点

（一）犯罪的预谋性

狱内劫持人质的主体本身具有一定特殊性，即实施者本身是在监狱里被看管的罪犯，而且人质大部分都是监狱警察、工作人员、同监罪犯等，外部人员很少，同时犯罪行为的发生是在监管人员的监管之下进行的，这种特殊性决定了罪犯要想成功实施，必须在事前对工具、劫持的时间、地点及逃脱路线等都要进行周密的计划，这是劫持人质犯罪的预谋性体现。

（二）目的的明确性

许多罪犯在入监以前生活环境非常优越，在入监以后不去积极地适应监狱环境，而产生想逃脱出去的念头。还有一些被判处重刑的罪犯，在改造过程中生存欲望非常强烈，但又不去积极地争取减刑，在认为自己获得自由的日子遥遥无期的情况下，便劫持人质要挟监狱满足自己的要求，以此达到逃脱的目的。

（三）行为的残忍性、危害的严重性

劫持人质是一种严重的暴力犯罪行为，劫持者往往是一些思想走极端的罪犯，所以其行为带有一定的疯狂性，其行为手段极其残忍。

劫持人质不仅侵害他人的生命安全，还同时侵害了人民民主专政制度。尤其当劫持发生在监狱这样特殊的国家专政机关时，会严重影响监狱的秩序和安全，严重阻扰监管工作的正常进行，甚至有些还影响国家的声誉，所以劫持人质案件具有严重的危害性。

三、处置罪犯劫持人质的措施

处置劫持人质事件时，在坚持依法打击为主和保护人质安全为第一原则的基础上，警察要正确判断，积极和准确把握战机，灵活运用攻心、智取和强行突击等手段，在保证人质安全的前提下，捕歼劫持者。

对于处置监狱里发生的劫持人质事件，具体措施可以包括以下几个方面：

（一）控制包围

发生劫持人质的情况时，值班或带班警察应立即隔离犯群，罪犯在监仓时

应迅速将仓门上锁，防止其他罪犯参与起哄。如果罪犯在车间劳动时应立即停止作业，集中全体罪犯之后再进行有序撤离，防止罪犯围观、哄闹，同时应立即向上级报告，性质严重的应等待增援。监狱警察在听到警报或收到信息后应迅速赶到事发地点，通常在罪犯隐藏位置的监区周边及监外适当位置分别设置包围圈。

（二）攻心瓦解

对罪犯攻心瓦解的手段最主要是与其谈判。谈判是和平解决劫持人质事件的最有效手段：①可以争取时间，警方可以在此期间搜集到劫持者的有关情况，获得有用信息，制定周密计划，为下一步行动做好准备；②谈判也可以控制事态扩大，平缓劫持者紧张情绪，缓解心理压力，使其减少对人质的攻击行为，最大限度保证人质的生命安全；③还可以通过以法律、感情、政策为内容的攻心策略与劫持者进行谈判，消除其对抗、戒备心理，以达到和平解决的目的。在具体实施时，要晓之以理，动之以情，从其行为后果、团伙内部关系以及亲朋好友的关系等方面入手，使其恢复理智，摧毁其心理防线，主动放弃劫持行为。

（三）武力处置

通常实施武力处置时准备必须充分，把握时机。警察对劫持人质事件进行武力处置时要具体情况具体分析，具体包括以下几种：

1. 狙击。对于暴露在我方控制之下的罪犯，可以直接实施狙击；对于隐藏在监房内的罪犯，我方可以利用相应措施将其引诱出来再实施狙击。对于多名罪犯实施劫持进行狙击时，以对人质威胁最大的罪犯为重点，对于狙击手要实行明确的分工，按照统一指挥，统一号令同时进行，切不可不听指挥轻举妄动。

2. 化装袭击。这种武力处置最主要是针对一些隐藏在监房里但利用措施又不能将其诱出的罪犯实施的。这时警察可以利用相应的措施靠近罪犯，如罪犯要求送食物或物品以及在谈判期间，警察可以利用这种时机化装进入其隐藏地点，实施突然袭击。

3. 强行突击。在上面两种武力处置方法实施无效时，指挥人员应该组织警察主动突击。通常在夜暗条件下，利用罪犯思想麻痹、注意力不集中、犯困、懈怠之时按照计划周密准备，隐蔽接近，强行突入，抵近歼击，出其不意地实施。当罪犯杀害人质时，应当临机突击。通常以强大的声势、猛烈的火力实施佯攻，吸引罪犯注意力，同时组织突击力量以最快的速度强行突入，捕歼罪犯，最大限度地保护人质安全。组织强行突击时，不准使用火炮、喷火器、手榴弹等具有强烈杀伤力的武器。

包围控制、攻心瓦解以及武力处置这三种应对措施相互之间是相互关联、相互配合的。在具体实践中，任何劫持人质事件，单纯用谈判或武力难以达到处置效果，所以必须灵活运用。

第六节 应对罪犯群体斗殴的措施

一、罪犯群体斗殴的原因

狱内犯罪的产生不是偶然的，必定和其他因素发生联系，也就是说狱内犯罪必定是由一定原因所引起的，因此揭示狱内犯罪产生的原因是实施狱内犯罪预防的基础和前提。狱内犯罪预防和狱内犯罪原因之间存在着直接的和绝对的对应关系，概括地讲，狱内犯罪预防的全部意义就在于消除狱内犯罪原因。所以要想对罪犯间群体斗殴进行预防必须要明确其发生的原因。罪犯间群体斗殴是指罪犯纠集多人进行殴斗或积极参加殴斗，破坏监狱管理秩序的行为。狱内罪犯群体斗殴有其主观原因和客观原因。

（一）罪犯群体斗殴的主观原因

罪犯间实施群体斗殴的主观原因有很多，最主要是其心理上的。一些罪犯在改造的过程中，信心不足，坚持性差，难以接受正确的事物，如虽有改好的决心，但由于恶习深或心理素质不好，屡犯监规而多次受到处分，对前途失去信心，往往产生偏激的想法，同时经常与其他罪犯产生矛盾，不能很好地处理，在别人的怂恿之下或自己的组织之下为了所谓的报复而发生群体斗殴。还有一些罪犯因在犯罪以前就以"老大"身份自居，在改造过程中，恶习不改，自认为是老江湖，要求别人服从自己，当别人不愿意时，便纠集多人对其进行人身伤害而发生群体斗殴。

（二）罪犯群体斗殴的客观原因

在监狱这个特殊的环境之下，罪犯一起生活、劳动，形成了一个大的群体生活环境，在这个环境中，罪犯之间的关系也会影响其行为。在实践中，罪犯在狱内再发生犯罪行为很大一部分是由其生活环境即群体环境决定的。危险的群体环境是指由于罪犯互不关心、冷漠，甚至相互仇视，缺乏应有的责任感，削弱了罪犯群体之间的控制和监视作用而形成的犯罪环境条件。监狱中斗殴事件的发生和升级往往与危险的群体环境有很大的关系。

二、罪犯群体斗殴的特点

（一）行为的对向性

罪犯群体斗殴双方都是以暴力攻击对方身体为目的的，这决定了罪犯间群体斗殴行为具有对向性，即实施斗殴行为的双方都必须有主观故意，而且都是以造成对方身体伤害为目的，同时行为双方必须都是在监狱里服刑的罪犯，这样才能达到此类行为的要求。

（二）主体的聚众性

罪犯群体斗殴行为主体必须是多人，而且都必须有主观故意。这些人主观故意的形成必须有相应的人组织和策划才可以，即组织者以各种借口怂恿在监狱中服刑的罪犯去参加斗殴，这就使得聚众性成了其必然的特点。

（三）后果的严重性

罪犯群体斗殴的行为一旦发生，如果没有及时采取措施，就会对监狱的管理工作造成很大的影响。发生在监狱内的斗殴行为一般都是有预谋的，如有背后组织、策划而不参加斗殴的；有在现场指挥斗殴而没有参与组织、策划的；有不参加领导、指挥但却积极参加斗殴的。发生群殴不仅严重扰乱了监狱的改造秩序，甚至有些还影响到执法机关的声誉，所以具有很严重的危害性。

三、处置罪犯群体斗殴的措施

（一）封锁控制

一旦发生罪犯群体间斗殴，监狱的指挥人员应该积极地组织警察对现场进行封锁，对于没有参加斗殴的罪犯，应该予以登记并安全转移到监舍上锁。同时组织力量封锁事发监区外围，加强监门防守，防止罪犯逃走。

（二）现场抓捕

当参加斗殴的罪犯还在继续实施犯罪，同时一些组织者、策划者仍煽动其他罪犯，不实施抓捕难以控制局面时，应及时组织抓捕，如一些罪犯仍然不服从，继续实施犯罪，可以按照规定使用警械具。

（三）强行驱散

如果参加斗殴的罪犯人数很多，而且还在不断地增加，气焰比较嚣张，事态可能扩大，其他方法难以制止时，可以使用防暴队或催泪弹等强行驱散，对暴力抗拒的可以使用警械。

第七节 应对罪犯群体对抗管理的措施

一、罪犯群体对抗管理的原因

罪犯群体对抗管理是指罪犯在狱内以群体形式聚集在一起起哄闹事，并以此顶撞、挑衅、恐吓、辱骂警察以达到对抗监狱管理目的的事件。

（一）群体对抗的主观原因

罪犯对抗管理的主观方面的原因有很多，主要表现为：

1. 要"面子"的心理。一些罪犯在犯罪以前自认为是"老大"，在服刑期间自认为见识过各种大场面，平时在犯群中以"老大"自居。此类型的罪犯要面子的心理很强烈。如果警察进行集体教育时，对这些罪犯的违规违纪行为进行批评，在其不能正确认识的情况下，就会认为自己很没"面子"，对警察怀恨在心。为了急欲挽回自己所谓的"面子"，就会聚众公然对抗警察管理职责的行使。

2. 无所畏惧的心理。有些罪犯利用监狱人民警察不得体罚、虐待罪犯、罪犯人格不受侮辱、人身安全不受侵犯的规定，钻法律的空子，纠集其他服刑的罪犯公然顶撞警察，这种无所畏惧的心理导致了公开对抗管理行为的普遍化。

（二）罪犯群体对抗的客观原因

除了罪犯自身的主观原因之外，外界的客观原因在很大程度上也会导致公然对抗管理行为的发生。如监狱规章制度不健全、与监狱警察权利有关的法律制度不完备。还有在实际教育管理的过程中，一些监狱警察由于其自身原因不能站在中立角度对罪犯进行教育，而且在进行教育时，不能很好地把握集体教育与个别教育、理性教育与感性教育、常规教育与辅助教育之间的合理尺度，导致了罪犯对其不满而激发对抗管理的行为。

二、罪犯群体对抗管理的特点

（一）形式的群体性

在监狱警察日常对罪犯进行管理的过程中，往往有起哄、闹事事件发生。这些事件要想达到扰乱监管的正常秩序，尤其是在监狱这种特殊环境之下，必须是罪犯以特殊形式即以集体形式来进行的哄监骚乱等。

（二）目的的明确性

罪犯纠集在一起对抗监狱的日常管理，往往有一个或几个主要组织者，这些人其目的非常明确，就是麻痹并利用其他罪犯的心理造成混乱，破坏监狱的管理秩序，使其有机会来达到自己的目的，如报复、逃跑等。

（三）后果的危害性

罪犯以集体形式进行哄监骚乱行为对于监狱的日常管理来讲有很大的危害性，一旦罪犯实施以上的行为，首先，日常教育不能正常进行；其次，一些罪犯会利用此机会去实施其他的行为，如行凶、逃脱等；最后，一旦集体进行的对抗管理失控，就会使得整个监狱秩序混乱，严重干扰监管功能的实现，具有很大的危害性。

三、处置罪犯群体对抗管理的措施

处置罪犯哄监骚乱事件，应当贯彻政治攻势与依法打击相结合的原则，在实施有效控制的前提下，对胁从的罪犯进行教育争取，必要时对为首分子实施武力打击，力求迅速稳妥地平息事态。

（一）封锁控制

一旦发生聚众哄监骚乱事件，监狱领导应尽快组织分工，指挥警察或防暴队封锁事发监区外围，在通往监区的主要道路和有利地形上部署警力，组织重点警力加强监门防守，防止罪犯趁机逃跑。当罪犯冲击监门时，要坚决予以打击，必要时按规定使用械具和武器。

（二）攻心瓦解

罪犯集体对抗管理的行为是由一些首要分子来组织的，大部分的罪犯往往是被利用，在不知情的情况下去参加的，所以事情一旦发生，监狱领导应尽快组织警察在封锁控制的状态下对罪犯进行宣传瓦解，即对犯罪分子宣传法律、政策，进行谈判，干扰其休息，对其团伙进行离间、分化，瓦解其意志，迫使其投降。

（三）武力处置

在封锁控制事态的情况下，如果瓦解没有达到效果，应区分具体情况对其进行武力处置。

1. 现场抓捕。当采取相关措施没有达到控制事态的效果时，如果罪犯继续实施犯罪，部分骨干分子气焰嚣张，不实施抓捕难以控制局面或大多数不明真相的罪犯已经散开，只有少数骨干分子滞留现场的，应及时组织抓捕。

2. 强行驱散。出现下列情形之一，可以组织强行驱散：哄监、骚乱和静坐的罪犯长时间占据现场，其他方法无效时；参加哄监、骚乱和静坐的罪犯人数较多，其他方法难以制止时；参与哄监、骚乱和静坐的罪犯不断增加，事态可能扩大时；出现其他严重情况时。强行驱散，可以按规定使用警械。

第八节 应对恐怖袭击事件的措施

一、对恐怖袭击事件的认识

社会上的恐怖袭击事件是有所界定的，有利用生物制剂、化学毒剂进行袭击或者攻击生产、贮存、运输生化毒物设施、工具的；利用爆炸手段袭击党政军首脑机关、城市标志性建筑物、公众聚集场所、国家重要基础设施、主要军事设施、民生设施等重要部位、场所或者交通工具的；攻击国家机关、军队或民用计算机信息系统构成重大危害的；袭击外国在我国设立的商务机构及其人员、寓所等重要、敏感涉外场所的；大规模袭击平民造成重大影响和危害的；劫持火车、公共汽车等交通工具造成或者有可能造成严重危害后果的；以放火、决水、爆炸等方式，或者以非法制造、买卖、运输、储存、盗窃、抢夺、抢劫、投放毒害性、放射性、传染病病原体等物质的方式，或者以其他危险方法危害公共安全，制造极端事件或者恐怖气氛，有可能造成大范围社会恐慌的；投放虚假的爆炸性、毒害性、放射性、传染病病原体等物质，或者编造爆炸威胁、生化威胁、放射威胁等恐怖信息，或者明知是编造的恐怖信息而故意传播，严重扰乱社会秩序，有可能造成大范围社会恐慌的，均为恐怖袭击事件。

根据以上所述内容，如果恐怖袭击的目标针对的是监狱及其相关人员，那么它就属于监狱外部突发事件或外部因素导致的监狱突发事件中的恐怖袭击事件。

二、制定应对措施的依据

为了及时、有效、妥善地处置发生在监狱的恐怖袭击事件,最大程度地预防和减少事件造成的损害,维护国家安全和社会稳定,保护罪犯生命和国家的财产安全,为监狱创造安全稳定的环境,应制定应对此类事件的必要的、具体有效的措施。制定这些措施依据的是《中华人民共和国突发事件应对法》、《中华人民共和国刑法》、《中华人民共和国刑事诉讼法》、《中华人民共和国戒严法》、《中华人民共和国人民警察法》、《中华人民共和国治安管理处罚法》、《人民警察使用警械和武器条例》、《国家处置大规模恐怖袭击事件应急预案》等相关法律法规文件。

三、应对的主要措施

(一) 建立预警系统

应对恐怖袭击,监狱应注重建立健全恐怖袭击事件快速应急信息系统,包括常规信息和现场信息及快速传送系统。常规信息主要包括应急指挥体系、专业应急队伍、应急装备器材、物资、专家库、电子地图及地域地貌气候特征、重要目标、核心部位、重要基础设施有关结构及数据等信息。掌握现场信息主要是事发地现场秩序、人员伤亡、财产损失等相关信息,由现场指挥部采集,由应急指挥部掌握。采集的信息应当客观、准确、真实、可靠,信息报送要快捷、保密。对外公开的信息要符合国家有关规定。

恐怖袭击事件发生后,监狱内的应急指挥中心应及时将恐怖袭击事件的有关情况报告给监狱管理局及其上级,并通报其他相关部门。必要时,还要向人民政府通报,请求支援。并采取有效措施避免恐怖袭击事件可能造成的次生、衍生和耦合事件。

(二) 应急处置

1. 迅速全面展开行动。监狱指挥中心接到预警后,应立即通知各监区监区长和值班警察,迅速做好有关应急处置的准备工作,与处置恐怖袭击事件有关的各专业应急队伍应当立即进入待命状态。此外,指挥中心应根据预案,组织、指挥、协调各有关部门、单位和专业应急队伍,迅速开展抢险救援、医疗救护、现场及交通管制、人员疏散、现场监控和监测、侦查调查、安全防护等先期处置工作。

2. 及时判明事件的性质和危害程度。应急预案启动后，监狱各部门要各负其责，迅速对监区进行实时监控、封闭、追踪，并上报事态发展变化情况。如发生生物、化学恐怖袭击事件，指挥中心要迅速组织、协调有关部门和武警中队、消防大队及卫生防疫部门的专门检验鉴定力量和相关专家深入研究、判明事件的性质和危害程度，采取相应的处置措施。迅速开展现场处置和救援工作。

3. 全力维护监狱的稳定。指挥中心要根据监狱现场恐怖袭击事件的具体情况，组织强大力量，采取各种预防性紧急措施，严防恐怖分子发动新一轮或连环式的恐怖袭击。①关闭、封锁监狱水源、重要水利工程等场所，必要时停止供电、供水、供气、供油，切断通风、中央空调等系统；②加强对通信枢纽的管制，加强对重点、敏感人员、场所、部位、设施和标志性建筑的安全保护，值班警察要从严管理，罪犯不得自由活动，防止罪犯乘乱袭击警察、脱逃等情况的发生；③划定警戒线，加大对监狱内外的检查、巡逻、控制力度；④严格出入监区的管理与控制，严禁外来不明身份的人员进入监区。

4. 缜密侦查，严惩恐怖分子。现场指挥应急中心组织、协调公安、武警的力量立即对恐怖袭击事件开展全面侦查和调查工作，及时查清事实，收集证据，依法严厉惩处制造事件的恐怖分子。协调公安或武警中队组织反恐突击队武力打击恐怖活动的首要分子及其成员，如在监狱内有同党的，要迅速抓捕。必要时，通过各种合作渠道，最大限度地争取各种力量的支持，对恐怖组织和恐怖分子予以打击。

5. 应急后期处置。恐怖袭击事件应急处置完成后，监狱应急指挥中心应组织有关部门和专家进行分析评估，在确认事件得到有效控制、危害已经基本消除、善后工作已有序展开后，应判定为应急结束，并报告上级。作出应急结束决定后，应发布应急状态公告。

第九节　应对狱外不法分子滋扰的措施

一、制定应对措施的依据

不法分子滋扰监狱的突发事件，是指社会不法分子使用各种手段突然攻击看押目标、监狱警察和武警执勤人员或者劫夺在押罪犯等事件。为了规范和指导监狱以及武警驻监部队处置不法分子滋扰监狱的突发事件，及时、有效地处理该类突发事件，应制定相关应对措施。制定措施的依据是《中华人民共和国突发事件应对法》、《国家处置大规模恐怖袭击事件应急预案》、《中华人民共和国监狱法》、《中华人民共和国治安管理处罚法》、《人民警察使用警械和武器条例》、《中华人民共和国武装警察部队值勤规定》等。

二、应对的基本要求

1. 依法打击与政治攻势相结合。对于做法过激的不法分子要坚决给予打击，但同时也要加强政治上的攻势争取及时化解矛盾。

2. 依法打击和防守与反击相结合，以防守为主。处理该类突发事件，必须严格按照党和国家的方针、政策，依照法律、法规，以防守为主，合理使用武力，避免事件升级或引发新的矛盾。

3. 积极防守，快速反击。对于不法分子袭击看押目标、劫夺罪犯事件的处置，必须以最快的速度，最短的时间，采取果断措施予以处置，力争将事件制止在初发阶段。

4. 把握限度，控制影响。能够通过劝阻疏导或政治攻势解决的，就不要使用强制手段；能使用警械具的就不使用武器；使用武器时，应当避免伤害无辜。

三、应对的主要措施

发生不法分子袭击看押目标、劫夺罪犯事件时，应当迅速报警，监狱、武警部队双方应迅速采取行动，组织力量占领监区和营区要点，加强对罪犯的控制。如果不法分子较少，应当组织围歼。如果不法分子较多，应当利用有利地形阻击待援。当不法分子占领监区时，应迅速夺回，无法夺回时，先组织力量进行外线包围，再寻机实施攻击。当不法分子脱逃时，可以按照规定使用武器。

在押解罪犯途中遭到不法分子突然袭击时，应当边阻击边加速前进或后退。无法前进或后退时，迅速报告上级，抢占有利地形实施阻击，并严密控制押解对象。如果犯罪分子较多，应当坚守待援。如果不法分子较少，应当适时组织反击。战斗中如押解对象行凶、脱逃等，可以按照规定使用武器。

当不法分子袭击监狱警察或执勤哨兵时，应当迅速报警，监狱、武警部队双方应立即组织力量增援。当不法分子被压制在较小地域时，应当组织围歼；如果不法分子被堵截在较大区域，应当组织搜索、捕歼；如果不法分子逃出围控范围，应当组织追击。

当狱外不法人员以静坐、示威及自焚事件等滋扰监狱时，监狱防暴队应迅速形成包围圈，及时制止事态恶化，稳定局势。现场要安排警察做好录像等取证工作；对静坐、示威人员进行喊话和个别疏导规劝，逐个分化瓦解；防暴队迅速查明静坐、示威动机、目的，并报告现场指挥部。驻监武警接到报警或命令后，立即指派人员携带防暴器材赶赴事发地点，与现场警察配合共同采取措施制止、平息事件；同时派武警在监管区大门加强警戒。后勤保障分队应迅速报告当地110，请求增援。

当狱外不法分子用定时播音扰乱时，监狱警察应根据播音情况，力求准确判断播音音源区域，并立即赶赴该区域查找播音器，一经发现播音器立即关闭并撤除。如果未能查到播音器应对播音进行干扰，干扰的办法视情况而定。监区警察接警后，立即督促本监区关闭门窗，以免罪犯受播音影响而引发事故，并通知当地公安局对事件进行处置。

各单位应在行动中负起各自具体的职责。①防暴队员迅速携带防暴器材赶赴现场，在监区大门内外侧或不法分子企图袭击部位组织人墙，警察手持防暴盾牌，必要时设置铁马，阻止不法分子冲入监管区；宣传瓦解分队对不法分子进行宣传瓦解；医疗救护分队携带有关器材赶赴事发现场，负责医疗救护工作；护卫队负责监狱家属区、办公区的巡逻警卫；交通运输分队在车队待命，负责运送警察和装备；后勤保障分队及时把案情报告当地公安局、武装部，请求增援。②监区防暴队迅速协助本监区把罪犯押回监舍分室上锁，罪犯在劳动现场且时间紧急时，应命令罪犯集合，由监区其他警察看守。③驻监武警按照《监狱看押勤务执勤方案》中关于不法分子袭击看押目标、劫夺罪犯的处置方案处置。④如果不法分子已将罪犯劫走，迅速按罪犯脱逃事件的处置方法来处理。

第十节 应对汽车押解罪犯途中突发事件的措施

一、制定应对措施的依据

为了及时、有效地处理在汽车押解罪犯途中发生的突发事件，规范监狱警察处置押解罪犯途中发生的劫持或骚乱事件，保证押解途中的安全与稳定，应制定相关的措施。制定措施的依据是《中华人民共和国突发事件应对法》、《中华人民共和国监狱法》、《中国人民武装警察部队值勤规定》、《省监狱管理局、武警省总队处置监狱突发事件规定》等相关法规和监狱及驻监武警部队的实际。

二、应对的基本要求

1. 贯彻依法打击与政治攻势相结合，依法打击为主。正确判断，积极创造和准确把握战机，灵活运用攻心、智取和强行突击等手段。
2. 统一指挥，快速处置。控制好个别为首罪犯，防止事态扩大化。在实施有效军事威胁的前提下，对胁从的罪犯进行教育争取，必要时对为首分子实施武力打击，力求迅速稳妥地平息事态。

3. 确保安全。在处理劫持事件中，罪犯劫持的人质可能是其他罪犯，也可能是警察，应全力保证被劫持人质的生命安全。对押解途中闹事的罪犯要尽可能将其与其他罪犯隔离开。

单独的车辆押解时，事先应对所乘车辆进行检查，给押解对象加戴械具，最好是背拷，将押解对象置于后厢或后排中间位置，前排和后排两边安排押解人员。

多车押解比较复杂，押解前要设立指挥组、前方警戒组、押解组和机动组，各组单独乘车。可采取首尾相顾队形、分组队形和分车押解队形三种队形。

三、应对的主要措施

（一）准备措施

执行汽车押解罪犯的任务，首先需要做好出发前的准备工作。押解少量罪犯时，应派出押解组。押解成批罪犯时，通常编成押解组、警戒组、机动组和指挥保障组。乘汽车押解，应当使用专用囚车，押解人员与罪犯隔离乘座；使用其他车辆时，应当在车厢四角布设警戒，并选派人员与司机并座；车队押解时，押解人员应当与罪犯分乘车辆，实行分段控制或者首尾控制。对于执行任务的押解车应事先做好安排和检查，押解车应按顺序编号，并应安排备用车辆。检查车辆，确保车上无工具、利器等危险物品。罪犯上押解车前也要搜身，确保罪犯身上无工具、利器等危险物品。

此外，汽车押解罪犯应选择在合适的时间进行，这样可避开车多情况和群众围观。在通过复杂地形和治安秩序混乱地区时，应当加强警戒；押解途中停留时，应当部署外围警戒。

（二）途中发生劫持事件时的措施

罪犯劫持人质，是指罪犯以暴力、胁迫或者其他方法劫持监狱警察、工作人员、同监罪犯或外来人员的事件。

（1）要及时发现，迅速报告监狱管理局、监狱，并与当地公安机关取得联系，请求支援。

（2）要立即组织力量，对劫持人质的现场形成包围阵势。武警立即持枪下车形成外部包围圈，部分警察持警棍下车形成内部包围圈，防止罪犯乘机脱逃和外来人员的入侵。

(3) 车上的警察要立即隔离犯群，若有备用车辆，立即将其余罪犯转移到备用车辆；若情况紧急，无法转移车上的其余罪犯，则要求其他的罪犯不许说话，防止其余罪犯起哄、闹事。

(4) 要迅速稳住劫持人质的罪犯，开展政策法律攻心，及时进行谈判对话。谈话的过程中要切忌激化矛盾并注意查明劫持人质的原因、目的，分化瓦解罪犯，使其投降。谈话中尽量拖延时间等候当地公安机关警察的到来。

(5) 如罪犯有伤害人质的过激行为，应严厉警告，强行阻止，必要时可使用警械，最大限度地保护人质安全。

(三) 途中发生骚乱时的措施

在汽车押解罪犯途中发生骚乱时，应采取以下措施：

(1) 要及时发现，迅速报告监狱管理局和监狱，并与当地公安机关取得联系，请求支援。

(2) 要实行封锁控制。发生骚乱事件后，要立即对发生骚乱事件的车辆形成包围阵势。武警持枪下车包围押解车形成外部包围圈，部分警察持警棍下车形成内部包围圈，防止罪犯乘机脱逃和外来人员的入侵。

(3) 车上的警察要立即隔离犯群，防止事态进一步扩大。要找出为首犯，对为首犯先进行劝阻，做好宣传教育工作，在劝阻无效的情况下，由武警将为首犯带到备用车辆隔离，加带械具，从严处置。

(4) 进行现场抓捕。当罪犯在车辆内继续实施闹事、起哄等行为，气焰嚣张，不实施抓捕难以控制局面时，应及时组织抓捕。抓捕时继续实施犯罪的罪犯，可以按规定使用警械具。对正在实施暴力行为的罪犯，可以按规定使用武器。

(四) 途中车辆发生故障或交通事故时的措施

押犯车辆若发生故障或交通事故应靠路边停放，武警立即持枪下车包围押解车形成外部包围圈，部分警察持警棍下车形成内部包围圈，防止外人靠近或罪犯强行脱逃，并将情况报告监狱管理局和监狱，等待救援。

若有备用车辆，应立即将故障车内罪犯转移到备用车辆，继续前行；若没有备用车辆，无法转移车内的罪犯，则要求车内的罪犯不许说话，防止罪犯起哄、闹事。待车辆修好后继续前进。

没有发生故障或交通事故的其他押犯车辆应放慢车速，继续前进，并尽量减少在中途停车。要防止罪犯在车内起哄、闹事或脱逃等事件的发生。

第十一节 应对专列押解途中突发事件的主要措施

一、制定应对措施的依据

为了及时、有效地处理列车押解罪犯途中发生的突发事件，规范监狱警察处置押解罪犯途中发生的各种突发事件，保证罪犯押解途中的安全与稳定，保证安全顺利地到达目的地，应制定相应措施。制定措施的依据是《中华人民共和国突发事件应对法》、《中华人民共和国监狱法》、《中国人民武装警察部队值勤规定》、《省监狱管理局、武警省总队处置监狱突发事件规定》等相关法规和监狱及驻监武警部队的实际。

二、应对的基本要求

1. 处理及时、坚决、果断。要随时掌握情况的变化，选准有利时机，果断采取行动，争取把事件制止在初发阶段。
2. 以教育转化和冷处理为主。对于专列押解罪犯途中发生的突发事件，能够通过劝阻疏导或者是政治攻势解决和转化的，就不要使用强制手段。
3. 慎用警力、慎用强制措施。处置该类突发事件时，要慎重动用兵力，慎重选择战术方法和处置手段，严格执行使用警械具和武器的有关规定，体现政策、法律、法规和文武并用规律的综合要求。

三、应对的主要措施

在押解启程前，武警看押部队应与监狱管理部门协商研究，选择合适的接收地点，协同监狱警察点清人数，监视押解对象的表现，监督押解对象按规定的顺序、要求行动。

列车押解，可分为与旅客混乘押解、包车厢押解和专列押解。与旅客混乘押解，事先应与车站工作人员和车站派出所取得联系，尽量提前上车或最后上车，避免与旅客拥挤。上车后要及时与乘警取得联系，请求协助。要将押解对象置于车厢中部，远离车门，不能紧挨窗户。押解人员要有所分工，保证对押解目标实施不间断的监视控制。包车厢押解时，登车前应对所包车厢进行检查，必要时应安装通讯、防护设备。警戒哨兵通常应设在车厢两端连接处，以车厢中央分界线为界划分责任区，从两端对视观察监视罪犯。专列押解时，因长途押解时间长、人数多、困难大，因此要组成联合指挥部，并与各地方军警机关事先取得联系。登车前要严格检查车厢安全措施，厕所的门要卸掉或严禁关闭，不允许任何危险物体存在。列车运行过程中监狱警察负责车厢内的安全，武警哨兵负责车厢两端，非特殊情况一般不进入车厢，武警进入车厢一般不得携带武器。到达目的地后，武警应实施严密警戒，协同监狱警察点清人数，迅速办理移交手续。

在押解过程中，发生押解对象跳车逃跑时，如系列车正在行进中，应记住押解对象跳车的时间、地点、窗外物质标记和方向，待列车停车后再行追捕，一般不使用武器或跳车追捕；当遇到押解对象发生暴乱征候时，哨兵要提高警惕，做好战斗准备，可视情况派出适当兵力徒手进入车厢协助监狱警察开展政治瓦解和平息骚乱工作。如暴乱一旦发生，可视情况决定是否使用武器以及如何使用武器。必要时可令列车停止行进，并与当地驻军、公安部门联系，通报暴乱人数、车厢，请求协助平息。

应对专列押解途中的突发事件，还可以采取如下措施：

（1）当发生个别罪犯闹事时，应进行个别处置并做好教育转化工作，对不听劝阻暴力对抗的罪犯可以使用电警棍，情况严重的可以加带械具。

（2）当发生罪犯集体哄闹、打架、行凶等情况时，值班警察应及时进行劝阻，做好宣传教育工作，同时报告指挥部，在劝阻无效的情况下，由防暴队将为首犯带到卧铺车厢隔离，加带械具，从严处置。

（3）当发生罪犯围攻、行凶或劫持人质等情况时，先进行口头警告，仍无法制止的，关闭通道车门，由防暴队设法解救被围攻或被劫持的人质，坚决镇压闹事人员。

（4）当发生罪犯脱逃情况时，应及时采取措施控制，如罪犯跳车脱逃，在停车时由指挥部派人追捕，在列车运行时必须到前方站停车后再组织追捕，不准警察跳车或拉紧急制动阀停车。

（5）当发生外人袭击专列或劫夺罪犯时，要警告劝阻，武警部队必要时可以开枪射击，同时通知当地公安部门采取措施处理。

（6）当列车因自然灾害或突发事故紧急停车时，各中队警察应立即全部到本中队罪犯车厢戒备，并向罪犯做好解释和安抚工作。

第十章 监狱公共卫生事件应急处置

第一节 公共卫生事件的界定

一、公共卫生事件的概念

公共卫生事件是指突然发生的，造成或者可能造成社会公众健康严重损害的重大传染病疫情、群体性不明原因疾病、重大食物和职业中毒以及其他严重影响公众健康的事件。

《国家救灾防病与突发公共卫生事件信息报告管理规范（2003版）》（卫生部，2003年4月）将公共卫生事件定义为：突然发生的、直接关系到公众健康和社会安全的公共卫生事件（重大传染病疫情、危害严重的中毒事件、影响公共安全的放射性物质泄漏事件、群体性不明原因疾病，以及其他严重影响公众健康的事件），并将公共卫生事件分为两类：重大传染病疫情及其他的公共卫生事件。

根据以上定义，从应急角度考虑，我们将公共卫生事件认定为：突发的或群发的、对公众健康有较大威胁的、对社会经济和政治可能有较大影响的、需要紧急采取预防控制措施的卫生事件，包括正在发生、已经发生或潜在发生几种情形。

二、公共卫生事件的种类

（一）疾病暴发

1. 急性传染病暴发，指局部地区短期内发生多例或者明显多于预期的同一种急性传染病，包括法定的或非法定的传染病。

2. 群体性不明原因疾病发生，指在一定时间内，某个相对集中的区域内同时或者相继出现多个、群体的共同临床表现患者，又暂时不能明确诊断的疾病。

3. 新发传染病，是相对于以往人们所认知的旧传染病而言，特指近 20 年来新发现、新发生的传染病，包括在人类中发生并明显增多，或它们的发生在不久的将来会增加对人类威胁，或药物抗性所致的传染病。

4. 人兽共患病动物间暴发或媒介异常，指对人类有潜在威胁的传染病在动物间暴发或者传播媒介密度等异常，随时可能波及人类，这是一种预警状态。如动物间鼠疫、布氏菌病、炭疽、禽流感等暴发。

（二）急性中毒

1. 食物中毒事件，指短期内群体发生经饮食摄入有毒物质后，机体出现脏器结构或者功能异常或引起死亡的事件。分生物性（细菌性、病毒、生物毒素）和化学性食物中毒，也应包括误食灭鼠药引起的中毒。

2. 职业危害事件，指短期内发生经职业接触有毒物质后，机体出现脏器结构或者功能异常的群体发病或死亡事件。

3. 环境污染事件，指化学物在生产、储存、运输和使用等过程中出现大量外泄，导致水、环境、食品等污染，对公众或职业人群健康带来威胁或引起人员中毒的事件。此类事件发生后由政府负责，环境部门牵头处理，但泄露物质对人类健康影响的监测评价、暴露人群的观察和患者的诊断处理是由卫生部门负责的。

（三）核放射危害

核放射危害指核事故和放射事故，如核泄露和放射污染、放射源丢失、核辐射恐怖。如果发生放射性物质泄露事件，造成的危害将十分严重。由于事件中所面临的有害因素均为电离辐射，因而其具有事发突然，地点难以预定，发展迅速，多种辐射途径，伤情复杂以及明显的社会、心理影响等特点。

（四）灾害事故

1. 自然灾害。主要有水灾、旱灾、地震、山体滑坡等灾害。这些灾害所带来的影响往往是多方面的，可直接导致人员伤亡，导致或加重疾病流行等。在灾害事件应急中要充分考虑表现出来的危害种类，以便做好相应的准备。

2. 灾难事故。指车船事故及房屋倒塌、火灾、爆炸等事故。

（五）疾病预防控制工作导致的群体反应或死亡事件

疾病预防控制工作导致的群体反应或死亡事件是指在实施疾病预防控制措施时，出现免疫接种人群或预防性服药人群的群体反应或死亡事件。这类事件原因较为复杂，既可能是群体性的异常反应，也可能是偶合事件或正常反应、心因性反应，尤其是偶合事件或者因初期处理不当导致群体心因性反应的事件比较多。所以均需要及时采取相应的应急措施。

（六）突发社会事件可能或已经导致的疾病暴发

突发社会事件可能或已经导致的疾病暴发是指生化恐怖袭击、人口大流动、社会动乱等突发社会事件发生后有可能或已经导致某些疾病暴发的事件。

第二节　公共卫生事件的特征与分级

一、公共卫生事件的特征

（一）突发性

突发公共卫生事件是突然发生的，是"突如其来"，往往是难以预测的。任何突发事件都会有自身规律，存在发生征兆和预警的可能，但又往往是难以对其作出准确的预测和识别、确认的，因而难以及时采取有效措施预防其发生，控制其发展。

（二）群体性

突发公共卫生事件的影响具有广泛性。事件所危及的对象，不是特定的人，而是不特定的社会群体。

（三）严重性

公共卫生事件的危害不仅表现在严重影响公众健康上，而且还有可能影响经济、政治和社会的稳定。公共卫生事件涉及范围广、影响大，一方面，对公众身体产生直接的、即时的危害，导致发病、死亡等。另一方面，突发事件可引发公众恐惧、焦虑情绪，社会、经济、生产生活秩序受到破坏，甚至危及国家安全。公共卫生事件，不仅是一个卫生领域的问题，更是一个社会问题。

（四）紧急性

公共卫生事件已经、正在或将产生严重危害，因而需要尽快采取行动，预防其发生，控制其发展，以减少危害。紧急性是公共卫生事件最重要的特征之一。从理论上说，一个事件符合前述三个特征，如果不需要采取紧急措施控制它，则不称其为公共卫生事件。

(五) 不确定性

公共卫生事件的不确定性，首先表现在其"突发"、"群体"、"严重危害"都是相对的、可以定性但难以准确定量的概念。几乎很难界定"突发"与"非突发"、"群体"与"非群体"的范围，同时也很难判定危害的程度。

突发事件的发生、发展是一个渐进的过程，开始可能其危害程度和范围较小，不成为"事件"，对其蔓延范围、发展速度、趋势和结局很难预测，而且不同的专家预测结果不同。在事件发生后，可能会因认识水平、时间和重视程度等不同而导致未能列为公共卫生事件，使事件未能得到及时处置，从而对公众健康的影响进一步扩大，演变成"名副其实"的公共卫生事件。如果监测、应急不力，或者不认为其可能成为公共卫生事件而不采取措施，该事件势必会蔓延发展导致更大的危害。如果监测、应对有力，及时采取措施预防其发展成为"严重的"公共卫生事件，则可能导致人们对其是否应该是"公共卫生事件"以及应急工作成效表示怀疑。这可能导致公共卫生事件应急的"异化"：应急工作做好了，危害减少了，显示不出应急工作的重要性，人们也忘记了，从而造成预防投入的减少。

二、公共卫生事件的分级

在不同地区、不同时间，公共卫生事件判定和分级的标准也应不同，这主要依赖其危害程度以及可采取紧急措施的资源来判断。

将事件分级分类要以有利于应急为原则，以有利于提高应急工作效率为目的。《国家公共卫生事件应急预案》根据公共卫生事件的性质、危害程度、涉及范围及卫生应急任务，将公共卫生事件划分为特别重大（Ⅰ级）、重大（Ⅱ级）、较大（Ⅲ级）和一般（Ⅳ级）四级。

其中，特别重大公共卫生事件主要包括：

（1）肺鼠疫、肺炭疽在大、中城市发生并有进一步扩散趋势，或肺鼠疫、肺炭疽疫情波及2个以上的省份，并有进一步扩散趋势；

（2）发生传染性SARS型肺炎、人感染高致病性禽流感病例，并有扩散趋势；

（3）涉及多个省份的群体性不明原因疾病，并有扩散趋势；

（4）发生新传染病或我国尚未发现的传染病发生或传入，并有扩散趋势，或发现我国已消灭的传染病重新流行；

(5) 发生烈性病菌株、毒株、致病因子等丢失事件；

(6) 周边以及与我国通航的国家和地区发生特大传染病疫情，并出现输入性病例，严重危及我国公共卫生安全的事件；

(7) 国务院卫生行政部门认定的其他特别重大公共卫生事件。

第三节　公共卫生事件的应对

一、应对措施

突发公共卫生事件应急工作应遵循下列原则：预防为主，常备不懈；统一领导，分级负责；依法规范，措施果断；依靠科学，加强合作。

公共卫生事件应对的措施主要包括以下几个方面：

(一) 监测预警

加强公共卫生事件的监测、预警，是体现预防为主方针的关键。公共卫生事件的信息来源是多方面的，涉及多个行业和部门。

国家公共卫生事件监测报告系统是公共卫生事件信息的主要来源。国家通过日常监视、分析，发现聚集性病例明显增多的"异常情况"，并发出预警。

在医院门诊（含监狱警察、职工门诊部）、监管区域等开展发热、腹泻、流感样病例等症状检测，也可起到监测发现同类病例异常的作用。另外，还可通过对媒体信息的关注，及时发现公共卫生事件的线索。教育、公安、农业、出入境检验检疫等部门、国际组织、科研单位等也是突发公共卫生事件重要的信息来源。其他机构的信息对突发公共卫生事件的预测预警也具有重要意义，如天气预报信息、地震监测资料、大江大河水文监测信息、环境保护等。

各级疾病控制机构要将各类信息统筹应用、分析，建立信息处理模式，合理、综合应用信息，为预测预警服务。

(二) 应急管理

各级突发事件应急指挥部是在发生公共卫生事件后，根据《公共卫生事件应急预案》成立的一个临时性机构，负责对辖区内突发事件应急处理的统一领导、统一指挥，对突发事件应急处理工作进行督察和指导。

卫生行政部门、疾控机构的应急办公室是应急组织协调管理的一个常设机构，负责卫生应急工作的日常管理。

（三）应急反应

任何一起突发公共卫生事件的影响都是多个方面的，其处理都涉及多个应急领域，需要相关的部门协作处理。因此，在公共卫生事件应对时，要在政府（监狱局各级）的领导下，组织各部门和不同方面力量，充分动员社会资源，各司其职，共同努力减少突发事件造成的损害。

卫生部门在突发事件卫生应急中的主要任务有：①现场紧急救治和患者临床诊断治疗；②技术指导相关部门控制和减少危害；③开展对患者和工作健康影响的卫生学评价。

（四）应急保障

突发事件的卫生应急保障，首先是政府层面对突发事件应急的保障，包括现场环境保障、现场应用物资保障等，第二个层面是由卫生部门根据预案所做的保障，如应急专用设备、装备、急救处理药品、应急技术方法等。

二、法律依据

公共卫生事件应急涉及方方面面，必须依法应对。与应急工作密切相关的法律法规有《中华人民共和国突发事件应对法》、《传染病防治法》、《公共卫生事件应急条例》、《公共卫生事件应急预案》《国家救灾防病与公共卫生事件信息报告管理规范（2003版）》（卫生部，2003年4月）和省级公共卫生事件应急办法等。

第四节 监狱公共卫生事件的防范与处置

一、防范的必要性

"非典"以后，我国政府把公共卫生安全提高到了一个战略高度来加以防范，相继出台了一系列的法律法规，把防范措施上升为国家意志，凸显了公共卫生安全的重要性和必要性。监狱作为特殊的场所，强化公共卫生安全防范建设，对于保障监狱的安全稳定和长治久安具有重要作用。

加强监狱公共卫生安全防范是监狱工作的基本要求。罪犯作为特殊公民，同样拥有生命健康权，加强公共卫生安全防范，保障罪犯生命健康不受威胁，体现了我国政府对罪犯生命健康权的尊重，展现了中国监狱人道、进步、文明的形象。

监狱公共卫生安全是监狱全面安全的重要组成部分,与监管、生产、队伍安全并列。监狱作为人口高度集中的场所,人员构成特殊,医疗保障条件又十分有限,做好公共卫生安全工作至关重要。以抗击"非典"为例,如果监狱系统不及时采取科学的措施、果断的决策,那么后果将不堪设想,不但影响狱内的稳定,而且势必造成严重的社会影响。可见,狱内公共卫生安全牵一发而动全身,在安全防范体系建设中占有十分重要的地位。

二、防范措施

1. 成立应急领导机构。防范公共卫生事件发生,需要多个部门的协作,因此必须成立一个具有权威性的应急领导机构,具体负责日常整体工作的沟通协调,制定防范预案,加强监督落实。当暴发狱内公共卫生事件时,负责整合各部门资源,动员社会各界力量,以最快的速度平息事件。

2. 制定应急预案。国不可一日无兵。同样,应对公共卫生事件,不可一日无预案。没有统一的预案,等于没有统一的指挥系统,从而导致仓促应对,使整个处置行动陷于无序状态。由此可见预案的重要性。一个科学的预案必须具备以下几个条件:①系统、全面。公共卫生事件处置涉及部门多,地域广,所以在谋划制定预案时,必须全盘考虑,统筹安排,不能顾此失彼,单打一。②可操作性强。预案就是作战方案,一定要贴近实战,不能泛泛而谈。③有明确的分工和职责。部门、某人具体负责什么、要达到什么标准,必须要有明确的界定。具备了以上三种条件,才算是一个比较完整的预案。

3. 建立责任追究机制。用制度管人,用制度管事,是现代管理学的理念之一。再好的制度,必须靠人去贯彻执行,而执行能否到位,关键因素还是在于人。所以,建立首问首责制,增强制度执行者的危机意识和岗位责任感,对于强化制度的执行到位具有促进作用。

4. 加强监狱医疗队伍建设。当前,监狱医疗队伍的建设比较滞后,表现为专业人员缺乏、高级职称人员稀缺、设施不全、医疗保障能力和公共卫生事件应急能力十分有限。可见,加强监狱医疗队伍建设,提高应对公共卫生事件的能力,已迫在眉睫。

三、处置的基本要求

不同类型的狱内公共卫生事件,处置的要求也不同,但是,任何事物都有共性的一面,就是说,处置社会和狱内公共卫生事件,它们的要领基本上是相同的,概括起来主要有以下几点:

1. 迅速报告。当发生公共卫生事件时，所在单位必须立即向上级部门报告，将事件的类型、发生时间、简要经过、涉及的人和事等详细报告给上级主管部门，需要地方部门协作的，同时通报所在地的政府机关。

2. 启动预案。当发生狱内公共卫生事件时，所在单位必须迅速启动预案，动员一切力量，组织人员赶赴现场救治。

3. 原因分析。公共卫生事件平息后，责任单位应该对事件发生的原因进行深入分析，查找漏洞，科学制定对策，预防事件再次发生。

4. 责任追究。任何事件的发生，无不暴露出管理上的漏洞，而产生漏洞的原因与人的主观能动性的发挥有着密切的联系，"不作为、乱作为、不懂为"就是不负责任的表现形式，也是产生漏洞酿成事件的根源。所以，必须建立责任追究机制，根据责任对等的原则，对相关责任人予以行政或法律的追究，以警示、教育他人，从而增强岗位责任感，最终从人防上堵塞漏洞，预防事件的发生。

第五节 监狱公共卫生事件的应对措施

一、食物中毒的应对措施

监狱可能发生的公共卫生事件同社会突发的公共卫生事件一样，具有突发性、群体性、严重性、紧急性、不确定性等特征，但同时由于监狱的相对封闭性和集中性，使其公共卫生事件更具有突发、群体暴发流行的特点。

监狱公共卫生事件的类型以急性传染病暴发、食物中毒、职业危害、自然灾害、灾难事故等严重影响身心健康的事件为多见。

（一）食物中毒的定义

卫生部令（1999年）认为，食物中毒"指食用了被生物性、化学性有毒有害物质污染的食品或者食用了含有毒有害物质的食品后出现的急性、亚急性食源性疾患。"另外，国家《食物中毒诊断标准及技术处理总则》（GB14938－1994）中认为，食物中毒"指摄入了含有生物性、化学性有毒有害物质的食品或者把有毒有害物质当作食品摄入后出现的非传染性（不属于传染病）的急性、亚急性疾病。"

(二) 常见食物中毒的病原分类

第一类是细菌性食物中毒,即由沙门氏菌、葡萄球菌、副溶血性弧菌、蜡样芽胞杆菌、变形杆菌等引起的食物中毒。

第二类是化学性食物中毒,即由有机磷、甲醇、亚硝酸盐、毒鼠强、磷的无机化合物、氟的无机化合物、氨基甲酸酯类、锌化物等有害化学物质引起的食物中毒。

第三类是动物性食物中毒,即由鱼类引起的组胺中毒、盐酸克伦特罗中毒等引起的食物中毒。

第四类是植物性食物中毒,即由毒蘑菇、木薯、四季豆、发芽马铃薯、豆浆、桐油、大茶药等引起的食物中毒。

(三) 食物中毒事故的分级

按照中毒人数、死亡人数、发生场所等分为重大食物中毒事故、较大食物中毒事故和一般食物中毒事故。

重大食物中毒事故:死亡人数1人以上;中毒人数50人(包括50人)以上。

较大食物中毒事故:中毒人数30人~49人(包括30人)。

一般食物中毒事故:中毒人数少于30人。

(四) 食物中毒事故的处理程序

发生食物中毒或者可疑食物中毒事故的单位和食物中毒、可疑食物中毒病人的收治单位,应立即报告给省局生活卫生处(简称生卫处)、省局防疫站及所在地卫生监督机构,报告内容包括:食物中毒的单位、地址、时间、中毒人数、可疑食物、临床症状等。

省监狱管理局生卫处、省监狱管理局防疫站及所在地卫生监督机构对接报的食物中毒事故,应立即会同疾病预防控制机构到现场进行调查,成立食物中毒事故处理小组;向上级部门和有关部门报告;依法查处违法行为;追究有关责任人的行政责任;按规定汇总报送食物中毒事故发生情况,并向社会通报。

搜索和组织救治病人,特别是将重症病人急送医院治疗。收治中毒患者的医疗机构,负责中毒患者的救治和报告;做好患者呕吐物、排泄物、血样等样品的采集和保存工作;配合卫生监督机构做好食物中毒事故的调查取证。

食物中毒事故处理小组,负责制定食物中毒处理程序、相关制度和应急预案;组织、协调和指导各有关部门对重大、疑难食物中毒事故的调查处理工作。

各监狱可根据实际情况参照下列程序处理：报告—隔离—治疗—预防—消毒—调查—总结—防病知识宣传，以上步骤可同时进行。

（五）食物中毒的预防措施

教育炊事人员不要食用病死及死因不明畜、禽及水产品，不要食用被水浸泡的来源不明的直接入口食品。食物必须烧熟煮透，分发食物时应尽量采用即配即食。一旦发生食物中毒应及时按规定逐级上报食物中毒发生的时间、地点、中毒人数及原因，并将发生食物中毒及工业化学品中毒的病人立即送医院进行抢救。

二、传染病暴发流行的应对措施

（一）传染病的定义

传染病是由病原微生物（病毒、细菌、螺旋体、立克次体、支原体、衣原体、螺旋体、真菌、寄生虫等）感染人体后所产生的有传染性的疾病，可在人与人、动物与人、动物与动物之间相互传染。

（二）传染病的特征

传染病与其他疾病的主要区别在于其具有下列四个基本特征：

1. 病原体。每一种传染病都是由特异性的病原体引起的。在历史上几乎所有传染病（如霍乱、伤寒）都是先认识其临床和流行病学特征，然后认识其病原体的。了解病原体对确定传染病的发生和流行有十分重要的意义，是确定传染病与非传染病的最根本的依据。

2. 传染性。所有的传染病都有一定的传染性，这是传染病与其他感染性疾病的主要区别。例如，耳源性脑膜炎和流行性脑脊髓膜炎，在临床上都表现为化脓性脑膜炎，但前者无传染性，无须隔离，后者则有传染性，必须隔离。

3. 流行病学特性。在自然和社会因素的影响下，传染病的流行过程表现出各种各样的特征。

（1）流行性：按传染病流行过程的强度和广度可分为散发、暴发、流行及大流行。散发是指某种传染病停留在某地区近几年来发病率的一般水平，病例以散在的形式发生，各个病例之间在发病时间与发病地点上没有明显的联系，多发生于人群对其免疫水平较高的疾病或隐性感染比例高的疾病，或传播难实现的疾病，或潜伏期长的疾病。暴发是指在某一局部地区或集体中，短时间内突然出现大批病例。这些病人大多来自同一传染来源或同一传播途径，多数病人发生于该病的最长潜伏期内。流行是指某个地区某病的发病率显著地超过该病常年的发病率水平或为散发发病率的若干倍（3倍~10倍）。大流行是指，某病在一定时间内迅速传播，发病率大大超过该地区一般的流行强度，波及范围又相当广泛，如波及全国甚至超出国界或洲界。

（2）季节性：一些传染病的发病率在每年都有一定的季节性升高，称为季节性。季节性升高的原因主要与气温的高低及昆虫媒介密度有关。

（3）地方性：有些传染病，由于中间宿主、地理环境、气温条件、人民生活习惯等原因，常局限于一定地区范围内发生，称为地方性传染病。传染病的地方性大体上有三种情况：自然疫源性、统计地方性、自然地方性。

此外，某地本来没有而是从外地传入的疾病，称为输入性疾病，外地感染而传入的病例，相对本地来说为输入性病例。但当该病在被输入地已经成为主要传染性疾病时，所谓的输入性已经失去了意义。

（4）周期性：呼吸道传染病，如流感、麻疹等，由于人群免疫水平的下降，易感人口的积累，往往若干年出现一次较大的流行，此为传染病流行的周期性。

4. 感染后免疫。人体感染病原体后，无论是显性或隐性感染，都能产生针对病原体及其产物（如毒素）的特异性保护性免疫。部分传染病，如麻疹、天花、流行性出血热、流行性乙型脑炎等，一次得病后几乎不再感染。而其他许多传染病其病后免疫状态均不能持续终生，当免疫力下降或消失时，可第二次得病。此外，临床上还可出现下列现象：①再感染：指同一种传染病在痊愈后，经过长短不等的间歇再度感染。②重复感染：指疾病尚在进行中，同一种病原体再度侵袭而又感染。此为发展成重症的主要原因。晚期血吸虫病或丝虫病的橡皮肿都是重复感染的结果。③复发：是指初发疾病已转入恢复期或在病愈初期，病原体在体内又复活跃，原发病的症状再度出现。它们虽为很多传染病所共有，但在不同传染病中，其临床表现特征则有所不同。

（三）应对常见传染病暴发流行的处理措施

1. 人畜共患病的处理。人畜共患病是人和脊椎动物由共同病原体引起的，又在流行病学上有关联的疾病，也称人兽共患病。

与人类健康关系密切的人畜共患传染病的种类包括鼠疫、炭疽、结核病、沙门杆菌病、O157：H7型大肠杆菌感染、O139型霍乱、布鲁氏菌病、军团病、艾滋病、丙型肝炎、流行性出血热、汉坦病毒肺综合症出血热、登革热或登革出血热、流行性乙型脑炎、流行性感冒、狂犬病、森林脑炎、口蹄疫、血吸虫病、疟疾、弓形虫病、华支睾吸虫病（又名肝吸虫病）、恙虫病、钩端螺旋体病、隐孢子虫病、黄热病、莱姆病、埃博拉热、疯牛病等。

大部分人畜共患病是由患病或携带病原体的动物传染给人的，少数人畜共患病也可以由人传染给动物。狗、猪、牛、羊、马、猫、狼、狐、鸟和啮齿动物等均能传染人畜共患病。

传播途径主要包括经皮肤和粘膜传播、经消化道传播、经呼吸道传播、经昆虫叮咬传播等。另外，动物的毛和皮肤垢屑里含有各种病毒、病菌、疥螨、虱子等，有些是疾病的传播媒介，有些本身就是某种疾病的病原体。

预防控制人畜共患病的处理措施是：①把好饮食卫生关。饮食要讲究卫生，选用经过检验的乳、肉、蛋等食品，并提倡熟食。不要喝未经处理的奶类或食用未经巴氏消毒或其他方法处理的奶类制品。加强对饮用水源的保护，杜绝人、畜粪便污染。在洪水造成水源污染时，必须对饮用水进行消毒处理。②注意个人的卫生防护。由于职业等原因与动物接触频繁的人要注意个人的卫生防护。尽量减少人和家畜、宠物的直接接触。当工作需要时，应采取穿胶靴、戴手套等适当的保护措施。③及时进行预防接种。在人畜共患病发病前对畜禽进行预防接种，可防止发病。④做好隔离与消毒。封锁疫区、隔离病畜、彻底消毒是切断传播途径的重要手段。工作人员在处理尸体或病畜时，必须严格遵守操作规程并做好个人防护，如戴口罩、手套、穿胶鞋和工作服等，并且这些物品用后应立即消毒。凡是手和体表有伤口的人员不得接触病畜和处理尸体。凡是与病尸接触过的车辆和工具都要进行消毒。被污染的草料、垫草、粪便等要焚毁或深埋。被污染的土壤应用漂白粉消毒后，铲除15厘米，并垫上新土。⑤扑杀淘汰。对危害较大的烈性人畜共患病感染的动物，应及时扑杀淘汰。⑥严禁食用病畜的肉制品。

2. 呼吸道传染病的处理。呼吸道传染病是由病毒、细菌、支原体等病原体从呼吸道感染侵入、传播而引起的急性和慢性呼吸系统疾病。

常见的呼吸道传染病的种类有：流行性感冒、麻疹、水痘、风疹、流行性脑脊髓膜炎（简称"流脑"）、流行性腮腺炎、猩红热、白喉、百日咳等。另外还有传染性非典型性肺炎（Sars）和人感染高致病性禽流感等新发呼吸道传染病。

呼吸道传染病的传染源主要是病人，隐性感染者也可能是传染源。

传播途径主要是病原体以空气飞沫进入人体呼吸道粘膜或肺部而传播，也可通过被病毒污染的物品间接传播，还可通过患者口、鼻腔及眼睛的分泌物直接传染给被接触者。

预防控制呼吸道传染病的处理措施有：①要搞好环境卫生，不要随地吐痰；②要勤晒被褥，勤换洗衣服，搞好个人卫生；③经常开窗通风，保持室内空气新鲜；④勤洗手，呼吸道传染病患者的鼻涕、痰液等呼吸道分泌物中含有大量的病原，有可能通过手接触分泌物，传染给健康人；⑤多喝水，特别在秋冬季气候干燥，空气中尘埃含量高，人体鼻粘膜容易受损，多喝水，让鼻粘膜保持湿润，能有效抵御病毒的入侵，还有利于体内毒素排泄，净化体内环境；⑥要坚持体育锻炼和耐寒锻炼，适当增加户外活动；⑦注意营养，适当增加水和维生素的摄入；⑧咳嗽、打喷嚏时捂住口鼻，防止污染空气；⑨不要共用毛巾和个人卫生用品；⑩生活有规律，保证睡眠，不吸烟，并注意保暖，防止感冒，提高自身的免疫力；⑪发生呼吸道传染病时，要及时进行治疗，最好是分房隔离、限制活动；⑫要早发现病人、早报告、早隔离、早治疗。

3. 肠道传染病的处理。肠道传染病是由各种病原体经口侵入肠道并由粪便排出引起的一类疾病。肠道传染病通常的症状有呕吐、腹痛、腹泻等，还会引起并发症，如脱水、毒血症等，严重的会造成死亡。

常见的肠道传染病主要包括霍乱、痢疾、伤寒、甲型肝炎、戊型肝炎、诺瓦克样病毒感染、轮状病毒感染和细菌性食物中毒等。O157：H7型大肠杆菌感染是新发肠道传染病。

肠道传染病的传染源是霍乱、痢疾和伤寒等传染病的病人和带菌者，而细菌性食物中毒的传染源是被致病细菌感染的动物或人。

它的传播途径是：污染的水或食物；污染的手或日常生活用品；苍蝇、蟑螂等非吸血性节肢动物对食物的污染。

预防控制肠道传染病的处理措施主要是把住"病从口入"关。具体来说，就是要注意以下几点：①讲究饮用水卫生。要喝开水，不喝生水。②注意饮食卫生。集体食堂、食品店等，要严格执行《食品卫生法》，定期对食品加工和饮食制作人员进行健康检查，患有疥疮、手指化脓、上呼吸道炎症和口腔疾病时，应暂时调离工作，待彻底治愈后，再恢复原来工作。在食物制作、处理过程中，要特别讲究清洁卫生，在制作食品前或饭前便后要常规洗手，食物冷藏要适当。生熟食品要分开，刀和砧板要生熟分开使用，不可混用。食品要烧熟煮透，现做现吃，隔餐饭菜要回锅煮透再吃。不生吃或半生吃水产品和蛋类，不吃腐败变质的食品。教育罪犯避免食用不清洁食品，不暴饮暴食。③搞好粪便、垃圾管理。腹泻病人的排泄物不可随便乱倒。要处理好垃圾，搞好环境卫生，清除苍蝇孳生地，消灭苍蝇。④注意个人卫生。养成良好的卫生习惯，爱清洁，讲卫生。饭前便后要洗手，不要随地吐痰和大小便，保持环境整洁。⑤一旦得了肠道传染病，应及时到医院就诊，并进行隔离治疗。⑥肠道传染病人的大便、呕吐物内，都含有大量病菌或病毒。病人的食具、剩饭菜、内衣裤、用具等东西，也会污染上病菌、病毒。因此所有这些东西都必须进行消毒。

4. 蚊媒传染病的处理。蚊媒传染病是通过蚊子作为疾病的传播媒介，将病原生物从宿主内向人传播的疾病,危害人类健康。

常见的蚊媒传染病有:登革热、流行性乙型脑炎(乙脑)和疟疾等。

蚊媒传染病的传染源是感染病原生物的动物或人。其传播途径是经蚊子叮咬人感染和传播疾病。

预防控制蚊媒传染病的处理措施是:①清除可能蓄积有蚊幼虫孳生的各种水体,翻盆倒罐,填堵树洞,对饮用水容器勤洗刷,勤换水,加盖防蚊;②搞好监舍周围环境卫生,定期清理污水;③排水系统尽量改造成暗渠,排水口设置防蚊闸,经常疏通下水道;④加强建筑工地与废旧轮胎的管理,及时清除工地积水和旧轮胎积水,清除蚊虫孳生地;⑤安装纱窗纱门,使用蚊帐,防止蚊子叮咬。还可以用溴氰菊酯药物浸泡棉纱蚊帐来防蚊灭蚊等;⑥必要时使用化学杀虫剂杀灭蚊虫,室内应使用对人毒性低的杀虫剂或使用灭蚊器、蚊香等驱蚊剂;⑦早诊断、早报告、早隔离、早就地治疗病人,对病人的密切接触者要进行为期15天的医学观察;⑧易感人群免疫接种是预防乙脑的重要措施;⑨重点人群预防性服用防疟片、氯喹等药物是预防疟疾的措施之一。

5. 血源及性传播疾病的处理。血源性疾病主要指可以通过输血、血液制品、注射、手术等途径进行传播的传染病,其病原体存在于血液、体液和分泌物中。性传播疾病是指通过性接触而传播的一组疾病。

常见的血源及性传播疾病包括:HIV 感染(艾滋病)、乙型肝炎、丙型肝炎、淋病和梅毒等。

血源及性传播疾病的传染源主要是病人和无症状病毒携带者。其传播途径主要有性接触、血液和母婴传播三种途径。生活上的密切接触也可能传播乙型肝炎、丙型肝炎、淋病和梅毒。但是,与艾滋病病毒感染者或病人的日常生活和工作接触不会感染艾滋病。

预防控制血源及性传播疾病的处理措施有:①洁身自爱、遵守性道德是预防性接触感染传染病的根本措施;②避免不必要的注射、输血和使用血液制品,必要时,使用经过检测合格的血液或血液制品;③治疗疾病时,提倡使用一次性注射器或经过严格消毒的医疗器械;④共用注射器静脉吸毒是感染艾滋病病毒和传播艾滋病的高危险行为,要拒绝毒品,珍爱生命;⑤对感染艾滋病病毒的孕产妇及时采取抗病毒药物干预、减少产时损伤性操作、避免母乳喂养等预防措施,可大大降低胎、婴儿被感染的可能性;⑥关心、帮助、不歧视艾滋病病毒感染者和病人,鼓励他们参与艾滋病防治工作,是控制艾滋病传播的重要措施;⑦接种乙型肝炎疫苗能保护易感人群,获得一定的免疫力。

三、急性职业中毒的应对措施

（一）什么是职业中毒

职业中毒就是劳动者在职业活动中组织器官受到工作场所毒物的毒性作用而引起的功能性和器质性疾病。职业中毒可根据毒物引起机体中毒的时间分为急性、亚急性和慢性职业中毒。

监狱的工业生产方式为集体劳动，工业毒物引起的中毒将呈现大规模的群体性中毒状态。急性职业中毒事故有时难以预料，其出现和发生常为灾难性的。慢性职业中毒虽经一定的积累和形成过程，但一旦凸现时，仍具有相当的突发性。

（二）毒物进入人体的途径

毒物要进入人体才能引致职业中毒，而毒物进入人体的途径与毒物的形态、污染环境的方式以及生产者的操作方式有关。由于毒物以气态、烟雾、粉尘等形式污染空气比较多见，故其进入人体的途径以呼吸道最为常见，皮肤次之，消化道极少见。

（三）突发公共卫生职业中毒的处理原则

（1）立即停止导致中毒的生产作业，对现场实行防止毒物扩散的应急措施，封存未被使用的毒物，清理现场，以控制事故现场，防止事态扩大恶化。

（2）迅速撤离有关的生产人员，对中毒人员进行诊断和救治，并对遭受或可能遭受中毒危害的生产人员进行健康检查和医学观察。

（3）组织对现场的勘察和取证，包括现场毒物的采样分析，有关事故人员的询问笔录，以判明中毒原因和影响范围。

（4）向有关政府上级部门提交事态调查报告和进一步处理的建议。

（四）预防职业中毒的基本原则

职业中毒的预防与车间的建筑和布局、生产工艺过程的设备和管理、安全技术和卫生保健措施等均有密切的关系，采取综合措施才能收到良好的效果。其三大基本原则如下：

1. 消除或控制生产环境中的毒物。可以采取以下办法：①用无毒或低毒的物质代替有毒原料，限制原料中有毒杂质的含量；②改革工艺过程；③生产过程自动化和密闭化；④合理安排厂房建筑和生产流程；⑤加强通风排毒。

2. 合理使用个体防护用具。在生产设备的防护和通风措施不够完善，特别是在事故抢修或进入设备内检修时，个体防护用具有重要作用。个体防护用具主要包括防毒面具、防护服装及防护油膏等。

3. 做好健康保健工作：①加强健康教育，普及职业中毒的防治知识；②定期和经常进行生产环境的卫生检查、空气中有毒物质浓度的检测；③做好健康监护，要根据国家规定项目和时间认真做好就业前和定期职业健康检查，做好警察、罪犯健康监护档案，有职业接触禁忌者，不得安排从事有关工作；④合理供应保健食品。

四、应对与重大灾害相关的公共卫生事件的措施

（一）应对洪涝灾害的卫生急救措施

洪涝灾害包括洪水和雨涝两大类型。由于洪水和雨涝往往同时发生，有时难以区别，所以常通称为洪涝灾害。洪涝灾害除了对生命财产造成直接的（原生）灾害以外，还会造成火灾、电击伤、冻伤、中毒、灾后瘟疫及社会秩序混乱等次生灾害。

1. 救灾防病措施。①做好人员有序撤退，自救，减少伤亡；②及时伤检、分类救治，并保证药品、器械、物资供给及经费筹集使用；③及时做好食品、饮用水卫生监督工作，开辟新的安全水源，以煮沸为主，彻底消毒饮水、食物，防止食源性疾病及肠道传染病；④做好粪便、垃圾卫生管理，妥善处理动物尸体，消除蚊蝇，维护环境卫生，防止疾病。

2. 洪涝灾害分期及应对要点。①积聚期的卫生工作应对要点：建立组织机构，设立公共卫生事件应急处理的领导小组；医院组织医疗抢救队，疾控机构组织防疫队；对可能出现灾难的地方要设立相应的防病灭病的组织，以确保救灾灭病工作统一指挥。②破坏期的卫生工作应对要点：受灾监狱应协助监狱管理局从卫生学的角度对受灾警察、群众、罪犯的居住、饮食、饮水等基本生活条件提出谋划和建议，以保障生命安全为根本目标；迅速建立起灾情、疫情报告系统，为迅速购置和调配医药、消杀药品器材、交通工具、生活必需品提供可靠依据；力争所需物资在短期内准备就绪，为大规模实施卫生防疫措施做好物资准备。③效应期的卫生工作应对要点：本期持续数月，是卫生防疫任务最重的时期，也是灾后防止出现大疫的关键阶段，应大规模实施卫生防疫措施。

3. 现场处理措施。

（1）抢救和治疗伤病人。洪涝灾害可造成人员伤亡，监狱各级医疗卫生部门应组织专门的医疗小组，奔赴抗洪救灾第一线，积极组织抢救和治疗，减少人员伤亡。发现传染病病人时，应及时隔离和对症施治，并采取相应措施，防止二代病人的发生并立即向疾病预防控制机构报告。

（2）迅速收集灾区的各类信息，进行分析和评估。收集的信息包括：受灾地区的面积、人口数及其具体地理位置；交通（铁路、公路、航运）及通讯系统的状况；饮用水、食品供给情况，供水系统、食品贮备受破坏情况；灾民临时安置点的位置及人数；受灾地区卫生医疗机构的设施遭受损害的情况、能够提供医疗卫生服务的能力；伤亡人数；当前灾区物资贮备情况（包括医疗救护药品、消毒杀虫药械等）及需求；可参加救灾防病工作的专业技术人员数。评估的内容包括：确定受害人数，评估损害程度；卫生需求评估；监狱所在地现有的卫生人力财力资源预计满足抗灾防病需要在人力财力方面的差距；传染病疫情、食物中毒发生的风险；为社会宣传媒体提供客观事实；指导灾区的抗洪防病工作等。

（3）进行疾病监则及计划免疫。建立疾病监测系统，确保疾病疫情报告系统正常运转。疾病监测重点是：感染性腹泻、食物中毒、皮肤病、红眼病等。灾区医院、巡回医疗点等要加强疾病的登记和报告。在灾区对警察、群众、罪犯的临时安置点设立疾病哨点监测。对收集的数据进行统计分析。确保预防接种和冷链系统的正常运转。恢复、完善实验室服务系统。

（4）水源、饮用水的保护及消毒。在内涝地区，应划出水质污染较少的水域作为饮用水取水点。有条件的地区宜在取水点设取水码头，以便离岸边一定距离处取水。退水后尽可能利用井水为饮用水水源。集中式的饮用水水源、取水点应设专人看管。加强水源的卫生监督巡查，做好水源保护的监督工作，重点对现有供水单位水源进行检查，密切注意水源水质的变化情况。督促生产单位及时调整净水剂和消毒剂的投加量；对现有水源受到破坏的，要指导有关部门合理选择水源。重新启用供水设施前必须清理消毒，检查细菌学指标：经水淹的井必须先将水井掏干，清除淤泥，用清水冲洗井壁、井底，再掏尽污水，待水井自然渗水到正常水位后，投加漂白粉浸泡12小时~24小时，再抽出井水，待自然渗水到正常水位后，按正常消毒方法消毒，即可投入正常使用。在保证水量和水质的前提下，做到供水方便，以分散供水为主。

（5）食品卫生。搞好饮食卫生，防止食物中毒和肠道传染病的流行。饮食卫生工作的重点是做好救灾食品的卫生监督。指派专人对救灾食品的储存、运输、分发进行卫生监督。加强食品卫生监督工作，重点对水产品、禽畜肉类销售单位等流通环节及餐饮单位进行监督检查，严禁出售和使用病、死禽畜肉类及霉变、腐败的食品；要督促餐饮单位落实工作用具、餐具的消毒工作及保证供餐食品煮熟、煮透。

（二）应对地震灾害的卫生急救措施

地震的原生（直接）灾害表现是：地形地貌剧烈变化，造成巨大人员伤亡和社会财物的损失，给人巨大的精神打击，诱发各种应激性身心疾病。地震的次生灾害表现是：引发火灾、海啸、滑坡、泥石流、毒气泄漏、细菌扩散、放射性物污染等灾害，造成灾后瘟疫蔓延等后果。次生灾害不仅加重原生（直接）灾害的疫情程度，其破坏力、杀伤力、甚至可能超过原生（直接）灾害。

1. 救援要点：①做好地震前的医疗救护与卫生防病准备；②加强领导，建立健全高效、统一的组织保障系统；③建立抗震救灾医疗救护与卫生防病的技术保障系统；④建立地震灾害医学信息网络及资料库；⑤做好抗震救灾医疗救护与卫生防病所需的经费、药品、血源、物资的筹集、储备、使用和管理；⑥加强医疗救护与疾病控制机关设施和设备的抗震能力；⑦开展医学自救互救和卫生防病的科普知识教育；⑧学会逃生保命，自救互救；⑨做好紧急医疗救援；⑩做好紧急卫生救援；⑪需要做好综合救援；⑫掌握地震现场救援的特殊要求；⑬开展灾区医疗卫生机构的恢复重建工作；⑭做好灾区伤残病人的治疗与康复工作；⑮继续做好灾区的卫生防病工作。

2. 救护伤病人员。在当地监狱救灾防病领导机构的统一组织指挥领导下，划分抢救区域，重点抢救重伤员，突击救治中、轻伤员，对灾区伤员进行分级医疗救护。①现场抢救。到达现场的医疗救护人员要及时将伤员转送出危险区，在脱险的同时进行检伤分类，标以伤病卡，并按照先救命后治伤、先治重伤后治轻伤的原则对伤员进行紧急抢救。现场抢救的主要措施是止血、包扎、固定和合理搬运，准备转运至适宜的灾区医院。②早期救治。灾区医院对接收的伤员进行早期处理，包括纠正包扎、固定、清创、止血、抗休克、抗感染。对有生命危险的伤员实施紧急处理。③伤员后送。超出灾区医院救治能力的伤员，灾区医院要写好病历，及时将其转往就近或指定的后方医院，并妥善安排转运途中的医疗监护。

3. 疾病监测及计划免疫。紧急建立震后疾病监测系统，组织开展震区现场流行病学调查，对灾区可能发生的传染病及其危险因素进行分析、预测，并提出防制措施。加强疫情报告，实行灾区疫情专报制度。在灾区工作的医疗卫生人员按要求向指定的卫生机构报告疫情，对重点传染病和急性中毒事故等实行日报和零报告制度，一旦发生重大疫情和特殊医学紧急事件，各级卫生行政部门要及时报告同级人民政府和上一级卫生行政部门，以便及时组织力量开展调查处理，迅速控制和扑灭疫情。确保预防接种和冷链系统的的正常运转。

另外，与应对洪涝灾害一样，也要采取基本一样的水源、饮用水消毒、食品及食具消毒措施，加强对临时安置点的饮水卫生、食品卫生、环境卫生等的卫生监督和指导，科学设置粪便、垃圾等处理点，开展爱国卫生运动，开展卫生防疫防病知识的宣传等。

（三）应对台风灾害的卫生急救措施

台风的原生（直接）灾害表现为：强风袭击时，狂风暴雨，房屋、建筑物、广告牌、电线杆、电缆等被刮倒吹断，房顶、汽车、行人、牲畜被卷走，直接造成人员的严重伤亡和惨重的财产损失。伴随台风而来的暴雨使河水暴涨造成洪涝灾害。其次生灾害表现是：台风刮断电线电缆，造成停电、停水、停产、通讯中断，恶劣的天气造成交通、运输中断。风灾还可能引发诸如火灾、海啸、滑坡、泥石流、灾后瘟疫蔓延等次生灾害。

1. 救援要点。①医疗救援主要是对砸伤、压伤、摔伤、淹溺、外伤、出血、骨折等进行抢救；②风灾常伴随洪涝灾害，卫生救援工作任务紧迫、繁重，具体情况类似水灾、地震，主要是立即恢复水源，进行饮用水消毒，保证食品卫生，做好饮水、食品的卫生监督工作；③及时清理掩埋人畜尸体，搞好环境卫生，建立卫生公厕，加强对粪便垃圾的管理，加强对病媒生物监测，开展消杀灭工作；④加强疾病监测报告工作。

2. 现场处理：①救护伤病人员；②人畜尸体处理；③疾病监测及计划免疫；④水源、饮用水消毒，食品及食具消毒；⑤开展爱国卫生运动，搞好环境卫生；⑥精神卫生等的健康教育。

第十一章 监狱生产安全事故应急处置

第一节 监狱安全生产现状与特点

一、监狱安全生产的现状

从 20 世纪 90 年代开始，监狱系统进行了产业和产品的结构性调整，到目前为止，监狱生产已基本完成了从以农业、矿产业、建筑业等狱外生产为主向以毛织、服装、制鞋、玩具、机械等狱内生产为主的结构性大调整。2001 年以来，监狱又根据《司法部关于清理压缩高风险行业生产项目》的通知精神，对高风险行业生产项目进行了清理压缩，目前监狱的主要生产项目有：毛织、服装、制鞋、玩具、机械等对外加工项目。通过产业、产品结构的调整和专项整治，监狱生产安全的形势有了明显的好转，有效地减少了重特大生产安全事故的发生，近几年来监狱生产安全的形势比较稳定。

但由于体制和思想认识方面的原因，监狱系统的安全生产工作仍存在一些问题和矛盾。这些问题主要表现在以下几个方面：①个别监狱领导和少数警察对安全生产的重要性仍然认识不足，重视不够；②监狱生产现场管理不善；③监狱安全生产管理制度不健全；④监狱安全生产监督管理机构不健全，体制有待进一步理顺；⑤缺乏一套科学、完整、实用的预防监狱可能发生的生产安全事故的应急处置预案；⑥部分监狱受客观条件限制，暂时难于从一些安全生产风险较大的行业退出，安全生产条件差，安全系数低，既不利于对罪犯的劳动改造，也不利于确保生产安全；⑦由于监狱安全生产投入有限，历年欠账多，监狱安全生产投入与实际需要仍有较大差距；⑧部分监狱存在挪用安全投入资金的现象，监狱安全生产条件难以改善。

二、监狱安全生产的特点

监狱生产是监狱的派生职能，不论其生产组织形式、生产目的，还是生产的主体——劳动者，都不同于社会企业，所以监狱安全生产管理是一种特殊的管理。监狱生产安全的特殊性表现在诸多方面：监狱生产的劳动力是失去自由的罪犯，罪犯劳动是带有法定性和强制性的；监狱生产作为监狱行刑系统的一个子系统，不仅体现了监狱生产的特殊性，也体现了监狱安全生产管理的特殊性。

（一）从监狱生产的组织形式看

在组织罪犯进行生产劳动的过程中，为防止罪犯的破坏、自杀、自残和自伤行为发生，必须使罪犯劳动生产的过程在受到监控的状态下进行。这就对监狱生产的组织和安全生产的管理提出了特殊的要求。

（二）从监狱安全生产的目的看

首先，社会企业生产的目的主要是为社会创造财富，最大限度地获取高额利润。而监狱组织罪犯生产的目的，当然也是为社会创造财富和价值，但更重要的目的是为有效地惩罚和教育改造罪犯。组织罪犯生产可以使罪犯逐渐养成劳动习惯，进而增加劳动热情；可以培养罪犯的集体观念和协作精神；可以使罪犯养成遵守纪律的习惯和认真负责的态度；可以培养和训练罪犯的生产、生活技能，为其刑满释放后就业和重新适应社会，不重蹈犯罪覆辙打下基础；可以对罪犯起到身心调适作用，有助于罪犯心理的稳定和身体的健康，进而促进监狱秩序的稳定。因此，监狱必须禁止引进司法部硬性规定不准从事的生产项目；禁止引进和从事易燃易爆、剧毒物品的生产。

其次，一般意义上的安全生产管理既是法律规范的要求，也是一种经营行为，企业要计算安全投入与安全效益的关系。监狱生产虽然也讲求效益，但监狱安全生产管理的根本目的在于实现生产过程的安全和罪犯改造过程的安全。其与一般意义上的社会生产比较而言，最大的区别在于监狱生产的社会效益优先，经济效益次之。

（三）从监狱生产的主体——劳动者方面看

在劳动力方面，从事监狱生产的劳动者都是被判处有期徒刑、无期徒刑、死刑缓期二年执行的罪犯。迄今为止，我国监狱的罪犯劳动虽领取一定的劳动报酬，但劳动的动机和激励方法与社会企业截然不同，这种差别会增加监狱生产中安全生产管理的难度。多数罪犯是在扭曲的人生观支配下犯罪的，监狱的教育和改造固然会使一部分罪犯认罪服法，改恶从善，自愿和积极参加生产劳动，这部分罪犯在劳动生产中表现得主动，不但劳动生产率高，而且比较注重生产操作规程，爱护生产工具，重视安全生产。但也有一部分罪犯轻视自己生命的价值，不愿面对现实，甚至反抗改造，这一部分被强制劳动或消极参加生产劳动的罪犯，不但劳动生产率低，而且不太注重生产操作规程，不爱护生产工具，有的甚至破坏生产工具或故意制造生产安全事故，监狱有相当比例的生产安全事故是罪犯在生产过程中破坏、自杀、自残和自伤造成的，对这种行为的防范是监狱安全生产管理的难点，也是监狱安全生产最显著的特点。

（四）从监狱安全生产的意义看

罪犯的服刑过程，也是监狱的执法过程，为罪犯改造提供必要的设施和良好的环境，营造安全的生产环境，保障罪犯的安全和健康，是监狱的法定责任。保障罪犯的人身安全和职业健康是保障罪犯人权的一项重要内容。监狱是一个国家人权状况最敏感的部分之一，西方一些敌对势力就人权问题攻击我国的时候，往往试图首先在监狱管理上寻找把柄，做好监狱安全生产工作，会使我国在国际人权斗争中争取主动。从这种意义上讲，监狱安全生产管理和罪犯的劳动保护状况是展示我国人权的一个特殊窗口，比社会上其他企业的安全生产管理意义更加重大。

第二节　监狱生产安全事故类型和特点

一、监狱生产安全事故的类型

（一）消防安全事故

消防安全事故是指在监狱管辖区域范围内发生的所有火灾事故。根据不同的标准，可以将火灾事故划分为不同的类型：根据起火的原因不同可以将火灾事故划分为，故意放火、过失纵火以及自然火灾事故；根据火灾事故的现场不同我们可以将火灾事故划分为生产作业区火灾事故、罪犯学习和生活区火灾事故、办公场所工作区火灾事故和警察职工生活区火灾事故。

（二）触电事故

触电事故是指在监狱管辖区域范围内发生的除罪犯企图逃跑而触上电网之外的所有触电事故。根据不同的标准，可以将触电事故划分为不同的类型：①无证操作引发的触电事故；②无人监护引发的触电事故；③监护人不合格引发的触电事故；④未按规定穿戴防护用品引发的触电事故；⑤因停电检修引发的触电事故；⑥临时线路引发的触电事故；⑦保护接地连接不良引发的触电事故；⑧电气火灾引发的触电事故；⑨雷击引发的触电事故；⑩意外事故和有意破坏引发的触电事故。

（三）机械伤人事故

机械伤人事故是指在监狱管辖区域范围内发生的所有机械伤人事故。根据不同的标准，可以将机械伤人事故划分为以下的不同类型：

1. 机械挤压伤人事故。这种事故不一定两个部件完全接触，只要距离很近，四肢就可能受挤压。除直线运动部件外，人手还可能在螺旋输送机、塑料注射成型机中受挤压。如果安装距离过近或操作不当，如在转动阀门的平轮或关闭防护罩时也会受挤压。

2. 机械咬入（咬合）伤人事故。典型的咬入点（也可叫挤压点）是啮合的明齿轮、皮带与皮带轮、链与链轮、两个相反方向转动的轧辊。一般是两个运动部件直接接触，将人的四肢卷进运转中的咬入点。

3. 机械碰撞伤人事故。这种事故是指比较重的往复运动部件撞人，伤害程度与运动部件的质量和运动速度的乘积即部件的动量有关。

4. 机械撞击伤人事故。这种事故是指飞来物及落下物的撞击造成的伤害。飞来物主要指高速旋转的零部件、工具、工件、紧固件固定不牢或松脱时，会高速甩出。虽然这些物体质量不大，但转速很高，而动能与速度的平方成正比，即动能很大。飞来物撞击人体，能给人造成严重的伤害。高速飞出的切屑也能使人受到伤害。这类事故在监狱机械加工业中发生率极高。

5. 机械夹断伤人事故。当人体伸入两个接触部件中间时，人的肢体可能被夹断。夹断与挤压不同，夹断发生在两个部件直接接触时；而挤压发生时两个部件不一定完全接触，也不一定是刀刃。其中一个是运动部件或两个都是运动部件都能造成夹断伤害。

6. 机械剪切伤人事故。两个具有锐利边刃的部件，在一个或两个部件运动时，能产生剪刀作用。当两者靠近而人的四肢伸入时，刀刃能将人的四肢切断。

7. 机械割伤和擦伤。这种伤害可以发生在运动机械和静止设备上。当静止设备上有尖角和锐边，而人体与该设备做相对运动时，就能被尖角和锐边割伤。当然有尖角、锐边的部件转动时，对人造成的伤害更大，如人体接触旋转刀具、锯片，都会造成严重的割伤。高速旋转的粗糙面如砂轮也能使人擦伤。

8. 机械卡住或缠住伤人事故。具有卡住作用的部位是指静止设备表面或运动部件上的尖角或凸出物。这些凸出物能绊住、缠住人宽松的衣服，甚至皮肤。

当卡住后,又引向另一种危险,特别是运动部件上的凸出物、皮带接头、车床的转轴、加工件都能将人的手套、衣袖、头发、辫子甚至工作服口袋中擦机器用的棉纱缠住而对人造成严重伤害。

(四)化学品、易燃易爆、危险品泄漏事故

化学品、易燃易爆、危险品泄漏事故是指在监狱管辖区域范围内发生的所有化学品、易燃易爆、危险品泄漏事故。根据不同的标准,可以将化学品、易燃易爆、危险品泄漏事故划分为不同的类型:①化学品泄漏事故;②易燃易爆物品引发的安全事故;③危险品泄漏事故。

二、监狱生产安全事故的特点

(一)消防安全事故的特点

这类事故的主要特点是:①涉及的范围广、影响大;②造成的人员伤亡大;③造成的财产损失大;④事故一旦发生,控制的难度较大。

(二)触电事故的特点

这类事故的主要特点是:①预见性较小,事故发生比较突然;②涉及的范围虽然较小,但往往会造成人员伤亡,影响大;③一般不会造成重大的财产损失。

(三)机械伤人事故的特点

在监狱生产中,由于近十几年来机械制造业和机械加工业的发展,这一类的事故也呈高发趋势。监狱机械制造业和机械产品来料加工业的人身伤害事故的发生除了具有行业的一般特点外,还有一定的特殊性。这种特殊性具体表现在以下几个方面:①罪犯在生产过程中对安全规程不重视,发生的事故伤害中违规操作所占的比例较大。罪犯劳动带有一定的强迫性和惩罚性,有一部分罪犯从思想上对劳动是抵触的,在这种心理状态下,就会对安全操作规程不重视;还有部分罪犯本身就存在心理上或思想上的问题,厌倦监狱的改造生活,自暴自弃,对人生无望,因而会发生利用生产设备自残甚至绝望自杀的情况。所以监狱生产中对设备的安全管理要与对犯人的思想教育改造相结合。②罪犯的流动性较大,劳动技能的差别较大。监狱生产只是改造的手段,监狱不能选择劳动力。科学地讲,监狱生产中产品和设备的选择,首先要考虑是否适宜于罪犯的劳动改造、习艺,然后再考虑设备是否与劳动者的个体差别相适应,最后才考虑是否有利于生产效率的提高。现阶段，由于监狱的经费压力大，生产任务重，许多监狱可能更多地考虑生产效率的提高，这就会造成人—机系统不协调而导致机械伤害的发生率升高；罪犯的流动性是客观存在的，因此经常会有非熟练工需要在岗位上进行训练，新到岗的犯人和其他岗位的犯人配合不一定协调，从而可能引发一些伤害事故。③部分监狱在来料加工生产中，简单动作的高频率机械重复较多，容易引起罪犯的疲劳。行为科学的研究证明，人在疲劳的状态下会注意力下降，动作不准确或者操作失误。④警察对安全技术和设备安全管理不熟悉。在监狱生产中需要经常在技术上和安全上对罪犯进行指导和教育，这就要求警察对设备特征、安全技术和安全管理有一定的了解。实际上，相当比例的警察在这方面的知识较为欠缺，每年还有一定数量的新到岗的警察基本上不懂技术。从本质上讲，这也是一种安全隐患。⑤故意破坏设备造成安全事故。社会企业在安全管理中，基本不考虑员工的人为破坏，在监狱企业中，防止人为破坏是安全管理的重要环节，所以在设备防护、现场监控及设备事故的应急预案等工作中都要考虑到可能发生的故意破坏行为；在监狱生产中，还要预防罪犯利用生产设备制造小型工具预谋伤害或脱逃。例如，利用砂轮可以在很短的时间内磨制刀具及锥具，国内已经发生过这样的案件。

（四）化学品、易燃易爆、危险品泄漏事故的特点

这类事故的主要特点是：①扩散迅速，危害范围大，易造成人员中毒死亡；②突发性强，易发生爆炸燃烧，危害后果严重；③燃烧猛烈，爆炸速度快，处置难度大；④污染环境，不易洗消，处置要求高。

第三节　应对消防安全事故的措施

一、制定应急救援预案

为了确保监狱一旦发生消防安全事故时，应急救援工作能及时、有序、有效地进行，最大限度地减少事故带来的人员伤害和财产损失，保障警察、职工、家属及罪犯的安全，各监狱应依据国家安全生产法、消防法等相关法律法规及制度，结合自身的实际情况，制定相应的应对消防安全事故应急救援的预案。

消防安全事故应急救援的基本原则是：①消防安全事故应急救援工作应在确保安全的前提下，贯彻统一指挥、分级负责、单位自救和外部（社会）救援相结合的原则；②以"疏散逃生为主，灭火救物为辅"为原则。

消防安全事故应急救援的目的是：消防安全事故应急救援系统是通过事前计划和应急措施，充分利用一切可能的力量，在事故发生后提供安全高效指引，确保具有快速反应和处置事故的能力，最大限度地降低事故对人员、财产的损害，保障警察、职工及罪犯的安全。

消防安全事故应急救援的基本任务是：立即组织营救受害人员，组织撤离或者采取其他措施保护危害区域内所有人员的安全；迅速控制危险源，避免危害蔓延扩大，快速、安全、有效地消除危险，对事故造成的危害进行检验、监测，测定事故的危害区域、危害性质及危害程度；做好现场清洁，消除危害后果；查清事故原因，评估危害程度。

各监狱应在以上原则、目的和任务的指导下，制定出具有可操作性的应对消防安全事故的应急救援预案。

二、成立应急救援组织指挥机构

（一）监狱消防安全事故应急救援组织指挥机构

各监狱应成立消防安全事故应急救援指挥部（设在监狱指挥中心值班室）和前线指挥部（设在事故现场）两级指挥机构。指挥机构的组成情况如下：

总指挥为监狱长。

副总指挥为政委、纪委书记、各副监狱长、政治处主任、驻监武警部队领导等。

前线总指挥为分管生产的副监狱长和分管改造的副监狱长、地方消防部门领导等。

成员为生产科科长、狱政管理科科长、生活卫生装备科科长、办公室主任、后勤服务中心主任、医院院长。

（二）指挥部成员分工

总指挥全面负责事故应急行动期间的组织指挥，迅速组织实施应急策略，调动预案内的应急救援力量实施处置，确保应急救援工作的顺利进行。如遇总指挥外出，由监狱政委、分管生产副监狱长、分管改造副监狱长依次行使总指挥职责。

副总指挥负责协助总指挥实施全面处置工作。

前线总指挥主要负责贯彻执行总指挥指令，对火灾事故现场的指挥，根据火灾事故现场事态发展，正确识别危险源以及存在潜在危险的物质，果断采取应急措施，组织实施营救；事后负责对事故进行调查和清理的指挥工作。如遇前线总指挥外出，由总指挥从副总指挥人员中临时指派。

办公室主任负责上传下达和协调、外联工作。

生产科科长和狱政管理科科长负责根据火灾事故现场事态变化，组织指挥预案内应急救援力量对火灾事故予以处置。

(三) 救援指挥部下设机构

救援指挥部下设信息联络组（队）、疏散安置组（队）、消防营救组（队）、警戒巡逻组（队）、后勤保障组（队）、医疗救护组（队）和事故调查组（队）。

1. 通讯联络组。其职责是：①接到发生火灾事故险情的报告后，指挥中心即时派出人员迅速赶至火灾事故现场了解情况，并同时立即报告总指挥部，办公室主任马上通知本组员和其他组组长、副组长，各组组长和办公室工作人员即时通知各组成员；②相关成员赶至火灾事故现场会同火灾事故单位现场人员组织火灾事故现场应急处置，如事态较为严峻，应立即通过119电话报告当地消防队，同时指派专人接应消防队做好引路工作；③随时将事故的处置情况向总指挥、副总指挥报告。

2. 疏散安置组。其职责是：①负责贯彻执行前线总指挥指令；②按监区消防安全事故应急预案要求组织火灾事故现场人员迅速、有序、安全地撤离到指定的安全集合地点，如发现有人员失踪或受火灾事故威胁，应立即向前线总指挥报告；③做好转移罪犯的安置、看押等工作；④做好罪犯的思想工作，稳定罪犯情绪。

3. 营救灭火组。其职责是：①负责贯彻执行前线总指挥指令；②在确保安全的前提下组织火灾事故现场人员处置事故，抢险救灾，防止事故的蔓延和发生二次事故；③为消防和营救行动提出建议和具体的安全技术措施供前线总指挥参考，以保证消防和营救行动安全、快速、有效；④协助当地公安消防队做好救援工作。

4. 警戒巡逻组。其职责是：①负责贯彻执行前线总指挥指令；②确保各监区罪犯秩序稳定，严防罪犯趁机脱逃或进行其他犯罪活动；③及时与驻监武警联系，加强围墙的警戒；④及时和不定时清点事故监区罪犯人数，及时向总指挥、副总指挥报告；⑤保护好事故现场，禁止无关人员进入。

5. 后勤保障组。其职责是：①负责贯彻执行前线总指挥指令；②负责应急救援的运输工作，保障抢险救灾人力物力及时到达事故现场；③采购、调配、分发救灾物品，保障受灾人员的基本生活供应；④负责事后受灾区域的供水、供电，保障受灾区域应急照明。

6. 医疗救护组。其职责是：①负责贯彻执行前线总指挥指令；②及时使用常备急救药品、器械和救护车辆；③负责事故现场的医疗救护工作，及时抢救伤员；④负责对事故伤员进行伤残的医学鉴定，如有重伤者经请示前线总指挥批准迅速送上级医院救治；⑤对事故现场的有毒物品进行清除，做好事后消毒防疫工作。

7. 事故现场调查组。其职责是：负责贯彻执行指挥指令，在事故处置完毕后，及时做好现场事故的勘察、询（审）问、取证、拍照、录相等程序工作，查清事故原因、事故性质，查明人员伤亡、财产损失，并书面报告上级领导。

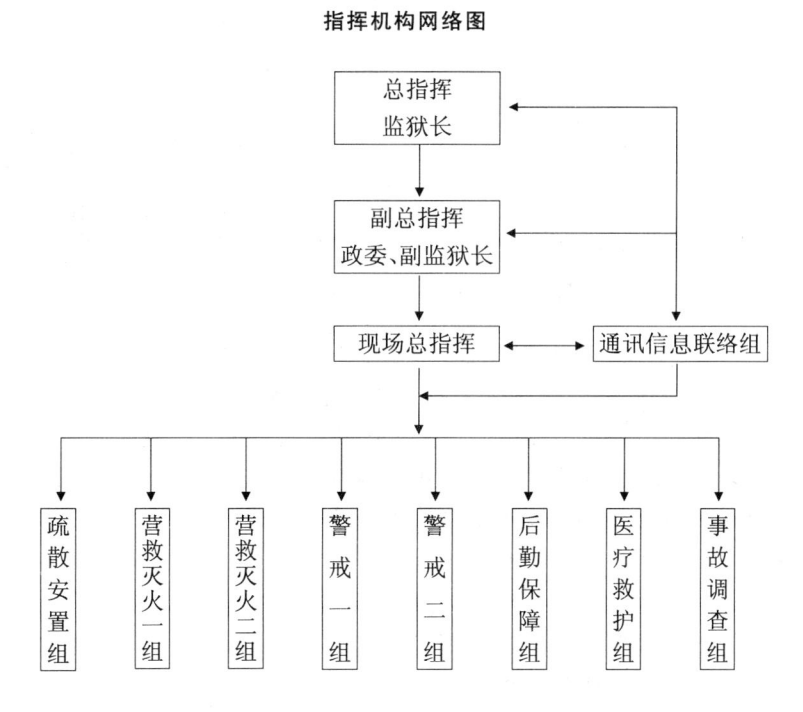

指挥机构网络图

```
            总指挥
            监狱长
              ↓
           副总指挥
         政委、副监狱长
              ↓
        现场总指挥 ←→ 通讯信息联络组
              ↓
┌──────┬──────┬──────┬──────┬──────┬──────┬──────┬──────┐
疏散   营救   营救   警戒   警戒   后勤   医疗   事故
安置   灭火   灭火   一     二     保障   救护   调查
组     一组   二组   组     组     组     组     组
```

应急救援功能组别表如下：

组别	组长	副组长	成员
通讯联络组	办公室主任	办公室副主任	办公室工作人员
疏散安置组	教育科科长	信息技术科科长	教育科、信息技术科警察
营救灭火一组	生产科科长	生产科副科长	生产科警察
营救灭火二组	驻监武警部队	驻监武警部队领导	驻监武警战士

警戒一组	狱政科科长	纪检监察主任、心理矫治科科长	狱政科、纪检监察室、心理矫治科、专项工作部门警察
警戒二组	侦查科科长	刑罚执行科科长	侦查科、刑罚执行科、规划财务科
后勤保障组	生活卫生装备科	后勤服务中心主任、生活卫生装备科副科长	生活卫生装备科、后勤服务中心水电工及车队司机
医疗救护组	医院院长	医院副院长	医院工作人员
事故现场调查组	侦查科科长	驻监检察院负责人、武警消防队负责人	侦查科工作人员武警消防队调查取证人员驻监检察院工作人员

三、确定消防安全事故应急等级

根据监狱实际情况，消防安全事故应急分级分为两级，Ⅱ级为监区现场应急（火灾事故单位应急），Ⅰ级为监狱全体应急。火灾事故发生后，首先要对火灾事故应急级别做出评估，确定应急救援行动启动级别。

Ⅱ级——监区现场应急，也称火灾事故单位应急，是指事故刚刚发生，波及范围较小时的应急级别。现场应急自救队履行他们的职责，利用现场的消防器材能在短时间内把火灾事故处置好，不需要全体应急和外部救援。

Ⅰ级——监狱全体应急，是指火灾事故现场人力、物力不足，火情发展较快，在短时间内难以控制和扑息，波及范围大的应急级别。这种级别的事件对人员、财产构成了严重威胁或已造成人员伤亡和重大财产损失，应立即启动监狱全体应急救援。

四、消防安全事故的报警及应急处置要求

目击者发现火灾事故后，应立即拨打监狱指挥中心电话，同时拨打安监办电话报警，值班警察接警时必须问清发生火灾事故的单位、地点及事故严重情况，同时记录报警人员的姓名、单位、报警时间。收工后时段在生产区发生火灾事故，目击者也可立即向生产区大门值班室报告，并由值班室人员向监狱指挥中心报告。

监狱指挥中心接到报警后，应即时派员迅速赶至火灾事故现场了解情况和处置事故,同时,立即通过通讯工具报告总指挥、副总指挥和会同事故单位现场应急自救组人员组织处置。

监狱指挥中心、通讯信息联络组接到指挥部启动监狱全体应急救援指令后,迅速采用监狱通讯系统通知各应急救援组成员,立即赶赴事故现场会合现场应急力量,并各负其责地开展救援处置工作。如需外部救援,马上拨打当地消防队119电话请求救援。监区现场应急人员在处置事故之前,首先,要迅速、安全地切断事故现场的主电源,启用应急灯照明,避免在处置事故过程中发生触电伤亡二次事故。其次,要迅速判明现场出现哪些危险因素(毒气、烟雾、危房等),由现场最高指挥员组织人员有序救援,在确保安全的前提下,立即利用现有的应急备用消防、救生设施,如干粉灭火器、消防水枪、防毒面罩等进行处置,如火情严峻,监狱现有的灭火器材不能有效灭火或监狱应急救援装备不能保证救援人员安全的情况下,现场最高指挥员应立即命令监狱应急救援人员撤离事故现场,事故救援工作交由当地消防队处置,监狱救援人员在现场外围密切配合。

后勤保障组对应急车辆平时应保持良好可使用状态,并全天候指定值班司机;供电部门值班人员应及时了解发生火灾事故的范围,并立即切断火灾事故范围内的电源,派出应急人员到事故现场协助救援过程中的供水、供电工作。

医疗救护组平时应备好火灾事故中受伤急救药品、器械和救护车辆。针对监狱火灾事故中可能产生的那些有毒有害危险因素,配备有效的救援物资和急救药品。

五、应急救援资源

为有效处置火灾事故,要成立监区现场应急力量。各监区相应建立火灾事故现场应急预案,成立监区应急自救队,设监区应急自救指挥部,下设几个功能应急小组,由各管区警长担任各组组长,组员可由改造表现好、思想稳定且身强力壮的罪犯组成,确保在火灾事故初发时能及时、有序、安全、高效地处置事故。监狱所有在编人员和驻监武警都是监狱全体应急救援的力量。装备消防应急救援设施。各监区生产车间、仓库、监舍、办公楼、住宿楼等场所门口均按标准规定配备4公斤ABC型干粉灭火器、消防栓、消防水枪及防毒面罩等消防救生设施;各生产车间、监舍装配应急照明灯,作为监狱一旦发生安全事故应急之用。

也可借助外部(社会)应急力量。可向当地119消防队、110报警服务台、120急救中心等求救,借用狱外资源。监狱若离当地公安消防队10公里以上,一旦发生火灾事故,向119报警后,公安消防队不能在10分钟内赶到事故现场的，监狱业余消防应急救援队应配备消防车、消防服、照射灯、安全绳、消防斧头、电锯等救援物资。上述应急物资应放置在专用的应急救援仓库内。

六、事故调查和恢复

当火灾事故处置完毕后，事故调查组应及时做好现场事故的勘察、询（审）问、取证、拍照、录相、技术鉴定等程序工作，查清事故原因、事故性质，查明人员伤亡、财产损失，并书面（先电话）报告上级领导。

在事故调查程序完成后，事故单位应组织人员清理损坏的物品，搞好卫生，职能部门协助事故单位恢复损坏的生产、生活和办公设施，使之尽快恢复正常的生产、生活和工作秩序。

七、纪律和要求

应急处置小组成员接到报警集合通知后，应立即赶赴事故地点，任何人不得以任何借口、理由拖延或拒绝参加，违者从严处理。应急处置小组成员因特殊情况需请假，须经监狱领导审批。

一旦启动应急救援预案，监狱所有警察必须在监狱内作为后备队员待命，一旦受命，应当无条件地执行。各组组长、副组长要熟记自己本组组员名单和手机号码，以便应急时能及时联系。

八、应急救援培训、演练以及预案的改进

为了确保具有快速、有序、有效的应急反应能力，监狱要每年定期组织全监人员学习消防安全事故应急救援预案的内容和进行预案的演练，使警察、职工和服刑人员熟悉应急救援行动中各自的职责和任务。

演练类型有单项演练和全面演练（或称综合演练）。单项演练是指对预案某单项内容进行演练，如组织报警、疏散、伤员救护等；全面演练是应急预案规定的所有任务单位或其中大多数单位参加的为全面执行预案而进行的演练。

演练方法有桌面演练和实地演练。桌面演练是指在室内办公室利用分区功能块，通过下达特别指令给各功能块，检验各功能块的响应情况（包括响应速度和响应内容）；实地演练指通过模拟火灾事故现场，不断注入一些事件信息流向各应急行动小组，检验各应急行动小组执行任务的能力，检查相互协调能力，检查各类组别能否充分利用现有人力、物力来减少事故后果的严重度及确保人员的安全能力。

通过组织不同层次的演练，记录和总结演练过程，及时对演练进行评估，对演练中存在的问题进行改进，使预案不断完善。

第四节　应对触电事故的措施

一、建立和完善电气安全工作制度

从对以往监狱所发生的触电事故实例分析可知，事故发生的主要原因之一是电气管理混乱，电器安全工作中的安全组织措施和技术措施不落实、不完善。所以，电气安全管理是安全用电的重要环节。随着电气化程度不断提高，各种不安全因素也逐渐增多，要有效防止触电事故的发生，就必须做好电气安全管理工作，必须制定和完善切实可行的电气安全工作制度，并加以贯彻落实。

电气安全工作制度主要包括：停电检修工作制度，不停电工作及带电工作制度，倒闸操作安全制度等。

（一）停电检修工作制度

停电检修工作包括全部停电和部分停电两种。对 10kV 及以下的带电设备和线路与人体距离小于 0.35m 时，均应停电检修；如带电设备和线路与人体距离大于上列数值，但又分别小于 0.7m 时，应设置遮拦，否则也应停电检修。

1. 停电。应根据工作内容，做好全部（或部分）停电的倒闸操作。必须将有可能送电到检修设备的线路开关或闸刀全部断开，并要有一个明显断开点。除此以外，还要做好防止误合闸措施。如在开关或闸刀的操作手柄上悬挂"禁止合闸，有人工作"的标示牌，必要时要加锁；切断自动开关的操作电源等。对多回路的线路，要防止其他方面突然来电，尤其要注意防止低压方面的反馈电。

2. 放电和验电。停电后，为消除被检修设备上的残存电荷，应对线与地间、线与线间逐一放电。放电时应用临时接地线、绝缘棒或开关操作，避免人手与放电导体相接触。由于电力电容器、电力电缆等设备的残存电荷较多，最好有专门的放电设备。放电后应用合格的验电笔对检修设备进行验电。验电时，应按电压等级选用相应的验电笔。

3. 装设携带型接地线。为防止意外来电，应在停电检修设备的来电电源侧装设携带型接地线。装设携带型接地线时应戴绝缘手套。装设时，应先接接地端，后接设备端。拆除时，应先拆设备端，后拆接地端。

4. 装设遮拦。在部分停电检修工作中，对有可能碰触的导体或线路，在安全距离不够时，应装设临时遮拦及护罩，将带电体与检修设备、检修线路隔离，以确保检修工作人员的安全。

5. 悬挂标示牌。悬挂标示牌的作用是提醒人们注意。例如，在一经合闸即可送电到被检修设备的开关闸刀手柄上，应挂"禁止合闸，有人工作"标示牌；在靠近带电部位的遮拦上，应挂"止步，高压危险"标示牌。

检修工作结束后工作人员必须对工具、器具材料等进行收拾清理。然后拆除携带型接地线、临时遮拦、护罩等，再拆除开关、闸刀手柄处的标示牌。经检查无误后才可进行送电的倒闸操作。

（二）不停电工作及带电工作制度

不停电工作主要是指在带电设备附近或外壳上进行的工作。带电工作是指在有电设备或导体上进行的工作。

低压系统的不停电工作及带电工作，必须取得监狱安全管理部门的同意，并严格遵守工作制度。

1. 不停电工作制度。①检修人员应由经过严格训练、考试合格、能够掌握不停电检修技术的电工担任；②工作时必须保证有足够的安全距离；③必须严格执行监护制度，工作时应由有经验的电工师傅监护；④必须使用合格的并经检查确实安全可靠的绝缘手柄工具；⑤检修工作的时间不宜太长，以防检修人员注意力分散而发生事故。

2. 低压带电工作制度。①工作人员必须由经过严格训练、考试合格的电工担任。②工作时应由有经验的电工师傅监护。③使用合格的绝缘手柄工具，严禁使用无绝缘手柄的金属工具。④作业电工应穿好长袖上衣和长裤，并扣紧袖口，戴绝缘手套、安全帽和穿绝缘鞋，并站在干燥的绝缘垫上工作。⑤在带电的线路或设备上工作，必须对线进行逐相检修。作业时人体不得同时触及二相带电体。⑥上杆前须分清相线、中性线（地线），选好工作位置，带电导体只允许在作业电工的一侧。在带电的低压线路上工作，在导线未采取绝缘措施之前，作业电工不得穿越该导线。断开导线时，应一根一根剪断，先断开相线，后断开中性线（地线）；搭接导线时，应先将线头试搭，先接中性线（地线），后接相线。注意不允许带负载断线或接线。

（三）倒闸操作安全制度

倒闸操作是指合上或断开开关、闸刀和熔体以及与此有关的操作。如交直流操作回路的合上或断开；继电保护及自动重合闸的投入或停用；继电保护整定值的变更；旁路熔丝元件的更动；携带型接地线的装拆；校核相序及测定绝缘电阻等。倒闸操作是确保安全经济供电的一项极其重要的工作，每一步操作都关系设备和人身的安全。

在倒闸操作的过程中,如发生错位、错合或带负荷拉、合闸刀及带接地线合闸等,将造成重大事故和危险的电气事故。为了防止这类事故发生,必须以高度的认真负责精神,严格执行倒闸操作安全制度。

二、严格按规定设置安全标志

安全标志由安全色、几何图形和图形符号构成,用以表达特定的安全信息。安全标志分禁止、警告、指令、提示四种类型。为了使人们能迅速发现或分辨安全标志和提醒人们注意,国家制定《安全色》GB2893-82标准以规定传递安全信息的颜色。安全色规定为红、蓝、黄、绿四种颜色。

红色——用来表示禁止、停止和消防。如标志牌"禁止合闸,线路有人工作"用红底白字;"禁止合闸,有人工作"用白底红字;"止步,高压危险"用白底红边黑字,且标有红色箭头。变电所控制柜上的信号灯,红灯即表示电路处于通电状态。这种红色信号均属提醒人们提高警惕,禁止触动。

黄色——用来表示注意危险。如标示牌"当心触电"、"注意安全"等都用黄色作为底色,提醒人们不要草率行动。

蓝色——用来表示强制执行。如"必须戴安全帽"、"必须戴安全手套"、"必须穿绝缘鞋(靴)"等。

绿色——用来表示安全无事的环境。如标示牌"已接地"、"在此工作"、"由此上下"等都用绿色作为底色,告诉人们生产场所十分安全或已经采取安全措施。

《电力工业技术管理法规》(GB2681-81)中规定:电气母线和引下线应涂漆,并要按相分色。其中L1相(A)为黄色;L2相(B)为绿色;L3相(C)为红色。涂漆的目的是区别相序,防腐蚀和便于散热。该标准还规定:①交流回路中零线和中性线用淡蓝色,接地线用黄/绿双色线,双芯导线或绞合线红、黑两色并行;②直流回路中正极用棕色,负极用蓝色,接地中线用淡蓝色。

国家标准《手持式电动工具的管理、使用、检查和维修安全技术规程》(GB-3787/83)中特别强调在手持式电动工具的电源线中,黄/绿双色线在任何情况下只能用作保护接地线或接零线。

安全标志的另一种形式是安全标示牌,常用标示牌的式样见下表:

名 称	悬挂处所	式样 尺寸（mm）	式样 颜色	式样 字样
禁止合闸，有人工作！	一经合闸即可送电到施工设备的断路器和隔离开关操作把手上	200×100 和 80×50	白底	红字
禁止合闸，线路有人工作！	线路断路器和隔离开关把手上	200×100 和 80×50	红底	白字
在此工作！	室外和室内工作地点或施工设备上	250×250	绿底，中有直径210mm白圆圈	黑字，写于白圆圈中
止步，高压危险！	施工地点临近带电设备的遮拦上；室外工作地点的围拦上；禁止通行的过道上；高压试验地点；室外构架上；工作地点临近带电设备的横梁上	250×200	白底红边	红字，有红色箭头
从此上下！	工作人员上下的铁架、梯子上	250×250	绿底，中有直径210mm白圆圈	黑字，写于白圆圈中
禁止攀登，高压危险！	工作人员上下的铁架临近可能上下的另外铁架上，运行中变压器的梯子上	250×200	白底红边	黑字

三、电气火灾及灭火措施

电气线路和设备由于设计、安装和施工过程中存在某些缺陷，在运行中，电流可能会产生热量或电火花或电弧，引起电气火灾。电气火灾火势凶猛，如不及时扑灭，势必迅速蔓延，可能造成人员伤亡或设备损坏，还可能造成大规模、长时间停电，给监管安全带来极大的隐患，给国家财产造成重大的损失。

（一）触发电气火灾的原因

1. 设备过度发热。电气线路和设备在运行过程中，由于短路、过载、接触不良，或者变压器、电动机的铁芯发热，散热不良等原因，使设备过度发热引起火灾。

发生短路时，线路中电流的增加为正常时的几倍甚至几十倍，而产生的热量又和电流的平方成正比，使得温度急剧上升，大大超过允许范围。如果温度达到可燃物的燃点，即引起燃烧，从而可以导致火灾。

引起电气线路和设备短路的原因主要是：当电气设备的绝缘老化变质，或受到高温、潮湿或腐蚀的作用而失去绝缘能力，即可能引起短路事故；绝缘导线直接缠绕、勾挂在铁钉或铁丝上或者把铁丝缠绕、钩挂在绝缘导线上时，由于磨损和铁锈腐蚀，很容易使绝缘破坏而形成短路；由于设备安装不当或工作疏忽，可能使电气设备的绝缘受到机械损伤而形成短路；由于雷击等过电压的作用，电气设备的绝缘可能遭到击穿而形成短路；在安装和检修工作中，由于接线和操作的错误，也可能造成短路事故；由于选用设备额定电压太低，不能满足工作电压的要求，可能击穿而短路。

另外，过载也会引起电气设备发热。造成过载大体上有如下三种情况：①设计、选用线路和设备不合理，以致在额定负载下出现过热；②使用不合理，即线路或设备的负载超过额定值，或者连续使用时间过长，超过线路或设备的设计能力，因此造成过热；③设备故障运行会造成设备的线路过负载，如三相电动机缺一相运行或三相变压器不对称运行均可能造成过热。

另外，电气线路或设备接触不良。接触部分是电路中的薄弱环节，是发生过热的一个重点部位。不可拆卸的接头连接不牢，焊接不良或接头处混有杂质，都会增加接触电阻而导致接头过热。可拆卸的接头连接不紧密或由于振动而松动也会导致接头发热。活动触头，如刀开关的触头，接触器的触头、插式熔断器的触头、插销的触头、灯泡与灯座的接触处等活动触头，如果没有足够的接触压力或接触表面粗糙不平，也会导致触头过热。对于铜铝接头，由于铜和铝的电性不同，接头处易因电解作用而腐蚀，从而导致接头过热。电刷的滑动接触处没有足够的压力，或接触表面脏污或不光滑，也会导致发热。

变压器、电动机等设备的铁芯绝缘损坏或长时间过电压，涡流损耗和磁滞将增加而过热。各种电气设备在设计和安装时都考虑有一定的散热或通风措施，如果这些措施受到破坏，即造成设备过热。

除上述情况外，电灯和电炉等直接利用电流的热能进行工作的电气设备，工作时温度都比较高，如安置或使用不当，均可能引起火灾。

灯泡表面温度随灯泡大小不同和生产厂家不同而差别很大，大体如表所示。200瓦的灯泡紧贴纸张时，十几分钟可将纸张点燃。如某一礼堂的壁灯，安装60瓦灯泡，外有玻璃罩，由于错误地将窗帘覆盖其上，结果烤燃起火。高压水银荧光灯的表面温度和白炽灯差不多，约为150℃～250℃，卤钨灯灯管表面温度较高，1000瓦卤钨灯灯管表面温度可达500℃～800℃。

灯泡表面温度

灯泡功 （瓦）	40	75	100	150	200
灯泡表面 温度（℃）	50~60	140~200	170~220	150~230	160~300

电热器具的电流都比较大，容易引起电路过载。电阻炉的热元件由镍铬合金等材料制成，工作时温度高达800℃，可能点燃附近的易燃物品。

2. 电火花和电弧。电火花是电极间的击穿放电。电弧是由大量的电火花汇集而成的。

一般电火花的温度都很高，特别是电弧，温度可高达6000℃，因此，电火花和电弧不仅能引起可燃物燃烧，还能使金属熔化、飞溅，构成危险的火源。在有爆炸危险的场所，电火花和电弧更是一个十分危险的因素。

在生产和生活中，电火花是经常能看到的。电火花大体包括工作火花和事故火花两类。

工作火花是指电气设备正常工作时或正常操作过程中产生的火花，如直流电机电刷与整流子滑动接触处，交流电机电刷与滑环滑动接触处电刷后方的微小火花，开关或接触器开合时的火花，插销拔出或插入时的火花等。

事故火花是线路或设备发生故障时出现的火花，如发生短路或接地时出现的火花，绝缘损坏时出现的闪络，导线连接松脱时的火花，保险丝熔断时的火花，过电压放电火花，静电火花，感应火花，以及修理工作中错误操作引起的火花等。

除上述情况外，电动机转子和定子发生摩擦（扫膛）或风扇与其他部件相碰撞也都会产生火花，这是由碰撞引起的机械性质的火花。还应当指出，灯泡破碎时，炽热的灯丝有类似火花的危险作用。就电气设备着火而言，外界热源也可能引起火灾。如变压器周围堆积杂物、油污，并由外界火源引燃，可能导致变压器喷油燃烧甚至导致爆炸事故。

（二）应对电气火灾的措施

火灾发生后，电气设备和电气线路可能是带电的，如不注意，可能引起触电事故。根据现场条件，可以断电的应断电灭火；无法断电的则带电灭火。电力变压器、多油断路器等电气设备充有大量的油，着火后可能发生喷油甚至爆炸事故，造成火焰蔓延，扩大火灾范围。这是必须加以注意的。

1. 断电灭火的安全要求。电气设备或电气线路发生火灾，如果没有及时切断电源，扑救人员的身体或所持器械可能接触带电部分，造成触电事故；扑救人员使用导电的灭火剂，如水枪射出的直流水柱、泡沫灭火机射出的泡沫等射至带电部分，也可能造成触电事故。火灾发生后，电气设备可能因绝缘损坏而碰壳短路，电气线路也可能因电线断落而接地短路，使正常情况下不带电的金属构架、地面等部分带电，也可能导致接触电压或跨步电压触电的危险。

因此，发现起火后，首先要设法切断电源。切断电源要注意以下几点：

（1）火灾发生后，由于受潮或烟熏，开关设备绝缘能力降低，因此，拉闸时最好用绝缘工具操作。

（2）高压应先操作断路器而不应该先操作隔离开关切断电源，低压应先操作磁力启动器而不应该先操作闸刀开关切断电源，以免引起弧光短路。

（3）切断电源的地点要选择适当，防止切断电源后影响灭火工作。

（4）剪断电线时，不同相电线应在不同部位剪断，以免造成短路；剪断空中电线时，剪断位置应选择在电源方向的支持物附近，以防止电线剪断后断落下来造成接地短路和触电事故。

2. 带电灭火的安全要求。有时为了争取灭火时间，防止火灾扩大，来不及断电；或因生产需要或其他原因，不能断电，则需要带电灭火。带电灭火须注意以下几点：

（1）应按灭火剂的种类选择适当的灭火机。二氧化碳、二氟一氯一溴甲烷（即1211）、二氟二溴甲烷或干粉灭火机的灭火剂都是不导电的，可用于带电灭火。泡沫灭火机的灭火剂（水溶液）有一定的导电性，而且对电气设备的绝缘有影响，不宜用于带电灭火。

（2）用水枪灭火时宜采用喷雾水枪。这种水枪通过水柱的泄漏电流较小，带电灭火比较安全；用普通直流水枪灭火时，为防止通过水柱的泄漏电流通过人体，可以将水枪喷嘴接地（即将喷嘴接向埋入接地体。或接向地面网络接地板，或接向粗铜线网络鞋套）；也可以让灭火人员穿戴绝缘手套和绝缘靴或穿戴均压服操作。

（3）人体与带电体之间保持必要的安全距离。用水灭火时，水枪喷嘴至带电体的距离：电压110千伏及以下者不应小于3米，电压220千伏及以上不应小于5米。用二氧化碳等有不导电的灭火剂的灭火机灭火时，机体、喷嘴至带电体的最小距离：电压10千伏者不应小于0.4米，电压35千伏者不应小于0.6米等。

（4）对架空线路等空中设备进行灭火时，人体位置与带电体之间的仰角不应超过45度，以防导线断落危及灭火人员的安全。

（5）如遇带电导线断落地面，要划出一定的警戒区，防止跨步电压伤人。

3. 充油电气设备灭火。充油设备的油，闪电多在130℃~140℃之间，有较大的危险性。如果只在设备外部起火，可用二氧化碳、二氟一氯一溴甲烷、干粉灭火机带电灭火。如火势较大，应切断电源，并可用水灭火；如油箱破坏、喷油燃烧，火势很大时，除切除电源外，有事故贮油坑的应设法将油放进贮油坑，坑内和地上的油火可用泡沫扑灭；要防止燃烧的油流入电缆沟而顺沟蔓延，电缆沟内的油火只能用泡沫覆盖扑灭。

发电机和电动机等旋转电机起火时，为防止轴和轴承变形，可令其慢慢转动，用喷雾水灭火，并使其均匀冷却；也可用二氧化碳、二氟一氯一溴甲烷或蒸气灭火，但不宜用干粉、砂子或泥土灭火，以免损伤电气设备的绝缘。

第五节 应对机械伤人事故的措施

一、机械设备安全管理及防范措施

机械类设备有不同的特点和用途，对操作有不同的要求，因而在安全管理方面也有不同的规律。制定和实行机械设备安全管理规章制度的前提就是要掌握机械设备伤害的特点。机械伤害的特点和规律、机械设备安全的一般方法对监狱和社会企业来讲是通用的，绝大多数监狱在管理制度和操作规程的制定方面，与社会企业基本是一致的。

（一）机械设备的危害因素

1. 静止的危险。设备处于静止状态时存在的危险，是指当人接触或与静止设备做相对运动时可能引起的危险。这种危险包括：①切削刀具有的刀刃；②机械设备凸出的较长的部分，如设备表面上的螺栓、吊钩、手柄等；③毛坯、工具、设备边缘锋利和粗糙的表面，如未打磨的毛刺、锐角、翘起的铭牌等；④容易引起滑跌的工作平台，尤其是平台有水或油时更为危险。

2. 直线运动的危险。指做直线运动的机械所引起的危险，可分为接进式的危险和经过式的危险。①接进式的危险，指机械进行往复的直线运动，当人处在机械直线运动的正前方而未及时躲让时将受到运动机械的撞击或挤压而引起的危险包括：一是纵向运动的构件，如龙门刨床的工作台、牛头刨床的滑枕、外国磨床的往复工作台等；二是横向运动的构件，如升降式铣床的工作台。

②经过式的危险，指人体经过运动的部件时引起的危险。包括：其一，单纯做直线运动的部位，如运转中的带键、冲模；其二，做直线运动的凸起部分，如运动时的金属接头；其三，运动部位和静止部位的组合，如工作台与底座的组合，压力机的滑块与模具的组合；其四，做直线运动的刃物，如牛头刨床的刨刀、带锯床的带锯。

3. 机械旋转运动的危险。即指人体或衣服被卷进旋转机械部位引起的危险。①卷进单独旋转运动机械部件中的危险，如主轴、卡盘、进给丝杠等单独旋转的机械部件以及磨削砂轮、各种切削刀具，如铣刀、锯片等加工刃具；②卷进旋转运动中两个机械部件间的危险，如朝相反方向旋转的两个轧辊之间，相互啮合的齿轮；③卷进旋转机械部件与固定构件间的危险，如砂轮与砂轮支架之间，有辐条的手轮与机身之间；④卷进旋转机械部件与直线运动部件间的危险，如皮带与皮带轮、链条与链轮、齿条与齿轮、滑轮与绳索、卷扬机绞筒与绞盘等；⑤旋转运动加工件打击或绞轧的危险，如伸出机床的细长加工件；⑥旋转运动件上凸出物的打击，如皮带上的金属皮带扣、转轴上的键、定位螺丝、联轴器螺丝等；⑦孔洞部分有些旋转零部件，由于有孔洞部分而具有更大的危险性，如风扇、叶片，带辐条的滑轮、齿轮和飞轮等；⑧旋转运动和直线运动引起的复合运动，如凸轮传动机构、连杆和曲轴。

4. 机械飞出物击伤的危险。①飞出的刀具或机械部件，如未夹紧的刀片、紧固不牢的接头、破碎的砂轮片等；②飞出的切屑或工件，如连续排出或破碎而飞散的切屑、锻造加工中飞出的工件。

(二) 非机械的危害

在机械设备伤害中存在大量的非有形设备造成的伤害，这类伤害有时也可以是致命的。具体分类如下：

1. 电击伤。即指采用电气设备作为动力的机械以及机械本身在加工过程中产生的静电引起的危险。①静电危险。如在机械加工过程中产生的有害静电，将引起爆炸、电击伤害事故。②触电危险。如机械电气设备绝缘不良，错误地接线或错误操作等原因造成的触电事故。

2. 灼烫和冷危害。如在热加工作业中被高温金属体和加工件灼烫的危险，或与设备的高温表面接触时被灼烫的危险，在深冷处理或与低温金属表面接触时被冻伤的危险。

3. 振动危害。在机械加工过程中使用振动工具或机械本身产生的振动所引起的危害，按振动作用于人体的方式，可分为局部振动和全身振动。①全身振动。由振动源通过身体的支持部分将振动传布全身而引起的振动危害。②局部振动。如在以手接触振动工具的方式进行机械加工时,振动通过振动工具、振动机械或振动工件传向操作者的手和臂,从而给操作者造成振动危害。

4. 噪声危害。机械加工过程或机械运转过程中所产生的噪声而引起的危害。机械引起的噪声包括:①机械性噪声。由于机械的撞击、摩擦、转动而产生的噪声,如球磨机、电锯、切削机床在加工过程中发出的噪声。②电磁性噪声。由于电机中交变力相互作用而发生的噪声,如电动机、变压器等在运转过程中发出的噪声。③流体动力性噪声。由于气体压力突变或流体流动而产生的噪声,如液压机械、气压机械设备等在运转过程中发出的噪声。

5. 电离辐射危害。即指设备内放射性物质、x射线装置、r射线装置等超出国家标准允许剂量的电离辐射危害。

6. 非电离辐射危害。即指紫外线、可见光、红外线、激光和射频辐射等超出卫生标准规定剂量时引起的危害。如从高频加热装置中产生的高频电磁波或激光加工设备中产生的强激光等非电磁辐射危害。

7. 化学物危害。机械设备在加工过程中使用或产生的各种化学物所引起的危害。包括:①易燃易爆物质的灼伤、火灾和爆炸危险。②工业毒物的危害,指机械加工设备在加工过程中使用或产生的各种有毒物质引起的危害。工业毒物可能是原料、辅助材料、半成品、成品,也可能是副产品、废弃物、夹杂物或其中含有毒成分的其他物质。③酸、碱等化学物质的腐蚀性危害,如在金属的清洗和表面处理时产生的腐蚀性危害。

8. 粉尘危害。即指机械设备在生产过程中产生的各种粉尘引起的危害。粉尘来源包括:①某些物质加热时产生的蒸气在空气中凝结或被氧化所形成的粉尘,如熔炼黄铜时,锌蒸气在空气中冷凝、氧化形成氧化锌烟尘;②固体物质的机械加工或粉碎,如金属的抛光、石墨电极的加工;③铸造加工中,清砂时或在生产中使用的粉末状物质,在混合、过筛、包装、搬运等操作时产生的以及沉积的粉尘,由于振动或气流的影响再次浮游于空气中的粉尘(二次扬尘);④有机物的不完全燃烧,如木材、焦油、煤炭等燃烧时所产生的烟;⑤焊接作业中,由于焊药分解,金属蒸发所形成的烟尘。

9. 异常的生产环境。①照明。工作区照度不足,照度均度不够,亮度分布不当,光或色的对比度不当,以及存在频闪效应、眩光效应。②气温。工作区温度过高、过低或急剧变化。③气流。工作区气流速度过大、过小或急剧变化。④湿度。工作区湿度过大或过小。

(三)机械事故发生的原因

1. 机械事故发生的直接原因。总体上讲,机械事故发生的原因可以归结为几大类：物（也就是设备和物料）的不安全状态、人的不安全状态和管理制度的缺失。

（1）机械的不安全状态。①防护、保险、信号等装置缺乏或有缺陷。其一，无防护。无防护罩，无安全保险装置，无报警装置，无安全标志，无护栏或护栏损坏，设备电气未接地、绝缘不良、噪声大，无限位装置等。其二，防护不当。防护罩未在适当位置，防护装置调整不当，安全距离不够，电气装置带电部分裸露等。②设备、设施、工具、附件有缺陷。其一，设备在非正常状态下运行，设备带"病"运转，超负荷运转等；其二，维修、调整不良，设备失修，保养不当，设备失灵，未加润滑油等；其三，机械强度不够，绝缘强度不够，起吊重物的绳索不合安全要求等；其四，设计不当，结构不合安全要求，制动装置有缺陷，安全间距不够，工件上有锋利毛刺、毛边、设备上有锋利倒棱等。③个人防护用品、用具，如防护服、手套、护目镜及面罩、呼吸器官护具、安全带、安全帽、安全鞋等缺少或有缺陷。其一，所用防护用品、用具不符合安全要求；其二，无个人防护用品、用具。④生产场地环境不良。其一，通风不良、无通风，通风系统效率低等；其二，照明光线不良，包括照度不足，作业场所烟雾烟尘弥漫、视物不清，光线过强，有眩光等；其三，作业场地杂乱，工具、制品、材料堆放不安全；其四，作业场所狭窄。⑤操作工序设计或配置不安全，交叉作业过多。⑥地面滑，地面有油或其他液体，有冰雪。地面有易滑物如圆柱形管子、料头、滚珠等。⑦交通线路的配置不安全。⑧储存方法不安全，堆放过高、不稳。

（2）操作者的不安全行为。这些不安全行为可能是有意的，也可能是无意的。①操作错误，忽视安全、忽视警告。包括未经许可开动、关停、移动机器；开动、关停机器时未给信号；开关未锁紧，造成意外转动；忘记关闭设备；忽视警告标志、警告信号，操作错误（如按错按钮，阀门、扳手、把柄的操作方向相反）；供料或送料速度过快，机械超速运转；冲压机作业时手伸进冲模；违章驾驶机动车；工件刀具紧固不牢；用压缩空气吹铁屑等。②使用不安全设备。临时使用不牢固的设施如工作梯，使用无安全装置的设备，临时拉线不符合安全要求等。③机械运转时加油、修理、检查、调整、焊接或清扫。④造成安全装置失效。拆除了安全装置，安全装置失去作用；调整错误造成安全装置失效。⑤用手代替工具操作。用手代替手动工具，用手清理切屑；不用夹具固定；用手拿工件进行机械加工等。⑥攀、坐危险位置（如平台护栏、吊车吊钩等）。⑦物体（成品、半成品、材料、工具、切屑和生产用品等）存放不当。⑧穿戴不安全装束。如在有旋转零部件的设备旁作业时穿着过于肥大、宽松的服装；操纵带有旋转零部件的设备时戴手套，穿高跟鞋、凉鞋或拖鞋进入车间等。

⑨在必须使用个人防护用品、用具的作业或场合,都忽视其使用,如未戴各种个人防护用品。⑩无意或为排除故障而靠近危险部位,如在无防护罩的两个相对运动零部件之间清理卡住物时,可能造成挤伤、夹断、切断、压碎或人的肢体被卷进机器而造成严重的伤害。

2. 机械事故发生的间接原因。几乎所有事故的间接原因都与人的错误有关,尽管与事故直接有关的操作人员并没有出错。这些间接原因可能是设计人员、设备制造、安装调试、维护保养等人员所犯的错误。间接原因包括:

(1) 技术和设计上的缺陷。工业构件、建筑物(如室内照明、通风)、机械设备、仪器仪表、工艺过程、操作方法、维修检验等的设计和材料使用等方面存在问题。①设计错误包括强度计算不准,材料选用不当,设备外观不安全,结构设计不合理,操纵机构不当,未设计安全装置等。即使设计人员选用的操纵器是正确的,如果在控制板上配置的位置不当,也可能使操作人员混淆而发生操作错误,或不适当地增加操作人员的反应时间而忙中出错。设计人员还应注意作业环境设计,不适当的操作位置和劳动姿势都可能引起操作人员疲劳或思想紧张而容易出错。②制造错误。即使设计是正确的,如果制造设备时发生错误,也会成为事故隐患。在生产关键性部件和组装时,应特别注意防止发生错误。常见的制造错误有加工方法不当(如用铆接代替焊接),加工精度不够,装配不当,装错或漏装零件,零件未固定或固定不牢。工件上的划痕、压痕、工具造成的伤痕以及加工粗糙可能造成用力集中而使设备在运行时出现故障。③安装错误。安装时旋转零件不同轴,轴与轴承、齿轮啮合调整不好,过紧过松,设备不水平,地脚螺拧紧,设备内遗留工具、零件、棉纱等,都可能使设备发生故障。④维修错误。没有定时对运动部件加润滑油,在发现零部件出现恶化现象时没有按维修要求更换零部件,都是维修错误。当设备大修重新组装时,可能会发生与新设备最初组装时发生的类似的错误。安全装置是维修人员检修的重点之一。安全装置失效而未及时修理,设备超负荷运行而未制止,设备带"病"运转,都属于维修不良。

(2) 管理缺陷。①无安全操作规程或安全规程不完善;②规章制度执行不严,有章不循;③对现场工作缺乏检查或指导错误;④劳动制度不合理;⑤缺乏监督。

(3) 教育培训不够,未经培训上岗,操作者业务素质低,缺乏安全知识和自我保护能力,不懂安全操作技术,操作技能不熟练;工作时注意力不集中,工作态度不负责;受外界影响而情绪波动,不遵守操作规程,都是事故的间接原因。

(4) 对安全工作不重视,组织机构不健全,没有建立或落实现代安全生产责任制；没有或不认真实施事故防范措施，对事故隐患调查整改不力。更为关键的是企业领导不够重视。

（四）机械设备的防范措施

1. 危险性大的设备。根据事故统计，我国规定危险性比较大、事故率比较高的设备有：压力机、冲床、剪床、压正机、压印机、木工刨床、木工锯床、木工造型机、塑料注射成型机、炼胶机、压砖机、农用脱料机、纸页压光机、起重设备、锅炉、压力容器、电气设备等。这些设备在监狱生产中广泛应用，尤其在沿海经济发达省份。根据有关法律、法规，这些设备在出厂前必须配备好安全防护装置。

2. 机械的危险部位。操作人员易于接近的各种可动零部件都是机械的危险部位，机械加工设备的加工区也是危险部位。

3. 危险作业。本身具有较大的危险性的作业称为特种作业，其危险性和事故率比一般作业大。危险作业包括：①电工作业；②压力容器操作；③锅炉司炉；④高温作业；⑤低温作业；⑥粉尘作业；⑦金属焊接气割作业；⑧起重机械作业；⑨机动车辆驾驶；⑩高处作业。

特种作业人员必须经过现代安全技术培训，考核合格后才能上岗操作。

4. 机械伤害的后果。机械伤害的后果一般比较严重，轻则损伤皮肉，重则断肢致残，甚至危及生命。GB6441-86（《企业职工伤亡事故分类》）对伤害后果有明确的规定。GB6441-86规定以损失工作日来划分伤害程度。损失工作日是指被伤害者失能的工作时间。该规定对计算方法有严格的标准，计算损失工作日后即可确定伤害程度。其分类如下：①轻伤。轻伤是指损失工作日为7天的失能伤害。②重伤。重伤是指相当于现定损失工作日等于或超过105天的失能伤害。③死亡。

（五）机械设备本质安全措施

1. 本质安全化的目的。本质安全化的目的是：运用现代科学技术，特别是安全科学的成就，从根本上消除能形成事故的主要条件；如果暂时达不到，则采取两种或两种以上的相对安全措施，形成最佳组合的安全体系，达到最大限度的安全。同时尽可能采取完善的防护措施，增强人体对各种危害的抵抗能力。

2. 本质安全化的内容。设备的本质安全措施可以通过设备本身和控制器的安全设计来实现。

（1）本质安全化的基本思路。①从根本上消除发生事故的条件。许多机械事故是由于人体接触了危险点，如果将危险操作采用自动控制，用专用工具代替人手操作，实现机械化等都是保证人身安全的有效措施。②设备能自动防止操作失误和设备故障。设备应有自动防范措施，以避免发生事故。这些措施应能达到：即使操作失误，也不会导致设备发生事故；即使出现故障，也能自动排除，切换或安全停机；当设备发生故障时，不论操作人员是否发现，设备都能自动报警，并做出应急反应，更理想的是还能显示设备发生故障的部位。

(2) 常用的措施。①采用机械化、自动化和遥控技术。②采用可靠性设计，提高机械设备的可靠性。③采用安全防护装置。当无法消除危险因素时，采用安全防护装置隔离危险因素是最常用的技术措施。④安装保险装置。保险装置又叫故障保险装置。这种装置的作用与安全防护装置稍有不同。它能在设备产生超压、超温、超速、超载、超位等危险因素时，进行自动控制并消除或减弱上述危险。安全阀、单向阀、超载保护装置、限速器、限位开关、爆破片、熔断器、保险丝、力矩限制器、极限位置限制器等都是常用的保险装置。⑤采用自监测、报警和处理系统。利用现代化仪器仪表对运行中的设备状态参数进行在线监测和故障诊断。⑥采用冗余技术。冗余技术是可靠性设计常采用的一种技术，即在设计中增加冗余元件或冗余（备用）设备，平时只用其中一个，当发生事故时，冗余设备或冗余元件能自动切换。⑦采用传感技术。在危险区设置光电式、感应式、压力传感式传感器，当人进入危险区时，可立即停机，终止危险运动。⑧安装紧急停车开关。⑨向操作者提供机械关键安全功能是否正常（设备的自检功能）的信息。⑩设计程序连锁开关。设计对出现错误指令时，禁止启动的操纵器。这些关键程序只有在正常操作指令下才能启动机械。⑪配备使操作者容易观察的、能显示设备运行状态和故障的显示器。⑫采用多重安全保障措施。对于危险性大的作业，要求设备运行绝对安全可靠。

二、建立健全机械设备安全操作规程

监狱要建立健全机械设备操作、使用、保养规程和管理制度。主要机械设备要严格执行定人、定机、定岗位的责任制。所有机械设备都要有人负责。多班作业时，必须执行交接班制度。危险性较大或价值特别大的设备要指定警察专人管理，或由指定的工人操作。要严格执行机械设备的日常保养和定期保养制度。季节变化时要执行换季保养。新机械和经过大修理的机械，在使用初期要执行走合期保养。大型机械设备要实行日常点检和定期点检，并做好技术记录，总结磨损规律。

在施工生产中使用的机械设备，应保持技术性能良好，运转正常，安全装置灵敏、可靠。失修、失保或"带病"的机械设备不得投入生产。

对罪犯的劳动考核要把机械设备的维修保养、安全运行、消耗费用和执行操作规程情况等列入考核内容，与生产任务完成情况一起考核。在传统体制下，设备管理要列入对警察经济考核的内容，对因拼设备、违章作业、失修、失保造成机况严重劣化、费用超支者，要通过责任制进行经济考核。

三、加大教育和检查的力度

为了切实预防监狱机械制造和机械加工等行业机械伤害事故的发生，保证从业人员人身安全，须进一步加强以防止机械伤害为目的的预防性教育，使警察和犯人能保持高度警惕。

监狱应当充分认识做好预防机械伤害事故、加强安全监督执法工作的重要意义，不能以内部的安全管理代替政府的安全监察，自觉接受政府各级安全生产监督管理部门的监察和管理，经常性地进行安全检查，加强领导，明确职责，周密部署，狠抓落实。

监狱管理局和监狱要集中一定的人力和时间，深入监狱生产第一线，调查了解生产、设备、用工、安全管理和伤亡事故等方面的基本情况，在此基础上认真分析监狱系统机械伤害事故的原因和特点，掌握机械伤害事故的基本情况，确定监督检查的重点区域、重点流程和重点设备，针对性地采取安全措施。

要通过举办培训班、发放宣传材料等多种有效形式，向监狱主要负责人、安全生产管理人员和参加生产的犯人广泛宣传《安全生产法》和其他有关安全生产的法律、法规及有关机械安全的标准和规章，对新到岗的罪犯一定要进行技术培训和安全培训，在采用新设备、新工艺时一定要进行专项技术培训，使监狱警察和职工了解安全生产管理的一般原理和基本方法，提高罪犯遵守安全生产操作规程的自觉性，同时监狱要督促基层监区经常性地对照相关要求切实搞好自查自纠工作。

监狱管理局要针对系统机械伤害事故的原因和特点，列出监督执法计划，有重点地开展经常性的安全监督检查，特别是要着重抓好冲压、剪切、木工机械等危险性较大设备相对集中的监狱的安全检查工作。对检查中发现的安全生产违法行为，要当场予以纠正或者要求限期改正；必要时应严格依照《安全生产法》和其他有关法律、法规的规定对监狱领导给予行政处罚。

监狱生产中首先要执行国家关于安全生产的法律法规和操作规程，其次应按照监狱安全生产管理的需要将操作规程予以细化和完善。监狱管理局要加强对监狱安全生产的指导和服务工作，将监督检查工作与推进安全质量标准化工作有机结合起来，将狱政管理工作和安全生产管理工作有机结合起来，建立健全安全生产责任制和各项安全生产规章制度，并督促其认真贯彻执行。同时，要和有关社会中介组织合作，进行安全培训、检测检验以及职业病防治工作，从而不断提高监狱的安全管理水平和从业人员的事故防范和救护能力，使监狱生产建立安全生产长效机制，预防和减少机械伤害事故的发生。

及时统计机械伤害事故发生和伤害的有关数据，发生事故时要按照国家和监狱管理局的规定按时上报。监狱应按国家有关规定，加强对锅炉、动力、压力容器、仪器仪表等设备的维护、检查和测试工作。从事机械设备操作和维修的罪犯，必须经过专业培训，考核合格后由监狱有关主管部门发给操作证，持证上岗。无操作证者，不得上机操作或进行维修。罪犯换岗，要进行新岗位的操作培训，到特种设备操作岗位上复岗的罪犯，要重新培训和考核并取得操作证方可上岗操作。从事锅炉、压力容器及动力设备操作的罪犯，一定要在警察的监督、监控下进行劳动。

第六节　应对危险品泄漏事故的措施

一、严格执行禁止性规定

化学品、易燃易爆危险品是极易发生泄漏事故的，别有用心的罪犯也往往把它们当成制造事端的武器，对此必须高度重视。首要的就是要严格执行以下禁止性的规定：禁止引进和从事易燃易爆、剧毒物品的生产；禁止由罪犯保管易燃易爆、剧毒物品；禁止由厂方师傅大量储存保管易燃易爆、剧毒物品；禁止任何人在车间内吸烟及带火种进入车间；禁止出现厂房、仓库、宿舍"三合一"的现象。

二、建立健全引进项目的安全性评估制度

对引进的生产项目，先要进行安全性评估。建立健全引进项目的安全性评估制度是十分重要的，为此，必须做到以下几点：

（1）引进生产项目及安排罪犯从事有一定危险性的临时性劳动时，必须经过监狱安全性评估，并建立生产项目或临时劳动安全性评估档案备查。凡经过评估属不适宜引进的生产项目，监狱生产部门或监区不得引进；不具备安全条件的临时劳动必须取消。

（2）生产作业过程必须使用火种的，须由警察直接掌握。

（3）监狱医疗部门对接触化学品、有毒有害气体等特殊工种人员要建立职业健康档案，并定期体检和轮岗。发现身体不适合从事特殊工种操作的人员，要及时更换；发现有职业病的人员，要及时调离，并给予治疗。

（4）监狱生产部门要与管教、行政后勤等部门密切配合，把生活区、办公区、监舍区等的化学品、危险品、易燃易爆、剧毒物品、锅炉压力容器、避雷设施等纳入监狱安全生产整体规划和年度计划，监狱要在管教、行政后勤等部门中指定安全生产责任人，颁发责任人任命书，并列入安全生产检查范围。

（5）化学品、危险品、易燃易爆剧毒物品要有专用仓库分类存放，库房必须符合安全的要求，化学品、危险品、易燃易爆品仓库需要安装照明或通风设备的，要严格按照规定安装防爆型照明灯或通风设备；化学品、危险品、易燃易爆剧毒物品仓库与民居、车间、监舍要距离30米以上，其储存数量不得超过1周的用量；所有化学品、危险品、易燃易爆剧毒物品必须由警察直接管理。

（6）粉尘、毛尘、挥发性气体较大的工序区域要进行封闭作业，生产场所必须加强通风，有毒有害因素的浓度不超过国家或省级标准；车间要有防暑降温措施，室内温度不明显高于室外温度，有足够的开水或清凉饮料供应。

（7）加强对操作人员的劳动保护，防止发生职业病、中毒等现象，按国家、行业标准建立健全劳保用品购买、发放、使用制度。操作人员要正确佩带、使用劳保用品。

三、危险品泄漏事故的处置规程

（一）迅速报警

监狱范围内一旦发生化学品、危险品、易燃易爆、剧毒物品泄漏事故，应迅速通过119报警系统向当地消防部门报告，报告时要重点讲清泄漏的容器、形式、地点、时间、部位、强度、扩散范围、人员伤亡或遇险等情况。

监狱指挥中心要随时和当地消防部门的接警人及现场保持联系，掌握事态发展变化状况。

监狱指挥中心要将事故情况立即报告值班领导，并根据指示要求及时报告省监狱管理局、当地政府和公安机关。

（二）积极配合检测

监狱各部门应积极配合当地公安和消防部门的工作，以顺利完成检测工作。①通过询问、检测、监测等方法，以及测定风力和风向，掌握泄漏区域气体浓度和扩散方向；②查明遇险人员数量、位置和营救路线；③查明泄漏容器储量、泄漏部位、泄漏速度，以及安全阀、紧急切断阀、液位计、液相管、气相管、罐体等情况；④查明储罐区储罐数量和总储存量、泄漏罐储存量和邻近罐储存量，以及管线、沟渠、下水道布局走向；⑤了解事故单位已经采取的处置措施、内部消防设施配备及运行、先期疏散抢救人员等情况；⑥查明拟定警戒区内的单位情况、人员数量、地形地物、电源、火源及交通道路情况；⑦掌握现场及周边的消防水源位置、储量和给水方式；⑧分析评估泄漏扩散的范围和可能引发爆炸燃烧或中毒的危险因素及其后果。

（三）疏散警戒

先疏散泄漏区域和扩散可能波及范围内的无关人员，再根据检测情况确定警戒范围，并划分重危区、轻危区、安全区，设置警戒标志和出入口。严格控制进入警戒区特别是重危区的人员、车辆和物资，进行安全检查，做好记录。然后根据动态检测结果，适时调整警戒范围。

（四）禁绝火源

切断事故区域内的强弱电源，熄灭火源，停止高热设备，落实防静电措施。进入警戒区人员严禁携带、使用移动电话和非防爆通信、照明设备，严禁穿戴化纤类服装和带金属物件的鞋，严禁携带、使用非防爆工具。禁止机动车辆（包括无防爆装置的救援车辆）和非机动车辆随意进入警戒区。

（五）安全防护

进入重危区的人员必须实施标准防护，并采取水枪掩护。现场作业人员的防护等级要达到要求。

（六）生命救助

组成救生小组，携带救生器材进入重危区和轻危区。采取正确的救助方式，将遇险人员疏散、转移至安全区。对救出人员进行登记、标识，移交医疗急救部门进行救治。

（七）技术支持

组织事故单位和石油化工、气象、环保、卫生等部门的专家、技术人员判断事故状况，提供技术支持，制订抢险救援方案，并参加配合抢险救援行动。

（八）现场供水

制订供水方案，选定水源，选用可靠高效的供水车辆和装备，采取合理的供水方式和方法，保证消防用水量。

（九）现场清理

（1）用喷雾水、蒸气或惰性气体清扫现场内事故罐、管道、低洼地、下水道、沟渠等处，确保不留残液（气）。

（2）清点人员，收集、整理器材装备。

（3）撤除警戒，做好移交，安全撤离。

第十二章 监狱设施装备安全事故应急处置

第一节 设施装备安全事故的类型和特点

一、监狱设施装备安全事故的类型

监狱发生的设施装备安全事故，即使是微小的事故，一旦处置不力，处理不当，将冲击和威胁狱内的安全稳定秩序，产生不可估量的影响，造成不可挽回的损失。所以，监狱必须有效预测和认真对待可能遇到的装备安全事故，周全考虑应对措施，建立健全应急预案。还要与相关单位密切合作，形成有序、安全的联动机制，做到未雨绸缪，保障有力，上下联动。一旦遇到突发装备安全事故就能快速反应，处置得力，将事故迅速控制，将隐患及时排除，将影响控制在最小范围内。

监狱的设施装备，服从和服务于监管改造工作，是监狱实现有效监管和提高改造质量的硬件保证。监狱的设施装备，属于监管工作的重要范畴，现阶段来说主要包括：监狱的供水、供电，监管建筑物、围墙，监管区电网监测系统，通讯网络设施等。监狱设施装备一旦发生事故，将可能引发狱内安全事故，直接影响改造工作。

就现阶段来说，监狱可能发生的装备安全事故主要类型有：大面积停电（包括备用发电机组发生故障）、大面积停水（包括水源被污染）、建筑物围墙坍塌、电网监测系统事故、通讯中断、网络信息安全瘫痪等。

二、监狱设施装备安全事故的特点

随着社会的不断发展，监狱设施的日益完善，监管技术的不断提高，监狱装备安全事故很少发生，有的监狱甚至从未发生过装备安全事故，因此少数警察安全意识、忧患意识不强，导致有些监狱对装备安全事故发生的可能性认识不足、重视不够、缺乏预见，必然会带来工作主动性的缺失，检查排查不到位，结果很容易导致装备安全事故的发生。

监狱肩负着惩罚和改造罪犯的工作任务，是保证社会安定和人权保障的重要机关，具有特殊属性和很强的政治敏感性。监狱一旦发生装备安全事故，如果处置不当，很容易导致在押服刑人员脱逃、哄监、暴狱、非正常死亡等非常严重的后果，很可能造成社会危害。监狱装备安全涉及到广大监狱警察、服刑人员的切身利益和基本权益，一旦发生安全事故，将直接损害监狱机关的形象，使监狱工作无形中陷入被动局面，影响恶劣，造成不可估量的损失。

三、应对监狱设施装备安全事故的基本要求

（一）牢固树立安全意识

监狱工作来不得有任何麻痹和松懈。在实际工作中，任何细小疏漏都有可能导致严重后果，任何疏忽大意都有可能付出惨痛的代价。广大监狱警察一定要牢牢记住"安全来自长期警惕，事故出于瞬间麻痹"这句警句，树立安全和忧患意识，切实做到思想认识到位、现场管理到位、履行职责到位、制度落实到位，加强检查，堵塞漏洞，举一反三，将监狱设施安全隐患消灭在萌芽状态。

（二）切实加强安全管理

设施装备安全是关乎监狱改造秩序和提高改造质量的基础性工作，是有效行刑的关键。对于装备安全事故，监狱要坚持保持警惕，切实有效地整合监狱资源，进一步健全和完善各项安全管理工作规章制度，注重事前预防，狠抓责任落实，注重岗位考核，做到"安全工作人人有责，安全工作天天抓好"。每个监狱要加强组织领导，将设施安全工作摆在首要位置，细化设施安全管理工作方案，经常性地开展设施安全教育，有针对性地举行设施安全事故应急预案的演练，切实加强各种设施的监督检查，及时发现和纠正存在的隐患，注意维护和检修各种设施，确保设施安全工作的各项规章制度真正落到实处，确保监狱各种设施的安全、科学、高效。

（三）保证处置迅速得力

设施装备安全事故一旦发生，监狱要马上启动相关预案，各级领导要迅速到位，组建现场指挥领导小组，第一时间了解事故情况并准确判断事态发展状况，果断做出处置命令。全体警察要密切配合，及时准确地执行现场指挥领导小组做出的处置命令，能根据事故现场的变化及时做出灵活反应，做到随机应变，把危害和影响控制在最低点。事故现场的值班警察要沉着应对，坚持边处

置边上报的原则,灵活、迅速地做出处置行动。在特别紧急的情况下,如果凭借事故现场的警力可以阻止更大危害结果的产生,或者先上报可能会贻误战机,事故现场的值班警察可以采取"先处置再上报"的原则,灵活应对,迅速处置,将事故危害控制在最小范围。在保证本职工作范围内安全稳定的前提下,事故现场非责任警察要积极主动地投入到事故现场中去,严格按照应急预案有效配合事故现场的值班警察实施处置,努力协助事故现场的警察做好情况上报工作,齐心协力地将事故进行迅速有效的处置。

(四)善于巩固提高成果

监狱应加强分析、预见和总结工作,切实有效地提高设施装备安全事故的处置能力和应变能力,注意巩固和提高工作成果。在实际工作中,监狱要针对设施装备安全事故演练中出现的问题,认真分析研究,制定具体措施,狠抓制度落实;要从监狱的实际情况出发,经常性地开展专题调研,进一步优化应急预案,使应急预案更具实操性和实用性;要对已经发生的设施装备安全事故认真分析,深挖根源,堵塞漏洞,严肃纪律,加强教育,检查监督,注重演练,从而巩固和提高装备安全事故的预见能力、处置能力和应变能力,杜绝类似问题的再发生,确保监狱设施装备的安全,为实现监狱功能提供强有力的保障。

第二节 应对大面积停电事故的措施

一、处置原则

正常的电力供应是监狱各项工作正常开展的保证,是提高狱内安全系数、降低安全隐患的前提。大面积停电事故是指监狱所处的地区发生较大规模的停电事故,导致监狱的基本用电需求无法得到满足,并且依靠监狱力量无法排除故障的情况。监狱发生大面积停电事故,将直接中断正常的狱内生产、生活、教育和狱政管理工作,会带来极不安全和极不稳定的局面。有效预见和应对大面积停电事故,是监狱工作的必然要求,监狱各级领导和广大警察都应该高度重视,加强学习,做到行动迅速,处置得当。

(一)要反应迅速

一旦发生大面积停电事故,监狱要站在"事故就是命令"的高度迅速做出反应,马上启动应急预案,集中警力迅速处置。

（二）要保障安全

保障安全具体说就是要保障监狱警察和服刑人员的人身安全，迅速充实内外警戒力量，严格控制服刑人员，准确核对在押人数，加强对重点部位、重点人员的控制，加大物资储备力度，减少物资消耗，有针对性地开展教育疏导工作，坚决打击狱内各种违法、违纪行为，保证监管改造工作的安全和稳定。

（三）要排除故障

在保障狱内安全和稳定的前提下，要集中力量查明事故原因，采取有力措施排除故障，想方设法迅速恢复供电，将事故造成的不良影响降到最低点。

（四）要及时总结

在加强对警察和服刑人员安全教育、大力打击各种违法、违纪行为的基础上，要对已经发生的大面积停电事故进行认真分析，深挖根源，堵塞漏洞，加强管理工作，提高应急能力，确保不发生类似事故或最大限度地减少不必要的损失。

二、事前预防

监狱应加强供电系统的日常检修和维护工作，创造条件安装双回路供电系统，将发生大面积停电事故的可能性降到最低。监狱要购置备用的发电机组，经常性地检查、检修备用发电机组，保证备用供电机组在应急情况下能正常运转。平时要储备一定数量的蓄电池型照明装备，时刻保证蓄电池处于满电状态。加强对相关人员的应急教育和业务培训，邀请供电部门开展停电应急演练，提高相关人员的应急处置能力，保证在紧急情况下能够快速反应和正确应对。还要与当地的供电部门建立联系机制，保证在发生紧急情况时能够保持联络，必要时请求优先恢复供电和技术支持。经常性地对警察和服刑人员进行安全应急教育，开展专题应急演练，提高全体警察的应急处置战斗力。有计划地开展专题调研，提高事故预见能力，进一步调整和完善应急预案。

三、处置行动

一旦在服刑人员劳动、生产和学习现场遇上突发的停电事故，值班警察应立即命令服刑人员保持原地不动，迅速占领有利地形、地势或位置，马上命令服刑人员有序集结，清点人数，加强外围警戒，检查重点部位。

值班警察迅速向上级领导报告情况，核实停电性质和范围，根据上级领导的指示决定服刑人员原地待命或将其带回监舍。值班警察或接报的上级领导迅速向各出入口值班警察、外围警戒武警通报停电事故情况，提醒或部署警戒力量，形成强大的包围圈，防止意外事故的发生。

监狱迅速启动应急预案，组织警力赶赴事故现场，警察按照应急预案马上进入预定位置，各司其职，各尽所能，全面投入到停电事故的战斗中去。在事故处置的过程中，警察要加强设备的检查，落实点名制度，对服刑人员进行全面搜身检查，加大重点犯的夹控力度，宣布紧急情况纪律规定，发挥改造积极分子作用，做好服刑人员的安抚、稳定工作，防止服刑人员趁机进行破坏、斗殴、脱逃、袭警等严重行为的发生。迅速查明停电原因，尽快联系供电部门，请求优先恢复供电，争取在最短的时间内恢复供电。

如在夜间不能及时恢复供电，监狱应该采取紧急应急措施，适当增加值班警察力量，严防死守各出入口和重点部位，职能部门加强检查监督和保持联络畅通，监狱防暴队员实行不间断的动态巡逻，监区最大限度地压缩在押服刑人员的活动空间和严控狱内秩序的安全稳定，各岗哨和岗楼加派警力，提高警惕，发现异常要果断处置。

出现紧急状态，现场非职责范围的监狱警察在确保本职工作安全的前提下，要积极主动地投入处置行动，听从现场处置人民警察的安排。

四、事后处理

恢复供电后，应对各种设备、场所等进行全面检查，重点加强监管设施、重点部位的排查，消除可能存在的隐患，尽快恢复日常工作。应对全体服刑人员进行专题教育，打击狱内违法、违纪行为，表彰奖励表现突出人员，提高服刑人员的安全自救能力和积极改造自觉性。针对发生的停电事故，监狱应及时召开专门会议分析研究，剖析梳理，深挖根源，着力整改，严防类似事故的再次发生。要制定相关的制度规定，重视平时的物资储备，加强供电设施的经常性检修维护，保证供电系统的安全和畅顺。注意加强与供电部门的信息互通和技术交流，有计划地选派业务骨干参加各种业务技能培训，提高监狱供电技术水平和应急能力。经常性地开展停电事故演练，有计划地举办专题调研活动，例行性地组织专项检查，进一步优化应急预案。要切实加强狱内监管工作，大力打击狱内违法、违纪行为，时刻保证狱内的安全和稳定。

第三节 应对大面积停水、水源被污染事故的措施

一、处置原则

正常的供水是监狱在押服刑人员生产、生活的基本保证,是服刑人员日常生活起居、改善改造条件的前提基础。大面积停水是指监狱所处的地区大面积的停水,导致监狱的基本用水需求无法得到满足,并且依靠监狱力量无法排除故障的情况。水源被污染是指监狱的外部供水因某种原因被有害物质污染,导致监狱无法用水的情况。大面积停水和水源被污染将危及在押服刑人员的生命安全,极容易让服刑人员产生恐慌情绪,直接影响狱内的安全和稳定。有效预见和应对大面积停水和水源被污染事故,是监狱工作的必然要求,监狱各级领导和广大警察都应该思想重视,行动迅速,处置得当。

(一)要公开信息

一旦发生大面积停水和水源被污染事故,监狱应及时将相关信息适当公开,做好服刑人员的稳定工作,尽可能地保证其基本的生活用水,保障服刑人员的合法权益。

(二)要保障安全

监狱要迅速与武警消防部门取得联系,储备和供应基本生活用水,切断污染源,及时救护身体不适的服刑人员,保证服刑人员的生命安全。

(三)要排除故障

在保障狱内安全和稳定的前提下,要集中力量查明事故原因,采取有力措施排除故障,想方设法迅速恢复供水,将事故造成的不良影响降到最低点。

(四)要及时总结

在加强对警察和服刑人员安全教育、大力打击各种违法、违纪行为的基础上,要对已经发生的大面积停水和水源被污染事故进行认真分析,深挖根源,堵塞漏洞,加强管理工作,提高应急能力,确保不再发生类似事故或最大限度地减少不必要的损失。

二、事前预防

监狱应有一定的储水准备，有条件的可以自挖备用水井，定期进行维护和防疫，加强管理，保证随时可以取水使用。监狱应加强与当地武警消防部门的沟通，建立健全联系机制，必要时请求武警消防部门的水源支持。监狱应加强与当地的供水部门的沟通，建立健全联系机制，一旦出现问题能及时有效地取得联系，请求当地供水部门尽可能地优先恢复监狱供水。要对相关人员进行教育和培训，在出现紧急情况时能够快速反应和正确应对。还要经常性地对警察和服刑人员进行安全应急教育，开展专题应急演练，提高监狱警察的应急处置战斗力。

三、处置行动

（一）快速行动

一旦出现大面积停水或水污染事故，就会影响到服刑人员的正常生活，监狱要站在人道主义的高度迅速组织应急，寻找基本生活用水的供应源，如向地方武警消防部门请求派车送水，启动备用水井，保证服刑人员的基本生活用水。

（二）教育引导

监狱应适当将客观情况告知服刑人员，做好宣传教育工作，引导服刑人员节约用水，宣布紧急情况、纪律规定，稳定服刑人员情绪。

（三）严防严控

监狱应迅速启动应急预案，最大限度地压缩在押服刑人员的活动空间，立即停止狱内生产活动，马上与驻监武警配合，增加警戒力量，加强对重点部位、重点人员的控制管理，从严从快打击闹事分子，确保狱内的安全和稳定。

（四）查明原因

在确保狱内安全和稳定的前提下，监狱应集中力量迅速查明停水或水污染的原因，尽快联系地方供水部门和武警消防部门，要求优先恢复供水或派车送水，争取在最短的时间内优先恢复监狱供水或提供基本生活用水。

（五）通力合作

各职能部门要加强值班，保持联络畅通，出现问题及时沟通协调，果断处置。

（六）全力救护

一旦出现水源被污染事件，服刑人员因饮用不洁净水源而出现不良反应时，监狱应立即组织医疗力量进行检查和救治，保障服刑人员的生命健康安全。

（七）全面防疫

监狱要组织医疗卫生人员开展全面的防疫治疗工作，加强对用水的卫生监测，隔离控制传染病人，防止传染病的蔓延，保证服刑人员的生命健康。

（八）履行职责

出现紧急状态，现场非职责范围的监狱警察在确保本职工作安全的前提下，要积极主动地投入处置行动，听从现场处置人民警察的安排。

四、事后处理

恢复供水后，应对所有供水设备进行全面检查，排除污染物，保证供水的清洁卫生。监狱要重点加强监管设施、重点部位的排查，时刻监测饮用水的质量和卫生，检查和维护供水系统，消除可能存在的隐患，尽快恢复日常工作。恢复供水后，应对全体服刑人员进行专题教育，打击狱内违法、违纪行为，表彰奖励表现突出人员，提高服刑人员的安全自救能力和积极改造自觉性。针对已经发生的停水事故，监狱应及时召开专门会议分析研究，剖析梳理，深挖根源，着力整改，严防类似事故的再次发生。要注意加强与供水部门、武警消防部门的信息互通和技术交流，有计划地选派业务骨干参加各种业务技能培训，提高监狱供水技术水平和应急能力。经常性地开展停水事故演练，有计划地举办专题调研活动，例行性地组织专项检查，进一步优化应急预案。要切实加强狱内监管工作，大力打击狱内违法、违纪行为，时刻保证狱内的安全和稳定。

第四节　应对建筑物、围墙坍塌事故的措施

一、处置原则

建筑物、围墙是监狱功能正常发挥的基本保证，是监管设施的重要组成部分。监狱建筑物、围墙坍塌事故是指监狱用于监管改造使用的监舍、车间、教

学楼、监狱围墙等基础设施由于年久失修、人为破坏、自然灾害等原因而倒塌的情况。发生建筑物、围墙坍塌事故，直接危及监狱的安全和稳定，很有可能引发在押服刑人员脱逃、哄监、暴狱等恶性案件。应对建筑物、围墙坍塌事故，监狱各相关部门应迅速到位，现场的警察应在第一时间做出基本判断，迅速控制现场，抢救伤员，控制事态，保证正常的监管改造秩序。

（一）要反应迅速

一旦发生建筑物、围墙坍塌事故，监狱要站在"事故就是命令"的高度迅速做出反应，马上启动应急预案，集中警力迅速处置。

（二）要保障安全

现场的警察应在第一时间做出基本判断，及时抢救伤员。各部门要加强警戒，坚决打击狱内各种违法、违纪行为，保证监管改造工作的安全和稳定。

（三）要排除故障

在保障狱内安全和稳定的前提下，要集中力量查明事故原因及危害程度，采取有力措施排除危险，想方设法迅速修复建筑物、围墙，将事故造成的不良影响降到最低点。

（四）要及时总结

在加强对警察和服刑人员进行安全教育、大力打击各种违法违纪行为的基础上，要对已经发生的建筑物、围墙坍塌事故进行认真分析，深挖根源，排除隐患，加强管理工作，提高应急能力，确保不再发生类似事故或最大限度地减少不必要的损失。

二、事前预防

监狱应重视监管改造基础设施的建设和维护，对于不符合安全要求的建筑应进行技术改造或拆除，定期或不定期地进行检查、检修和拆建。遇有自然灾害时，应迅速进行全面检查，对存有隐患的建筑物或围墙进行有针对性的重点防护。要对相关人员进行教育和培训，在出现紧急情况时能够快速反应和正确应对。经常性地对警察进行安全应急教育，开展专题应急演练，提高全体警察的应急处置战斗力。要有计划地开展专题调研，提高事故预见能力，进一步调整和完善应急预案。

三、处置行动

当现场警察发现建筑物或围墙有裂纹或发出异常声音时,应立即上报监狱,及时通报驻监武警部队,迅速加强内外戒备。如建筑物或围墙附近有服刑人员作业,应立即下令停止作业,组织服刑人员快速撤离到安全地带。

当建筑物或围墙发生坍塌后,现场警察应立即上报,马上通报驻监武警部队加强戒备。驻监武警应派员协助监狱的抢险工作,并对坍塌的围墙附近进行巡逻。出现人员被埋、被压的情况,除应立即逐级报告给主管部门之外,应保护好现场,在确认不会再次发生同类事故的前提下,立即组织人员进行抢救受伤人员。

当少部分土方坍塌时,监狱应组成现场专业抢救组用铁锹进行撮土挖掘,并注意不要伤及被埋人员;当建筑物整体倒塌造成特大事故时,由监狱应急救援领导小组统一领导和指挥,各有关部门协调作战,采用吊车、挖掘机进行抢救,防止机械伤及被埋或被压人员,保证抢险工作有条不紊地进行。

被抢救出来的伤员,要由现场医疗室医生或急救组急救中心救护人员进行抢救,用担架把伤员抬到救护车上,对伤势严重的人员要立即进行吸氧和输液,到医院后组织医务人员全力救治伤员。在核实所有人员获救后,将人员受伤的位置进行拍照或录像,禁止无关人员进入事故现场,等待事故调查组进行调查处理。

对于整个抢救现场,应全程安排防暴队员执勤戒备,保证抢救秩序和防止意外事件的发生。在进行抢救的同时,对所有的建筑物和围墙进行全面细致的检查,及时发现问题,并进行相应处理。各监区要加强戒备,及时全面了解服刑人员的状态和活动,防止服刑人员趁机逃跑或其他危害改造安全的严重行为的发生。

对倒塌建筑物应及时组织力量进行清理或修复,不能及时清理或修复的应组织力量加强戒护,保证晚间正常照明。对于坍塌的围墙,尽快组织力量加固修复。在修复之前,应在缺口处设置障碍物,并安排足够的警力进行警戒。将真实情况向服刑人员做适当的通报,做好宣传教育工作,采取措施加强对重点犯的夹控,大力打击狱内违法、违纪行为,保证服刑人员能够安心改造,保持监管改造秩序的稳定。

出现紧急状态,现场非职责范围的监狱警察在确保本职工作安全的前提下,要积极主动地投入处置行动,听从现场领导的安排。

四、事后处置

对事故现场进行清理,恢复正常的监管改造秩序。监狱要重点加强围墙、建筑物等监管设施、重点部位的排查,检查和维修各种硬件设施,消除可能存在的隐患,尽快恢复日常工作。建筑物、围墙修缮或清理后,应对全体服刑人员进行专题教育,打击狱内违法、违纪行为,表彰奖励表现突出人员,提高服刑人员的安全自救能力和积极改造自觉性。针对已经发生的建筑物、围墙坍塌事故,监狱应及时召开专门会议分析研究,剖析梳理,深挖根源,着力整改,严防类似事故的再次发生。注意加强与建设部门的技术交流,有计划地选派业务骨干参加各种业务技能培训,提高监狱硬件建设、检查、维修的技术水平和事故应急能力。经常性地开展建筑物、围墙坍塌事故演练,有计划地举办专题调研活动,例行性地组织专项检查,进一步优化应急预案。要切实加强狱内监管工作,大力打击狱内违法、违纪行为,时刻保证狱内的安全和稳定。

第五节 应对电网监测系统故障的措施

一、处置原则

电网监测系统是监狱的重要警戒设施,对维护狱内改造秩序,确保监管安全具有重要作用。电网监测系统故障是指由于电网物理故障、技术故障、恶劣天气等原因导致电网监测系统无法正常发挥警戒作用的情况。应对电网监测系统故障,应以预防为重点。一旦发生电网监测系统故障,现场警察必须马上判明性质,适当临场处置,及时向有关部门报告。各部门必须相互配合,采取有效措施,防止严重后果的发生。

(一)反应迅速

一旦发生电网监测系统故障,监狱要站在"事故就是命令"的高度迅速做出反应,马上启动应急预案,集中警力迅速处置。

(二)要保障安全

迅速充实内外警戒力量,严格控制服刑人员,准确核对在押人数,加强对重点部位、重点人员的控制,及时发现并坚决打击狱内各种违法、违纪行为,保证监管改造工作的安全和稳定。

（三）要排除故障

在保障狱内安全和稳定的前提下，要集中力量查明事故原因，采取有力措施排除故障，想方设法迅速恢复电网监测系统功能，将事故造成的不良影响降到最低点。

（四）要及时总结

要对已经发生的电网监测系统故障进行认真分析，深挖根源，排除隐患，加强管理工作，提高应急能力，确保不再发生类似事故。

二、事前预防

建立规范的电网监测系统相关规定，明确责任。监狱狱政管理科是电网监测系统使用的主管部门，负责组织各关押点监门值班警察正确使用电网监测系统，发挥电网监测系统的警戒功能。生卫装备科是电网监测系统维护、检查的业务指导部门，负责检查监督使用部门对电网监测系统的使用情况，并及时提供技术保障。

监门值班警察上岗前必须经过电网监测系统使用的专业技能培训，严守工作机密，不得泄漏电网监测系统的运行情况，严格按规程操作，注意用电安全，做好值班记录。未经允许，非值班或管理维修人员禁止进入电网监测系统控制室。

狱政管理科每周应对值班警察是否正确操作电网监测系统检查一次。生卫装备科应每周对电网监测系统运行日登记本检查一次，每半年应对电网监测系统设备的性能检测一次，做好记录，发现问题及时解决。每季度及节假日前，生卫装备科、狱政管理科和后勤服务中心应组成联合检查组对电网监测系统进行巡查，消除安全隐患，确保电网监测系统的正常运行。监门值班警察要根据天气情况对电网监测系统的系统进行调整，确保电网监测系统处于正常状态。

三、处置行动

发生警情，值班人员应根据相关信息进行判断。围墙电网在雨天工作状态下，如果漏电很大时会产生报警及自动切换现象，即自动将网上电压降至原来的一半；当电源电压低于150伏时，也可能产生欠压报警，此为正常现象，不需人工调节，此现象至晴天或电源电压升高时会自动消失。当发生欠压报警时，网上电源可能被切断，电网处于无电状态。当欠压报警超过3分钟时视为异常情况，监门值班警察必须及时通知岗楼、岗哨执勤武警加强警戒，并向狱政管理科、生卫装备科报告情况。值班警察要记录发生警情时的门限数值和天气情况。取消报警信号。如不能取消报警信号，应通知生卫装备科做必要的网查处理。在确保狱内安全和稳定的情况下，查网时必须关闭围墙电网电源。

如警情类别为触网时，应检查电流值信息。如果出现电流值一直保持大于0.1，超过8分钟的异常情况时，应通知各监区做好监管安全工作，关闭电网监测系统，等候生卫装备科工作人员处理。当出现关闭电网监测系统的特殊故障时，值班警察应迅速通报各主要职能部门和各监区，生卫装备科应马上派人到现场检查、处置。当电网监测系统发生故障时，各监区应加强戒备，加强巡逻。监狱警察应严格保守工作秘密。驻监武警应加强戒备，增派执勤力量。出现紧急状态，现场非职责范围的监狱警察在确保本职工作安全的前提下，要积极主动地投入处置行动，听从现场处置人民警察的安排。

四、事后处理

电网监测系统恢复正常运转后，应核查出现故障的原因，找出对策，防止类似事件的再次发生。监狱要重点加强电网、报警系统等监管设施、重点部位的排查，检查和维修各种硬件设施，消除可能存在的隐患，尽快恢复日常工作。针对已经发生的电网监测系统故障，监狱应及时召开专门会议分析研究，剖析梳理，深挖根源，着力整改，严防类似事故的再次发生。注意加强与电力部门的技术交流，有计划地选派业务骨干参加各种业务技能培训，提高监狱电网建设、检查、维修的技术水平和事故应急能力。经常性地开展电网监测系统故障演练，有计划地举办专题调研活动，例行性地组织专项检查，进一步优化应急预案。要切实加强狱内监管工作，大力打击狱内违法、违纪行为，时刻保证狱内的安全和稳定。

第六节　应对通讯中断事故的措施

一、处置原则

通讯设备是保障监狱改造的重要设备，对维护狱内改造秩序，确保监管安全具有重要作用。通讯中断事故是指监狱的有线、无线通讯设备由于技术的、人为的破坏或干扰等原因无法进行即时联络的情况。应对通讯中断事故应以预防为重点。一旦出现通讯中断的情况，现场的警察必须马上判明性质，适当临场处置，及时向有关部门报告。各部门必须相互配合，采取有效措施，防止严重后果的发生。

（一）要反应迅速

一旦发生通讯中断事故，监狱应迅速做出反应，马上启动应急预案，迅速查明通讯中断的性质，并果断处置。

（二）要保障安全

迅速充实内外警戒力量，严格控制服刑人员，准确核对在押人数，加强对重点部位、重点人员的控制。及时发现并坚决打击狱内各种违法违纪行为，保证监管改造工作的安全和稳定。

（三）要排除故障

在保障狱内安全和稳定的前提下，要安排技术人员迅速查明事故原因，采取有力措施排除故障，想方设法迅速恢复通讯，将事故造成的不良影响降到最低点。

（四）要及时总结

要对已经发生的通讯中断事故进行认真分析，深挖根源，排除隐患，加强管理工作，提高应急能力，确保不再发生类似事故。

二、处置行动

值班警察发现有线电话无法进行联络时，应加强戒备，通过无线对讲系统进行联络，向上级报告情况，确定故障的性质。生卫装备科接到报告后，应马上派人到现场进行检查和排除故障。如对讲系统也无法正常工作，应意识到可能发生的严重后果，在确保现场安全的前提下，马上派人将情况及时向监狱领导进行当面报告。监狱领导接报后应马上带人赶赴现场进行处置，紧急时刻可携带手机进入监管区。如手机也无法进行联络时，应判断故障的性质。如果是移动营运商的通信基站故障或遭到破坏的话，派人要求移动营运商及时修复。如果是监狱附近遭到强干扰导致的通信中断，应马上组织力量查找干扰源，立即清除干扰源。如一时找不到干扰源，应向公安、安全机关报案。在进行处置的过程中，应派人向驻监武警部队通报情况，加强内外戒备。在整个处置过程中，各值班警察应提高警惕，加强戒备，保守工作秘密，防止严重事件的发生。出现紧急状态，现场非职责范围的监狱警察在确保本职工作安全的前提下，要积极主动地投入处置行动，听从现场处置人民警察的安排。

三、事后处理

通讯系统恢复正常运转后,应检查所有通讯设备、器材,查看其是否已恢复功能,找出对策,防止类似事件的再次发生。监狱要重点加强通讯、报警系统等监管设施、重点部位的排查,检查和维修各种硬件设施,消除可能存在的隐患,尽快恢复日常工作。针对已经发生的通讯系统中断事故,监狱应及时召开专门会议分析研究,剖析梳理,深挖根源,着力整改,严防类似事故的再次发生。注意加强与通讯、公安、安全部门的技术交流,有计划地选派业务骨干参加各种业务技能培训,提高监狱通讯系统检查、维修的技术水平和事故应急能力。经常性地开展通讯系统中断事故的演练,有计划地举办专题调研活动,例行性地组织专项检查,进一步优化应急预案。要切实加强狱内监管工作,大力打击狱内违法、违纪行为,时刻保证狱内的安全和稳定。

第七节 应对网络信息安全事故的措施

一、处置原则

运用网络信息技术是现代监狱发展的必然要求,是实现资源共享、降低执法成本、提高执法效率的有效手段。网络信息安全事故是指发生监狱工作的涉密信息泄漏、扩散的严重情况。发生网络信息安全事故,将直接导致监狱机密资料外泄,给犯罪分子和别有用心者提供可乘之机,使监狱工作陷入被动局面。处置网络信息安全事故,应重在预防,重在教育。

(一) 要反应迅速

一旦发生网络信息安全事故,监狱必须迅速采取补救措施,启动预案,安排技术人员迅速处置。

(二) 要及时通报

监狱必须及时向有关单位通报事故状况及处置进展,协调相关部门采取应对措施,将不良影响控制在最低范围。

(三) 要排除故障

要及时安排技术人员查明事故原因,采取有力措施排除故障,将事故造成的不良影响降到最低点。

（四）要及时总结

要对已经发生的网络信息安全事故进行认真分析，深挖根源，排除隐患，加强管理工作，提高应急能力，确保不再发生类似事故或最大限度地减少不必要的损失。

二、事前预防

重视技术支持，运用先进科学技术保障监狱工作信息的安全。建立严格规范的计算机使用管理工作制度，严禁私自使用移动存储设备，严禁涉密计算机与非涉密计算机混用。定期或不定期地对警察使用计算机情况进行检查，发现问题及时处理。对发现的警察违反计算机管理规定的行为严肃追究法律责任。

监狱职能部门应对全监狱的电脑使用情况进行检查，提供技术保障服务。主要检查项目：①内网计算机与外网物理隔离，杜绝非法外联；②涉密计算机与外网隔离；③严禁将非涉秘的计算机用于涉密业务工作。

要安装正版防病毒软件，启动实时监控。定期升级病毒库并查杀病毒。定期升级操作系统，安装系统补丁。定期备份重要文档。设置8位以上用户密码，定期更换密码。访问国家计算机网络应急技术处理协调中心，及时了解计算机网络安全动态。

不要随意登陆不明网站。要在正规网站下载软件程序。对MSN、QQ发来的链接要谨慎点击。不要打开不明邮件。重要信息要进行物理隔离。取消LAN不必要的链接。关闭不必要端口。禁用邮件匿名转发、信使服务等功能。

三、处置行动

在电脑的使用过程中，发现异常情况应立刻断开网络（包括内、外网），切断计算机与网络的物理连接，拔掉计算机网线。迅速向职能部门汇报情况，职能部门接到汇报后必须马上派人到现场进行监测和修复。不能查明原因或无法修复的，及时向上级报告。必要时向公安机关或安全机关报警。如发现监狱的涉密信息已经泄漏，并在网络上流传时，应马上知会公安机关、通信管理机关，采取相应措施删除网页信息，严重的关闭非法网站，将影响降到最低。对泄漏的信息进行评估，对涉及的工作秘密进行修改，采取适当的补救措施。如泄漏的信息涉及其他机关或部门，应通知相应机关或部门采取补救措施。

四、事后处理

应对监狱的所有计算机进行检查，评估信息泄漏的影响程度。监狱要重点检查所有计算机设备、器材，检查和维修各种硬件设施，消除可能存在的隐患，找出对策，防止类似事件的再次发生。针对已经发生的网络信息安全事故，监狱应及时召开专门会议分析研究，剖析梳理，深挖根源，着力整改，严防类似事故的再次发生。要注意加强与通讯、公安、安全部门的技术交流，有计划地选派业务骨干参加各种业务技能培训，提高监狱网络信息安全操作、维护的技术水平和事故应急能力。经常性地开展网络信息安全事故的演练，有计划地举办专题调研活动，例行性地组织专项检查，进一步优化应急预案。要切实加强狱内监管工作，大力打击狱内违法、违纪行为，时刻保证狱内的安全和稳定。

第十三章 监狱自然灾害应急处置

第一节 监狱自然灾害的类型与危害

一、自然灾害的概念和特点

(一) 自然灾害的概念

凡危害人类生命财产和生存条件的各类事故通称之为灾害。通常将以人为影响为主因的灾害称之为人为灾害，如人为引起的火灾和交通事故等；把以自然变异为主因的灾害称之为自然灾害，如地震、台风等。

所谓自然灾害，泛指在一定时空范围内，由于自然规律的作用引起的对社会生产生活的破坏。自然灾害形成的过程有长有短，有缓有急。有些自然灾害，当致灾因素的变化超过一定强度时，就会在几天、几小时甚至几分、几秒钟内表现为灾害行为，像地震、洪水、飓风、风暴潮、冰雹等，这类灾害称为突发性自然灾害。旱灾、农作物和森林的病、虫、草害等，虽然一般要在几个月的时间内成灾，但灾害的形成和结束仍然比较快速、明显，所以也把它们列入突发性自然灾害。另外还有一些自然灾害是在致灾因素长期发展的情况下，逐渐显现成灾的，如土地沙漠化、水土流失、环境恶化等，这类灾害通常要几年或更长时间的发展，则称之为缓发性自然灾害。

(二) 自然灾害的特点

自然灾害种类繁多，危害严重。每种灾害都有其各自的特点，但总体来看，作为一种外在于人类意志的客观现象同人为灾害相比，自然灾害又具有这样一些共同特点。

1. 破坏性。自然灾害是一种自然现象，但并不是所有的自然现象或自然变化都可称之为自然灾害。只有当它们作用于人类及其社会，并造成损失和破坏后果的才能称之为自然灾害。全球近几十年来各种自然灾害频繁发生，给人类社会的生命、财产、社会稳定都带来了极大的破坏性。

同时，自然灾害对人类社会的破坏性还表现在与其他的社会系统的关系上，自然灾害对一个或多个社会系统造成直接破坏，常常影响到其他的社会系统正常功能的发挥，甚至会导致一定地域内社会系统的瘫痪。例如，地震会造成建筑的坍塌，水源、电力、交通、能源等方面的破坏，使工厂停产，企业停工，城市生活秩序混乱等。自然灾害造成的间接损失往往比直接损失还要大。

2. 突发性。自然灾害的发生条件是复杂多变的，人类虽然认识到它的大致规律，但其细节变化却难以把握，因而常常是事发突然，很难准确预测，也无法完全避免。

3. 发生区域的特定性。由于各地地质构造、地貌特征和气象不同，因此，自然灾害的类型分布有较强的区域特性。以南方省份为例，暴风雨灾害、山体滑坡、洪水等灾害的发生频率较多，而旱灾、火山灾害相对较少。

4. 破坏作用的永恒性。自然界中各种物质的运动及其相互作用是普遍的、永恒的。而自然灾害是作用于人力以外的物质世界的，其内部的作用力就具有了永恒性的特点，不会随着人类社会的发展而变化，所以自然灾害对人类社会的破坏作用是永恒存在的。

5. 有限预测性。物质世界的运动和发展是永恒的，也是有其内在规律的，这就为人类认识自然创造了条件。人类认识和掌握了自然界运动的一些规律，就可以预知自然界某方面的变化结果。但由于自然界的复杂性、多变性和不确定性，使得人类的认识受到局限。所以，人类仅能在一定范围内预测自然灾害，采取预防措施，避免或减轻自然灾害对人类的破坏。

二、监狱遭遇自然灾害的类型

自然灾害给社会带来了灾难，同时也严重威胁着监狱的监管秩序。正确认识监狱可能遭遇的自然灾害类型，可以有效地提高监狱对自然灾害的处置能力以及抗御各种自然灾害的水平。监狱中可能遭遇的自然灾害以突发性自然灾害为主，如地震、洪水、台风、地质灾害等。

（一）地震

地震就是地球表层的快速振动，大地振动是地震最直观、最普遍的表现。地震一般发生在地壳之中。地球在不停地自转和公转，同时地壳内部也在不停地变化，由此而产生力的作用，使地壳岩层变形、断裂、错动，于是便发生地震。地震分为构造地震、火山地震、塌陷地震、诱发地震和人工地震。监狱可能遭遇的是比较常见的构造地震，即由于地下深处岩层错动、破裂所造成的地震。这类地震发生的次数最多，破坏力也最大；在以大规模地下开采为主要生产项目的监狱里，例如，部分监狱，以煤矿开采为主，也存在塌陷地震的隐患。但火山地震、诱发地震和人工地震在监狱范围内发生的几率要小很多。

（二）洪水

洪水是指江河水量迅猛增加及水位急剧上涨的自然现象。洪水多发生在夏、秋季节，南方一些地区春季也可能发生。洪水的肆虐也对监狱的安全造成了严重的威胁，其中以暴雨洪水的发生最多。如连日暴雨可致使监狱围墙坍塌。由于被洪水围困，导致监狱停水、停电，通信中断，粮食、饮水、药品保障困难，甚至会出现罪犯哄监闹狱和集体脱逃事件的发生。

（三）台风

台风是形成于赤道海洋附近的热带气旋。台风常常行进数千公里，横扫多个国家，给人类造成巨大损失。中国是地球上风灾最严重的国家之一，七、八、九三个月是我国台风的多发期，容易导致我国南方一些地区的强降雨，从而引发严重的洪涝、山体滑坡和泥石流等灾害，尤其是山区和偏远地区，往往风、雨、洪、涝多灾并发。台风往往会引发其他的自然灾害，因此对监狱造成的危害是相当巨大的。一般体现在两方面：①台风导致大面积的停水、停电，对监狱的各项生产生活及监管警戒设施的正常使用造成极大的威胁，同时严重影响了监狱正常的监管改造活动；②暴雨能引发洪涝、山体滑坡和泥石流等灾害，罪犯会借暴风雨的掩护越狱逃亡。

（四）地质灾害

地质灾害是指在自然或者人为因素的作用下形成的对人类生命财产、环境造成破坏和损失的地质作用现象。地质灾害的发生往往是由于自然的变异和人为的作用导致地质环境或地质体发生变化，当这种变化达到一定程度的时候，就会给人类和社会造成危害。这里所说的地质灾害，是除地震以外的地质变化，它的主要类型有滑坡、崩塌、泥石流、地面塌陷、地裂缝、地面沉降等。我国是地质灾害的多发区，主要集中在云南、新疆、广西、广东、四川等多山地区。地质灾害不但对这些地区的社会生活造成影响，同时也严重威胁了该地区监狱的安全。

三、突发自然灾害对监狱的危害

(一) 对监狱物质财产的危害

大规模的突发性自然灾害突发性强、破坏力大,往往会对监狱造成严重的物质财产的损失,其中包括直接经济损失和间接经济损失。

1. 直接经济损失。直接经济损失一般包括造成监狱警察、其他工作人员和罪犯的人身伤亡及善后处理支出的费用和毁坏监狱各项监管改造设施的财产价值。其中主要包括:医疗费用、丧葬费用、抚恤费用、补助及救济费用;现场抢救费用、清理现场费用;监狱的厂房、监仓、各项监管改造设施、警戒隔离设施、监控系统等修复费用。

2. 间接经济损失。监狱改造罪犯每年都要投入一定的费用。自然灾害的发生,有时会导致监狱大面积的停电、停水、断粮,监狱的围墙、建筑的坍塌,各类警戒监控设施的失灵,监狱与社会的通信中断,从而引发部分罪犯趁机脱逃、组织哄监闹狱等狱内案件的发生。这就使监狱对罪犯改造的成果遭到了破坏,监狱对罪犯继续改造的费用就会增加。有时,自然灾害的发生还会间接的引起火灾、煤气泄漏和流行疾病的传播,监狱也要负担对这类事件的处置的费用。这些都属于间接的经济损失。

(二) 对监狱人员的危害

突发性自然灾害除了会造成严重的物质损失以外,还会造成惨重的人员伤亡。监狱人口密度高,环境封闭,应对自然灾害的能力较差。当灾害发生时,很容易造成监狱警察、其他工作人员和罪犯的伤亡。因此,有效地疏散和安置监狱工作人员和罪犯是减少人员伤亡扩大的关键。为了减少自然灾害造成的人员伤亡,监狱应当对疏散的紧急情况和决策、预防性疏散准备、疏散区域、疏散距离、疏散路线、疏散运输工具、安全庇护场所以及回迁等做出细致的规定和准备,应考虑疏散人群的数量、所需要的时间以及老、弱、病、残罪犯等特殊人群的疏散等问题。

(三) 对监狱秩序的危害

突发性自然灾害的危害不仅表现在惨重的人员伤亡和物质损失方面,其造成的连带后果更为重要,其中以对监管秩序的危害最为突出。

1. 自然灾害影响监狱的稳定。管理、教育、劳动是构成我国监狱工作的主要内容,这些工作的正常运行是监狱稳定的基础。突发性自然灾害的发生会导致这些工作的暂时停滞，使监狱的运行失调，隐藏着影响监狱稳定的因素。

2. 自然灾害会引起罪犯的心理恐慌和行为失控。由于自然灾害具有突发性，在灾害发生之初，罪犯获取信息的渠道一般都不够通畅。如果监狱不能与罪犯进行有效的信息沟通，信息不透明或者公布迟缓，对发布的信息没有科学的解释，很可能会出现主流信息的缺失，导致罪犯不能及时了解事件详情，而采用非正常途径（如口耳相传、私下交流）传播，这样很容易使信息失真。一些罪犯甚至会散布谣言，扩大损失，甚至恶意中伤灾害处置中的某些失误，引起其他罪犯的负面情绪，严重时可能会出现谣言四起、人心惶恐的局面，从而导致部分罪犯行为的失控，出现逃跑、闹事、抢夺物资等行为。

3. 容易被别有用心的罪犯利用。自然灾害发生的负面影响很容易被一些别有用心的罪犯利用，以此作为攻击与毁谤我国政府和监狱的工具。其目的是为了扩大灾害的负面影响，给监狱制造压力，煽动罪犯的不满情绪，引发监狱秩序的混乱。

（四）对监狱形象的危害

我国任何一个监狱都有保障其罪犯生命健康安全的责任。但是，由于突发性自然灾害发生突然，灾害结果不能确定也不可避免，因此，无论预防的措施如何完备，都不可能把灾害的危害结果降为零。当灾害结果超过社会公众的心理接受水平时，就会导致公众的不满，监狱就可能会成为公众发泄不满的对象，从而影响监狱在社会公众心目中的形象和地位。

第二节　监狱自然灾害危害的特殊性

一、监狱遭遇自然灾害危害的特殊性

监狱一方面与社会隔离，剥夺了罪犯与社会接触的权利；另一方面，大多数监狱森严壁垒，严格封闭。基于监狱功能的隔离性和监狱建筑结构的封闭性的物理特征，当监狱遭遇到突发性自然灾害的时候其危害也存在着特殊性，因此在处理监狱所遭遇的突发自然灾害的应急工作中也必须遵循一定的原则。

由于自然灾害的发生具有突然性的特点，所以监狱监管控制和应对往往比较被动，加上监狱里关押的多是主观恶性深有待于改造的罪犯，一旦发生突发性自然灾害必定会给监狱乃至社会造成无法估量的严重后果。例如，自然灾害的发生可以对监管设施造成严重的破坏，可以对监狱正常的改造生活造成影响，

可以对监狱警察、其他工作人员和罪犯的生命造成威胁，可以对监狱财产安全造成侵害，甚至部分罪犯很可能会利用发生自然灾害的机会，实施脱逃、哄监闹狱等行为，引发严重的狱内案件。

自然灾害一旦发生，就急需进行及时而有效的应急处置。但由于大多数监狱对自然灾害的预警机制不健全，应急处置可利用的时间较短，信息缺乏，在短时间内组织所需的人员、物资的能力有限，有时由于处置不当，甚至会造成更大的损失。加之监狱所处的地理位置往往比较偏僻，关押对象比较消极，所以当监狱遭遇突发性自然灾害后很难像社会上那样使灾害得到及时的处置，将灾害的损失降到最小。一旦处置不当，就会使事态恶性蔓延，出现危害结果由小及大，危害程度由轻及重，危害范围由内而外的扩张，很可能造成更大的危害，甚至新的危害。

由于自然灾害具有突发性和不确定性的特点，而且随着灾害的发展会出现许多新的情况与问题，监狱受各种客观条件的限制，往往在有限的时间内很难获得充足、及时、完全真实可靠的信息，因此无法为正确决策提供所需的信息基础，信息不充分也就无法对灾害的事态发展变化做出科学准确的判断分析。这不仅影响应急处置工作的决策，更重要的是可能会由此引发一系列的连带反应。因此，为了使自然灾害造成的损失减少到最低程度，使应急处置工作获得更大的效率，在处置工作中，最重要的不是投入救援，而是获得更准确、充分的信息，以便于对突发性的自然灾害的基本情况做出正确的评价，进而合理动用和配置应急资源，采取适当的应急措施。

在监狱中，特别要注意对自然灾害的快速处置。当灾害发生时，应立即向有关上级汇报情况。对于灾害的处置应该刻不容缓，争分夺秒，力争将事态及早控制并迅速处理，以免因处置不及时而延误时机，导致更严重的后果。只有对灾害做出快速反应，才能抓住时机，争取主动，使已发生的各种危害结果降到最小。只有灾害得到有效控制和处置，才能保证监狱安全，维护监管秩序，挽回不必要的损失，防止事态的扩张。

当突发性自然灾害发生时，如果情况比较严重，就要及时疏散监狱中的人员。然而这些人员又是非常特殊的，他们失去了人身自由，其主观恶性与人身危险性依然存在，很可能在疏散的过程中伺机袭警脱逃。因此，其特殊的法律地位决定了我们在疏散罪犯的时候不能使用疏散社会人员的一般方法，而要提高警惕，严防死守。

二、紧急状态下的应急原则

可能引起监狱紧急状态的突发自然灾害很多，并且都有着不同的特点，因此，我们在应急工作中要因情施策，切不可千篇一律。但这些自然灾害虽然千差万别，但仍有规律性的东西。所以，对突发性自然灾害的应对也有着普遍性、规律性的原则。概括地说包括预防为主、快速反应、以人为本、统一指挥、依法适度五个方面的基本原则。

(一) 预防为主原则

监狱对突发性自然灾害的应急贵在预防。监狱管理工作的一项主要内容就是维护监管场所的安全，保障监狱工作人员及罪犯的生命和财产安全。然而我国大多数监狱人力、物力、财力有限，应对突发性事件的能力也十分有限，因此监狱机关应该牢固树立危机意识，建立健全对突发性自然灾害的预警机制，广泛收集各种信息，做好应对自然灾害的物资、财力、装备、技术、人员的储备，加强监狱人民警察及罪犯应对各种自然灾害的训练和演习，做到有备无患。这样，在灾害到来时才不至于惊慌失措。

(二) 快速反应原则

在面对自然灾害的突然暴发、逐步升级、不断变化的时候，时间因素显得尤为关键。监狱警察在面临险情和接到命令后应该快速反应，争分夺秒，以最快的速度赶赴现场，采取一系列紧急处置措施，尽量控制灾情的蔓延。如果能够做到及时、准确、快速的处置，就能减缓灾害程度，使罪犯心理得到初步的安定，监管秩序也会得到初步的维持，同时也为上级部门的决策和其他职能部门采取相应措施赢得时间。相反，如果在突发性自然灾害面前反应迟钝，优柔寡断，势必会丧失处置的最佳时机，很可能使灾害向着恶性、难以控制的方向发展，给整个应对工作造成十分被动的局面。在坚持快速反应的原则基础上，应该注意精干高效，不论是指挥机构还是一线的处置人员都应该精干和高效。指挥机构过于臃肿可能会出现因多头指挥，议而不决，优柔寡断而错失时机，造成损失；一线的处置人员过于庞杂，可能会造成指挥不灵，协调困难，忙中出乱，后线空虚，甚至会增加处置的难度。

(三) 以人为本原则

以人为本就是要把保障监狱人民警察、监狱其他工作人员及罪犯的生命安全作为应急处置的首要任务。在突发性自然灾害来临之时，监狱的正常工作受到严重妨碍，正常的监管秩序被打破，监狱生产、生活设施，基础建设，物资财产等方面都遭到不同程度的破坏和损失，甚至造成重大的人员伤亡，对监狱各类人群的生命构成极大威胁。坚持以人为本的原则就是要将监狱各类人员的生命安全、人身安全放在第一位，牢固树立"生命第一"的意识，处置工作必须以确保受灾人员的安全为基本前提，一方面要最大限度的保护参与救援和处置自然灾害的应急人员的安全，争取通过最优化的方案，在不付出任何伤亡代价的前提下达到目标；另一方面要确保后方人员包括监狱警察和罪犯的安全。

(四) 统一指挥原则

有效的组织指挥，可以把个体力量转化为整体力量，从而发挥出整体合力，实现 $1+1>2$ 的整体效益；相反，如果缺乏有力的组织指挥或指挥不当，就会造成内部各行其是，无法形成整体合力，结果就会造成 $1+1<2$ 的负效应。当突发性自然灾害发生时，参加处置的职能部门比较多，除监狱机关外，公安、交通、消防、医疗卫生部门、武装警察甚至部队都有可能加入应急处置的工作中。这些部门的工作性质不同，职责不同，各自的利益取向也会有所差异，各自需要介入的方式程度也会不同，因此，需要听从统一的指挥。灾害发生后，在统一的指挥下，不同职能部门之间实现协同运作，明晰各职能部门与机构的相关职能，优化整合各种资源，发挥整体功效，防止不必要的"内耗"和损失。统一指挥既包括上下级的直接隶属关系的指挥，也包括各职能部门之间的纵向协调。

(五) 依法适度原则

在处置自然灾害中必须要严格遵守依法处理，适度处置的原则。灾害当前，应急人员极易采取非常态的行动，尤其面对罪恶深重的罪犯，所采取的一些措施可能会脱离法治的轨道。这时警察权利的扩大一旦失控将会带来非常巨大的负面影响，甚至成为另一场危机。因此，监狱人民警察在对自然灾害进行处置的时候绝对不可以滥用权力、误用权力，其从事的活动必须依法进行，受到法律的约束。但是，在极度危险面前，为了有效地阻止这种危险的扩大或者为了消除危险，监狱人民警察也可以采取一些非常措施，但是也必须符合紧急状态下的法律。适度要求监狱人民警察在对灾害进行控制和处理的过程中，要选用最适当的时机，以最适当的尺度，采取最适当的方式和科学可行的方法，把握火候，掌握尺度，言行得当，不得因自己的言行在罪犯中造成恐慌和混乱。

第三节 监狱应对自然灾害的措施

一、自然灾害发生前的预防

自然灾害是不受人类行为控制的自然力量作用于社会生产生活环境形成的灾害，由于人的认识能力的局限，在相当长的时期内，人类认为自然灾害是上天对人类的报应，是人类不可改变的宿命。随着认识水平的提高，人类从经验和科学角度掌握了自然规律，发现自然灾害是可以预防的，自然灾害的处理、处置也可以随着社会防范机制的建立和完善而减少自然灾害对社会生产、生活的影响。在同自然灾害斗争的经验和教训中，我们借鉴处置自然灾害的一般方法，结合监狱的具体情况，总结出了处置监狱可能遭遇的自然灾害的主要措施，以应对自然灾害对监狱造成的冲击。

对台风、大暴雨及由台风、暴雨造成的洪水、地震、地质灾害是各监狱比较容易遭遇的自然灾害，要想把这些灾害对监狱造成的损失降到最小，应采取有力的方法。

随着科学技术的发展，人们对自然灾害的预测能力不断提高，灾情预报的准确性也越来越高，因此，处置自然灾害的重点应该放在灾害发生之前。在做好及时收集灾情预报的基础上，要做好防范及抢险救灾的应急工作，提前部署，提前防范，从人力、财力、物力各方面做好充分的准备，力争将灾害的损失降到最小。

（一）做好救灾抢险规划

为了防止自然灾害对监狱造成惨重的损失，在监狱的日常管理中，就应当通过具体的管理措施建立和落实救灾抢险规划。由于台风和洪水很容易引起山体滑坡和泥石流等地质灾害的发生，造成建筑物的坍塌，而暴雨又易引发雷电火灾，地震会造成监狱各种建筑的坍塌及设施的损坏，所以在监狱的日常管理中，我们要妥善处理易燃易爆物品的管理和储存，使其远离人员密集的生活区和生产区；要经常性地做好警戒设施设备的检查和维修，包括围墙、电网、照明设施、报警系统、监控系统等，尤其在汛期要做好围墙的检查工作，确保围墙坚固结实，能够抵御洪水的冲刷及台风、暴雨的侵袭；同时也要注意由台风、暴雨及洪水、地震引发的危险品的爆炸。在监区内应当保留为抗险救灾，疏散人员所必需的救援空地和救护场地，并保持为交通所需要的通行道路的畅通。

监狱中的监舍、教学楼、食堂、厂房等人员集聚密集的生活、生产建筑应当达到防洪、避雷、阻燃、抗震的要求。在监狱的抢险规划中，应当留有用于救灾抢险技能培训和学习的经费，用于购置灾害处置所需要的移动通讯指挥设备、器材、用具、装置等的费用，而且这些费用要在监狱用于突发性事件的处置经费中保持一定的比例，并且应随着监狱预算总额的增加而提高，以保证监狱抢险救灾的能力和抗击灾害威胁的能力，以保障监狱警察、其他工作人员和罪犯的人身安全。

（二）储备处置自然灾害的必要资源

1. 资金。处置自然灾害的资金应当纳入灾害处置的规划中全盘考虑，灾害处置预算资金要有计划、有目的地用于处置此类灾害所需的移动通讯、指挥系统、广播设备、交通运输装备、抢险救灾所需的特殊器材，灾害处置人员自用的各项设备。除此之外，还要有监狱警察及罪犯接受抢险救灾及灾害处置的学习、培训、演习及掌握灾害处置所必需的常用技能的费用。

2. 物品。在自然灾害来临时，往往会造成水质的污染，粮食的匮乏，医药物资的短缺，防暑防寒物资的不足等，而这些物资的供应不足又会成为罪犯骚动、闹事、狱内案件发生的诱因。因此，监狱在灾害发生之前要提前做好物资的储备工作，包括水、粮、防寒防雨衣物、医用药品、车辆、船只、通讯工具等，防患于未然。

3. 人力资源。监狱应该针对自己所在地理环境常见多发的自然灾害的具体情况，定期邀请与灾害处置相关的专业技术人员开展知识讲座、示范、指导、培训，储备一批能够有效处置自然灾害的人力资源，这是提高监狱灾害处置素质和水平的一项重要措施。

（三）编制处置自然灾害的应急预案

在具备了处置自然灾害的处置经费保障和物资保障的条件下，监狱机关应当形成具体的处置自然灾害的应急预案。预案是在假设灾害发生的情况下，针对特定的自然灾害提出的处置自然灾害的计划、措施、程序、方法和策略的行动组合系统，应规定救灾抢险的主要任务、应急处置的原则及其要求、应急机构及其职责，灾害发生时的应急反应及注意事项等内容。预案的制定必须全面、系统、可行和有效，并应该随时进行调整、补充和修订。不同的预案，其职责分工应当有所变化，以保证在预案演习中发挥优势，力求取得最好的处置效果。

预案形成以后，需要在相应的灾害处置演习中进行应用，因为灾害演习可以发现预案的局限和疏漏，演习之后要进一步调整、修订预案，以便检查和印证预案是否全面、系统、完善和可行，以便在台风、暴雨、洪水、地震、地质灾害等自然灾害处置的实践中发挥最大作用。

（四）做好自然灾害处置的演习

实践是检验真理的唯一标准。自然灾害的处置预案是一种主观上的构想和行动方案的假设。预案是否全面、系统、可行和有效，需要在实践中检验，而检验的最好方法就是模拟演习。

对于监狱来说，做好各种自然灾害的处置演习，首先要聘请专业的人员根据监狱本身的具体情况和实际灾害所具备的要素提出具体设计方案，同时引入与灾害有关的不确定因素，如时间、罪犯情绪、当时从事的不同改造活动、救灾救护的情况等，这些因素都具有一定的随机性。这样做的好处是：①增加灾害演习的真实性，同时也是对处置预案的挑战和考验；②根据设想灾害发生的具体情况，组织罪犯转移，保证安全；③加强警戒，维护监内秩序；④做好抢险救灾和善后处理工作。

二、自然灾害发生时的处置措施

当台风、暴雨、洪水灾害发生时，很容易威胁监狱警察、其他工作人员和罪犯的生命安全，所以及时做好灾害发生时的处置工作是非常重要的。

（一）迅速做出应急反应

及时报警，控制灾害现场及罪犯所在的生活、生产、学习等现场，并迅速报告上级机关，严禁拖延、迟报或隐瞒不报。

（二）做好宣传和思想教育工作

当灾害发生时，由于不能及时了解事件详情，很多人员不明真相，尤其是罪犯更容易产生焦躁、不安、惶恐等情绪甚至会将不真实的信息口耳相传、私下交流传播，引起其他罪犯的负面情绪，从而导致部分罪犯行为的失控，出现逃跑、闹事、抢夺物资等行为。所以，当灾害发生时，我们首先要做的工作就是及时地将真实可靠的信息传递给罪犯，安抚其惶恐焦躁的心理。同时，要做好思想教育工作，让罪犯认识到这是一次检验自己改造成果的机会，引起罪犯积极改造的共鸣。

（三）转移人员，保证人身安全

当自然灾害对监狱的在押罪犯、监狱警察以及其他工作人员的生命安全造成威胁时,应当按照灾害处置预案立即组织罪犯和监狱其他工作人员向安全地带转移,在转移的过程中要向罪犯宣布纪律,提出要求,安排好撤离现场的顺序,并加强控制。同时,还要组织罪犯自救互救,发挥互监小组的作用,相互监督,相互帮助,以保障监狱各类人员的生命安全。

(四)加强警戒,维护秩序

当灾害发生时,罪犯往往会因惊慌失措而破坏监管秩序,尤其是那些危险分子和反改造分子。所以,组织足够的力量实施警戒,加强对罪犯的监督与控制是十分必要的,这样可以有效地防止罪犯趁机脱逃或实施其他违法犯罪行为。

(五)抢险救灾,尽量减少监狱损失

灾害发生时,应根据灾情的严重程度,组织有关警力,带领相关人员进行抢险救灾,尽力抢救国家财产和罪犯的个人物品,尽量把灾害造成的损失降到最低。同时,积极抢救灾害中受困及伤亡的人员,做好救助、救治工作。

(六)排查和排除危险

当把人员转移到安全地带后,要组织警力进行排查工作,排除正在发生或者潜在的一切危险、不安全的因素和隐患,例如,被洪水围困的建筑、围墙等,避免造成事态恶化。

三、自然灾害发生后的处置措施

(一)迅速调查,及时上报

当灾害发生后,要迅速调查监狱的伤亡人数,生产损失以及灾害造成的危害后果,第一时间上报给上级主管部门。

(二)做好人员安置工作

灾害发生后,应该立即清理现场,并根据灾害所造成的损害情况,立即着手善后安置工作,妥善处理伤亡人员。对于在灾害中受到严重损失的罪犯,可以给予必要的物质帮助;对于在抢险救灾中表现突出或有立功表现的罪犯,应该按照条件和程序给予奖励;对于借机实施犯罪行为的罪犯,应根据规定及时给予处理。

（三）总结经验，吸取教训

在自然灾害平息后，监狱机关应该对本次应急处置工作及时进行总结，提高认识，解放思想，更新观念，牢固树立危机意识，时刻做好防范和处置的心理准备和物质准备。总结经验的同时，要对没有做好或者出现重大失误的方面总结教训。

（四）表彰先进，惩处后进

灾害过后对在应急处置过程中临危不惧，挺身而出，不顾个人安危，为挽救他人生命和监狱财产做出杰出贡献的单位和个人要进行大力表彰和奖励；而对临阵脱逃、煽动造谣、工作失职的单位和个人要予以批评和惩处，追究其相关责任。

（五）做好灾后重建工作

将受灾损失上报有关机关后，应立即组织监狱灾后的重建工作，快速抢修损毁的监管设施、监控设施、警戒设施等，以最快的速度恢复监狱正常的监管改造、生活和生产秩序。

（六）进一步完善应急预案

监狱在突发性自然灾害发生后，启动的应急预案是在总结以往的实践经验的基础上建立起来的，是否科学合理需要经过实践的检验，突发性自然灾害的发生正是对已经构建的应急预案的实践检验。因此，在灾害结束后，应根据本次灾害的实践情况进一步完善应急预案。

第四篇 ‖ 监狱突发事件案例解析

第十四章　监管安全突发事件案例

案例1：罪犯劫持人质事件

2004年，某省一监狱发生了一起全省监狱系统首宗罪犯劫持人质事件。在省司法厅、省监狱管理局的直接组织、指挥下，在地方公安、武警部队、检察院等部门的大力协助下，经过近5个小时的谈话教育与政策攻心，有效地瓦解了罪犯的心理防线，促使罪犯自行放弃了犯罪企图，成功地解救了人质。

一、事件经过及处置过程

2004年2月13日上午10时，罪犯陈某（23岁，小学文化，因犯抢劫罪被判无期徒刑，2002年10月9日投监，从事仓管员工种）向值班警察甲报告，说要到公司办公室（与生产车间不在同一栋楼）交报表和拿生产单，取完生产单后，该犯以询问生产质量为由去仓库（公司的隔壁）找厂方师傅，当时现场有一名女师傅和两名男师傅在清理货物。陈犯在和师傅们对话时，突然冲到女师傅和某（24岁，广西人）的面前，从腰际拿出一把用压棉梳磨制的（长24.2cm、宽1.4cm、厚0.3cm）单刃尖刀顶住其咽喉，并将其挟持至仓库的小房内。警察甲见此情景立即报告监区领导，3分钟后，正在监仓指导工作的副监狱长赶到事发地点，并及时向监狱长、政委和其他监狱领导报告发生的情况。正在外地参加会议的监狱长接到电话后，明确指示：①立即启动监狱防暴应急预案，千方百计稳住罪犯的情绪，全力确保人质的安全；②迅速向省监狱管理局报告；③向地方公安、武警部队求援。随即动身火速从外地赶回监狱。

陈犯挟持人质退到仓库的小房内后，关上铁闸门和玻璃门，拉上窗帘，向站在铁闸门前的监区长说:"我只有两个要求:提供笔、信纸和手提电话给我,写完信、打几个电话后,就放掉女师傅,然后自杀;如果你们强行冲入,我就先杀掉人质,再自杀。"为了稳定该犯情绪,指挥部指示按陈犯提出的要求,将纸、笔和手机从门缝中递给了陈犯。紧接着,监区长按照指挥部的指令,通过电话对该犯进行政策前途教育,尽量拖延时间。

中午12时许,司法厅副厅长、省监狱局局长、政委、副局长等厅、局领导和武警总队的一个参谋长带领有关人员先后赶到现场,坐镇指挥。厅、局和武警总队的领导来到现场迅速做出决定:在确保人质人身安全的前提下,按照两个方案进行:①最好通过政策攻心,说服教育,尽量瓦解罪犯,平息事件;②强行突破,解救人质。

经过长达5个小时的谈话教育和劝解说服,最终使该犯放出人质,交出凶器,自行走出了仓库小房。

二、善后处理措施

1. 对陈犯及时进行禁闭处理,开展审讯工作。当地人民法院以绑架罪对陈犯作加刑11年处理,最终执行无期徒刑。

2. 由纪检监察室、侦查科组成调查组,对"2·13"相关责任人进行调查,查明事件责任,对照上级有关规定,对事发单位和相关责任人分别做出了责任追究。

3. 迅速在全体警察职工中开展"正确执法"大讨论和揭摆查活动。重点围绕执法观念和业务指导思想是否端正,安全防范意识牢不牢,安全制度是否落实到位,哪些制度需要进一步完善和强化,执法和管理上存在哪些薄弱环节等开展揭摆查,端正执法观念和业务指导思想。

4. 组织开展警察培训教育和考核活动,提高队伍整体执法水平和业务能力。结合"2·13"案件揭查摆出的问题和队伍执法管理、业务能力存在的不足,分批对全监警察进行脱岗教育培训,包括爱岗敬业精神、正确执法观念、端正业务指导思想、有关法律法规、监管安全制度、业务知识、处置突发事件和"应知应会"知识的教育。

5. 在罪犯中深入开展"遵规守法"教育和纪律整顿活动,提高罪犯对人生观、价值观的认识,规范罪犯改造行为,调动罪犯安心改造的积极性。

6. 深入开展安全防范大整改活动。①组织开展地毯式清仓,加强"四个重点"排查管理和防范,清理审核特殊工种罪犯,检查和督促落实"三大现场"各项直接管理制度,检查和督促落实监区药品管理制度,加强对罪犯伙房刀具管理和仓库杂物的清理,加强对女警察、女职工进出监仓的安全教育和男警察陪同进出制度的检查落实，检查督促工具管理收发、劳动现场整理制度的落实。②最大限度地清理压缩外聘师傅，停止聘请女师傅，加强对师傅的教育和管理。清理整顿事务犯，明确其义务、权限和活动范围，严格督促落实监门管理制度，检查督促落实狱情收集处置工作，在罪犯中宣传、鼓励预约警察谈话，开展对重点罪犯个别谈话教育，加强罪犯改造规范化检查督促工作。③深入开展狱内矛盾大排查活动，及时收集处置存在的矛盾，同时，开展对罪犯的心理健康教育和对重点犯的心理矫治工作。

三、原因分析

"2·13"事件的发生既有主观方面的原因，也有客观方面的原因。

1. 直接管理制度落实不到位。罪犯陈某从公司拿到生产单后，进入仓库，但执勤警察却站在公司的门口，为罪犯实施劫持人质造成了可乘之机。

2. 狱情分析不深入。陈犯在实施劫持人质之前，曾向女师傅提出过，想单独找她谈谈。女师傅听后感到害怕，向厂方的老板讲过，但这条重要信息没有搜集到，表明监狱在狱情信息的收集和处置工作上缺乏力度。

3. 没按规定管理教育厂方师傅尤其是女师傅。在对外来师傅的管理上，安全教育和陪同进出的工作落实不到位，以致出现外来人员与罪犯单独相处的空间，埋下安全隐患。

4. 生产车间重点部位、重点物品管理不按规定落实。车间内废弃的工具没有及时清理，被陈犯私藏并制作成行凶工具。

四、经验体会

在省厅、局领导的直接组织指挥和地方武警、公安等部门的大力协助下，通过强大的政策攻心和耐心细致的说服教育，最终瓦解了罪犯的心理防线，成功地解救了人质，稳妥地处置了这起事件，为监狱人民警察应对类似的狱内突发事件，提供了宝贵的实践经验。

（一）启动预案，快速反应，严密布控，为从外围控制罪犯赢得了战机

事件发生后，根据某监狱长的明确指示，迅速启动监狱防暴应急预案，全力确保人质的安全。不到5分钟，政委及其他监狱领导、科室领导、防暴队火速赶到现场。在现场立即成立指挥中心，并迅速发出处置指令：监区长立即与罪犯陈某对话，稳定陈犯的情绪；防暴队队员包围事发地的小仓库，以便陈犯动手杀害人质时采取果断措施；狱政管理科立即组织各监区有秩序收工；政治处通知各监区增加值勤的领导和警察，其他警察在监狱进入待命状态；指挥部

办公室立即向驻当地的武警大队、武警支队、公安局报告，争取支援，向当地检察机关通报情况，通知各应急小组按预案的分工处置情况，随后，立刻向省厅、局的领导及有关部门报告事件发生的简要情况。

由于防暴队经过多次的预案演练，各队员明确自己的职责和岗位，迅速赶到事发地点听候指挥。监狱领导、科室领导进入现场后，一个解救人质的指挥中心，就在离陈犯五六米远处形成了。除了在面前有监区长劝说外，陈犯周围的窗外也已布下防暴人员，15分钟后，医院的医生护士来了，救护车也悄悄地准备好了，如果有流血行为发生，他们的第一件事便是抢救伤员，并即时送往市人民医院。

当时，陈犯左手抱紧和某，右手用刀顶住和某的脖颈，和某在反抗时碰伤了左手和无名指，脖子上也有一道浅浅的血口子，情况十分危急。仓库后有窗户，全部用不锈钢防盗网焊牢，显然，陈犯是经过了长时间的观察和准备的。陈犯隔着铁闸门和玻璃门与监区长对峙，他只允许门外站着监区长，不允许有其他人，也不允许窗外有人影晃动，用硬攻的办法根本不可行。当陈犯对着门外的监区长提出两个要求后，指挥部当即指示监区长满足陈犯的要求，把纸、笔、手机放进去。陈犯十分狡猾，信纸和手机是通过监区长的手递进去的。本来防暴队欲趁传递手机和纸笔的机会把陈犯的手拉住，但无法成功。

为了稳定该犯情绪，避免激化矛盾伤及人质，只能满足陈犯的要求，监区长用打电话的方式，劝说其要冷静，对其进行说服教育和劝告，尽量拖延时间。

（二）领导指挥靠前，临危不乱，为解救人质提供了坚强的组织保障和决策中心

中午12时，司法厅厅长在听取监狱政委电话汇报后做出如下电话指示方案：①做好罪犯宣传教育工作，稳住罪犯情绪；②立即动员罪犯亲人来电话劝解，并尽快接亲人前来监狱帮教；③监控好电话；④做好防控措施，防止罪犯进一步放火杀人；⑤选择有利地形，占据制高点；⑥在保证不伤及人质的情况下承诺罪犯的一切要求。根据厅长的指示，指挥部进一步加强了对陈犯的防控，在地方公安部门的协助下，监控陈犯的电话，加紧做好说服教育工作。

两个小时后，司法厅副厅长和监狱局政委、局长、副局长和业务处室的领导、武警总队参谋长带特警分队也迅速地赶到了现场，形成了一个在一线直接指挥作战的指挥中心。厅、局和武警总队的领导来到现场迅速做出决定：在确保人质人身安全的前提下，按照两个方案进行：①最好通过政策攻心，说服教育，尽量瓦解罪犯，平息事态；②强行突破，解救人质。

指挥部考虑到周围的环境没有强攻的条件，陈犯只允许监区长一人在玻璃

门外与他通话，传递纸、笔和手机，不让自己的手接触外人，因此智取的可能性不具备。虽然周围布置了重兵，但要给陈犯制造一个周围没有什么人的假象，不到万不得已不能打草惊蛇。

指挥部指示，从陈犯衣物箱中找出所有文字记录，以便了解陈犯近期的思想动态，并结合与他的对话和他提出的要求，最后分析出其劫持人质的真正动机就是想通过劫持人质达到与家人打电话，然后再自杀的目的。陈犯被判无期徒刑，面对遥遥无期的徒刑，想到自己熬到出监，已过黄金时代，心理压力极大，想一死了之。他曾向警察申请心理矫治，但很快又放弃了。这说明他有想死又不想死的矛盾心理。指挥部根据陈犯这种心理，指令监区长做陈犯的攻心教育，尽量使他平静下来。为了防止罪犯从门隙中看到指挥部的人员，指挥部以传递纸条的形式，把政策攻心和谈话教育的方向和要求传递给监区长，监区长又把罪犯的反应及时向指挥部汇报，供领导决策。

监狱还立即派人、派车把陈犯家属接到监狱。

（三）果敢决策，充分发挥说服教育功能，从根本上瓦解罪犯的心理防线

指挥部通过手机对话了解到罪犯对监区长还是信任和尊敬的，与和某的男友王某也比较熟，同时他还觉得此举愧对管理警察，在电话中说了无数个"对不起"。指挥部利用罪犯这种心理，采取有针对性的说服教育和政策攻心，随着谈话教育的不断深入，陈犯的心理在发生微妙的变化，心理防线也一点一点松懈下来。

3个小时后，陈犯提出要和王某讲话的要求。指挥部立即同意，并交代王某讲话策略，即利用两人的感情尚好，劝说陈犯放弃杀人和自杀之念，这时已是下午14时多，陈犯才把刀从和某的脖颈上移开，但人质还在陈犯的控制之下。这时，监区长乘着有利之机，用严肃认真的语气劝告陈犯："现在你还没有造成恶果，请你把人质放出来，我们不会伤害你，会从宽处理，你还年轻，希望你作明智的选择，不要做糊涂事。"动之以情、晓之以理，并对其进行政策、法律、前途教育。终于，陈犯在僵持了4个多小时后，于14时30分把和某从小仓库放出来。放了人质，陈犯还不肯出来，仍有自杀的可能。他要求抽两根烟再出来，在抽烟时，监区长还是不断地劝说，终于使陈犯冷静下来，交出刀、手机等物品。不久，其父母来到监狱，指挥部为了使陈犯彻底放弃自杀念头，安排其会见父母，并要求其父母做好他的思想工作。

（四）地方部门通力协作，适机而发，为制服罪犯筑起牢固的防线

武警总队、支队的领导带领相关人员在现场各个有利位置布控，狙击手蓄

势待发，随时听候指令。在当地公安机关的帮助下，指挥部得以监听陈犯与家人的通话内容，以便进一步了解罪犯的心理状况和真实的犯罪动机。检察院的工作人员做好了现场勘查和司法鉴定的准备。武警总队和地方公安机关等部门形成了对罪犯的合围之势，他们根据自己的经验，分析敌情，寻找战机，为制服敌人献言献计。尤其是武警部门的战士，斗志昂扬，临危不惧，反应迅速，发挥了监狱与武警"三共"的威力。武警总队和地方公安机关等部门积极配合，通力协助，为确保人质的安全筑起了一道牢固的防线，同时也极大地鼓舞了监狱人民警察的斗志，增强了战胜敌人的信心。

监狱没有动用一枪一弹，成功解救了人质，顺利地解决了某省监狱史上第一起狱内劫持人质案件，使事件的影响降到最低限度。事件的处置方法和效果，得到了上级领导和参加人质解救行动的公安、检察、武警的现场指挥领导的肯定和赞许。

案例2：罪犯故意杀人事件

一、案件经过

罪犯廖某（1966年3月出生，汉族）因犯抢劫、故意杀人罪，被判处无期徒刑。投牢后，该犯改造表现较差。廖犯在生活中与另一新投犯陈某产生了矛盾，为报复陈犯，其于2000年8月29日中午，趁陈犯正在七监区一楼大厅睡觉，趁其他人不注意时，跑到大厅水房处拿了一块圆铁块（重约10公斤），悄悄走到陈犯睡觉处，举起铁块就向其头部砸了两下，然后马上跑到大门口处喊警察。因事发突然，当时的值班罪犯组长没能及时制止。值班警察发现后，陈犯被及时送到监狱医院抢救，但伤势过重，又马上转送某医院进行抢救。当天下午3时10分，陈犯因伤势过重抢救无效而死亡。

二、处置过程

（1）监区立即向值班监狱领导、分管改造的监狱领导、狱政科、侦查科报告；将陈犯送到监狱医院抢救，因伤势严重，又马上把该犯送往某医院进行抢救，并通知陈犯家属尽快来监；同时保护现场，控制监区罪犯并做好教育稳定工作；将廖犯带离现场，予以戴铐、上镣，随后将其送禁闭室隔离审查，实行全天24小时监控（直至法院对其判决死刑，交付执行）。

（2）监狱立即报告省局、驻监检察室。值班监狱领导、分管改造的监狱领导马上赶到现场指挥，狱政科、侦查科、驻监检察室人员立即赶到现场进行拍照、取证、调查和组织监区警察警戒，省局狱政处随即也派人前来调查。

（3）监狱马上对此事故予以立案，并向省局上报立案报告。狱政科、侦查科、当事监区组成专案组，随即展开对廖犯的提审，询问有关人员包括值班警察、在场罪犯等，第二天与当地市、区人民检察院一起，对陈犯尸体进行法医解剖、死因鉴定。

（4）监狱在侦查终结后及时结案并起草起诉意见书，连同卷宗移交区人民检察院。由市人民检察院向市中级人民法院提起公诉。

（5）市中级人民法院经审理后，一审做出刑事附带民事赔偿判决，判决廖犯死刑。廖犯不服，提出上诉，经省高级人民法院二审后，到监狱对廖犯验明正身，将其提走，执行了死刑。

三、善后处理措施

（1）事故发生后，监狱立即通知陈犯家属尽快来监处理，并妥善安排其住宿。

（2）监狱认真、耐心做好陈犯家属的解释、引导、安抚工作，稳定其激动情绪，并对陈犯家属予以一定金额的食宿、交通和困难补助。

（3）监狱派警察全程陪同陈犯家属认尸、办理火化手续并负责相关费用。

四、主要原因和经验教训

1. 监区领导的业务指导思想出现偏差，重生产劳动，轻教育改造工作。对新入监罪犯所具有的现实危险性认识不足，放松了对新投犯的严格管理，过于强调生产劳动，对入监分监区各项管理制度的检查、督促及落实不到位，对省局及监狱的有关规定贯彻不力。

2. 监区对重点物品的管理不到位。罪犯用来行凶的凶器是一块很大的铁饼（大约直径20厘米，厚度6厘米，重约10公斤），这块铁饼原来放在大厅新犯保管室（水房），但是监区没有把这块铁饼列为重点物品进行管理，而且清仓不彻底，从而被罪犯作为凶器。

3. 警察直接管理不到位。在一楼大厅睡觉的新投犯有50多人，虽然监区规定大厅晚上不开放水房，放马桶大小便，但担心新投犯大小便使用马桶太臭，改为中午开放水房，而且水房钥匙交给值班罪犯掌管，没有落实应由警察直接管理的规定；值班警察对大厅的巡查不力，出现了管理上的漏洞。

4. 对新投犯的管理不到位。监区没能认真执行入监队的管理制度，加上监舍容量小，住宿环境差，随着新投犯不断增多，活动范围缩小，碰撞增多，产生矛盾就多。

5. 对罪犯的思想摸查和教育不到位。在对新犯的排查方面，没有认真对狱情及罪犯的思想动态进行分析研究，导致对新投犯的思想动态掌握不具体、不细致，不能及时掌握情况。廖犯和陈犯发生矛盾已有几天时间，该分监区警察虽也掌握了一些情况但没有引起足够的重视，未能及时采取对策化解罪犯的思想矛盾，从而导致事故的发生。

案例3：艾滋病罪犯绝食事件

2006年12月19日下午至20日下午，某监狱发生了管区罪犯集体绝食事件。由于监狱、监区妥善采取有效措施，对事件进行妥善处理，20日下午事件得到平息，有效防止了事态进一步扩大。

一、事件经过

经调查，2006年12月17日，管区艾滋病罪犯梁某利用军棋贴纸的办法制作了一副简易麻将，并提供给管区罪犯使用，18日下午，值班领导监控发现后，立即带警长和值班警察当场没收麻将，并宣布了监狱有关纪律和禁令，同时对制作麻将的罪犯梁某和参与打麻将的其他罪犯予以批评，鉴于罪犯梁某等人认错态度较好，暂不扣分，仅给予批评教育处理。事后，副监区长将事情经过以及初步处理情况与监区长和分管狱政工作的副监区长进行了沟通。

12月19日下午罪犯梁某（24岁，抢劫、盗窃罪，原判11年，入监不久因打架斗殴被记过处理）、陈某（33岁，抢劫罪，原判3年，入监不久因参与打架斗殴被扣三分）两人首先提出"把麻将拿回来"。当罪犯黄某（33岁，抢劫罪，原判死缓，入监不久因打架斗殴被记过处理）得知梁犯和陈犯的想法后，马上让罪犯章某去警察办公室把麻将拿回来，章犯不从，黄犯就自己找到值班警察，态度较差，并以各种理由要求把麻将拿回来，遭到值班警察严词拒绝，警察对黄犯进行了批评教育后让其回仓写份详细检讨书，视其认错态度等候处理。这时，开饭铃响了，黄犯回仓经过分饭地点的时候，看见同管区罪犯王某、杨某去端饭菜，对着他们狠狠地训斥了一句"你们怎么回事啊"，王犯与杨犯听完，只好被迫走了回去，管区其他罪犯也都不敢过去拿饭。罪犯黄某带头泡方便面，其他罪犯纷纷效防，管区HIV罪犯在19日晚至20日中午三餐没有吃监狱饭菜。

二、处置过程

2006年12月19日下午重点班值班警察将管区罪犯不吃饭的情况及时报告了当天值班监区长，监区长了解情况后，立即组织值班警察对管区HIV罪犯进行多方劝服教育后，取得初步效果，20日早上有部分表现较好的罪犯开始服从警察安排吃早餐，但是以黄犯为首的部分罪犯不服管理，仍然不吃饭。20日中午11点20分左右，监区长又在管区活动室组织值班警察，召集管区罪犯进行集体教育，再次阐明在监狱里面不吃饭是严重违反监规纪律的恶劣行为，必然会受到严肃处理的道理，并指定几名平时表现较好的HIV罪犯去分饭，但慑于黄犯、梁犯、陈犯的胁迫，管区罪犯仍然不敢取饭。在耐心教育和引导HIV罪犯的同时，监区安排两名管教干事协同管区警长和值班警察对管区罪犯不敢吃饭的原因逐个进行了细致的排查、调查取证，在了解是以黄犯为主犯，陈犯、梁犯协从一起威逼其他HIV罪犯不准吃饭、对抗监区管理的详细情况后，经请示副监狱长，在狱政科和生卫科等主要领导的亲自指挥下，监区按照《监狱突发事件应急处置办法》，果断地对起主要作用的黄犯、梁犯和陈犯送禁闭处理，平息了这起绝食事件，当天晚上，管区罪犯开始吃饭。

三、善后处理措施

为了及时总结此次事件的教训，在监狱党委的指示下，监区以此为契机，召开以"打击抗改歪风，弘扬改造正气"为主题的罪犯纪律整顿大会，副监狱长到会讲话。在讲话中副监狱长对受威迫参与不吃饭的罪犯进行严肃批评教育，并指示监区一定要进一步做好罪犯教育引导工作。整顿大会还通过部分认错态度较好的HIV罪犯的亲身经历告诫其他HIV罪犯不要以身试法，号召大家要为共建一个和谐监区环境遵纪守法、努力改造，此项做法起到了很好的警示教育作用。

四、原因分析

监区自从集中关押艾滋病罪犯以来，在集中关押、开放式管理艾滋病罪犯的实践中积极探索，取得了一定成效，但此次事件也暴露了对艾滋病罪犯管理教育中存在的不足：

1. 多数艾滋病罪犯利用社会"恐艾"的心理，自认为染上这种绝症，监狱和警察都不好对其进行管理，以致在改造中消极对待，只讲权利，不讲义务，例如，罪犯对伙食提出不合理的过高的要求等。

2. 监区第一批关押的艾滋病犯，来自全监各个单位，入监已有一段时间，身份意识较强，行为习惯较好。但第二批直接从某看守所调过来的艾滋病罪犯，过惯了看守所封闭放任的生活，而且又没有经过系统的入监教育，所染恶习难以根除，暴露出监狱系统对艾滋病罪犯入监教育还存在"空白"的现状，也在一定程度上增加了专职监区的管理难度。

3. 主犯黄某，2003年5月21日因抢劫罪被判处死缓，2006年3月17日改判为无期。该罪犯性格凶残，恶习较深，以自我为中心，他犯对其稍有不从就拳脚相加，曾在某看守所把同仓罪犯的肋骨打断，加之刑期长，身患绝症，自认为没命出监，在改造中又得不到家中亲人的支持，所以更加放任自由，目无法纪，自暴自弃。

4. 罪犯不按规定吃饭，争取所谓的"改善伙食"，在一定程度上符合那些自身恶习深、身份意识淡薄、行为规范差、不悔罪、不赎罪的罪犯的"要求"，有一定的"共鸣"作用。

5. 考虑到艾滋病犯从事生产的安全性，监区暂无合适生产项目，因此没有组织罪犯进行生产劳动，罪犯的活动时间较多，在活动时间、内容、地点、人员的安排上缺乏科学性，特别是活动的器材还很缺乏。

6. 个别警察因为对艾滋病还没有全面了解，心存顾虑，在保障不到位的情况下，在管理HIV罪犯和处理HIV罪犯违纪行为的过程中，还存在一定的压力和顾虑。

五、经验体会

综合这起罪犯集体绝食事件发生及其处理过程来看，暴露出监狱在集中管理HIV罪犯的狱情排查与突发事件处理方面尚存在不足；但反过来看，也为监狱下一步更好管理教育HIV罪犯积累了很好的实践经验。因此应从以下几个方面对HIV罪犯的绝食等严重违纪行为采取预防措施：

1. 及时了解HIV罪犯的性格特征及人生经历，采取科学的方法从思想深处消除他们绝食等违纪行为的不良念头，做到防患于未然。

2. 加强狱情分析，做好重点对象的摸排。严格杜绝狱情分析流于形式，经常性地对本监区罪犯进行分析摸排，不放过任何可疑点，特别对那些无亲人、长期得不到接见、有病久治不愈而家中又无人管、发生诸如离婚、亲人死亡等重大变故、长期受到一些"牢头"欺压打骂的罪犯，一定要重点监控，同时还要加强对这些重点对象的个别攻坚教育，解决困扰他们思想的问题，从思想深处打消他们的绝食等严重违纪念头。

3. 加强对艾滋病罪犯的身份意识教育，理清艾滋病管理的思路。对艾滋病罪犯进行管理，必须强调艾滋病罪犯是服刑的罪犯，针对艾滋病罪犯目前改造中存在的突出问题进行分析、汇总，加强艾滋病罪犯的日常行为规范管理，强化其身份意识，使罪犯做到遵纪守法，遵守改造秩序，创建良好的改造环境。从人文关怀的角度出发，在疾病治疗、伙食方面给予他们人道主义关怀。

4. 加强现场管理，提高值班警察的责任心。监区值班警察要加强对各仓的巡查，对罪犯中出现的问题要及时解决处理，及时化解艾滋病罪犯中的有关矛盾，将问题处理在萌芽之中。加强对罪犯文体活动和用品的直接管理，所有活动用品，由值班警察统一收发，并加强警察交接班管理，及时通报有关情况。

5. 加强应急处置演练，增强警察应急处置的实战能力。鉴于监区关押艾滋病罪犯的特殊性，改造与反改造的残酷性和长期性，为确保警察不发生职业暴露，要争取支持，配足防暴器材，加强防暴预案的学习、演练，及时应对各种突发事件，提高监区警察处理突发事件的能力。

案例4：罪犯集体脱逃事件

一、事件经过

2000年1月8日19时，某监狱104名罪犯在3名值班警察看管下在生产车间劳动。约19时40分，罪犯徐某（抢劫、盗窃罪，原判有期徒刑20年，1997年9月入监，余刑14年6个月）、欧阳某（抢劫罪，原判无期徒刑，1996年2月入监，余刑无期徒刑）、韦某（抢劫罪，原判无期徒刑，1995年9月入监，余刑18年6个月）3名罪犯，趁值班警察看管不严之机，以领料为名纠合在一起，窜到厂区围墙大门，持预先准备的工具，未等围墙罪犯监督岗制止，用铁棍强行撬开厂区大门锁头，趁黑夜脱逃，以此引发了3名重刑罪犯集体脱逃的重大案件。

二、处置过程

监狱接到监区的报告后，立即成立了以监狱长为总指挥，政委、副政委为副总指挥，管教线科长以及武警中队领导为组员的"1·8"案件追逃指挥部，并迅速启动应急处置预案。具体处置如下：

1. 立刻通知全监各监区组织正在劳动的罪犯收工回仓，清点人数后全部锁仓。要求各监区加强值班警力，派出防暴队及武警一个排的兵力，进驻罪犯监管区加强巡逻。同时，组织警力加强宣传和教育工作，稳定犯群思想，防止其他罪犯制造事端。

2. 迅速组织警察进行追捕，组织警察、武警100多人在监狱附近搜查，派出150多名警察分成30个小组到监狱周边主要道路出口路段设点埋伏、堵截。

3. 监狱侦查科对监区罪犯集体脱逃现场进行勘查和调查访问，掌握3名逃犯的照片、体貌特征等基本情况，及时向指挥部汇报，并及时将3名逃犯的基本情况电话传达到每一个埋伏点。

4. 向周边五县市公安机关通报了案件的情况，要求协助缉捕，并派出6名警察分两组分赴其他省市等地进行追捕。

5. 利用县电视台、镇有线广播站和贴通告等形式，向各乡镇村发出了通缉令，全力发动当地群众协助追捕3名罪犯。

2000年1月13日上午8时许，两名追捕警察、武警在一个山区县的小镇发现了逃犯徐某和欧阳某的行踪，在两犯拒捕的情况下，两名追捕警察果断开枪将两名逃犯击毙。1月13日晚21时许，在阳山县杨梅镇，潜伏在此的两名警察发现逃犯韦某，并将韦犯捕获。

罪犯徐某、欧阳某拒捕被击毙后，监狱委托当地公安局的法医对尸体进行了检验，当地县人民检察院驻监的检察员也到现场进行了查验。

三、善后处理措施

"1·8"案中3名案犯，罪犯徐某、欧阳某拒捕被击毙，罪犯韦某被击伤捕获。

1. 在韦犯伤情稳定后，监狱侦查科及时讯问韦犯，查清"1·8"案件的作案动机、作案手段、作案工具、作案经过及其他的情况，在脱逃期间是否有其他犯罪行为，为监狱拟定对罪犯韦某的起诉材料，对责任警察进行责任追究以及发现监管工作存在的漏洞提供依据。

2. 及时组织监狱中层领导对"1·8"案件进行全面调查分析，彻底查清案件发生的原因、经过，排查存在的监管漏洞。

3. 查清事实后，组织人员撰写对罪犯韦某的起诉材料，向县人民检察院提请起诉意见书。

4. 完善相应的监管制度。①要求各单位严格落实监区领导值班和警察值勤制度；②切实加强对"四个重点"及工具的管理和控制；③整顿、完善、落实罪犯互监组制度；④要切实加强狱侦基础业务和狱情分析排查工作；⑤监狱和监区进一步修订完善处置突发案件预案，提高监狱处置突发案件的能力；⑥加强监管安全漏洞的排检查力度。

5. 对"1·8"案件相应责任人进行责任追究，监狱分管领导、事故责任人共9名责任人受到行政警告、行政记大过、行政撤职、党内严重警告等处分，并扣罚相应责任人的安全责任款。

四、原因分析

"1·8"重大案件发生后，监狱对事故进行了全面调查分析，主要原因如下：

（一）思想麻痹，敌情观念淡薄，防范意识不强

封闭管理意识不强，对消除安全隐患重视不够，整改不彻底；对基层堵塞漏洞、执行制度方面存在的问题采取措施不坚决、纠正不力；业务科室对基层检查督促不力；监区不严格执行厂区大门管理规定，随意扩大持锁匙人员范围，值班不按时到岗，晚上值班警力不足；值班警察没有认真履行职责，离开罪犯劳动现场，监管不到位，车间门没有上锁；生产现场管理松懈，罪犯可自由进出车间。

（二）监管制度不落实

罪犯互监制度落实不到位，罪犯离开岗位无人监管；车间的门没有严格的管理规定；值班警察离开现场到另一个车间去喝茶，罪犯失控；点名制度不落实，当做应付形式；厂区大门的开启不严格执行规定，随便打开加强防范的外侧二重锁，不设防。

（三）耳目不灵，敌情不明，基础工作薄弱

3名案犯的脱逃，已预谋一年多时间，并制作了作案工具，而我们的警察没有掌握情况；3名罪犯在改造中，劳动表现较好，没有违纪行为，警察被其表面行为蒙骗，未能察觉其反改造的一面。欧阳某在1997年被认定为重点罪犯进行监控，由于其表面改造表现有较大好转，监狱没有掌握其实质思想动态，在1999年12月解除了对该犯的重点监控措施。

（四）重点排查不深，重点管理措施落实不力

对重点罪犯的排查不深，认定不准确，应该列为重点罪犯的却没有列入；对重点罪犯、重点部位、重点时段、重点物品的管理，没有严格执行制度规定，各项措施落实不到位，流于形式，让罪犯有机可乘。

（五）生产现场管理松懈

厂区罪犯自由度大，可自由串车间，罪犯可利用生产设备和工具制作凶器、

脱逃工具等，而警察不能及时发现；工具管理不严，警察不能掌握工具数量的多少及其缺失的情况。

五、教训体会

"1·8"案件的发生，严重影响了监狱和社会的安全稳定，我们要认真吸取"1·8"案件的沉痛教训，采取切实有效措施，全力确保监狱的持续安全稳定。

（一）加强对工具的管理和控制

罪犯在狱中作案，必需要有作案工具。切断罪犯获取作案工具的渠道，是有效防范狱内案件发生的重要手段之一，因此要加强对工具的管理和控制。①明确工具管理工作的责任人，加大对在工具管理中存在的不当行为的处罚力度。②要严格落实工具数量登记及收发制度。工具要由值班警察直接管理，要记录清楚当天发出、收回工具的数量，发现工具数量不对，要及时进行汇报，及时进行排查。③科室、监区要加强对工具收、发工作进行监督检查，定期对监区工具进行清查。

（二）提高监狱对突发事件的应急处置能力

监狱对突发事件的应急处置能力是监狱的重要工作之一，是有效遏止狱内案件进一步恶化的有效手段之一，因此监狱要提高应对突发事件的处置能力。①要建立应急指挥系统。建立突发事件应急处置指挥部，制定狱内应对突发事件的预案，明确预案组织系统、任务区分、信号规定、工作纪律和各个岗位的责任人。②要建立一支高素质的具有快速反应能力的应急处置分队，由监狱主管领导亲自指挥，挑选政治素质强、作风扎实、身体素质好、业务技能过硬的年轻警察组成分队，定期进行严格训练，随时待命，一旦需要立即赶赴现场，采取行动，控制局面。③加强预案的实战演练，使全体队员熟悉自己在预防突发事件中所担负的任务和具体操作方法，以便做到处变不惊，临阵不乱。④要充实警戒装备，配备相应的指挥车、执勤车、运兵车、囚车以及先进监控设施和报警系统等。⑤要建立完善信息传导系统，便于及时发现情况，及时报警，及时组织力量迅速进入现场，为处置突发事件赢取战机。

案例 5：重犯集体脱逃事件

一、深夜遣逃

1996年10月7日凌晨，山区监狱一片万籁俱寂，几乎所有的人都已经沉睡在梦中的时候，某大队某中队武某、杨某、张某、李某、温某等5名罪犯却仍在各自的监舍里煎熬，他们佯装入睡，实为焦急地等待着时间过去。2时15分至2时30分，在夜幕的掩饰下，5名罪犯见时机成熟，便按事先预谋的时间、地点，先后集中于中队"小煲房"内。2时40分，他们按照早已密谋好的顺序和分工，由罪犯张某第一个钻入他们用5个多月时间挖出的一条从小煲房内通往狱外的地道，为了防止暴露而特意在地道出口处预留约40厘米厚的泥土未挖穿，5人先后爬出地道实施脱逃，并由最后一名入洞的罪犯温某用木板铲上煤泥将地道入口覆盖，爬出地道后又用杂草将出口伪装好，然后按事先约定的地点，集中于大队菜地，一起向后龙山茶园方向逃窜。当5人逃到茶园拐弯处时，罪犯温某认为5个人在一起逃跑目标太大，便独自一人下山逃到流经该大队的河边，过河后沿河边公路往北逃窜。而罪犯武某、杨某、张某、李某4人因会开车的温犯走散，无法实施他们原来商定的"过河到公路上劫车逃跑"的方案，只好下山后改为沿河边东岸向北逃窜。

二、紧急大围捕

10月7日上午8时，某大队某中队发现上述5名罪犯不在中队，经查找无着落，随即报告大队，大队认定是发生了罪犯脱逃，立即于8时15分向监狱报告，同时通报、组织全队警察、驻队武警进行追捕。

监狱接报后，当时分管狱政工作的刘副监狱长立即指示监狱有关科室组织警力协助追逃，同时带领有关人员火速驱车赶往大队，勘查了解案情。约9时许，在某大队某中队小煲房内一个放煤饼的废水池内发现一个通往狱外的30cm×40cm大小、长达13m的地道，证实5名罪犯已从地道脱逃，便将情况报告了省监狱管理局。

监狱长和副政委等也紧随其后赶到了大队，勘查现场和了解情况后，组织有关人员在大队召开了"10·7"案件现场紧急会议，深入分析案情，成立"10·7"案件追捕指挥部，完善了追逃方案，调整充实了追捕警力。会上，监狱领导严令指示：一定要全力把5名逃犯全部捉拿归案，将事故的影响和损失降到最低限度！紧急会议后，各有关人员和全体追捕警察按照会议部署的方案，严密实施，展开了大规模、全方位、全天候的围、追、堵、截逃犯的行动。

10月11日上午12时10分，指挥部接到监狱附近的某村村民的电话举报称：当天上午11时许，有个到该村小卖部买食品的人形迹可疑，很像逃犯！副监狱长接报后马上将情况通报了大队和离该村最近的煤炭大队，指示两队立即组织人员前赴追捕，同时与副政委带领指挥部人员赶赴该村指挥作战。经向村民调查核实，指挥部决定对该村域重点加大搜捕力度，并调集狱部、医院、大队的部分警察、武警赴该村进行大范围的搜山围捕。由于山高林密，地形复杂，历时5个多小时的搜山暂无收获，但估计大搜山已将如惊弓之鸟的几名逃犯冲散，指挥部决定采用"调虎离山计"，有意将搜山警察和武警公然撤回，同时却秘密布下4个暗哨并明确部署了任务。

10月12日凌晨4时20分，被搜山冲散的罪犯张某因惧怕恐慌，深夜下山寻找失散的同犯并伺机寻路遭逃，当其胆战心惊地行至该村附近的一处桥上时，被埋伏在那里的警察当场擒获。12日上午8时许，罪犯李某因饥饿疲累和迫于监狱严密的追捕威力，认为脱逃无路，无奈地通过村民转告，向追捕警察投案自首。自首后，李犯检举了罪犯武某仍在河边藏匿的线索。11时30分，武犯在河中间的小土墩上被搜捕警察抓获。

3名逃犯相继落网后，监狱迅速进行了提审，得知罪犯杨某可能已向某镇方向逃窜。对此，追捕指挥部于10月12日和14日两次召开会议分析研究进一步的追捕方案，将范围扩大到两省交界区域，先后加强了3个哨位的警力，并增设了周边省3个哨位。12日13时15分，罪犯温某在某公路乘坐中巴途中被稽查警察抓获；16日上午7时20分，最后一名逃犯杨某亦在外省落网。至此，历时整整10天的"10·7"案件追逃大围捕行动终于宣告结束，5名集体脱逃的重刑罪犯全部被捉拿归案。

三、反思"10·7"

"10·7"案件是一起有组织、有计划、有预谋的重大罪犯集体脱逃案件。其参与人数之多、准备时间之长、挖洞工程之大、活动实施之密在某省监狱史上都是前所未有的。该案的发生不是偶然的，它深刻揭示了监狱改造与反改造斗争的尖锐性、长期性和复杂性，其所造成的损失和影响已不言而喻。今天我们重新揭开"伤疤"，去冷静透视：我们工作的"软肋"主要在哪里？

"软肋"之一：监狱业务指导思想偏差。"10·7"案件的客观背景是当时监狱正处于产业结构调整，生产体制改革，全面落实"生产承包责任制"的转型时期，加之该监狱多年来一直经济困难，实行承包后经济压力进一步加重。在此情况下，监狱业务指导思想出现了"重生产、轻改造"的错误偏差。监狱、大队都将工作重心和主要精力放在抓经济、搞生产的问题上，而对转型期可能出现的问题预见不足，特别是对狱内矛盾和敌情的尖锐复杂性认识不足，管教工作严重滑坡。罪犯超时劳动多、加班加点多，组织教育学习、工余活动少；管教工作抽象指示、空洞要求多，实际落实、解决问题少等，势必导致狱内隐患的迅速滋生和矛盾的激化。

"软肋"之二：警察敌情观念不强，思想严重麻痹。从"10·7"案件调查的一些细节中，充分暴露出当时一部分警察安全防范意识和敌情观念极其淡薄。如案件发生前，5名罪犯经常在中队小煲房内密谋，曾有罪犯向中队警察反映情况，而中队有关领导和警察轻视地认为他们大不了是借小煲房的便利搞些吃吃喝喝的事，思想上丝毫没有意识到5犯从事其他反改造活动的可能性，更没有想到他们会预谋脱逃，对反映的情况毫不重视。甚至在10月16日下午，在离案件发生10来个小时前，罪犯耳目向中队分管管教工作的一名副中队长再次反映武某、张某、杨某3犯在小煲房的异常活动并要求其调查核实时，该中队领导仅是到小煲房看一下，随便询问武犯几句就了事，毫无警惕之意！又如，罪犯张某从工地将中队配给他的矿灯拿回去挖地道，负责保管矿灯的罪犯向分管生产的中队领导报告说张犯的灯不见了，该中队领导只责令张犯找回，第二天张犯交回矿灯后，也没有过问查明其原因细节，此事不了了之！再有，罪犯脱逃当日早晨出工时，分队带班警察只管把罪犯带出，而对分队少了2名罪犯也不及时进行追查，没有意识到罪犯是否脱逃，从而延误了早发现、早追捕的时机等。

"软肋"之三：监管制度不落实。从"10·7"案件中更暴露出当时该监区、分监区有章不循、循章不严的种种漏洞和问题。为了逃跑，罪犯武某和温某会见时分别挟带现金4300元和3000元而未被查出；罪犯多次从工地将脱逃作案工具铁钯、钢钎、羊镐、矿灯等带入监仓，警察无人警觉，无人追查；罪犯蓄谋脱逃时间如此之久，挖洞耗时达5个月零10天，小煲房为中队死角和重点部位，期间中队竟没有对此进行过深入细致的清理检查，没有发现罪犯脱逃前的任何蛛丝马迹；罪犯杨某因家庭变故本已被中队列为夹控对象，后来中队却未经监狱审批将之作为中队积委、宣传员使用⋯⋯从这些诸多漏洞可以透视出由于当时我们的警察麻痹轻敌，监管工作中的互监组、"二挟一"、清仓、搜身检查、警察夜间查铺、工具管理、直接管理、狱情研究分析、耳目建设、重点部位监控、顽危犯"三包"、事务性罪犯使用把关审批等制度在该中队几乎是形同虚设，无疑给罪犯脱逃提供了众多机会。

除此之外，造成"10·7"案件的原因还有警察业务素质不高、责任心不强；监狱督导工作不力，管理松懈；管教基础工作不扎实等。总而言之，"10·7"案件的发生，是对我们工作"软肋"的一次痛击，它是我们工作中诸多问题和漏洞的综合反映，是监管改造工作落实不到位的必然结果。

监狱安全，重任在肩。"10·7"警示我们：永远都不能忘记历史的沉痛教训！

案例6：罪犯爬气窗脱逃事件

一、事件经过

1999年12月28日，某监狱抛光车间因无料加工，值班分队长甲便带领罪犯打扫车间卫生，下午4时许，罪犯汪某（男，29岁，盗窃罪，判5年6个月，1999年5月11日投牢），趁点名制度没有严格落实、工厂秩序比较混乱之机，撞开抛光车间抽风巷道墙，钻入抽风巷道，拆去排气扇，从排气孔爬出脱逃。由于值班警察甲自上午11时30分至下午5时40分一直没有落实点名制度，因而未能及时发现该犯脱逃，直至下午6时警察乙接班点名时才发现汪犯失踪，值班警察也没有按事故上报制度立即将情况上报，而是在工厂及周围寻找，直到7时寻找未果才向监区领导报告，监区领导立即上报监狱领导，虽然监狱方积极采取措施进行追捕，但由于贻误了最佳追捕时间，未能即时将逃犯捕获。监狱向周边市镇发出悬赏协查通报，至2000年8月31日晚，监狱接到匿名群众的电话举报，称发现该监狱在逃罪犯汪某出现在某镇某村一带，监狱立即组织追捕小组，在某市警方等相关部门的大力配合之下，于2000年9月1日晚8时45分，在该村将该犯捉拿归案。

二、处置过程

监狱领导在接到罪犯汪某脱逃的电话报告后，立即赶往事故现场，启动应急处置预案，迅速成立了由监狱长为组长、其他监狱领导和驻监武警大队领导为副组长、管教线科室领导及五监区领导为组员的追捕指挥小组。指挥小组一方面组织人员即时向省监狱局和市司法局汇报，同时一方面组织人员对有关罪犯进行询问，调查事件的情况；另一方面紧急出动近100名警察、30多名武警官兵分成15个小组到监狱周边的路口设卡，进行围、追、堵、截，同时派出警力分别到汪犯户籍地派出所和汪犯被捕前在附近地区的朋友处联系，并向周边市镇发出紧急悬赏协查通报，因报告不及时，错过了追捕时间，未能即时将汪犯捕获，次日继续派出警力追捕仍然未果。直至 2000 年 8 月 31 日晚上 6 时 55 分，监狱值班室接到一匿名群众来电举报，称看到该监狱在逃罪犯汪某与其妻陈某出现在某市某镇某村。该监狱党委对这一信息给予高度重视，当即与某市警方联系，请求协查，并召开党委会议，专题研究商定追逃方案，次日早上 8 时 10 分，某市警方来电称经搜查并未发现目标，并打算白天继续进行搜查，该监狱党委当机立断，决定立即出动监狱追逃小组，前往某市进行调查和缉捕。追捕小组到达目的地后细心勘察地形地势，周密部署，精心分工，分 3 组进行地毯式搜查，于当天晚上 8 时 45 分，将正在与妻子散步的在逃犯汪某抓获，并于当晚押回该监狱。

三、原因分析

此次事故的发生给监狱的监管安全工作敲响了沉重的警钟，其教训是深刻的，原因也是多方面的，监狱召开了"12·28"脱逃事故分析会，参加会议的有监狱领导，政治处、纪检室、办公室和管教线科室负责同志以及该监区的所有警察，大家通过认真的讨论分析，总结出如下原因：

(一) 警察思想麻痹，敌情观念淡薄

监狱的业务指导思想有偏差，存在重生产轻改造的思想，值班警察被汪犯积极劳动、性格开朗的假象所蒙骗，对狱内罪犯作案手段的狡诈性和隐蔽性缺乏了解和提防，对罪犯的直接管理麻痹大意，简单地认为确保监管安全就是守住出入口大门，对罪犯监管不到位，没有落实巡查工厂制度，使罪犯脱逃有机可乘。

(二) 监管制度不落实，形同虚设

①落实点名制度严重打折扣。值班警察从上午 11 时 30 分至下午 6 时 30 分未曾落实过点名制度，点名登记全部作假。②互监组制度不落实。带班警察随意调动互监组罪犯的位置，致使工厂打扫卫生现场秩序混乱，互监组根本起不到相互监督的作用。③对重点罪犯管理措施不落实。在汪犯脱逃的前几天，其妻来监探望并提出离婚要求，致使该犯思想一直不稳定，其所在监区在该犯脱逃前两天（12 月 27 日下午）召开的狱情分析会上将汪犯列为重点罪犯，但没有采取任何措施对其进行教育和管理夹控，甚至违反重点罪犯管理规定，安排其到工厂外劳动，这为汪犯观察周围环境，预谋脱逃方式提供了便利。④个别谈话教育不落实。在汪犯被列为重点罪犯之后，警察没有对其进行个别谈话教育，未能及时掌握和控制其脱逃思想。⑤事故报告制度不落实。带班警察发现汪犯

不见之后，没有按照事故上报制度立即将情况上报，而是擅自在工厂周围寻找多时，直至当晚 7 时才将情况向领导汇报，贻误了战机，错过了最佳追捕时间。

(三) 重点部位排查不彻底，整治不力

监狱多次要求各监区对"四个重点"开展自查工作，对存在的隐患要及时进行整改，但该监区却未能认真自查。随后监狱在检查过程中发现该监区抛光抽风巷道存在隐患，并要求其整改，但该监区还是未能落实整改措施，以致酿成事故。

(四) 敌情不明，耳目不灵

在汪犯妻子提出离婚要求后，汪犯曾对同仓的罪犯说要"搞定"其妻子；12 月 28 日下午，该车间罪犯在打扫车间卫生时，唯独汪犯坐在抛光抽风巷道旁看报纸，实在伺机脱逃。上述两种重要情况没有耳目和互监组罪犯向警察报告，警察对汪犯预谋并实施脱逃也毫无察觉，无法采取措施将事故消除在萌芽状态。

(五) 检查督促不严，处罚缺乏力度

对违反监管制度和规定的人和事，未能做到严肃处理；对检查过程中存在的问题也没有采取有效措施督促其整改，未能建立整改责任制，对隐患的整改只是停留在口头上的批评和督促，处罚不力。

四、善后处理措施

"12·28"事故发生后，省司法厅、省监狱局和市司法局给予高度重视，省厅副厅长及省局局长都对事故作了重要指示，省局副局长和市司法局局长于事故当晚便赶至该监狱，协助指挥追捕工作。省局副局长在该监狱 12 月 29 日上午召开的监管工作紧急会议上作了重要讲话，对事故原因进行了认真的分析。随后，监狱分别于元月 3 日上午召开党委扩大会议，元月 3 日晚上召开事故分析会，元月 10 日上午召开监管安全工作研讨会等一系列会议，认真贯彻落实上级领导的指示精神，对"12·28"事故的原因进行全面深刻的分析，吸取事故的沉重教训，并提出了如下整改措施，以确保新的一年改造秩序的安全稳定。

1. 按照"三不放过"的原则，严肃处理事故责任人。监狱党委带头在党委扩大会议和警察会议上作了自我检查，表示诚恳接受上级的批评和处理，并决定对事故的直接责任人、各级相关责任领导一一予以不同程度的处理。

2. 召开全体警察大会，要求各级领导及全体警察牢固树立敌情观念和防范意识。在大会上通报事故经过，并通过对事故原因的分析，告诫广大警察从六方面正确而清醒的认识到当前监管安全工作的严峻形势：①此次脱逃事故给监管安全工作带来了严重的负面影响；②警力严重不足，管理空当大，监管死角多，往往顾此失彼，制度得不到落实；③监管设施落后，存在的隐患、漏洞较多；④封闭管理加强后，罪犯脱逃的手段、方法会更加狡诈、隐蔽、凶残；⑤重大节日来临前，罪犯的思乡、思亲情绪浓厚，思想不稳定；⑥生产任务繁重，给监管改造工作带来一定的冲击，因此必须始终坚持监管改造工作第一的责任意识。

3. 加大处罚力度，强化制度落实。制度的落实必须一级抓一级，建立层级责任机制，杜绝有令不行、有禁不止、有章不循或循章不严的情况：①签订《监管安全工作责任状》，明确领导为事故第一责任人；②加大对警察的处罚力度，制定《警察过错责任追究规定》和《警察黄牌警告管理规定》，建立季度考核制度，加强警察的工作责任感和使命感；③成立专职执法队，由纪检室、政治处、狱政科、生产科等有关人员组成，加强对监狱执法工作的督查和对监狱周边的巡逻；④监狱每半年对各级领导进行一次业绩考核，对不合格的予以严厉处罚。

4. 加强狱内侦查和管理工作。①建立健全狱侦工作网络，加强对耳目的管理教育，真正使耳目能即时准确地提供狱情动态，充分发挥其作用，做到敌动我知，尽量把一切事故消除在萌芽状态。②重新修订互监组制度，加大互监罪犯连带责任处罚力度，确保互监组切实起到互相监督的作用。③落实对"四个重点"的排查和管理。"四个重点"是监管工作的重中之重，监狱和监区要定期和不定期开展排查工作，及时发现隐患并制定整改措施，夯实基础管理工作，提高监管安全系数。④加大资金投入力度，舍得花钱买安全，加强硬件设施建设，提高监狱的物防和技防水平，减少人防压力。

5. 端正指导思想，正确处理好改造与生产的关系。生产经济压力再大也要认清监狱惩罚人和改造人的本质，牢固树立稳定压倒一切的指导思想，坚决杜绝重生产、轻改造的错误认识。

五、教训体会

此次事故发生在1999年年末，这使该监狱全年的监管安全工作"功亏一篑"，在事故处置过程中消耗了大量的警力、物力和财力，不仅给警察带来了沉重的精神压力，也给监狱造成了不小的经济损失，亦给社会治安带来了不良影响。但是事故发生的偶然性中也存在其一定的必然性，原因是深刻的、教训是沉痛的，这起事故给该监狱乃至全省监狱系统的监管工作敲响了沉重的警钟，也提醒了监狱工作者们善于去发现问题、面对问题、审视问题、解决问题。监管工作会随着社会的发展、犯罪结构的不断变化而变得越来越艰巨复杂，执法者们只有时刻保持警惕，始终保持清醒的头脑，牢固树立安全工作重于泰山的意识，积极认清形势，不断用发展的眼光、开拓创新的思想去探索科学管理监狱的新方法和新路子，才能以不变应万变，确保监狱的持续安全稳定，维护国家的长治久安。

案例7：艾滋病罪犯劫持亲属事件

一、事件经过

某监狱医院监区艾滋病罪犯欧某的妻子赵某到监狱要求会见欧犯，因欧犯病情属于 AIDS 发病期，近10天病情加重，卧病在床，频繁咯血，无法到会见楼会见。为稳定欧犯的改造情绪，发挥亲属的帮教作用，监狱批准其妻子赵某到医院监区会见欧犯。在会见现场，由于欧犯病重躺在床上，监区领导批准其妻子到病房会见，并安排2名警察站在欧犯床边仅1米距离的地方进行现场管理。会见过程中，欧犯要求其妻子为其签名担保保外就医，但其妻子一直表示必须与家人商量才能决定。11时10分，当会见结束，管理警察要带其妻子离开病房时，罪犯欧某突然抱住其妻子，情绪异常激动，并表示如果其妻子不签名担保保外就医，就和她同归于尽。

二、处置过程

事件发生后，监区领导立即组织监区警察对现场进行控制，及时采取防范措施，并于11时15分向监狱应急指挥中心报警，应急指挥中心接到报警后，立即启动一级应急预案，并向监狱领导报告。11时20分，监狱领导和防暴队员迅速赶到现场进行处置，监狱领导到达现场后，亲自布置警力控制现场，部署应急处置方案，并直接与欧犯对话，在了解其真正动机后，耐心细致地做通殴犯妻子的思想工作，并由其妻子"答应"签名担保保外就医，最终使得事件得以顺利解决，实现了零受伤的目标。

三、善后处理措施

1. 加强欧犯的教育引导工作，监狱成立专教小组，制定教育转化方案，要求监区每周必须找欧犯谈话2次，及时掌握罪犯的思想动态，并开展有针对性的教育工作，以稳定该犯的改造情绪。

2. 严格落实防控措施，为防止欧犯再次发生劫持人质的行为，监狱将欧犯单独关押在单人病房，并安装监控器，对其进行 24 小时的监控。

3. 及时召开个案分析会，对事件发生的原因、经验教训进行深入地研究分析，并提出整改措施。

4. 召开由科室、各单位一把手及分管狱政工作的副监区长参加的监管工作紧急会议，及时通报此次事件。

四、原因分析

1. 警察安全意识不强，对罪犯思想动态缺乏了解。在此次事件中，监区未能深入地了解欧犯的思想动态，对欧犯的危险状况缺乏了解，对其可能发生的危险行为估计不足。

2. 会见现场管理缺乏安全防护措施。在安排欧犯与其亲属在病房会见时，没有在欧犯和其妻子之间设置防护栏，以致欧犯能够轻而易举地对其妻子进行劫持。

五、经验体会

1. 反应要灵敏。面对突发事件，反应一定要灵敏，为控制事态发展赢得主动。本次事件发生时，监狱立即启动一级应急预案，一方面迅速组织防暴队员赶到现场进行处置；另一方面加强对欧犯的宣传教育工作，稳定欧犯的情绪，避免事件的进一步恶化。

2. 处置要果断。发生突发事件时，处置一定要果断得力。①要在第一时间对事件现场进行控制，加强政策宣传教育，尽量稳定罪犯的情绪，防止罪犯强行脱逃或对人质产生危害行为；②要及时了解事件发生的原因和过程，为监狱的决策提供依据。

3. 报告要及时。突发事件发生后，要按规定时间向上级报告，为监狱处置突发事件赢得时间。在本次事件中，由于监区能及时向监狱报告，使监狱能够在较短的时间内组织警力赶赴现场进行处置。

案例 8：罪犯上吊自杀事故

一、事件经过

2006 年 6 月 3 日凌晨 5 时 30 分许，某监狱监舍 3 楼 13 室罪犯伍某（某市增城市人，抢劫罪，判处 12 年有期徒刑，2006 年 4 月 18 日入监）因缺乏正确的改造观，入监不久便产生了严重的悲观厌世情绪，思想和行为过激，用 4 股共 2 米长的灰白色塑料包装绳吊在监室靠厕所位置窗口的铁枝上上吊自杀。

二、处置过程

2006 年 6 月 3 日凌晨 5 时 30 分，某监狱某监区监舍 3 楼 13 室罪犯吴某发现同监室罪犯伍某上吊自杀，吴犯立即叫醒其他罪犯将伍犯解救下来，并通过楼层罪犯值班员报告值班警察。值班警察接到报告后，立即向监区报告同时立即组织罪犯将伍犯送往医院进行抢救，该犯因抢救无效而死亡。

三、善后处理措施

事故发生后，监狱针对罪犯教育和管理中存在的薄弱环节，采取了以下相应措施：

1. 强化监管安全意识教育。强化以监管安全为主业的观念，认真重视和研究当前监管工作中出现的新情况、新问题，找准安全防范工作中的监管空白和监管盲点，切实解决好监管改造工作中遇到的问题和实际困难。注重完善狱情的排查预警机制，真正做到防患于未然。

2. 加强入监教育。为充分发挥入监教育在帮助新收罪犯适应监狱环境和强化罪犯身份意识、行为规范等方面的功能，防止类次事故的再次发生，监狱成立了入监管区，按照月平均收押的罪犯数量配备警力，采取切实措施确保入监教育时间的落实，同时向省局申请增设入监监区。

3. 严格落实各项监管安全制度和措施。①加强对罪犯的搜身、清仓等工作，对出收工搜身和节假日清仓的"规定动作"严格落实，进一步形成搜身清仓工作定期化、制度化、规范化。②加强对异常狱情的收集与处置。对全监罪犯特别是新入监的罪犯进行重点排查，不断畅通异常狱情的收集渠道。坚持收集与处置紧密结合，充分利用心理矫治与教育谈话等手段，将事故苗头消除在萌芽状态。③加强对"四个重点"的管控力度，调整和充实监门值班警力，加强了对监门的管理。④加强耳目的物色、管理和使用。调动耳目工作的积极性和主动性，充分发挥耳目在维护监管安全方面的积极作用。

四、原因分析

这起罪犯自杀事故是 2006 年全省管教工作会议和监狱安全大检查后发生的第一起监管安全事故，事故的发生暴露出监狱在安全防范和日常管理方面存在一些突出的问题和漏洞。

1. 入监教育流于形式。①监狱没有专门的入出监监区。当时的入监队挂靠在某监区某分监区，监室由监区一栋监舍的首层改造而成，只有3名警察负责新收犯教育训练的全部事务，远远不能满足入监教育的需要。②入监教育时间短。罪犯入监教育时间均为10天~15天。

2. 排查工作不到位。对于伍犯入监以来一直沉默寡言、性格孤僻、不合群的异常现象视而不见，监区简单认为这只是性格所致，并没有给予足够的重视。事后调查得知，伍犯在2006年4月18日入监途中曾与同车的罪犯流露过"12年刑期怎么过"的悲观情绪，该犯自羁押之日始至自杀前，从未与家人会见和通信，入监后对新的环境产生的恐慌心理未能得到有针对性的教育疏导，导致该犯流露出的严重的悲观厌世情绪没有被及时掌握，使其自杀行为得逞。

3. 防控措施不到位。①搜身、清仓制度不落实。伍犯所在的监区从事的是毛织生产，车间存在大量的包装绳、布条等危险物品。监区在出收工时没有采取针对性的措施进行严格的搜身和开展经常性的清仓检查，这使伍犯有机会将包装绳带入监室并成功实施自杀。②对楼层罪犯值班员的监督力度不够。监狱要求楼层罪犯值班员夜间值班时每15分钟巡查一次，但坐班警察并没有对值班罪犯的巡查情况进行监督检查，而是坐在警察值班室中（监区当时没有安装监控设备）。正因如此，罪犯值班员在6月3日凌晨5时至5时35分这一时段在打瞌睡，以致没有及时发现并制止伍犯的自杀行为。③灯火管制不合理。夜间熄灯后，监室的所有用灯全部关闭，在楼道外很难看清楚监室里面的情况。

五、教训体会

监管安全无小事，责任重于泰山，丝毫的麻痹和疏忽都可能导致严重的后果。这起罪犯自杀死亡事故，归根结底是不能严格执行各项监管安全制度所致，教训十分深刻。①要牢固树立监管安全的首位意识。始终把维护监管安全稳定作为各项工作的出发点和落脚点，严格执行维护监管安全稳定的各项制度和措施。②要正确处理好监管安全工作与监管资源不足的矛盾。监管资源不足是客观存在的，需要一个逐步解决的过程。但决不能因为监管资源不足而推卸肩负的监管安全重大责任。要用发展的眼光正确对待监管资源不足的现状，积极主动地想办法克服困难，尽职尽责。③要必须具备细致的观察、分析和判断能力，善于从蛛丝马迹中获取信息，特别是隐藏的信息，透过表面现象分析内在原因，真正做到见微知著，防微杜渐。④要针对罪犯的不良情绪和行为，适时运用心理分析、疏导教育等方法，加强对罪犯的思想教育力度。⑤要坚决贯彻落实各项监管制度和措施，严格排查各种隐患和不稳定因素，加强管教基础工作，必要时采取防控措施，确保监管安全。

案例9：罪犯病死纠纷事件

在对罪犯的管理中，很多问题涉及到监狱和罪犯的权力（利）、义务之间的法律关系，往往引发矛盾和纠纷。如何依法处理这些矛盾和纠纷，值得我们慎重对待和认真研究。

一、罪犯正常病死经过

2000年11月4日，某公司财务科长刘某，因犯有贪污、受贿罪被判处有期徒刑12年，并被押送到监狱服刑改造。

投监改造后，罪犯刘某深知自己罪有应得，因此能够自觉遵守监规纪律，服从管理教育，积极参加监狱组织的"三课"教育活动，没有因违纪被扣分处理。监区根据刘犯的改造表现和其文化程度高、经常投稿且字迹端正、有一定专长、身体条件较差的实际情况，将其安排在负责监区黑板报，蜡版刻印学习和生产资料的改造岗位上。这样的安排使得刘犯改造的积极性更加高涨，多次获得各种奖励。2003年2月，刘犯因改造表现突出被依法减刑1年6个月。

自2003年以来，刘犯自感身体每况愈下，称原病史曾有肺结核，一直以来未间断过服药治疗。投监后又经常因发热、呼吸道感染、咳嗽、胸部疼痛等到医疗室就诊，仅2003年3月2日至同年11月17日期间就医次数就达15次。同年11月18日晚，刘犯再次因胸痛、气喘、憋闷到医疗室就诊，值班医生检查后认为刘犯病情突然加重且病因不明需转入监狱医院治疗，经请示业务部门报监狱领导同意后，当晚即转送监狱医院对症治疗。次日上午，监狱医院组织各方面主治医生对刘犯的病情进行会诊，鉴于对症治疗效果不明显，病情持续加重经报上级主管部门批准后，当即紧急将刘犯转入指定的当地县第二人民医院进行救治，并由狱政部门向其家属电话发出通知书，通报病情。

刘犯被转送当地医院后，院方立即组织会诊，认为其患肺气胸的症状明显，病情仍然在加重，监狱医院采取的治疗措施正确，继续延用监狱医院的对症治疗办法，观察后再做下一步决定。当日下午2时30分许，接到通知的刘犯妻子及兄弟等4人到达监狱，监狱当即将刘犯患病治疗情况及突然加重病情的经过向其家属做了通报，并引领他们到医院现场看望了刘犯。在刘犯亲属的再三请求下，监狱出于"惩前毖后、治病救人"的慎重考虑，经报上级批准，做出了特许刘犯妻子及两个兄弟现场陪护的决定。

当晚，刘犯病情再度加重，气胸加剧，呼吸困难，院方经慎重研究后决定为其实施气胸手术。当将刘犯病情危殆情况和实施手术的决定通报其家属后，刘犯妻子及兄弟当即表示反对，拒不在手术单上签字。其家属片面认为该院医疗条件差，医疗水平低，医疗设备不完善，请求将刘犯转入市人民医院救治，在刘犯妻子做出承担转院途中一切后果的书面承诺后，经上级批准，当即派出专车专人连夜将刘犯转入市第一人民医院救治。随行的刘犯家属对监狱高度负责的态度和采取的积极救治措施再三表示感谢，他们认为监狱作为刑罚执行机关对刘犯所给予的一切改造和挽救都是于其家族有恩的举措，感激之辞溢于言表。

2003年11月20日下午4时50分，罪犯刘某终因右侧气胸引发胸膜炎、右侧胸腔积水、右肺感染等并发症导致呼吸衰竭，抢救无效而死亡。这一天，距离刘犯刑满释放还有6年10个月。

二、罪犯亲属哄闹情况

刘犯的家属对其突然离世的现实无法接受，根本不倾听院方做出的病理医学解释，悲恸嚎哭间霎时将矛头指向在场正给予他们关怀劝慰的监狱警察。刘犯妻子吼叫着"我老公不是病死的！他是你们监狱害死的！""你们要偿命！"他们一方面严词拒绝在刘犯死亡通知书上签字，一方面电话通知其他亲属赶往医院现场。顷刻间，刘犯的亲属共20余人来到医院现场，将监狱执勤警察团团围在中间并大声质问。言辞激烈间，刘犯的个别亲属甚至对警察恶语相向，一定要监狱警察给出明确的说法，否则就不能放过等。叫嚣之辞此起彼伏，引起各方群众不明就里纷纷奔向现场，秩序一片混乱。

面对突然发生的变故，派驻现场的3名监狱警察自始至终言语诚恳、态度温和，他们一方面协助医院管理好混乱的现场，一方面耐心劝慰刘犯的亲属要节哀顺变要相信监狱机关和医院的结论，有问题可以通过正常的渠道得到良好的解决。然而，刘犯的亲属根本不理会警察的劝慰，甚至辱骂和殴打警察。但是，3名监狱警察却始终和言悦色地劝慰刘犯家属，与此同时，全力维持现场秩序。

混乱的场面持续了近30分钟。不知是现场监狱警察入情入理的态度感化了犯属，也不知是警察的威严与克制震慑了犯属，还是他们良心发现，抑或他们惧怕由此产生的后果会使他们承担难以预料的法律责任，最后由刘犯妻子带头压制情绪，向监狱方面提出：①对死因有异议，不在死亡通知书上签字，待法医鉴定后再说；②查阅刘犯入监后就医治疗的所有原始资料；③对刘犯尸体进行法医鉴定。在场的监狱警察当场表示满足刘犯亲属的要求，并依法对刘犯善后问题进行处理。

三、结局

刘犯亲属不甘自己的闹剧就此收场，他们在密谋着自己的不当利益。他们清楚地知道，人死不能复生，况且刘犯是因病死亡，医院方面的结论权威且科学，是难以推倒的。但他们也充分认识到，如今人们的法律意识尤其维权意识普遍增强，对执法机关的社会反响存在着认识误区。按照他们的理解，监狱的执法环节不可能没有漏洞，通过刘犯服刑期间的治疗资料，一定能够找到要挟监狱并制造舆论的把柄。

2003年11月21日，刘犯妻子及其全权委托的善后处理代理人、受聘律师、亲属等6人有准备地来到监狱。监狱为表示对刘犯死亡善后工作的重视，由分管副监狱长召集人民检察院驻监检察室成员、监狱医院、刘犯原改造监区领导及狱政等相关部门领导与刘犯家属一行见面，各部门分别详细通报介绍了刘犯投监改造以来的改造、就医、治疗、住院、转院等情况，并向犯属出具了相关原始资料。刘犯亲属等人对监狱方面的介绍仔细倾听、记录，对资料进行认真查阅。也许他们根本想像不到监狱对任何一名罪犯投监改造以来的各种相关资料建立管理得如此完善、如此细致，完全超出了他们的认识和想像范畴。近3个小时的短兵相接，尽管刘犯亲属一行不时提问，但监狱方面始终坚持尊重事实、相信真理，迫使对方心平气和进行沟通，最后他们表示等待尸检结果出来后再谈。

令人无法想像的是，还未等到尸检，刘犯家属就分别向市人民检察院监所科投诉，肆意歪曲事实诋毁监狱，称"刘犯死亡是由监狱延误治疗所致"。12月9日，依照法定程序，市人民检察院指定人员在刘犯家属在场的情况下，对刘犯尸体进行法医解剖检验，并对现场解剖检验进行全程录像。12月17日，尸检报告做出结论："刘某符合右肺上叶背段近胸膜处空洞型结核破裂引起右侧气胸导致呼吸衰竭死亡"，证实了医院的死亡结论。12月22日，市人民检察院根据法医结论，对刘犯家属的投诉给予了正式回复："结合我们的调查，我院认为某县公安局法医鉴定报告是正确的。鉴于刘某死因已查明，有关善后处理工作你家属应积极配合监狱依照有关法律政策进行。"

事情至此，刘犯亲属本应尊重客观事实，尊重科学，配合监狱妥善处理刘犯后事。但事与愿违，他们不但拒绝与监狱方面接触，更是置尸体于不顾，拒绝处理后事。鉴于刘犯家属的态度，在尸体存放长达30天之时，监狱致函市人民检察院，请求依照法定程序进行处理。检察院按照有关规定，依法于12月24日在无刘犯家属配合的情况下将尸体火化，同时通报刘犯家属。

不甘如此结果的刘犯亲属，为达到他们蓄谋已久的不可告人的目的，不但不收手，反而变本加厉，肆意捏造事实恶意诋毁监狱的正当执法和给予刘犯的完全人道关怀，他们以所谓的"尸检报告不准确"、"尸体有伤痕，怀疑死亡前被监狱警察殴打"、"很长时间没有进食，全身剩下皮包骨，受到不公正待遇"、"原本洁白的牙齿变成炭黑色"、"监狱伪造刘犯病历资料欺骗家属"、"没有家属签名擅自火化尸体的合法性"等分别向市人民检察院、政法委、省司法厅、监狱管理局、省人大、省政协等部门投诉，状告监狱，肆无忌惮地对监狱的正当执法进行诽谤、诋毁。

然而，事实胜于雄辩，真理终究站在正义一边。上级机关对刘犯家属的上访上诉给予高度重视，为查明事实真相，进行了多方面的调查取证，最终证实了监狱的清白，刘犯家属不得不按照法定程序处理后事。

案例10：罪犯暴力脱逃事件

1999年4月16日，某监狱医院监区（狱外单独关押点）发生1宗2名罪犯暴力行凶重伤一名值班警察，越狱脱逃的重大案件。该值班警察喉管被切断，头部被击多处，脸部和十个手指均被利刃刺伤。罪犯在脱逃4小时后被抓捕归案。

这是一起有预谋的故意杀人脱逃案，实施这起案件的两名罪犯分别是：吴某（男，抢劫、盗窃罪，判死缓，余刑12年）、刘某（男，抢劫罪，判无期徒刑，余刑18年）。经查实，吴、刘两名案犯，因刑期长，思想悲观，不安心改造，曾多次产生逃跑念头，尤其是在案发前3个月，两犯因违反监规，分别受到扣分禁闭和调换劳动工种的处理后，逃跑的欲望更为强烈，仅在案发前两犯就曾密谋逃跑数十次之多。

一、事件经过

1999年4月5日下午3时左右，吴、刘两犯趁监舍无人之机，密谋将近1个小时。在这次密谋中，吴犯开门见山地问刘犯是否真的想逃跑，刘犯当即表示"是"。在商议如何逃跑时，吴犯问刘犯会不会驾驶摩托车，刘犯表示"会"。在商议杀害人选时，吴犯说："某指导员身体比较单薄，没有多大力气，又有摩托车，到时，我可以准备一些血，用手捂住胸口，装成受了伤要到外诊室治疗的样子，由你扶出监仓大门，然后设法把某指导杀掉，开他的摩托车逃跑。"刘犯听后，认为某指导员做事较稳重，不会轻易让他们走出监仓大门，把握性不大。过了一会儿，吴犯又对刘犯说："某队长就单纯一些，我也比较熟，但当过兵，力气很大，怕搞不过他"。刘犯说："不怕，连我你都信不过。"吴犯看到刘犯态度坚决，就接着说："你不怕，我也不怕，反正都是拿命来搏的。"经过一番密谋策划，最后两犯一致商定：趁某队长值中午班时动手。

4月14日下午，吴、刘两犯就脱逃前的准备和分工，又进行了进一步的密谋策划。两犯商定：刘犯负责借钱，箍脖子、抢摩托车钥匙；吴犯负责准备凶器（剃头刀）、封箱胶纸（封口用）、香烟（作为诱饵）以及脱逃时穿的衣服等。并再次商定，在轮到某队长值中午班时动手。

自此之后，两犯一有机会就碰头，他们一边紧锣密鼓地做脱逃前的准备工作，一边观察上下班的情况和某队长的动向。刘犯分别向多位罪犯借钱（均未借到）。吴犯将剃头刀、封箱胶纸和香烟（"555"和"红塔山"各两条）用牛皮纸袋装好，拿到一张办公台的抽屉内藏匿，还先后给了刘犯蓝色裤和白衬衣各一件，并吩咐刘犯这几天要把衣服穿上，不要换洗，随时做好脱逃准备。

4月16日清早，吴犯走到刘犯床前叫醒刘犯说："就今天了（指轮到该队长值中午班，动手的时候）"，并提示刘犯不要在监仓走动太频繁，以免引起警察的警觉。而刘犯则让吴犯在中午警察下班前后，到大门处观察警察的动静，看是否还有未下班的警察。

11时左右，吴犯就坐在门岗亭靠近围墙的阶梯上，观察警察下班情况，待该队长接班进入监仓大门时，才匆匆忙忙跑到球场排队等候点名。

11时30分左右，当班警察队长进入球场点完名返回值班室时，早有预谋的罪犯吴某尾追上说："队长，罪犯刘某有事找你。"该队长不假思索地对吴犯说："把他叫出来。"随后，吴犯和刘犯一起走出了监仓大门，来到了警察值班室。刘犯佯装与队长谈调队的事，而吴犯则在值班室内外四处窥视。当吴犯确信周围没有其他警察，只有某队长一人值班时，便说："队长，我回去监仓拿点东西出来。"未等该队长回话，吴犯便离开值班室独自一人回到监仓切纸房，把事先准备好的内装有4条香烟、1把剃头刀、1卷封箱胶纸的牛皮纸袋从藏匿的抽屉取出来，然后骗大门监督岗说："某队长叫我拿东西给他。"随即溜出监仓大门，并将大门反插。

11时45分左右，吴犯趁该队长和刘犯继续谈话之机，走到一个柜子旁边，故意指着未上锁的柜子说："队长，柜子怎么未上锁？"当该队长从沙发上转身向柜子走去时，刘犯趁其不备，猛扑上去，从背后死死箍住该队长的脖子，吴犯则上前用拳头猛击该队长的头部，接着掏出一把剃头刀架在其脖子上，丧心病狂地威胁说："放我们一条生路，让我们走，我们就不杀你！"吴犯见该队长奋力反抗，又用封箱胶纸将嘴封住，并用剃头刀朝警察的脖子上、身上和手上猛割数刀，血泪汩汩地流下，染红了水泥地板。吴、刘两犯以为该警察已经死亡，便将其钱包（内有身份证、警官证、驾驶证、电话磁卡）和摩托车钥匙掠走。然后跑到车棚，两犯将该队长的摩托车推到路边打火，企图驾车逃跑。由于摩托车没有打着火，在慌乱中，吴犯看到浑身是血的队长突然从警察值班室走了出来，急忙跳下摩托车冲到其面前，再次用拳头将其击倒在地，并拖回值班室。当吴犯刚转身要走时，又见其爬了起来。这时，吴犯顺手拿起一把柴刀朝该队长的后脑勺连击数下，见其实在不行了就将其铐在一张沙发的扶手上。

当吴犯走出值班室正准备与刘犯一起驾车逃跑时，忽然听到有人大声呼喊："出事了，有罪犯逃跑。"因刘犯未能将摩托车发动，吴、刘两犯感到情况不妙，只好弃车冲到旁边的公路，强行拦停一辆中巴仓皇逃窜。接到报警的监狱警察和驻监武警，经过近 4 个小时的追捕，终于将藏匿在荆棘丛中的吴、刘两犯捉拿归案。

二、处置过程

发现罪犯逃跑的是医院监区二分监区的一名女警察，她一边大声叫喊"罪犯逃跑了"，一边跑到该监区的报警系统旁边拉响了警报系统，并在最短的时间内打通了领导的电话做了简短的汇报。随即整个监狱警报响了，罪犯脱逃应急处置方案在第一时间内启动了。5 分钟后，500 多名监狱警察赶到了预定集合点集合。与此同时，监狱已将相关情况通知给了驻监武警部队，武警部队 100 多名官兵也在 5 分钟内赶到了集合点。

在监狱应急领导小组的统一指挥下，除留下小部分警察对受伤的警察进行全力的抢救以外，近 500 名监狱警察和 100 多名驻监武警分别使用不同的交通工具（摩托车、大巴汽车、小汽车）沿着罪犯逃跑的路线追捕脱逃的罪犯。武警部队还带上了警犬。在追捕的过程中，一部分警察直接沿着罪犯脱逃时拦截的中巴车的线路追去；一部分警察在沿途向知情人了解罪犯逃跑线路情况。最后得知，这两名罪犯半路弃车过河逃窜。得知这个线索后，全体追逃的警察和武警官兵集中在这个山上搜索。经过近 3 个小时的搜查，终于在这座山的一个灌木荆棘丛中将这两名逃犯抓捕归案。

三、善后处理措施

在法律面前，脱逃未遂的两名罪犯终究付出了生命的代价。"嘣"、"嘣"清脆的两声枪响再次为企图通过非法手段达到所谓"自由"的罪犯敲响了警钟。值班警察虽然在医院和同志们的大力抢救下得以存活下来，但是这也付出了巨大代价。在惨痛的事实和血的教训面前，监狱进行了善后处理工作，一边将案件移交检察院起诉，一边总结、分析案件发生的原因并针对出现的问题进一步建立健全了相关制度。此后，该监狱管理措施和相关制度在多方面得到了完善和改进，警察值班单岗制度变成了双岗；罪犯外围关押点由原来的无武警岗哨重新设置了武警岗哨，而且外关押点逐步地迁回到监狱总部；狱情排查制度更加深入细致；教育改造罪犯的职能逐步得到强化，个别教育、接谈活动也得到强化；罪犯互监制度、搜身、清仓制度等日益规范和健全。

四、原因分析

"4·16"案件是一起经过精心策划，有组织、有预谋的罪犯行凶、越狱脱逃恶性案件。从这起案件发生的始末，我们可以看出，该案的发生不是偶然的，它是严重违反监管制度的必然结果。这也充分暴露了监狱在教育改造罪犯中存在的诸多薄弱环节和问题，究其原因主要有：

（1）对罪犯失去警觉，防范意识差是导致"4·16"案件发生的主要原因。

（2）有章不循，循章不严是导致"4·16"案件发生的直接原因。

（3）狱情排查不落实、搜身清仓制度不认真是导致"4·16"案件发生的重要原因。

（4）忽视有效的个别教育，特别是忽视对顽危犯的教育转化工作是导致"4·16"案件发生的最根本的原因。

五、教训体会

"4.16"案件血的教训值得反思。要在反思中汲取确保监管安全的养分，让监管安全之树常青、常绿。

纵观"4.16"案件发生的背景及其全过程，它的背后隐藏着深刻的启示。

（1）制度是监管安全的命根子，任何时候都不能把它丢在一边，认为其可有可无。否则，就免不了发生各种严重事故。

（2）面对教育改造对象——罪犯，尤其是暴力型罪犯，任何时候都不能丧失警惕。否则，就会吃大亏、上大当、出大事。

（3）必须培养和造就一支政治合格、业务精通、作风优良、为警清廉的监狱人民警察队伍。否则，就不能很好地担负起党和人民赋予我们的光荣使命。

（4）不可轻信罪犯。过于相信罪犯，对罪犯隐藏在内心的思想，没有认真分析、了解，特别是真伪不辨，将导致严重的后果。

（5）凡事预则立，不预则废。建立健全一套完整的狱情排查、收集、处置措施和应急处置方案是监狱工作的当务之急和必要手段。

案例 11：罪犯剪刀袭警事件

2007年2月9日16时5分，某监狱罪犯邓某（盗窃罪，原判无期徒刑，1997年1月8日入监，刑期至2013年9月13日止）在车间劳动时，从第三生产组劳动岗位上拿起生产用的剪刀（铁制，长约18厘米，剪刀尖长约8厘米），乘车间出货铁门敞开之机，窜出车间隔离栏冲到警察执勤岗位。正在审阅材料的副监区长感觉有人过来，抬头看到已冲到台前的邓犯，喝道："邓某你干什么？"邓犯便右手举起剪刀向监区长胸前猛扎过去，监区长见状急忙向后避退，同时一脚踢中邓犯手臂。罪犯邓某仍不罢休，再次挥动手中剪刀猛扎，监区长在避退中被木凳绊倒在地。邓犯企图再次冲上前时，另一名执勤警察转身发现后立即上前制止（该警察正在背对铁门倒开水），邓犯又挥舞剪刀扎向其胸前，该警察用左手推挡，被剪刀刺中左臂上端，造成左臂长3cm、宽0.8cm、深4cm的锐器伤。邓犯后来被监区其他警察及罪犯制服。

随后，监区马上报告给狱政科、侦察科、总值班室。相关科室和监狱领导对这一事件即时做出反应，对现场进行控制和侦察，将受伤警察送医院进行治疗。

经初步调查，从2006年7月开始，邓犯自称其有一个同父异母的姐姐曾于2004年来监狱会见自己时被监区阻挠，并怀疑监区侵占了其姐姐寄来的汇款，多次要求监区、监狱查清其姐是否来过，还要求找监狱领导控告监区领导侵占其姐寄来的汇款。针对这种情况，监区多次找邓犯进行教育解释，但邓犯不接受教育，顶撞警察，态度恶劣。邓犯于2006年7月19日因不如实回答警察问话且态度恶劣，被副监区长扣1分；7月底，狱政科副科长在检查工作时得知此事，找邓犯谈话，邓犯称确有这一姐姐，且已购买汽车和房子准备送与邓犯，但通过教育分析，邓犯也觉得自己的想法较为荒唐。2006年9月，邓犯向副监区长报告，称有警察去了他家，该副监区长说绝无此事，不相信可以在国庆节打电话回家证实。邓犯于国庆节打电话回家，没有得到肯定的回答。2007年1月4日拨打亲情电话时，因询问姐姐的事情得不到肯定答复，大发脾气，粗言滥语，摔打电话机，警察批评时其不肯承认错误且态度恶劣，被副监区长扣2分。此后邓犯多次要求见监狱领导。2007年2月8日下午，邓犯在副监区长与其谈话时说："今天见不到监狱领导，明天不是监区收拾我，就是我收拾别人。"监区针对这一情况，立即向监狱领导反映。当晚，监狱纪委书记到二监区向邓犯了解情况，指示监区要密切注视邓犯的思想动态，加强监管夹控，同意2月9

日下午安排邓犯拨打电话，若邓犯情绪偏激要立即采取措施。2月9日下午3时左右，监狱纪检监察室副主任与干事到监区找邓犯谈话，并安排他打家里电话。在通话过程中，邓犯因其弟媳不知道他有同父异母的姐姐一事，认为家人欺骗他，大发脾气，并怀疑有监狱警察对其家人进行威胁。在事后的调查中据邓犯供述，他在谈话结束后回到车间，怨气难消，认为副监区长曾阻止他向监狱领导反映情况，造成事情的复杂化。因此，当他发现副监区长坐在执勤台前时，便用剪刀扎过去，他认为此举一方面可以发泄怨气，另一方面也可以因此引起重视，使监狱以外的司法部门介入调查此事，帮其弄清其姐一事的真相。于是，便有了前面的一幕。

袭击伤害警察的性质很恶劣。其中也暴露出很多问题：①警察敌情观念淡薄，警惕性不高，对狱情处置不当；②对危险罪犯的监管措施落实不严格，缺少有效的管理教育办法；③对具有危险的劳动工具的管理未引起重视；④监门管理不落实。

吃一堑，长一智，我们应该从这血的案例中吸取教训，查漏补缺，防止此类事件的再次发生，为此要做好以下几项工作：

（1）牢固树立监管安全第一位的意识不动摇。全体监狱警察要吸取教训，提高执法水平，认真落实各项监管安全制度，加强对"三大现场"、"四个重点"的直接管理力度，确保对罪犯改造现场形成有效控制，充分发挥各项监管制度在维护狱内安全稳定工作中的作用。

（2）要充分认识狱内斗争的尖锐性、复杂性、重要性。

（3）严格落实四项机制。①排查机制。要发动全体警察，运用各种排查手段，密切关注罪犯思想动态，及时、准确地掌握和处置异常犯情。②防控机制。严格落实警察直接管理制度，加强对重点罪犯、重点物品的管理。③应急处置机制。每一名警察都应该熟悉各项突发事件处置预案，时刻做好应对突发事件的准备。④领导责任机制。值班领导要对狱情、犯情做到早知、真知、亲知、深知。

案例12：村民围攻抢走逃犯事件

1999年7月27日，某监狱4名警察驾驶警车前往湖南省追捕逃犯肖某（1998年1月因盗窃罪被判有期徒刑10年，1998年3月投牢，1998年9月22日晚上9时30分在生产车间撬断门窗爬出脱逃）。7月29日下午4时，追捕组警察接到报告，逃犯肖某藏在家里，由于情况紧急，同时亦怕走漏风声，追捕组警察直接租乘摩托车来到肖某家里。按计划，甲、乙两名警察在肖犯家的房前房后看守，丙、丁两名同志进入屋内向肖犯家人出示工作证，表明警察身份，并做肖犯父亲的思想工作，要求肖犯之父规劝肖犯归案，同时命令肖犯服从命令归案，但肖犯不服，并窜入屋内躲藏，追捕警察即鸣枪警告，并开始搜捕。在监狱警察搜捕时，肖犯乘警力不足，从大门逃走。警察丁同志在二楼发现肖犯已外逃40多米远，再次鸣枪警告。4名追逃警察迅速朝肖犯追去。由于农田路窄难行，追捕警察遇沟跳沟，在距肖犯家约1.5公里的小山丘上将其捉获，并把肖犯上铐反绑。在将肖犯押回的途中，肖犯所在村的一名40多岁的妇人大声叫喊："你们开枪打人是违法的。"很快就有20至30名村民围攻追捕警察，几名村民抱住警察乙同志，几名村民抱住警察甲同志，警察丙、丁也被围住。在争执过程中，肖犯被人抢走，肖犯逃走时，有两人陪着。追捕警察奋力挣脱村民的纠缠，并继续追捕肖犯，十几分钟后，再次把肖犯捉住，但村民又向追捕警察围攻，再次把肖犯抢走。当肖犯逃得无踪影后，村民才放开追捕警察。

当天下午6时，追捕警察向当地洪山镇派出所报告了情况，派出所又报告县公安局，公安局的一名副局长指示该镇派出所全力协助我追捕组追捕逃犯。派出所出动9名公安警察和保安人员协助我追捕组上山搜查，至当天晚上23时收队时，也没有发现肖犯。有一名少年说肖犯往某县方向逃去。

当晚，追捕组报告该县警方，要求公安局行文各地公安派出所全力协助缉拿逃犯，对肖犯的父母及聚众闹事的村民，要依法追究他们窝藏逃犯、聚众闹事、妨碍公务的法律责任。

这次追捕行动之所以失败，有以下几个原因：

（1）以逃犯肖犯的父亲、生产组长等8名聚众闹事骨干分子为首，肖犯所属村的村民目无国法，非法围攻、阻拦追捕，先后两次抢走逃犯，是劫夺得逞的主要原因。

（2）肖犯逃脱之心不死，顽固拒捕，趁非法围攻之际再次强行脱逃，这是劫夺得逞的主要原因。

（3）非法围攻，劫夺罪犯的不法分子人多势众，而我警力不足，无法战胜围攻、劫夺。

（4）出击搜捕策略不够周全。情况紧急，出击搜捕很有必要，否则会贻误战机，但却低估了逃犯拒捕的能力和未充分意识到当地村民的地方主义意识。在行动前没能与当地公安机关联系，致使捕获逃犯两次被劫夺。这是被劫夺的直接原因，也是一个深刻沉痛的教训。

第十五章　公共卫生事件案例

案例1：罪犯食物中毒事件

一、事件经过

2003年5月6日下午14时30分，罪犯伙房接收定点蔬菜供应商运送来的蒲瓜4000公斤，验收后即送粗加工间去皮、取囊、切片、泡洗，随后在烹调间烫池烫熟。加工后的蒲瓜被分到5个监区。当晚19时，其中1个监区的43名罪犯最先出现呕吐、腹痛等症状，接着，其他4个监区吃了蒲瓜的罪犯也先后出现不同程度的症状，最后共有301人发病，送到罪犯医院检查治疗，其中5名病情较重者出现轻度瞳孔缩小，脸部、四肢麻木，23人恶心、呕吐、腹泻、乏力，273人感到恶心、轻度头晕。经全力救治，到22时30分，没有发现新病例，绝大部分罪犯中毒症状消除且返回监区。5月7日12时，5名较严重患者的中毒症状消失。

二、处置过程

5月6日晚19时，某监区43名罪犯出现呕吐、腹痛症状，并被送到罪犯医院急诊，诊断过程中发现病症可能与食用蒲瓜有关，值班医生当即向监区领导和监狱领导汇报。监狱领导接报后立即赶到医院现场，指挥救治，并通知当晚有食用蒲瓜的其他监区密切注意犯群动态，并将情况向省厅、局报告。

根据群体食用蒲瓜后出现恶心、呕吐、乏力等共同症状，并有少数罪犯出现腹泻、脸部和四肢麻木，医院初步判断为食用含有机磷农药的蒲瓜所致。监狱立即采取了以下措施：①立即向上级领导报告；②立即加强监狱值班警力，密切注意犯情动态，对身体不适者立即送诊；③全力稳定罪犯情绪，组织医院全体医务人员参加抢救；④对28例症状较重者采取补液、催吐、解毒、抗感染等对症治疗措施，其余病情较轻者口服氟派酸、黄连素进行治疗，对12例头晕、恶心、腹痛者进行留院观察；⑤派医生到各监区进行调查，观察病情；对发病监区、医院进行消毒；⑥对食物、呕吐物采样送检。

5月6日晚22时，省监狱局生卫处处长赶到监狱，省监狱局副局长、司法警察医院政委带领有关专家医生随后也赶到救治现场。到22时30分，绝大部分罪犯中毒症状开始消除，只有5名罪犯留院观察治疗。次日凌晨1时30分，待5名罪犯病情有所缓解后，监狱领导才陪同省局领导离开医院。当晚加强了医院值班警力，坚持每小时观察1次，严防症状加重。5月7日上午，监狱将病犯血样、呕吐物、蒲瓜送卫生部门检测，确定为有机磷中毒。5月7日中午，所有病犯中毒症状消除，监狱继续对中毒病犯进行跟踪治疗。

三、善后处理措施

监狱迅速查清并追究了有关责任人的责任，对有关责任单位进行了教育整顿，加强了生活卫生管理工作，防止类似事件再次发生。①严把食品采购关。对食品采购商进行重新审核，追踪生产基地，排查食用农药等不安全因素。与所有的供应商联系，重新签订了无毒菜和放心肉的责任状。②严格食品验收关。建立生活卫生装备科负责人、医院医生、司务长联合安全验收制度，建立蔬菜、货物验收登记表，负责每天的食品货物验收工作。③严把食品加工关。严格遵守"一洗、二泡、三烫、四煮"的操作规程，瓜类食品必须削皮，蔬菜必须泡烫去毒，所有食品必须煮熟供应。

四、原因分析

事件原因：①供应商提供的蒲瓜含有残留农药；②监狱食品验收技术落后，无法检测残留农药；③蔬菜加工过程中的浸泡时间较短，消毒工作没有完全做到位。

五、经验体会

在人员高度密集、医疗水平相对滞后的监狱里做好饮食卫生工作至关重要。一旦发生群体性食物中毒事件，一定要及时、果断地采取妥善措施有效应对，唯有如此，才能尽力救治患者，降低损失。"5·6"罪犯食物中毒事件得到有效处置，有以下几点体会：

1. 必须争取时间。从某种意义上说，处理危机就是与时间赛跑。在此次事件中，罪犯出现中毒症状后，其所在监区能及时送医院就诊，医院值班医生能及时上报监狱领导，从症状初步出现到监狱领导赶到医院现场指挥救治，仅用了30多分钟，省局领导和有关部门接到报告赶到现场也仅用了2个多小时（某市监狱距离某市 200 公里）。

2. 必须严格落实请示报告制度。在此次危机中，某市监狱上下坚持做到第一时间请示报告，保证了信息畅通和指挥顺畅，也为正确处理危机争取了最宝贵的时间。

3. 必须在尽可能短的时间内对事件的性质、规模、原因做出判断。监狱迅速从患者的共同症状和共同经历（食用蒲瓜）中得出有机磷中毒的初步判断，使得进一步初步估算事件的性质和大致规模以及采取正确的应对措施成为可能。

4. 必须采取得当措施。没有办法，再多的时间和再多的人力、物力都是枉然，措施不当则必将延误时机、加重危机，只有适当时机采取适当办法才能妥善处理危机。在此次事件中，某市监狱在不同的阶段都采取了正确措施，一步步把危机处置引向胜利。

5. 必须做到越是危机关头越要加强对犯群的控制。危机必然引起恐慌甚至骚乱，特别是在人员高度密集、精神高度紧张的监狱，稍不留意就会一波未平一波又起，出现忙于应付的局面，甚至引起其他安全事件。在食物中毒事件中，某市监狱及时加强了值班警力和戒备，有效控制犯群，对有中毒症状的罪犯区分其严重程度进行相应救治，因而能够集中精力处理危机，转危为安。

案例2：罪犯大肠杆菌感染事件

一、事件经过

2001年9月4日下午3时，某监狱发现有41名罪犯出现腹痛、腹泻等现象。9月5日病犯逐渐增多，该监区病犯增加到86人，同时其他两个监区也有罪犯出现腹痛、腹泻等现象，共发病257例，这些病犯出现的共同临床特征是腹痛、腹泻，大便水样状、粘液血便，里急后重，每天均达5次以上，同时出现高烧达39℃以上的有50人，其中两名罪犯持续高烧在40℃以上，病情较为严重。经过省局生卫装备处和全监上下的共同努力，病情得到了有效控制，全部病犯于9月16日被治愈。

二、处置过程

1. 监狱迅速成立控制重点传染病应急指挥部，部署开展治疗和控制防范工作。

2. 查明病情，及时向省局生卫装备处汇报。为迅速查明病情，监狱于9月

5日上午及时将其中病情较重的一名罪犯送县人民医院诊治,经县人民医院检验诊断为致病性大肠杆菌感染;5日下午,监狱将发生的疫情向省局防疫站做了专题报告。

3. 积极开展治疗和控制防范工作。9月6日晚上,应急指挥部组织各监区及科室负责人召开了紧急会议,对如何开展治疗和控制疫情提出了具体的要求。①进行全监总动员,要求全监警察职工迅速投入到扑灭疫情的战斗中去;②严格报告制度,每天下午5时各监区准时将情况报告应急指挥部;③监狱及时邀请县防疫站协助调查病因,采样化验,指导治疗;④对病犯实行隔离治疗,疫情较重的监区从9月7日开始全部停工,其他监区有病状的罪犯一律调到五、八、九监区,实行就地隔离治疗,医院派医生到发病监区进行巡诊治疗;⑤发放预防性药物,落实控制措施,连续3天对全监罪犯进行预防性服药(痢特灵+土霉素),由各监区分管改造领导监督罪犯服药,保证落实到位。

三、善后处理措施

(一)加强卫生管理工作

(1) 由医院负责每天对监狱的监舍区、生产区、办公区和家属区用敌虫清、奋斗呐等药物进行卫生消毒。
(2) 各监区对卫生间、水沟、下水道、化粪池每天用生石灰进行一次消毒。
(3) 发病监区罪犯大便后,要采用泡手消毒等消毒措施。
(4) 全监罪犯饭前、饭后要洗手,严禁喝生水。
(5) 加强罪犯伙房管理,对蔬菜、肉类等食品严格按规定程序进行加工,确保卫生安全,保证全监的开水供应。

(二)做好宣传教育工作,稳定罪犯思想

由教育科、医院负责,从9月5日开始利用电视讲座形式进行卫生常识的宣传教育,组织全监罪犯收看,各监区运用墙报、黑板报进行卫生教育,以消除罪犯的恐惧心理,稳定改造秩序,提高罪犯的卫生意识和自我保护意识。

(三)组织整顿

组织伙房全体警察和罪犯炊事员进行为期一周的教育整顿活动,组织他们重新学习《食品卫生法》、省局以及监狱的有关制度,边学习边整顿,提高伙房警察和罪犯炊事员的责任意识和卫生意识,落实相应的整改措施。①严格实行岗位责任制,将伙房每个岗位责任落实到具体个人,同时完善伙房管理制度;

②加强伙房的卫生设施管理。对损坏或不严实的纱门、纱窗进行维修或更换，在罪犯伙房安装了 8 支灭蝇灯，在配餐间安装了紫外线灯，严格落实对餐具进行每餐消毒等措施。

（四）总结教训

由监狱领导牵头，组织生卫装备科、医院、狱政科、纪检监察等部门组成调查工作组，就此次疫情展开专门调查，认真吸取教训。

四、原因分析

监狱发生的重大疫情是由罪犯食用不洁食物而引起的，主要原因如下：

（1）伙房管理松懈，措施不落实，工作人员责任心不强。在 9 月 3 日中、晚餐饭菜里，有部分大白菜煮得不熟，直接引发了这一事件。

（2）罪犯的卫生意识和自我保护意识差。发病监区部分罪犯明知道大白菜煮得不熟也没有向值班警察反映，错过了补救机会。

（3）监区和生卫装备科对伙房的伙食检查监督不力，对卫生防疫工作重视不够。

（4）生卫装备科和医院缺乏敏感性，对 9 月 4 日发生腹泻的 41 名罪犯未能及时查明病因并采取有效措施，使得疫情在一定范围内扩散。

五、教训体会

坚持全面安全是做好各项工作的重要前提。监狱是一个有机整体，无论哪一个环节、部位出现问题，都会影响监狱工作的正常开展。安全稳定是监狱工作永恒的主题，也是建设社会主义和谐社会的必然要求，没有安全做保障，我们的工作和发展将无从谈起，而维护监狱工作的安全与稳定，我们依靠的武器就是日趋完善的法律法规及监狱工作的政策。罪犯伙房在罪犯监管安全、食品安全、公共卫生安全等方面担负着重要职责，只有牢固树立全面安全观，为罪犯创造一个稳定和谐、保障有力的服刑改造环境，才能促进监狱各项工作的全面发展。

案例 3：某监狱流感疫情事件

2005 年 6 月，某监狱一关押点出现了流感疫情，在前后 1 个月时间里，疫情蔓延整个监狱，感染流感的罪犯有 600 余人。

一、事件经过

某监狱一关押点共有3个分监区,2005年6月23日,其中1个分监区发现数名罪犯发热,伴有畏寒、全身肌肉酸痛、咽痛、咳嗽等病状。在随后数天时间里陆续有发热病人出现。由于平时有散发发热病人,因此医护人员并没有给予重视,而是按一般感冒进行处理。数天后,其他两个分监区相继出现发热病人,医护人员才怀疑是流感,进而采取隔离措施和预防措施。同时请当地疾控中心进行流行病学调查,确认系A型流感。由于有2名病人出现肺炎,该关押点无治疗条件,遂将其送监狱医院住院治疗。在2名病人住院的第3天,监狱医院所在关押点与医院相邻的监区也开始出现发热病人。由于罪犯比较密集,虽采取了相应措施,疫情仍相继蔓延至整个监狱,疫情持续1个月,到7月23日疫情才得到完全控制。感染流感的罪犯达600余人。

二、处置过程

在疫情出现之前的数天里,由于没有给予重视,也没有采取相应措施,才使得疫情相继蔓延至3个分监区,在怀疑病犯患流感之后,监狱医院采取了以下措施:①把其中一个分监区的监舍作为隔离点,对所有发热的病人进行隔离治疗,症状消失后一周病犯才可以离开隔离点;②把医院作为隔离点,将所有发热病人收入医院隔离治疗;③全监未发热罪犯每天3次口服抗感冒药,每天按抗流感处方煲中药凉茶分发给罪犯饮用;④每天两次空气和物品消毒;⑤加装大功率排气扇,拆除铝合金窗门,以利于空气流通;⑥加装大功率风扇进行室内降温;⑦请当地疾控中心开展流行病学调查,抽取病犯血样进行化验分析,确认为何种流感;⑧对发热病人进行积极治疗,防止因流感出现死亡。

三、原因分析

(1) 思想麻痹,采取措施不及时。因平时有散发的发热病人出现,便认为是普通的感冒。流感多发于冬春季节,而此次流感发生于6、7月份。当时是炎热的夏季,认为夏季发生流感的可能性不大。因此未及时采取隔离措施和预防措施,给疫情蔓延提供了机会。

(2) 因流感而出现肺炎的病人被转送监狱医院住院治疗,是疫情从一个关押点蔓延至另一关押点的一个重要原因。

(3) 医护人员技术水平不高,对流感的知识掌握不够,不能及时鉴别流感和普通感冒。

(4) 犯群密集,流感病人潜伏期就已经传播病毒,到发病时其他罪犯已经感染了流感病毒，难以阻断传播途径。

（5）夏季风力小，空气流通差，铝合金窗设计不合理，窗口小，还有防蚊纱，都不利于空气流通。而流感恰是通过空气传播的急性传染病。

（6）防疫措施落实不到位。①认为是夏季，不是流感的流行季节，因此消毒密度不够；②消毒设备落后，空气消毒效果差；③没有专人负责，消毒工作落实不到位。

四、经验教训

此次流感暴发流行，暴露了我们在传染病防疫方面存在漏洞。监狱生活空间小，罪犯密集，传染病容易传播，特别是通过空气传播的呼吸道传染病，更容易在监狱暴发流行。①要从思想上重视传染病的防疫工作。狱内传染病暴发流行，不但影响监狱正常的改造秩序，影响监狱生产，浪费财力、物力、人力，还会造成罪犯恐慌，影响监狱的形象。传染病的防疫工作是监狱医疗工作的重要组成部分，因此必须落实到实处。②要掌握传染病的流行病学特点。只有掌握了传染病的知识和流行特点，才能及时做出鉴别和诊断，及时采取措施，防止蔓延。③认真落实防疫措施，在目前监狱医院医生紧张的情况下，要落实防疫专管医生，使防疫工作纳入日常的管理，避免预防工作人人管，结果没人管的状态。要认真落实"三本"登记制度，加强对发热、腹泻、慢性咳嗽的监测，认真落实环境消毒工作，不能流于形式。医院领导要经常检查监督防疫工作的落实情况，要把监区日常的消毒防疫工作作为对监区罪犯卫生员的考核目标。把医院下监区消毒和罪犯卫生员消毒结合起来。在传染病非流行季节也要做好消毒预防工作。④要改善生活和工作环境，生活和工作场所必须通风。⑤隔离治疗措施要及时，及时的隔离治疗一可以尽快消灭传染源，二可以切断传染途径。⑥加大预防投入，购置高效的消毒设备和消毒药品，减轻医生的工作强度，安装通风设备等。

第十六章 生产安全事故案例

案例1：罪犯重伤事故

2004年12月5日上午8时45分，某监狱建筑工地发生一起机械伤害致使一名罪犯重伤（残疾等级为二级伤残，护理等级为三级）的生产安全事故，造成直接经济损失20多万元。

一、事故经过和处置过程

2004年12月5日上午8时45分，在罪犯改造用房施工工地，某监区罪犯代某，未经当班警察同意，要求提升机操作工黄某将提升机停放在二楼出入口工作平台上，由其和罪犯文某将钢模板和木方条吊运到三楼顶作浇铸四楼框架柱子用。当代犯弯腰提拉第四块钢模板到提升机旁时，提升机操作工黄犯以为已装运完毕，便操纵提升机，提升机随即上升，代犯还未来得及直立身体，上身就被卡在提升机框架的斜拉杆上动弹不得。在旁边搬木方条的文犯见状后立即呼喊停机，提升机上升约1.5米后停下。

当班警察得知后立即指挥黄某关闭提升机电源，组织人员前往工地施救，并及时将代犯送往监狱医院诊治。监狱领导接报后当即赶到监狱医院了解罪犯伤情，并立即决定将代犯送市第一人民医院进行救治。经地方医院诊断，代犯被卷扬提升机夹至重伤，胸椎第10、11节处骨折、脱位。

二、原因分析

（一）监狱对政策规定的理解不深，执行不坚决，业务指导思想有偏差

这是导致事故发生的重要原因。《国务院印发关于解决监狱企业困难的实施方案的通知》对监狱企业产业结构调整做出的"四进三退"和省监狱局撤销基建高危作业项目的规定下发后，监狱未能及时转变观念，将生产安全摆在与监

管安全同等重要的地位来抓。在罪犯劳动用房工程上市招投标后，对中标单位即某市第一建筑公司和该监区提出的由市一建负责材料及工程施工、监区向市一建提供劳务的方案没有及时制止，反而认为建筑工人在监管区的进出给施工现场的管理等带来诸多不便，会影响工程进度，而且还牵制了一定的警力。由此可见，一方面我们过多地强调了监管安全的重要性，忽视了罪犯从事高危作业带来的生产安全隐患；另一方面，基于生产效益的考虑，强调输出劳务可解决监区30名从事维修工种的罪犯闲置问题，缺乏对自己是否具备施工资质的思考，因而没有严格把关，执行上级的政策规定不坚决。

（二）罪犯安全生产意识淡薄，违规违章操作

这是导致事故发生的主要原因。提升机操作工黄某在开机讯号未确认的情况下，仍盲目开动提升机；罪犯代某和文某违反规定，未经当班警察同意，违章指挥，私自要求提升机操作工黄某将提升机停在二楼装载材料。这些违规违章操作的行为反映出3名罪犯安全生产意识淡薄，从而直接导致了事故的发生。

（三）安监办监督巡查流于形式，未能有效发挥职能作用

这是导致事故发生的又一重要原因。安监办作为监狱安全生产工作的业务部门，负责监狱安全生产工作的检查、指导和协调。根据《广东省注册安全主任管理规定》，凡安全办主任检查发现存在隐患、可能导致发生事故的生产现场，可以不经请示监狱领导，有权发出《停产整改通知书》，责令停产整治；对不符合上岗资格的罪犯，有权责令其离岗培训。但安监办对生产现场的安全管理、生产环节或工序安全隐患的监督巡查不到位，对安全生产的防范工作缺乏预见性，对全监安全生产的重点部位、重要隐患和对隐患的排查、监督、指导不力，经常性的检查流于形式，对监区制定的操作提升机规程不够健全、指挥提升机操作的讯号不够科学、施工现场管理的漏洞未能有效地排查整改。

（四）劳动现场安全制度落实不到位，安全工作检查不够细致

通过分析"12·5"事故的发生原因，可以发现，虽然监区做了大量的工作，但工作不够细致，质量不高，效果不好，仍存在一些安全生产隐患未能及时消除。如操作规程不完善，虽制定了提升机操作工的操作规程，但笼统而缺乏操作指导性；对罪犯特别是提升机操作工等特殊工种罪犯的安全生产教育培训不到位，选用考核不够严格；对安全隐患的排查整改不细致，如指挥提升机升降的通讯联络设备滞后，仅有两台对讲机，且安装在三楼的楼面，由于施工现场嘈杂，接收讯号不够清晰，这些重大隐患都未能排查整改；罪犯岗位设置

分工不明确，如指挥提升机升降的对讲机没有专人负责。

三、善后处理措施

为深刻吸取教训，防止类似问题的再次发生，某监采取如下善后处理措施：

（一）进一步端正业务指导思想

针对监狱存在的"重监管安全、轻生产安全"、"重经济效益、轻生产安全"的思想偏差，决定正确处理好安全生产与其他工作的关系，将安全生产摆在与监管安全同等重要的地位上来抓。监狱于12月9日中止罪犯劳动用房工程的劳务输出合同，同时撤销该监区的维修队；对全监进行安全隐患大排查活动；强化"以教为主、教罚结合"的安全生产教育，将教育贯穿于确保监狱安全稳定的全过程。

（二）切实改进工作作风

加强政策法规的学习：开展系统、全面性的学习，组织安全生产的相关人员举办安全生产培训班。狠抓安全生产工作的落实：严格落实安全生产规章制度，保持求真务实的精神，深入一线，克服形式主义和官僚主义。

（三）全面开展安全隐患大排查、大整治工作

由监狱领导带队，组织各有关职能部门和生产单位分组对全监进行生产安全、消防、交通、用电等方面的大检查，要求检查做到横到边、纵到底，不留死角，并对检查出的安全隐患及时组织人力、物力进行整改。

（四）严肃责任追究

在认真分析"12·5"事故原因的基础上，本着实事求是的原则，根据责任追究的相关规定和"四不放过"的要求，某监对事故的相关责任人按管理权限给予严肃的处理。

（五）善后处理

指定监狱分管领导和业务科室人员及时做好代犯的救治及其家属的安抚工作，还专门聘请了省人民医院的全国著名骨科专家教授前来会诊，力求将代犯的伤害减轻至最低限度，并积极主动做好犯属的安抚工作，待医疗终结后，请当地劳动能力鉴定委员做好代犯的残疾等级鉴定，按照司法部关于《罪犯工伤补偿办法》的通知规定，合理协商经济赔偿问题，同时，做好事故相关材料的收集和保存工作。

四、教训体会

这起安全生产事故给我们带来了深刻的教训和惨重的损失，也给我们的安全生产工作敲响了警钟。从这起事故中，我们认识到，要做好安全生产工作，必须要树立几个意识：①树立"以人为本"的安全理念，要认识到"人的安全是最大的安全"。在生产工作中，要切实落实各项安全保障措施，时刻从如何确保安全的角度出发，做好安全保障工作，不论是警察还是罪犯都享有平等的人身安全权利；②树立"安全生产，人人有责"的意识，不论是安全生产的职能部门，直接组织生产的警察，还是参与生产活动的罪犯，都不同程度地担负着安全生产的责任，都必须遵循"人人为我，我为人人"的原则，严格落实安全生产规程，确保生产安全；③树立"按章办事，落实制度"的意识，每一个参与生产活动的人员，都必须严格遵守安全守则，认真贯彻落实安全生产法律法规和规章制度，强化"不怕一万，就怕万一"的思想，在思想上重视制度，在行动上落实制度，决不能掉以轻心，否则就会酿成血的事故。对此，我们要在过去的工作中不断地进行反思和总结，从事故中汲取教训，举一反三，引以为戒，全面细致地做好每一项安全生产工作。

案例2：罪犯触电伤亡事故

一、事故经过和处置过程

1997年4月30日上午，某监狱水泥厂分队长甲、乙两人带领罪犯在2号磨机检修下料管和喂料管，与此同时，另外一个中队某分队分队长丙、丁也正带领罪犯在2号磨机进行加填钢球、钢锻。两个分队在同一场地施工劳动。

在施工中，机修分队罪犯安全员杨某让罪犯电工常某接电焊机电源线。常犯将380伏焊机电源线随意铺设在加填钢球、钢锻罪犯推车经过的通道上，接上电源，简单检查后离去。

上午9时25分，当两名加填钢球、钢锻的罪犯温某、谢某拖车至第11车时，负责登记车数的罪犯罗某前来帮温、谢两犯拖车。罗犯在前面拉车，温、谢两犯在后面推车。当铁斗车通过地面上的电焊机电源线时，因下雨路滑，罗犯不慎滑倒，臀部坐地，斗车脚架砸破电源线胶皮导致触电。温、谢两犯均被电击退两米多远，而罗犯则栽倒在带电的斗车上。

此时，在事发地点 3 米余外的带班警察丙见状，立即将电源断开，并迅速组织罪犯对罗犯进行人工呼吸，随后将罗犯送往监狱罪犯留医部进行抢救。接到事故报告后，监狱领导全部赶到现场，指挥抢救。同时，紧急向地方急救中心请求援助。经市急救中心和监狱医生全力抢救无效，罗犯于当日上午 11 时 3 分死亡。

二、原因分析

5 月 1 日下午，由监狱领导带领专案调查组成员，会同省局工作组的同志一起到事故现场进行了勘查，详细了解了"4·30"事故发生的全过程。经分析，导致这起事故发生的原因有以下几个方面：

1. 罪犯违反安全用电操作规程。这是导致事故发生的直接原因，常犯为图方便，违反临时维修安全用电规定，随意将不符合规定的焊机电源线铺设在经常推车经过的通道上。

2. 现场管理警察责任心不强，管理不到位。这是一起典型的同一作业场所多方同时交叉作业，因管理不善而造成的事故。现场四名警察没有认真履行职责，没能把握住作业场所的安全情况，更没有及时发现和制止常犯的违规操作行为。这也反映出少数警察对个别违章作业、事故隐患见惯不怪，习以为常，麻木不仁。

3. 安全生产培训教育工作不扎实，安全意识差。这是事故发生的间接原因。职能部门和监区缺乏经常性的安全生产知识教育，特别是特殊工种的安全教育流于形式，缺少针对性培训，致使全员安全生产知识贫乏，安全意识淡薄，自我保护意识能力差。另外，在实际操作中，罪犯存有侥幸心理，贪图方便，不按规程操作，违章操作时有发生。

三、善后处理措施

为深刻吸取教训，防止类似问题的再次发生，监狱采取善后处理措施如下：

1. 全面开展检查整顿活动。全监 5 月 1 日～2 日停产两天，由监狱领导带队，组织各有关职能部门到监区检查，重点开展"四查"活动，即查思想、查工作责任心、查制度、查隐患，对查出的问题落实责任人，立即进行整改。

2. 建立安全生产教育培训制度，落实特殊工种持证上岗制度，搞好安全生产工作，以教育培训为先。因此监狱完善安全生产制度建设，建立三级安全生产教育培训制度，即在罪犯入监、入厂和在监区上岗前进行全面的安全教育，努力提高全员安全意识。同时，对全监特殊工种进行培训，要求通过当地劳动管理部门的考核，并取得特殊工种上岗证方可上岗。

3. 严肃责任追究。认真分析"4·30"事故的原因和教训，本着实事求是的原则，根据责任追究的相关规定和"四不放过"的要求，对本事故的相关人员按管理权限给予严肃的处理。

4. 善后处理。指定监狱分管领导和业务科室人员及时做好罗犯家属的安抚工作，并按照有关规定，给予罗犯的家属合理、必要的经济补偿，同时做好事故相关材料的收集和保存工作。

四、教训体会

"4·30"事故的教训是极为深刻的，透过事故原因的分析，我们认为，安全生产每时每刻都不能放松。在业务指导思想上，从上到下，要形成正确的思想；在组织生产活动中，做到安全工作与生产活动"同计划、同落实、同检查、同考核"，让安全工作与生产工作时刻相随，用安全保障生产的顺利进行；在监督检查制度上，职能部门必须坚决杜绝走过场的形式主义，采取定期、不定期检查相结合的方式，加强对生产现场安全工作的监督检查，对不符合安全工作要求、违反安全工作规程的，要及时责令生产单位停工整改，确保安全生产；在现场直接管理上，要进一步加强罪犯劳动现场的全程直接管理，及时纠正罪犯违反安全生产工作要求的行为，杜绝一切安全隐患，确保安全生产；在罪犯安全生产行为上，要加强罪犯的安全生产教育，要求罪犯在思想上要重视安全，在行为上要严格遵守安全制度，同时加强对罪犯实施安全生产行为的考核，对违反安全制度的罪犯及时进行处罚，以儆效尤，降低安全事故的发生几率。

案例3：罪犯工伤事故

一、事故经过

2004年6月2日下午3时55分，某监狱罪犯张某（故意伤害罪，判死缓）在开冲床时违章操作，没有使用工件夹具，用手拆卸工件，造成压断3个手指（中指、无名指、尾指）上两节的工伤事故。

二、处置过程

工伤事故发生后，现场警察立即向值班监区领导、监狱主管领导报告，并按监狱领导的要求，迅速将罪犯张某送至某市专科接指医院进行接指手术，随后向省局用电话作了事故报告。

三、善后处理措施

（1）经某市专科接指医院治疗，左中指、小指致残，左无名指近再植平面成活，吻合程度较好，远再植平面指背部分成活，并继续进行康复治疗。

（2）对该犯进行思想教育工作，使之认识到忽视安全生产，违章操作所造成的恶果及对自己、家庭、单位所产生的严重危害，使其增强安全意识。

（3）及时分析事故产生的原因。

（4）及时请司法警察医院司法鉴定所对罪犯张某的工伤事故进行司法鉴定。

（5）强化监区生产现场的安全管理。

四、原因分析

事故发生后，监狱立即对事故的产生进行了调查取证：

（1）组织技术人员对发生事故的冲床进行鉴定，经鉴定，该设备性能良好、运作正常。

（2）强化对生产现场的直接管理，6月2日上午，分管生产工作的监狱领导带领安全办的相关人员重点检查了该监区的劳动现场。

（3）监区警察在劳动现场实施直接管理，事故发生时，该监区发生事故管区的3名值班警察全部在岗。

（4）该监区管区冲床使用制度和技术操作规程完善。并悬挂在冲床部位。

（5）监狱严格对罪犯实行三级安全生产教育培训制度，罪犯张某经过培训且持有冲床操作上岗证。

综上所述，"6·2"工伤事故是罪犯张某严重违反安全技术操作规程所致。

五、教训体会

（1）安全生产是一个永恒的话题，安全生产，人命关天，必须从政治的高度、法律的高度认识安全生产的极端重要性。

（2）必须严格生产现场的安全管理，严格执行《某市监狱警察生产现场管理规则》。深入开展生产现场"5S"活动。

（3）必须狠抓安全教育培训不放松，提高监狱全员的安全生产业务知识水平。

（4）必须保障安全生产资金的投入，完善安全硬件设施，尤其是完善安全防护措施。

（5）必须强化罪犯的身份意识，强化对罪犯"三大现场"的直接管理。

案例4：枪钉伤人事件

2005年9月28日和2006年8月3日，某监狱先后发生两起藤编车间枪钉伤人事故（以下简称"9·28"事故和"8·3"事故）。其事件发生的经过、应急处置的过程、善后处理的措施、事故发生的原因和应急处置的体会如下：

一、事件经过

2005年9月28日下午4时30分，罪犯谭某在编织藤椅的劳动过程中，发现有一颗枪钉没有钉好，于是试图用剪刀的一侧刀尖挑出钉头，由于用力过猛，剪刀受惯性作用，刀尖不小心划到谭犯的左眼上，刺伤了眼睛。

2006年8月3日上午8时55分，罪犯曾某在编织藤椅的劳动过程中，使用尖嘴钳夹住加工产品的松动部位试图拉紧，由于其没有按规定佩戴劳动防护眼镜，未夹紧藤条且用力过猛，尖嘴钳子受惯性作用，钳尖顺势划到其左眼上，刺伤了左眼。

二、处置过程

事件发生后，现场值班警察马上向监区值班领导报告，监区值班领导又迅速向监狱分管安全生产的领导及生产科安全办报告。监狱随即启动事故应急救援方案，监区应急小组迅速赶赴现场，在维护现场秩序的同时，将受伤罪犯送到监狱医院进行初始救治，随后送到某区区人民医院治疗。

事后，监狱生产科马上组织相关人员进行现场走访调查，查找事故原因，并于24小时内向上级领导和上级部门报告。

三、善后处理措施

在"9·28"事故中，罪犯谭某经过某区区人民医院的救治后，伤情治愈，视力恢复。为了避免类似事故再次发生，业务部门结合监狱的实际情况，根据藤编行业特点，专门给织藤罪犯配发劳动防护眼镜，并要求强制佩戴。

在"8·3"事故中，罪犯曾某在某区区人民医院的全力救治后，经治愈出院，但视力受到一定的影响。为此，监狱成立了罪犯工伤认定工作小组，并根据《罪犯工伤补偿办法（试行）》（司发〔2001〕013号）的有关规定妥善进行了善后处理：①按照有关程序对该事故做出了"不予认定为工伤"的决定，并传达给罪犯及其家属；②根据曾犯的家庭实际困难，在该犯出监时给予一次性的经济补助。

四、原因分析

两起事故的发生，给我们以血的教训和警示，反映出我们在工作中仍然存在不少问题。

（一）安全生产意识差、观念淡薄是事故发生的主要原因

在日常工作中，个别监区领导不能正确处理安全与改造、安全与稳定、安全与发展的关系，在工作目标定位、监督管理上，不同程度地存在对安全生产重视不够的问题；部分警察对罪犯的劳动防护工作产生麻痹思想，淡化了安全责任；部分罪犯存在侥幸心理，视自身安全为儿戏，认为只要自己小心就万事大吉。

（二）违章操作是事故发生的直接原因

在"8·3"事故中，曾某违反安全操作规程，违反监狱关于佩戴劳动防护眼镜的有关规定，导致事故的发生。

（三）安全管理工作存在漏洞是事故发生的重要原因

长期以来，我们把安全生产工作的重点放在了用电安全、消防安全管理和现场管理上，忽视了罪犯劳动过程的安全管理，对罪犯劳动防护管理制度落实不到位，导致了事故的发生。

五、教训体会

（一）领导重视、全员参与是做好安全生产工作的重要前提

事故的发生，究其原因，关键在于个别警察对罪犯劳动保护工作的不重视，认为罪犯的受伤是其咎由自取，没有什么大不了的。部分警察职工片面认为安全生产工作是领导的事，不是自己的职责和工作要求。个别罪犯在劳动过程中忽视自己的人身安全，不积极参与落实安全生产的各项工作要求。然而，全体警察是安全生产工作的组织管理者，罪犯是安全生产工作的直接参与者，也只有全员积极参与，充分发挥工作积极性和主动性，才能有效地遏制和杜绝一切安全生产隐患和安全生产事故。

（二）加强安全生产培训教育，是搞好安全生产工作的基础

在长期的工作中，少数警察、罪犯缺乏应有的安全生产意识和安全生产知识，工作中仍然主要是依赖于经验，往往是被动防范，事后汲取教训，事后采取措施。部分警察在现场管理中识别隐患、纠正问题的能力不强；罪犯的安全防范技能低，在劳动过程中有极大的盲目性，容易引发生产安全事故。为此，加大安全生产知识的培训教育力度，提高警察的现场管理水平和罪犯的自我保护意识，才能进一步做好安全生产工作。

（三）循章管理、按规操作是做好安全生产工作的重要保障

在长期的安全生产工作中，我们逐步形成了规范化的各项管理制度和操作规程，如安全生产责任制度、安全生产检查制度、藤加工操作规程等一系列制度和规程，尤其是在"9·28"事故发生后，监狱领导高度重视，业务部门根据实际情况购置了劳动防护眼镜，并下发了劳动防护眼镜管理章程，要求罪犯劳动作业时必须佩戴劳动防护眼镜，各单位要严格按照使用要求，监督、教育劳动作业罪犯佩戴和使用。然而，"有章不循"和"违规操作"使得各项规章制度和操作规程成为一纸空文，部分警察没有严格按照文件精神贯彻落实，没有认真监督、指导、教育罪犯按照规定佩戴和使用劳动防护眼镜。

案例5：罪犯纵火事件

一、事件经过

2000年7月2日（星期天）14时，某监狱3名警察带领91名罪犯在车间从事劳动。16时15分，罪犯江某（27岁，四川人，因盗窃罪判处有期徒刑6年，1997年3月入监，1999年1月减刑1年2个月，余刑1年1个月）因对其未获年中减刑不满，乘车间罪犯劳动现场无警察看管之机，从其工作的压缩机房柜子内拿出该犯利用负责加注扣丝生产用油之机截留的装在一胶罐内的约2升97号汽油，走到监控室门口，用打火机（该犯同时负责用打火机为其他罪犯点燃喷枪的工作）将汽油点燃后泼向监控室，汽油迅猛燃烧，正在监控室内的两名警察和一名厂方师傅，在被大火大面积烧伤的情况下带火冲出监控室。值班设施和一些资料也同时被烧毁。

二、处置过程

3 人带火冲出监控室后,被正在对面罪犯伙房检查工作的警察发现,该名警察立即采取措施将 3 人身上的火扑灭,并在 3 分钟后将监控室内的大火扑灭。正在该监区附近的两名警察发现此情况后,其中一名警察立即奔赴现场组织灭火,另一名警察立即打电话报告监狱长。监狱长接到报告后,立即赶到现场,迅速组织人员将 3 名烧伤人员送往当地人民医院抢救,并妥善安排善后处理工作。随后各级领导也相继赶到现场,疏散罪犯,稳定狱内秩序。经过及时抢救和采取应急措施,控制了事态的恶化。

三、善后处理措施

(一) 立即成立三个事故处理小组,分工做好工作

监狱成立医疗救护组,专门负责组织抢救工作,及时将 3 名伤员送往当地人民医院,经过医疗处理后转往地级市人民医院烧伤科治疗,并从外地请来烧伤科专家,全力抢救 3 名伤者;成立善后处理组,专门负责处理善后工作,稳定警察情绪及狱内秩序;成立事故调查组,专门负责对"7·2"事故进行调查。

(二) 开展教育整顿

①开展安全生产教育整顿。对全监狱进行生产、监管安全大检查,着重检查"四个重点"的排查和管理情况,进一步查找隐患,堵塞漏洞,确保重点时段的劳动有足够警力。②以加强警察直接管理和工作的责任心,强化专政意识为重点,在警察队伍中开展为期 1 个月的教育整顿工作,力求取得成效。③对罪犯进行教育整顿,做好罪犯的思想稳定工作。

(三) 立即撤销该监区弹弓扣加工项目

责令该监区向监狱党委做出深刻检查,查明事故原因,分清责任,提出整改措施,要求限期整改。

(四) 进行责任追究

上级和监狱对"7·2"事故情况和对相关责任人的处理决定进行了通报。监狱、科室、监区、分监区等有关领导和责任警察受到了政纪处分、免职、通报批评、扣考核分等相应处理。

四、原因分析

"7·2"事故的发生，暴露出监狱在管理和执法工作中存在的突出问题与漏洞：

1. 一些领导和基层警察对当前狱内改造与反改造斗争的尖锐性、复杂性和长期性认识不足，思想麻痹松懈，导致工作不落实和出现严重漏洞，尤其是对"四个重点"管理不到位。①对重点部位、重点物品的管理不落实。扣丝生产的压缩机房和汽油、打火机等本属于重点部位和重点物品，应由警察直接掌握和使用，却长期交给江犯使用。②重点时段的值班警力不落实。案发当天是星期天，是事故多发的重点时段，因警察轮休造成江犯所在的车间只有一名警察带班，而该名警察又在案发前擅离车间至监控室，致使劳动现场出现空档，给江犯以作案机会。③重点罪犯的掌握和管理出现漏洞。在监狱召开减刑大会后，江犯因未获减刑而情绪反常，心里落差较大，多次向监区、分监区领导反映不满，但因其一贯改造表现较好均未引起注意，更未采取必要的夹控措施。

2. 监狱未能牢固树立"大安全"思想，在工作指导思想上存在偏差。弹弓扣加工项目规模不大，生产过程中需使用汽油等易燃危险物品，本不适宜作为加工项目，但仅因为该项目加工单价较高且兄弟单位也有此项目，而未及时果断予以撤销，因而留下隐患。

3. 警察直接管理和车间现场管理不到位。案发时，一名警察带罪犯会见亲属，两名带班警察到监控室与厂方师傅商谈工作，车间内既无警察现场管理，车间大门又未上锁，带班警察到岗不到位，到位不尽责，完全忽视了车间现场管理，严重违反了上级及监狱的有关规定，致使江犯有机可乘，能够从容地穿过车间，走出车间大门，到监控室门口作案。

4. 减刑的执法程序没有严格依照公开、公平、公正的要求进行。江犯在罪犯小组、罪犯积委会、分监区三个层次的讨论研究中均获提名，但在监区讨论时被删除。监狱对各次讨论的减刑名单没有按要求张榜公示，使一直坚信自己能获得减刑的江犯在减刑大会后产生较大的心理落差，感到前途毫无希望，在思想教育工作未能及时跟上时，终于铤而走险，报复伤害警察。

五、教训体会

"7·2"事故教训深刻，后果惨重。江犯被依法判处死刑并立即执行。在结束一个罪恶生命的枪声之后，"7·2"事故血的教训和惨重的代价促使监狱警察职工进行深刻反思。"7·2"事故给受害警察个人及其家庭带来的巨大的身心痛苦并不会因为案件的结束而结束。在经济方面，监狱为此支付了大量的经费。

监狱警察长年累月、加班加点所得的劳动收益却不足于填补一次不应有的支出,实在令人痛心疾首。

监管工作来不得有任何麻痹和松懈,任何偏差和疏漏都可能导致严重的后果并付出惨痛的代价。在实际工作中,广大监狱警察要牢牢记住"安全来自长期警惕,事故出于瞬间麻痹"这句警语,切实做到思想认识到位、现场管理到位、履行职责到位、落实制度到位。①加强监管安全教育,不断增强警察安全意识,强化敌情观念和专政意识,克服麻痹思想,时刻保持高度警惕,始终把监管安全工作放在第一位。②严格落实安全制度。沉痛的教训警示我们,制度就是保障,制度就是安全,制度就是生命。③加强警察管理,增强工作责任心,认真履行管理职责,防止工作中出现脱管、漏管、失控现象。④全面推行狱务公开,增强执法工作的透明度,特别要在减刑、假释、保外就医等环节上加大公开力度,保证执法活动依法、公开、公正进行。⑤加强监督检查,切实抓好安全制度落实,及时排除安全工作中存在的隐患和问题,全力确保监狱安全与稳定。

案例6:监狱车间火灾事故

1997年3月30日,某监狱车间发生一起易燃品爆炸燃烧,导致罪犯3死6伤,直接经济损失20多万元的重大火灾事故。事后被省监狱管理局定性为:"'3·30'重大火灾事故"。火灾发生后,监狱各级领导及时进行处理,采取各项应对措施,努力减少人员伤亡和财产损失。

一、事故经过

1997年3月30日,某监狱某车间在下午17时20分许,突然发出"嘣"的一声响,车间内一箱抛好的棒球芯骤然起火,车间内杂工组的罪犯见状,立即取灭火器和防火沙进行灭火。约1分钟后,该车间内待用的3罐胶水也发生爆炸,一时间车间内浓烟滚滚,胶水燃烧后的气味异常,令人窒息,大火迅速笼罩住车间唯一的出口。

二、处置过程

火灾发生后,各级领导和有关部门迅速采取各项措施,处置事故。

(一) 组织灭火、疏散人员

火灾发生后，中队6名警察和车间带班警察紧张地投入到抢险救火的战斗中，他们一边指挥罪犯灭火，一边组织人员撤离。在基建中队长等6名警察的大力协助下，分别从大门、房顶、窗口和车间厕所等4个部位打开出口，疏散罪犯撤离火场，转移到中队门口的安全地带。火灾发生不到5分钟，监狱领导带领机关科室人员赶到现场，亲自指挥疏散和抢救罪犯，组织警察、武警指战员、职工、家属紧张有序地进行灭火和采取其他应对措施。17时45分左右，将罪犯带回监舍。

(二) 对伤员的处理

18时30分之前，迅速将8名受伤的罪犯送到监狱医院紧急处理后，分两批专车将罪犯送往某市市人民医院抢救。

(三) 事故现场清理

19时20分许，经在场所有人员奋力扑救，大火被扑灭；20时30分，在检查清理事故现场时，在车间大门右边发现罪犯黄某（男，49岁，贩毒罪，判有期徒刑11年）被烧焦的尸体；晚22时30分许，现场处理结束。

(四) 事故情况上报

事故发生后，该监狱立即分别向省监狱管理局、市、县公安消防部门、县检察院做了事故情况汇报。

三、原因分析

3月31日上午，某市公安消防支队、县公安局消防大队到事故现场勘查后，对事故原因进行了技术鉴定。这次火灾事故造成当场烧死罪犯1名、事后1周内因伤重医治无效死亡罪犯2名、6名罪犯受伤、直接经济损失20多万元（其中包括厂房烧毁、供电线路、照明、桌子、劳动工具的损失，死伤罪犯的医疗费、安抚费等）的惨重结果。

消防专家们在事故现场发现有烟头、几个用铁皮自制的炉子和一个装有猪骨头、榨菜的易拉罐等物，经认真勘查，认定这次事故是人为使用明火引起的。消防部门的调查报告认为："因车间内长时间积压着从胶水中挥发出的大量可燃气体，加上通风不良，这些可燃气体与空气混合，特别是在刚抛好的九箱球芯上空形成了爆炸浓度极限，加之当时车间内又有几名罪犯，特别是离着火点约5

米靠西墙工作台操作的罪犯王某（男，22岁，盗窃罪，判有期徒刑4年6个月）等人在车间内违规使用明火加工食物，这些明火使车间内气体混合物着火爆炸，继而蔓延扩展，酿成重大事故。"

四、善后处理措施

面对已经发生的惨重事故，监狱积极迅速地采取善后和其他各项措施，将损失降到最低，并进行深刻反省、痛定思痛，严格按照"三不放过"原则（当时的处理原则为"三个不放过"原则），对事故进行认真、严肃地调查处理。

（一）对死亡、受伤罪犯的处理

1. 事故发生后，对8名受伤的罪犯经监狱医院紧急处理后，又迅速将罪犯分两批专车送往某市市人民医院进行全力抢救；其中2名伤势严重的罪犯，于4月6日凌晨1时45分和9时45分因抢救无效死亡；其他6名受伤罪犯经医院治疗，于4月20日后相继伤愈出院。

2. 对在事故中死亡的3名罪犯（1名当场烧死，2名是因伤势严重经抢救无效死亡）的善后处理工作，监狱成立了由分管改造工作的副监狱长为组长的善后工作组，负责通知死者家属到监狱处理后事，并做好接待、商谈抚恤等善后事宜。经工作组向死者家属宣传党的有关政策和进行大量的解释工作，监狱向死者家属发放了抚恤金、路费和住宿费等，较好地处理了这次事故中死者的善后工作。

（二）对肇事罪犯的处理

事故发生后，接车间罪犯举报，在火灾车间大门左边第一张拉球台（该台距最初起火点为4米）拉球的罪犯钟某在火灾发生前，违规在车间内使用自制的炉子，点燃酒精棉球，开小煲加工食物，当时因酒精棉球不够火，钟某用注射器将酒精射向正在燃烧的棉球，火花四溅，继而引燃了易燃的混合气体，从而引发火灾。对此，监狱立即展开侦查，经审讯，钟某对其违法行为供认不讳，监狱立即将此案移交检察机关处理并追究其刑事责任。

（三）落实安全生产整改措施

监狱在做好各项善后处理工作的同时，在进一步健全以往的安全生产责任制和完善消防应急预案的基础上，结合监狱的实际，针对以往工作中的不足，制定和落实各项安全生产整改措施如下：

1. 加强全员生产安全教育。将生产安全教育列入新警察上岗前培训和罪犯入监教育的重要内容，一抓到底，常抓不懈，全面提高全员的生产安全意识和素质。

2. 在全监罪犯中全面建立生产安全互监组。以原有的监管安全互监组为单位，重点加强生产安全的互相监督，将监管安全与生产安全统一起来，真正形成层层负责、层层落实、一级抓一级的安全生产工作格局。

3. 将生产安全工作作为监狱执罚队的一项重要内容。加强日常安全检查，及时发现和消灭事故隐患；对生产安全中违规、违纪的单位和当事人在行政纪律上给予严肃处理的同时，在经济上给予处罚。

4. 落实易燃易爆危险品安全使用管理制度。将易燃易爆危险品单独设置仓库，由警察直接管理，对生产用的危险物品，要用多少领多少，并建立领用制度和登记手续，将使用安全责任落实到每个人。将危险品的堆放与车间加工场所进行分离，堵塞一切可能发生事故的各种漏洞。

5. 落实禁止烟火制度。在生产车间内，禁止任何人吸烟。落实搜身制度，罪犯进入车间时，由警察进行检查，严禁罪犯携带烟火及与劳动生产无关的物品进入车间，杜绝一切可能引发事故的火种、物品。

6. 做好生产现场的整理工作。对全监所有的车间、工地场所进行全面的检查，对一切产品废料及其他当天劳动生产不需要的物品进行彻底清理，确保生产场所的整洁、安全。

7. 加强对生产现场的整改。要不惜人力、物力、财力，将不符合消防安全要求的车间、厂房以及生产设施、工具设备等进行高标准、严要求的大力整治，从硬件上保障生产安全。

8. 加强安全检查工作。进一步建立健全全监每季度一次、监区每月一次、管区每周一次、分队每天一次的生产安全检查、评比制度，及时发现和整改安全隐患。

五、原因和教训

监狱组织有关人员对事故的各个环节进行深入分析，认为发生这场重大火灾事故的原因和教训主要是：

1. 安全生产意识淡薄，没有把生产安全摆在与监管安全同等重要的位置，切实抓紧抓好。有一部分人认为监狱是没有自有生产项目的工业单位，其所进行的生产都是承揽加工业，危险性不大，淡化了生产安全的警觉性。在实际工作中，对一些随时会发生危险的生产项目会比较注意安全；对其他产品项目的安全生产往往淡化或忽视，没有牢牢记住"安全第一，预防为主"的方针，导致消除事故隐患、防止重大事故发生的措施落实不力。

2. 有章不循，循章不严，易燃物品堆放不当，人为地留下事故隐患。在棒球生产中，每天需要大量的胶水，而这种胶水中含有天那水成分较多，浓度很高，属易燃危险品。但监狱认为厂房不足、资金困难，听从客商的意见，违反有关规定，把胶水堆放在车间门外，并将每天需用的胶水一罐一罐放在车间内，为了使用方便，常把罐口打开，没有警察直接管理，也没有专人保管，最终导致这些胶水及挥发到空气中形成的混合物，在遇到明火的情况下，就迅速产生燃烧和爆炸，酿成了重大事故。

3. 警察缺乏高度的安全生产工作责任感，对生产现场管理不严、不细，未能及时发现事故隐患。当值的个别警察，将工作重点放在保证罪犯不发生逃跑等监管安全工作上，对生产工作则偏重于劳动效率，忽视了生产安全；对车间内个别罪犯在岗位上吸烟的违规行为往往熟视无睹；对车间的每个角落检查不细致，特别是未能注意到罪犯在工作桌台下的活动；对生产过程的废料废品未及时清理，形成一些死角，致使个别罪犯能利用死角，在车间内违规违章生火加工食物；加上警力有限，未能及时地发现和制止违规行为，最后导致事故的发生，酿成大祸。

4. 麻痹大意，经验不足，没有从各种渠道堵塞漏洞和杜绝导致灾害的火种。生产现场直接管理的警察在管理过程中，存在麻痹思想，对罪犯在车间的劳动生产过程中抽烟的违规行为熟视无睹；对此，既没有制定行之有效的针对性强制措施和明令禁止罪犯不得携带烟火进入车间，更没有落实严格的检查制度，使个别罪犯能乘虚而入，擅自携带烟火甚至食物进入车间，"严禁烟火"的警示牌形同虚设。

5. 厂房的改造、建设不符合公安消防的规定，只从监管安全的角度出发，认为车间的门和窗越少越好、越安全，忽视了设置消防安全门的重要性和必要性，一旦发生事故，损失惨重。监狱当时使用的绝大多数车间是由过去残旧、破烂的旧厂房经维修改造而成的。由于当时监狱经济困难，因陋就简、因地制宜地进行改造，明知对生产安全不利，却降低标准，未按公安消防部门的要求整改；因此，大多数的车间只设置一个大门，供人员出入使用，未设置消防通道、安全门和消防栓等设施，致使火灾发生后，为了尽快疏散罪犯离开危险区域，只能临时采取措施，从大门、房顶、窗口和车间厕所等四个部位打开出口疏散罪犯撤离火场，转移到中队门口的安全地带。由于是临时的应急决定和应对措施，难免使罪犯在逃生过程中出现混乱，影响了部分人员的逃生，导致少数罪犯死伤的严重后果。

事故发生后，监狱在省局的指导下，结合自身实际，迅速采取各项措施，对事故进行妥善处理，努力减轻人员伤害和事故损失；认真吸取事故教训，进行各方面针对性的整治工作，大力提高监狱生产安全工作的软件和硬件建设；通过教育，提高了全员的生产安全意识和技能，确保监狱的进一步安全、稳定发展。

案例7：意外火灾事故

2005年12月17日12时5分左右，某监狱发生一起意外火灾事故。此次火灾着火面积约11平方米，烧毁3台高头双针车和部分制鞋皮料，造成直接经济损失约1.8万元。

一、事故经过及处置过程

12月17日，监狱组织罪犯劳动，11时30分罪犯全部收工回仓。12时10分左右，监狱内卫队值班警察发现生产区某号厂房某监区某车间窗口有黑烟冒出，立即向监狱领导报告。接到报告后，监狱立即启动消防应急处置预案，同时向当地消防部门报警。监狱领导迅速带领部分警察赶到事故现场，组织人员切断电源，投入灭火。正在值班的另一监区的副监区长发现险情后，立即组织10多名罪犯进行救援。与此同时，驻监武警中队一号哨楼值勤武警战士将第一时间发现的火灾险情及时报告中队值班员，中队立即派出应急分队，迅速赶往事故现场，中队长率先冲入车间，迅速接好消防栓，向车间起火部位喷水灭火。正在监狱开会的省局副局长及省局生产处处长在监仓围墙外通道发现生产区冒出浓烟异常情况后，也立即赶到现场参与指挥救援工作。通过各路救援人员奋力扑救，12时30分险情迅速得到排除。

二、善后处理措施

参与救援的2名武警、1名警察和1名罪犯由于吸入有害气体，出现头晕乏力等不适症状，监狱医院立即派出2名医护人员赶到事故现场处理，并迅速组织车辆将2名武警官兵送到当地市人民医院救治，监狱医院对稍感头晕乏力等不适症状的1名警察和1名罪犯进行治疗。经过3天的治疗，4名就医人员均完全康复。事发当天，正在监狱检查工作的司法部监狱局一处长和省监狱局领导到驻监武警、市人民医院看望了接受治疗的武警官兵和监狱警察；当天下午和晚上，省司法厅政治部主任、省武警总队总队长也分别赶到监狱勘查了事故现场，并到医院看望、慰问了正在治疗的武警官兵和监狱警察。

事故发生后，监狱党委迅速展开了事故调查工作，成立了两个调查组，分别从事故发生原因和制度落实两个方面开展彻底、深入的调查。监狱邀请了市消防部门专门对事故进行勘查、鉴定。监狱按照"四不放过"原则组织全监停产整顿,深入进行安全生产隐患大排查。此后,在分清责任的基础上对相关责任人进行了责任追究。

三、原因分析

经过认真、全面的调查,县公安局12月20日签发了火灾原因认定书:"火灾是由于车间主电气线路短路,短路熔珠滴落至下方放置的可燃塑料鞋面上,引燃可燃塑料鞋面引起的。"

据查,该车间主供电线路在2000年底加工楼交付使用前,承建商就已安装就绪,使用年限达5年多,期间缺少必要的定期检测、检修,加之导线质量差,施工不规范,线路设计不合理,从而留下了隐患,造成了这次事故。同时,这次火灾事故也暴露出监狱在安全生产保证体系中,组织保证体系还不够健全,物质保证体系还有所欠缺,技术保证体系还比较落后。主要表现在:监区与监狱对各自负责管理的供电线路不明确,使监狱负责的加工楼层总开关长期处于无人管理的状态。安全业务和技术部门对生产单位日常安全的业务指导缺乏针对性;因生产项目调整而增加大量动力设备时,没有主动介入协助监区对用电荷载及线路匹配进行全面分析与评估,造成管理上的漏洞。

四、处置体会

事故发生后,为了查找原因,搞好整改,全监狱停产整顿三天,抓好对警察、罪犯的安全教育,组织全面的安全隐患排查,实施为期1个月的安全教育与整改活动。为了防止类似事故再次发生,切实达到省局领导提出的"现场管理一流,安全措施有效,应急救援及时,补救事故科学"的整体目标,监狱举一反三找到了生产安全工作中的薄弱环节,实施了全面、彻底的整改,投入大量资金对生产区的用电线路进行了全面改进,有效堵塞了安全生产的漏洞。通过这次事故处置,我们的体会如下:

1. 必须提高事故处置的快速反应能力。这次火灾事故从发生到扑灭只用了20多分钟时间,快速反应是根本原因。无论是监狱本身还是驻监武警,均做到了反应灵敏、指挥灵活、召之即来、来则能战,确保了事故的快速、有效处置,避免了更大的损失。

2. 必须提高事故处置中的防护能力。在这次火灾事故的处置中,共有4人因吸入有毒气体导致出现呼吸困难等症状,这说明我们在事故处置中的自我防护工作存在问题。当时警察和武警官兵未戴防毒面具，也未采取其他防护措施，直接冲入火场，致使发生中毒现象。同时，监狱医院的救援工作也存在明显问题，救护工作不力，现场救护反应迟钝，医疗救护措施不够到位，影响了处置效果。

3. 必须配备足够的消防灭火器材。为防范火灾事故，必须为生产车间及武警部队配备足够、有效的灭火器和防毒面具，这些器材必须放置在便于拿取的位置；必须在车间门口配置便携式应急照明射灯以及玻璃锤、拆网钳等专用工具。

4. 必须进一步完善消防处置预案。在快速反应、协调配合、处置保障、现场救护等方面要进一步加强，预案要设计周密，充分预想到各种可能发生的情况和应对措施，防止措手不及和惊慌失措，避免发生引发其他后果。要切实加强与驻监武警部队的"共建、共管、共保安全"活动，强化联合处置演练，进一步提高相互支持、相互配合、协同作战的能力。

第十七章　自然灾害案例

案例1：某监狱山体滑坡事故

2000年12月10日上午，某监狱发生一起山体滑坡事故，造成一名罪犯死亡。

一、事故经过

2000年12月初，监狱监舍后面的山坡发生轻微山体滑坡，威胁着监舍的安全。为消除安全隐患，同年12月10日上午，该监狱某监区共4名警察奉命组织罪犯到该山坡上清理山体滑坡产生的余泥。至当天11时10分左右，警察清点完人数，命令罪犯准备收工。罪犯停止劳动后，准备从山坡上下来集合收工。为了便于下午开工劳动，罪犯鲁某、陈某两人在山坡上商量下午如何清理一块有滑坡危险的土方，而罪犯向某、赵某两人则在该土方旁等待鲁、陈二犯一起收工。就在此时，罪犯向某突然感觉到头部被一块巴掌大的泥土击中头部，抬头往上一看，立即发现上方一块约3立方的泥土从上面约1米高的地方塌下来，要躲避已经来不及了。往下滑动的泥石流将罪犯向某、赵某、鲁某、陈某4人从12米高的山坡上冲到山脚，事故的发生前后只有几秒钟。被冲下山坡后，罪犯向某、鲁某、陈某3人只受了轻微的皮外伤。而罪犯赵某由于滑下山坡时头朝下、脚朝上，身体受到猛烈撞击，当即昏迷不醒。

二、处置过程

事故发生后，监狱警察立即带领4名罪犯将赵犯送往监狱医院抢救，并立即向监狱领导和监狱业务科室报告，监狱领导指示要全力抢救受伤人员。罪犯赵某被送至监狱医院后，经医生抢救无效于当天11时45分证实死亡。后经当地市公安局法医学鉴定中心和当地县人民医院的法医鉴定，赵犯因意外事故致内脏破裂大出血休克死亡。

三、原因分析

1. 安全生产意识淡薄。该山体已经发生轻微山体滑坡，存在着较大的安全隐患。在没有排除险情和做好安全防护措施的情况下，监狱就安排人员到现场清理余泥，结果再次出现山体滑坡，造成了这起安全生产事故。

2. 现场警察组织生产方法不当。现场警察只求生产任务的完成，忽视生产安全，安排罪犯在危险性最大的半山坡上劳动。收工指令下达后，没有组织罪犯立即离开劳动地点，对意外事故的敏感性差。

3. 思想麻痹，存在侥幸心理。罪犯赵某等4人的安全防范意识差，明知山坡已经发生过轻微山体滑坡，山体泥土松动，随时会再次出现山体滑坡，但仍然抱着侥幸的心理，较长时间地停在半山坡上。当发生塌方时，已经来不及躲避，结果4人均被塌方泥土推下山坡。

四、教训和整改措施

这起生产安全事故的性质极其严重，教训亦十分深刻。监狱党委非常重视整改工作，责令事故监区停工三天进行学习整顿，教育广大警察及罪犯要引以为戒，从思想上重视安全生产，提高安全生产防范意识，切实采取有效措施，杜绝生产安全事故的再次发生，并结合实际制订如下整改措施：

1. 提高认识，增强全员的安全生产意识。在监狱党委的领导下，组织了全体警察和罪犯认真学习安全生产法律法规、上级领导关于安全生产的指示精神和各种安全生产制度，加强安全生产教育，提高对安全生产工作重要性和必要性的认识。

2. 加强领导，进一步落实安全生产责任制。重新明确了各级领导班子第一把手对安全生产负第一责任，分管领导负主要责任，其他领导负共同责任的原则。把安全生产工作责任层层分解，责任到人，形成齐抓共管的良好格局。

3. 严格执行省局有关安全生产制度，对安全生产工作常抓不懈，坚持"安全第一，预防为主"的工作方针。监狱每月召开一次安全生产分析会和开展一次安全生产大检查活动，查找存在的问题和安全隐患，分析原因，对存在的问题和隐患要及时纠正，尽量把事故隐患消灭在萌芽状态之中。

4. 加强安全生产教育和技能培训工作，强化安全生产意识。加大力度对警察和罪犯进行安全生产知识的教育和培训，促使全员增强安全生产意识，形成人人讲生产安全，处处抓生产安全的局面。

案例2：特大洪灾事故

一、洪灾纪实

一场超百年一遇的特大洪水将监狱关押点团团围困，监管区围墙被洪水冲垮，供水、供电、通讯中断，地势稍高的生产区3栋厂房首层最高水位一度达到3.17米，差1.5米淹上二楼，成了被汹涌洪水包围的"孤岛"。而在这个"孤岛"上，临时转移安置了2690名罪犯。当时根本就找不到可以安全转移的船只，罪犯在厂房内等待洪水消退又担心楼房坍塌，处于进退两难的危险境地。这些罪犯被困在"孤岛"上3天3夜的65个小时，真正是惊心动魄。这就是某监狱经历的"7·15"特大洪灾。

2006年7月15日，星期六，除了天空飘着不大不小的雨之外，一切并没有什么异常。上午10时，一家汽车有限公司的中方老总带领公司的中层领导，驱车200多公里，如期来到监狱对罪犯开展帮教活动。帮教活动按计划进行，但让客人纳闷的是，监狱的主要领导并没有出面接待。后来他们才得知，监狱刚接到了十万火急的抗洪通知，监狱领导正忙于部署抗洪救灾工作，已经没有时间出面接待远道而来的客人了。

通知是早上7点多收到的。省监狱管理局副局长打来电话，告知上游监狱已遭受特大洪水袭击，要求下游监狱立即做好防汛抗洪准备。

某监狱江岸关押点西面距河仅100余米，地势低，在1994年和2002年曾两次遭受特大洪水灾害，历年都必须做好抗洪的思想准备。接到通知后，监狱党委一刻也没敢耽搁，立即组织召开紧急会议，宣布启动"防汛应急预案"。

此时，人们才知道，受2006年第4号热带风暴影响，7月14日晚20时起全市区普降特大暴雨，河水已迅猛上涨。从市"三防"指挥部、水文局了解到信息，即将到来的洪水略超过1994年的水位。而在1994年，江岸关押点监管区最高水位是1.4米。在研究部署抗洪工作时，监狱党委做出了三条决策：①罪犯吃完中饭后，即开始向生产区3栋厂房转移；②由生卫装备科组织人员迅速抢购能保证3000人度过3天的矿泉水和干粮；③考虑到洪水到来后可能淹没监管区的配电站，临时购买3台发电机，确保生产厂房晚上不停电。后来事态的发展证明这三条决策至关重要。

按照监狱的"防汛应急预案"，当发生洪水灾害时，江岸关押点罪犯由监管区向生产区转移，因为生产区比监管区地势高出50厘米左右，并有3栋均为4

层的厂房可以临时安置罪犯。中午 12 时，各监区开始组织罪犯携带生活物资转移。至 12 时 30 分，2690 名罪犯全部在厂房的二至四层"安营扎寨"，首层没有安置转移罪犯。

洪水来得比人们想象的要快、要猛。下午 13 时许，洪水漫过河堤，从监仓大门涌入监管区。至下午 6 时，监管区的洪水已浸到了人的膝盖。"如果迟半小时转移罪犯，转移的难度将大大增加"监区的警察纷纷感慨说。

天渐渐地黑了下来，一辆辆满载矿泉水、方便面、夹心饼等物资的大卡车顶着洪水源源不断地开进生产区。据统计，当天就运进了矿泉水 1000 箱，方便面 1537 箱，夹心饼 351 箱。

当晚 23 时 30 分，监管区的水位已有齐腰深了，生产厂房的首层车间也开始进水。此时 3 台发电机全部运送到位。水电工人紧张地安装用电线路，他们要赶在洪水淹掉一楼配电房前把发电机的线路安装好。

这是一个不眠之夜。

16 日，洪水以每小时 20 厘米~30 厘米的速度疯狂上涨。监管区大门悬挂的牌匾成了洪水上涨的"指示牌"，水先是淹到"狱"字，渐渐地"监"字给淹了，后来、再后来上边三个字也完全淹没在水中。平时行车的路面，此刻用来行船。

一大早，通宵没有合眼的监狱长在生产厂房临时指挥部召集现场值班监区领导开会，布置了五项工作：①确保现场有足够警力。考虑到警察换岗进出均要乘船，很不方便，应保证进来多少警察出去多少警察；②在洪水围困期间不得安排罪犯劳动，适当组织罪犯开展文娱活动，尽可能缓解罪犯的紧张情绪；③落实各项监管安全措施，防止罪犯强行脱逃；④由监区领导亲自向罪犯做纪律动员，宣布政策，鼓励罪犯立功，罪犯只要不违纪全部给予嘉奖一次；⑤每幢厂房安排一名医生巡诊，做好防病、治病和防疫工作。

这种情况下没有船只肯定不行！但突如其来的洪水让某市市区四处告急，此时船只成了救命之物，找到船只的难度可想而知。经过多方联系，监狱才向老百姓租来了两艘机动小木船，从武警部队借来一条橡皮艇。橡皮艇主要用于生产区 3 栋厂房之间的联络。水流很急，小船从岸边到厂房往返一次需要近 1 个小时。小船既要运送物资，又要运送交班警察，根本忙不过来，因此使得岸边有些警察从早晨等到中午，也无法进入厂房换班。

下午，生产厂房首层水位已超过 3 米，差 1.7 米就要淹上二楼。水位已经超过水文局预告水位的 3 米。如此之高，远远超出了人们的想象。因水位距监管区大门和生产大门顶部仅有二三十厘米，船只已无法经过大门进入生产区，水上交通一度中断。

16时30分，监管区的水位逼近4米，二层楼高的监舍几近没顶。随着"轰隆"的响声，南面围墙瞬间倒塌了百余米，溅起高高的水柱。相隔不到10分钟，北面围墙也倒塌了几十米。围墙倒塌的情形被许多罪犯看到，他们担心厂房也可能跟围墙一样倒塌，明显出现恐慌情绪。包括一些警察，心里面也是七上八下的。

围墙倒塌后，厂房与岸边的联络才恢复。此时，岸边的人如果要去厂房，必须先坐木船从围墙倒塌处进入监管区，然后翻过生产区的围墙，由生产区里面的橡皮艇接应，才能到达。情况越来越危急！一直密切关注监狱灾情变化的省司法厅领导要求监狱立即做好转移罪犯的准备，并马上上报转移方案。

下午17时，在临近的监狱会议室，省监狱管理局副局长、有关处室领导和在外围指挥的监狱领导正在紧张地分析研究转移罪犯方案的可行性。

如果在洪水中转移，则至少需要两艘大船，每艘大船能载150人以上。但目前根本找不到大船。因为水位太高，船只无法从桥梁底下通过。并且整个市区到处受灾，道路交通多处中断，自顾不暇，此时求助于地方政府不太现实。

即使找到大船，如果要进入生产区，必须先在生产区围墙南面炸开一个缺口。在这个时候水下爆破技术去找谁来实施？

就算船只可以顺利进入生产区，要将2690名罪犯从厂房运送到岸边，保守估计也要10个小时。耗时太长，安全系数又有多大，谁也没底。

但是，如果在厂房等待洪水消退，万一3栋厂房受洪水浸泡后坍塌，后果简直不堪设想！

这是一个关系到近3000人生命安全的艰难抉择！

现在关键的问题是，这3栋厂房是否足够牢固经得起洪水的浸泡。监狱经过向厂房设计人员了解并向有关专家咨询得知，这3栋厂房建于1999年，为框架结构，地基牢固，应该可以长时间经得起洪水的浸泡，在洪水中死守并无危险。与会领导一致主张，在洪水中坚守直到洪水消退！当然，为防万一，还是制订了转移方案。在一线指挥领导的意见最终得到了省司法厅领导的认同。厅长在《监狱转移罪犯的实施方案》上批示："此方案在万不得已时实施，但要做好转移罪犯的准备。"

在监狱抗洪形势最严峻的时刻，省监狱管理局局长连夜赶到了抗洪一线。当时由于道路交通中断，他沿着铁路步行了3个多小时。在听取了副局长、监狱领导的汇报后，局长充分肯定了局工作组的决策指挥和监狱所做的工作，并做了四点指示：①要加强罪犯现场的管理；②要确保物资供应；③一线警察要轮流值班，保持战斗力；④要密切掌握罪犯的思想情绪。

夜幕降临了，淹在洪水中的3栋厂房依然灯火通明。这是3台发电机在工作，灯光在漆黑的夜里显得特别耀眼。

洪峰在17日凌晨1时左右到达的，生产厂房首层测得最高水位3.17米。此后洪水开始缓慢地回落。

罪犯待在"孤岛"上已是第3天了，供水早在15日就断了，没有开水，方便面只能干啃，没有水冲凉，车间内弥漫着一股令人作呕的汗臭味。

罪犯的脾气明显暴躁起来，有的呆呆的望着窗外，显得忧心忡忡。

值勤警察不得不反复做罪犯的思想工作，要求他们忍受暂时的生活不便，与监狱同舟共济，共渡难关，战胜自然灾害。

对于罪犯提出的合理要求，监狱一般给予满足。比如罪犯中有些"老烟枪"，没有烟，"断粮"了，每天可以从警察那领到两三根烟。这对他们来说也是一个莫大的安慰。

从洪水开始消退那一刻起，监狱领导就开始考虑灾后2688名罪犯（包括2名应刑满释放人员）的安置问题。当时江岸监管区围墙已倒塌，电网毁坏，完全失去了监管功能；加上大灾后卫生防疫工作难度大，因此必须将罪犯向外转移。经认真研究，监狱向省监狱管理局建议，向另一关押点转移罪犯300名，正式调给其他监狱800名，其余的转移到临近监狱临时寄押。局领导表示要经过论证才能决定是否可行。直到17日晚上23时许，省局才同意了监狱灾后立即转移罪犯。监狱的主要领导马上召集有关人员连夜研究制订转移方案。当初步拟订出转移方案时，已是18日凌晨2时了。

洪水消退后的江岸关押点一片狼藉，地面是厚达50厘米以上的淤泥，垃圾成堆。如果不清理出一条路面，车辆根本没办法进入生产区。从18日凌晨5时开始，监狱即组织武警战士和警察清理淤泥。经过3个多小时的奋战，才把监狱门口到生产区约80米的路面上的淤泥清理完毕。

18日上午9时许，监狱按照预定方案开始转移罪犯，至下午17时，2688名罪犯分6批顺利转移完毕。

从洪水涌入监管区起到洪水消退，长达65个小时，历经3天3夜。监狱全体警察及其家属、2690名罪犯无一伤亡，无罪犯脱逃，未发生疫情，抗击超百年一遇洪灾取得了伟大胜利。

二、抗洪体会

（一）部署早，行动快，为抵御超百年一遇的特大洪水灾害赢得了极为宝贵的时间

接到抗洪通知后，监狱党委高度重视，立即部署抗洪工作。8 位党委成员明确分工，督促各项工作落实到位。7 月 15 日中午要求罪犯转移时，有些警察还不太理解，私下议论党委领导"过敏"。当洪水以超乎人们的想象迅猛到来时，他们才连连感叹幸亏罪犯转移及时。包括及时转移了办公区的罪犯档案，生产厂房首层车间内可搬动的生产设备，将洪灾损失降低到了最低限度。在洪水到来的当天即运进了足够的生活物资，保证罪犯在洪水围困期间的基本生活需要。

（二）决策正确，处处提前谋划，牢牢把握了抗洪救灾工作的主动权

大灾大难能考验领导处置突发事件的能力和水平。在 7 月 16 日洪水来势最凶的时候，是在洪水撤离还是在洪水中坚守，需要作出决策。而在洪水中坚守，看似危险，但应该说是建立在科学论证基础上作出的正确决策。抗洪期间，监狱党委往往提前准备今天就考虑明天工作，处处争取主动，特别是在 7 月 17 日洪水开始消退时，就考虑到两千多名罪犯的转移安置问题，向省局提出了可行性的转移方案，第二天顺利完成了转移。7 月 18 日，司法警察医院的专家在监狱检查卫生防疫工作时说："转移很及时，当天温度高达 36.8℃，如果罪犯仍留在车间，防疫工作都不知怎么开展。"

（三）领导身先士卒，靠前指挥，为广大警察职工树立了榜样

抗洪期间，监狱党委 8 位成员分成两班，一班在"孤岛"上现场指挥，每栋厂房大楼全天 24 小时保持有 1 名以上的监狱领导；一班在外围协调，负责后勤保障工作。监狱的主要领导基本上都是在一线指挥工作。监狱领导到一线参加现场值勤，不但可以稳定军心，还可以督促落实监管安全制度。7 月 16 日下午，监管区围墙被洪水冲垮时，一种恐惧的情绪在人群中蔓延，局面很容易失控，一旦罪犯骚动，严重后果让人不敢想象。当时监狱主要领导到每一个车间巡查，对警察们说："这里是安全的，我们咨询过厂房的设计者和施工者，他们都认为洪水再涨 2 米楼房也没事。大家千万不要恐慌，更不能把这种情绪传染给罪犯。"看到领导都在现场，许多罪犯这样说："监狱领导都没有走，他们不怕有生命危险，我们又怕什么呢？"那三天时间里，睡眠严重不足是几位监狱领导的共同特点。年龄大一些的领导一个通宵熬下来，有的脚抽筋，有的嗓子哑了,但都依然顽强的战斗在工作岗位上,榜样的力量是无穷的,广大警察发扬不怕苦不怕累连续作战的作风,认真履行岗位职责,许多事迹非常感人。

(四)因地制宜,采取有针对性的安全措施,确保监管安全

洪灾来临时,犯群中最容易出现以下问题:①少数罪犯带头起哄,犯群出现骚乱,导致局面失控;②少数罪犯恐慌,致使恐慌情绪在犯群中蔓延;③个别罪犯可能产生私自逃生的想法,或者企图在混乱中脱逃;④因为车间内人员密集,容易发生流感疫情。针对可能发生的问题,监狱采取了以下具体措施:①在罪犯转移到生产厂房后,及时宣布了洪灾期间的政策,罪犯只要不违纪即可以拿到一个嘉奖,这大大稳定了人心;②在洪水最凶猛的时候,一线值班警察包括领导全部进入车间,以自身的行动告诉罪犯不要恐慌;③严格落实警察直接管理制度、清点人数制度;④每栋厂房均安排有二三名医生巡诊,为防止罪犯吹风扇着凉而感冒,要求罪犯晚上不能脱衣服睡觉。可以说,这些措施在确保监管安全方面非常有针对性。在全力以赴保安全的同时,监狱并没有忘记自己的执法使命。7月16日有一名罪犯刑满释放,在船只运送人员、物资紧张的情况下,监狱领导指示先安排船只送这名罪犯出监,并安排专人为他办理释放手续,让这名刑释人员感动不已。此事迹被多家媒体报道。

三、善后工作

洪灾过后,监狱党委带领全体警察职工以只争朝夕的精神开始了重建家园的工作。2006年10月17日,监狱各项工作基本步入正轨,此时距离受灾还不到3个月。

(一)争分夺秒,抢抓基建工程进度,全面修复被洪水毁坏的狱政基础设施

在修复工程方面,监狱党委结合实际提出"二步走":第一步,将江岸关押点生产区改造成临时监管区,尽早撤回临时寄押的罪犯,改造工程早一天完工就早一天有安全保障;第二步,待江岸关押点监管区功能修复后,将罪犯从生产区转移回监管区,修复工程早一天修复就早一天恢复正常的工作秩序。按照这样的思路,为抢抓工程进度,确保工程质量,监狱采取了以下措施:①制订《救灾复建工作方案》,成立领导小组。领导小组全面负责整个救灾复建工作的组织、领导和协调。②成立专门的江岸关押点修复协调办公室,采取现场办公的方式,有问题就解决问题,督促检查工程进度,所有基建修复工程没有出现因为协调不力而停工的现象。③完善工程合同手续,约定完工时间及质量。监

狱与工程承包方签订合同时,明确约定完工时间。灾后重建的很多项目虽然属于不需要招投标的特殊项目,但是所有施工项目都经过监狱长办公会议讨论,项目预算、工程监理和结算审计均聘请某市有资质的专业部门进行,保证了工程质量。

(二) 非常时期采取非常措施,确保监管安全

针对监狱临时寄押点围墙矮且走向不规则、地形特别复杂、监管安全系数极低的实际情况,监狱采取了下列措施确保安全:①深入动员。监狱分别召开了监区领导会议和警察职工大会,监狱主要领导亲自动员,要求警察认清当前的严峻形势,克服松一口气的思想,发扬抗洪精神,保持良好的工作和精神状态,尽职尽责,高标准地做好各项工作。②因地制宜,设置四道安全防线。第一道,每个临时监舍安排专人分批 24 小时巡逻;第二道,罪犯管理现场保持 1 名监区领导、4 名以上警察值勤,落实直接管理,晚上实行 2 名警察坐班,2 名睡班;第三道,设置临时哨位,在 3 栋临时监舍增设了 6 个临时岗位哨,抽调了 30 名警察分成 5 个值班小组,每天从晚上 19 时到第二天 7 时通宵值班,同时,安排机关警察每组 2 名开电瓶车不间断巡逻;第四道,与驻监武警部队协商,临时增设了 3 个武警哨位,并由武警战士带警犬巡逻。四道安全防线的设置,有效地形成了一种高压态势,个别罪犯即使有非分之想,也不敢轻举妄动。③加大教育力度,稳定人心。针对罪犯在监舍内无所事事的实际情况,监狱因地制宜组织罪犯开展文体活动,转移罪犯的注意力。同时,召开动员大会,要求罪犯在非常时期遵守监规纪律,明确在寄押期间只要不发生严重违纪,每个罪犯均可获得嘉奖,有效地稳定了人心。④成立专门督察队,加大督察检查力度。监狱抽调监区、科室领导成立督察队,由监狱领导带队每天不定时到临时寄押点检查值班情况。对检查出来的问题,每天发出督查通报,促使基层对存在的问题及时整改。

(三) 想方设法做好灾后生产恢复工作,将洪灾造成的损失降到最低限度

①收集整理仍有利用价值的原材料。洪灾过后,监狱即组织人员进入受灾车间,将仍有可利用价值的加工原材料进行分类整理,尽可能地降低洪灾的直接损失。②积极做好复产的准备工作。将原有生产车间一分为二,用铁丝网将罪犯的生活区和劳作区分开,既有利于安全,又有利于生产现场的管理;及时购进了复产所需的机器设备和工具,组织人员修复受损的机器设备,清洁设备及车间卫生,调度机器。因为准备工作充分,罪犯 8 月 15 日从其他监狱回迁到江岸生产区,8 月 16 日各监区(直属分监区)即恢复生产。③加强与合作厂家

的沟通。受洪灾的当天，监狱就将受灾情况通报给了合作厂家，告知相关加工合同已无法履行或要延迟履行，得到了厂家的理解。恢复生产后，又主动与合作厂家联系，做好了货源组织和生产调度工作。遭受洪灾重创的生产经营工作逐渐恢复了元气。

监狱长在总结抗洪救灾工作时，把整个抗洪救灾工作形象地归纳为"四个阶段"：第一阶段，抗洪阶段，保证了不死人；第二阶段，在北江监狱临时寄押阶段，保证了不跑人；第三阶段，在江岸关押点生产区关押阶段，保证了不出大事故；第四阶段，恢复正常秩序阶段，保证了各项工作步入正轨。

案例3：徒步转移罪犯事例

2006年7月15日、16日，受强热带风暴的影响，某监狱遭受了超百年一遇的特大洪水袭击，洪水来势之凶猛、持续时间之长，造成的受灾面积之广、损失之严重，实属历史罕见。面对突如其来的巨大自然灾害，在厅、局党委的正确领导和地方政府的大力支持下，监狱党委不畏艰险、靠前指挥、科学决策、众志成城，抗击洪魔，团结带领全监警察职工，齐心协力、不畏艰难、连续作战，与洪水展开了不屈不挠的斗争，实现了厅、局党委在抗洪期间提出的不死人、不跑人、不伤人、不出监管事故的"四不"目标，维护了监狱的安全稳定，取得了抗洪救灾工作的全面胜利。

一、洪魔肆虐，损失惨重

受强热带风暴的影响，从7月14日开始，天黑压压的一片，夹杂着10级大风的暴雨一刻也没停过，上游水位不停地上涨，该监狱就紧靠河畔。15日清晨6时左右，河水迅猛上涨，水流湍急，在短短的几十分钟内就越过了警戒水位线，洪魔来得一次比一次凶、猛、高，从市区通往狱部机关，从狱部机关通往各关押点的道路先后被淹，桥梁崩垮，断水、断电、断路、断通讯，后勤保障也完全中断，整个监狱被洪水分割成4块，全监3个关押点和狱部大院被洪水淹没，部分警察职工住房被洪水冲塌，家中物品被洗劫一空，1000多名警察、职工、家属被紧急疏散。最为严重的是某关押点的3个监区，洪水如猛兽般将3个监区的监舍、生产车间、办公楼全部淹没，临河边的围墙、哨楼、电网倒塌，监管设施毁于一旦，基本丧失关押功能，1663名罪犯和108名警察、武警官兵被洪水围困在一块高地内，时间长达30多个小时。经灾后统计，整个洪灾造成了监狱126户家庭被淹，278人无家可归，经济损失达1.31亿元。

二、科学决策，果断处置

7月14日晚21时30分，在接到监区值班教导员关于河水迅速上涨的报告后，监狱长和副监狱长立即带领狱政科的几名同志前往现场查看，同时，监狱长指示由副监狱长带领几名同志继续留守查看水情，并随时向指挥部报告。7月15日清晨6时，在得到河水越过警戒水位后，监狱长下令立即启动应急预案，拉响警报。在随后的处置过程中，先后做出如下决定：①由副监狱长带领部分应急队员赶赴受灾最严重的关押点进行支援；②及时向省厅、局汇报，争取上级的支持；③及时疏散警察、职工和家属至安全地带。与此同时，在该关押点坐镇指挥的副监狱长果断下达转移命令，3个监区的当晚值勤警察和住在关押点的其他警察与赶来支援的应急队员一道，迅速组织监区罪犯起床、集合、点名，在短短的20分钟内撤离到狱内地势较高处避险。

面对肆虐的洪魔，在断水、断电、断路、断通讯的情况下，监狱指挥部根据情况及时调整决策：①在狱部向关押点运送给养受阻的情况下，命令由另一监区关押点派出警察负责向小水关押点运送给养；②妥善安置离退休人员和家属，机关办公室、监狱幼儿园、招待所要为老人、儿童提供暂时的安身之处；③解决后勤保障工作，及时组织人员采购抗洪的必需物资，设立2个临时医疗点，安排医务人员不定时巡诊，组织狱部职工食堂想方设法供应用餐。

第二个洪峰期间，关押点的1663名罪犯和100多名执勤警察、武警官兵缺医少食，与监狱指挥部也失去联系，面对种种不利的局面，临时指挥部很快做出五项决定：①为了保障罪犯的安全，在洪水稍退后将罪犯全部撤回生产车间内；②要求全体参战警察克服一切困难，全力做好罪犯的思想工作，力求稳定好罪犯的情绪、务必促使罪犯配合警察做好抗洪工作；③除安排少数警察在生产车间内值勤外，其余警力全部在生产车间外彻夜巡逻；④抓紧研究紧急情况下的应急预案，防止和应对特别是夜间出现的突发事件；⑤想方设法与监狱指挥部取得联系，向监狱指挥部派出3名同志组成的联络小分队，汇报情况和争取进一步的支援。

三、靠前指挥，安全转移

7月16日早上8时，省监狱管理局、省武警总队等领导在听取了联络小分队的汇报后，立即研究制订总指挥部靠前指挥及增援撤离的决策方案，争取在下个洪峰到来之前组织罪犯徒步转移到5公里外的某监区关押点，并紧急抽调了60名熟悉水性的警察组成突击队，强渡到对岸，与坚守了近30个小时的关押点的临时指挥部和警察、武警会合。在徒步转移前，指挥部针对面前的困难，经过研究，做出了果敢的决定：①对全体罪犯进行动员，指出灾情的严重性，只有同生死、共存亡，才能突出洪魔的重围；②对重点犯、顽危犯重新安排布控，对老弱病残犯指定警察专人负责；③合理调配警力，在重点、危险路段强化警力配备，用他们的双手筑起一道道安全"桥梁"；④为了确保罪犯全部安全、迅速地撤离，对转移的罪犯不加戴任何械具，而是采取"精神防护"。

7月16日下午14时20分，紧急大转移开始了。在监狱和武警部队的精心组织和强大政治攻势下，在押解警察的沿途悉心照顾下，1663名罪犯手拉着手，在经过3个小时的徒步行走之后全部安全抵达另一监区关押点。整个过程没有一名罪犯违纪，一人掉队，秩序井然，创造了全国监狱史上野外徒步转移罪犯的一个奇迹。

7月19日，监狱接到了省厅、省局通知，即紧急调出原某监区关押点的1600名罪犯。7月20日，从该监区关押点出发，顺利地将1600名罪犯送上开往省内其他监狱服刑改造的专列。

四、铭记功勋，精神永存

监狱"7·15"抗洪斗争取得了全面胜利，得到了上级领导的高度肯定，在全省司法行政系统产生了良好的影响，国内主要新闻媒体都纷纷予以报道，展现了监狱的良好形象。省委书记在听取抗洪工作汇报后指出："监狱被淹后成功转移1600多名罪犯无一人脱逃，实属难能可贵"。这场斗争的胜利，来之不易，有许许多多的功臣、事迹值得去赞颂、体会。

（一）领导重视是取得"7·15"抗洪救灾斗争胜利的根本保障

在抗洪抢险斗争中，省委、省政府领导和省司法厅、监狱管理局等单位领导高度重视抗洪工作，密切关注罪犯和警察职工及其家属的生命安全。司法厅厅长、监狱局局长始终与监狱心连心、共患难，不断通过电话了解灾情，指导抗洪抢险工作。司法厅副厅长、监狱局副局长、省武警总队副总队长接到洪灾报告后，第一时间赶到监狱，深入一线亲临指挥，指导抗洪抢险及灾后重建工作。省委副书记、纪委书记与司法厅厅长在灾后第一时间亲临监狱视察慰问，指导救灾减灾工作。省司法厅、省监狱管理局有关部门和司法警察医院等兄弟单位给予监狱多方面的援助。各级领导的亲切的关怀，兄弟单位的大力支持为监狱抗洪抢险工作提供了坚强保障和强大的力量，鼓舞了监狱警察职工的斗志，增强了战胜困难、夺取胜利的信心和决心。

(二) 科学决策是取得"7·15"抗洪救灾斗争胜利的关键因素

这次抗洪抢险斗争取得全面胜利，关键在于监狱党委对抗洪工作的高度政治责任感和敏锐性，在于监狱抗洪指挥部对整个抗洪抢险工作的科学决策和周密部署。早在7月14日晚，监狱领导就赶赴监区关押点查看水情，并专门派人到小水河边及上游地区观察水情，随时掌握洪水情况，为全监的抗洪抢险救灾工作赢得了宝贵的时间。留守在现场的副监狱长立刻命令3个监区组织罪犯迅速撤离到狱内高地避险。狱部迅速成立了抗洪抢险指挥部，召集狱部警察职工组成应急小组，由副监狱长带领警察火速增援受灾监区关押点，同时迅速组织狱部大院的警察职工及其家属撤离到安全地带。7月16日，监狱指挥部及时地做出了指挥部前移到受灾监区关押点的决定，并研究制订出了将受灾监区关押点罪犯全部徒步转移到另一监区关押点的方案。针对转移途中危险路段多，为了确保罪犯的生命安全并迅速撤离，指挥部以人为本，果断做出了罪犯不戴铐徒步转移的果敢决定。最后，在铁路恢复通车的第一时刻，在上级党委的部署下，通过专列及时将1600名罪犯转移到省内其他监狱，取得了罪犯安全转移的全面胜利。《人民日报》事后评论道："……监狱这次在洪灾中的大转移，着实让世人看到了我国司法实践中重视人、了解人、尊重人的良好人文精神，看到监狱日常管理工作卓有成效。……这样的决策需要大勇气、大智慧。"纵观整个"7·15"抗洪工作，科学的决策是我们夺取抗洪斗争胜利的关键因素。

(三) 以人为本是取得"7·15"抗洪救灾斗争胜利的重要保证

在抗洪抢险救灾过程中，监狱始终坚持以人为本、生命至上的理念，把人的生命安全放在第一位。在洪水到来前，迅速地转移了罪犯，保证他们的生命安全。随后在被洪水围困的30多个小时里，在断水、断电、断粮和交通、通讯中断的情况下，坚持以人为本，将避险高地唯一的一间房屋让给老弱病残犯避雨，将救援人员送来的食品和水首先发放给罪犯，将周围村民送来的热饭全部留给罪犯，这些措施的实施，稳定了罪犯情绪，安抚了人心，为随后的安全大转移奠定了坚实的思想基础。在狱部，为了妥善安置离退休人员和家属，机关办公室、监狱幼儿园、招待所大厦敞开大门为老人、儿童提供暂时的安身之处，机关伙房全力准备，免费提供救助餐，确保受灾的职工群众有饭吃。监狱的这些措施都充分体现了"以人为本"的人文主义精神，鼓舞和激励了广大警察职工团结一心，抗击洪灾。

（四）赤胆忠诚的警察职工队伍是取得"7·15"抗洪救灾斗争胜利的有力保障

在这次抗洪救灾斗争中，监狱涌现出了许多可歌可泣、感人肺腑的先进人物、先进事迹，在他们身上充分展现了监狱警察职工无私无畏、英勇顽强、敢于拼搏、不怕牺牲的革命英雄主义气概和务实的优良作风。

1. 各级领导深入一线，靠前指挥，冲锋在前，充分发挥了领导的表率作用。7月15日清晨，副监狱长带领第一批增援人员火速赶往受灾监区，在桥梁被洪水冲垮、无路可走的情况下，副监狱长带领增援警察开辟山路，冒着山体滑坡、路基塌方的危险，徒步前行了近4公里，艰难地赶到了受灾的关押点，投入到抗洪救灾斗争中。其他领导也在洪灾发生后及时赶回监狱工作岗位，组织指挥抗洪斗争，在抗洪救灾的各条战线上发挥了领导的核心作用。

2. 广大共产党员舍生忘死、不畏艰难、连续作战，充分发挥了党员的先锋模范作用。在7月15日深夜，被洪水围困的四监区关押点，急需和监狱指挥部取得联系，3名共产党员毫不犹豫地挺身而出，要求执行这个危险任务。他们将个人生死置之度外，在历经了生死考验，几次和死神擦肩而过后，于7月16日清晨完成了任务，为监狱制订转移方案提供了可靠的决策依据。

3. 广大警察英勇无畏、顽强拼搏，充分发挥了排头兵的作用。7月15日，为了把饼干和饮用水及时地送到受灾监区关押点，23名警察从另一监区出发，冒着暴雨，肩挑手提，翻山越岭，在布满荆棘的山路上艰难跋涉了10个多小时，将救命的食品送到了目的地。在7月16日转移罪犯的过程中，在临江绝壁、路基塌陷的危险路段，4名警察踩在湿滑的岩石上，背对湍急的洪水，冒着巨大的生命危险，组成一道"人体护栏"，手把手地将1663名罪犯一一护送过去，将生的希望送给罪犯，把死的危险留给自己。还有一部分警察不顾家里被淹、贵重家产受损，毅然投身到转移家属老人的战斗中。8名警察用血肉之躯，在滚滚洪流中筑起一道安全屏障，奋力救起了27名被洪水围困的妇女和儿童。

在此次抗洪过程中，类似这样的抗洪英雄还有很多很多，他们在危难时刻，用自己的实际行动筑起了一道抗击洪灾的钢铁城墙。

"7.15"抗洪抢险斗争是一场全体人员参与的战斗，全监上下，无论是领导干部，还是普通警察职工；无论是共产党员，还是一般群众；无论是在前方战斗，还是在后方支援，都是心往一处想，劲往一块使，书写了一幅万众一心、众志成城、勇斗洪魔的战斗画面。正是因为有一支赤胆忠诚的警察职工队伍，才使山区监狱经受住了考验，战胜了洪灾，确保了监狱的安全稳定，充分展现了一种伟大的抗洪精神。这就是：

身先士卒、靠前指挥的表率精神；
忠于职守、顽强拼搏的敬业精神；
顾全大局、大公无私的奉献精神；
坚韧不拔、连续作战的吃苦精神；
以人为本、科学决策的创新精神；
团结互助、和衷共济的团队精神；
不等不靠、自立自强的进取精神；
不畏艰难、敢于胜利的战斗精神。

附一：

中华人民共和国突发事件应对法

(2007年8月30日第十届全国人民代表大会常务委员会
第二十九次会议通过)

第一章 总 则

第一条 为了预防和减少突发事件的发生，控制、减轻和消除突发事件引起的严重社会危害，规范突发事件应对活动，保护人民生命财产安全，维护国家安全、公共安全、环境安全和社会秩序，制定本法。

第二条 突发事件的预防与应急准备、监测与预警、应急处置与救援、事后恢复与重建等应对活动，适用本法。

第三条 本法所称突发事件，是指突然发生，造成或者可能造成严重社会危害，需要采取应急处置措施予以应对的自然灾害、事故灾难、公共卫生事件和社会安全事件。

按照社会危害程度、影响范围等因素，自然灾害、事故灾难、公共卫生事件分为特别重大、重大、较大和一般四级。法律、行政法规或者国务院另有规定的，从其规定。

突发事件的分级标准由国务院或者国务院确定的部门制定。

第四条 国家建立统一领导、综合协调、分类管理、分级负责、属地管理为主的应急管理体制。

第五条 突发事件应对工作实行预防为主、预防与应急相结合的原则。国家建立重大突发事件风险评估体系，对可能发生的突发事件进行综合性评估，减少重大突发事件的发生，最大限度地减轻重大突发事件的影响。

第六条 国家建立有效的社会动员机制，增强全民的公共安全和防范风险的意识，提高全社会的避险救助能力。

第七条 县级人民政府对本行政区域内突发事件的应对工作负责；涉及两个以上行政区域的，由有关行政区域共同的上一级人民政府负责，或者由各有关行政区域的上一级人民政府共同负责。

突发事件发生后，发生地县级人民政府应当立即采取措施控制事态发展，组织开展应急救援和处置工作，并立即向上一级人民政府报告，必要时可以越级上报。

突发事件发生地县级人民政府不能消除或者不能有效控制突发事件引起的严重社会危害的，应当及时向上级人民政府报告。上级人民政府应当及时采取措施，统一领导应急处置工作。

法律、行政法规规定由国务院有关部门对突发事件的应对工作负责的，从其规定；地方人民政府应当积极配合并提供必要的支持。

第八条 国务院在总理领导下研究、决定和部署特别重大突发事件的应对工作；根据实际需要，设立国家突发事件应急指挥机构，负责突发事件应对工作；必要时，国务院可以派出工作组指导有关工作。

县级以上地方各级人民政府设立由本级人民政府主要负责人、相关部门负责人、驻当地中国人民解放军和中国人民武装警察部队有关负责人组成的突发事件应急指挥机构，统一领导、协调本级人民政府各有关部门和下级人民政府开展突发事件应对工作；根据实际需要，设立相关类别突发事件应急指挥机构，组织、协调、指挥突发事件应对工作。

上级人民政府主管部门应当在各自职责范围内，指导、协助下级人民政府及其相应部门做好有关突发事件的应对工作。

第九条 国务院和县级以上地方各级人民政府是突发事件应对工作的行政领导机关，其办事机构及具体职责由国务院规定。

第十条 有关人民政府及其部门作出的应对突发事件的决定、命令，应当及时公布。

第十一条 有关人民政府及其部门采取的应对突发事件的措施，应当与突发事件可能造成的社会危害的性质、程度和范围相适应；有多种措施可供选择的，应当选择有利于最大程度地保护公民、法人和其他组织权益的措施。

公民、法人和其他组织有义务参与突发事件应对工作。

第十二条 有关人民政府及其部门为应对突发事件，可以征用单位和个人的财产。被征用的财产在使用完毕或者突发事件应急处置工作结束后，应当及时返还。财产被征用或者征用后毁损、灭失的，应当给予补偿。

第十三条 因采取突发事件应对措施，诉讼、行政复议、仲裁活动不能正常进行的，适用有关时效中止和程序中止的规定，但法律另有规定的除外。

第十四条 中国人民解放军、中国人民武装警察部队和民兵组织依照本法和其他有关法律、行政法规、军事法规的规定以及国务院、中央军事委员会的命令，参加突发事件的应急救援和处置工作。

第十五条 中华人民共和国政府在突发事件的预防、监测与预警、应急处置与救援、事后恢复与重建等方面，同外国政府和有关国际组织开展合作与交流。

第十六条 县级以上人民政府作出应对突发事件的决定、命令，应当报本级人民代表大会常务委员会备案；突发事件应急处置工作结束后，应当向本级人民代表大会常务委员会作出专项工作报告。

第二章 预防与应急准备

第十七条 国家建立健全突发事件应急预案体系。

国务院制定国家突发事件总体应急预案，组织制定国家突发事件专项应急预案；国务院有关部门根据各自的职责和国务院相关应急预案，制定国家突发事件部门应急预案。

地方各级人民政府和县级以上地方各级人民政府有关部门根据有关法律、法规、规章、上级人民政府及其有关部门的应急预案以及本地区的实际情况，制定相应的突发事件应急预案。

应急预案制定机关应当根据实际需要和情势变化，适时修订应急预案。应急预案的制定、修订程序由国务院规定。

第十八条 应急预案应当根据本法和其他有关法律、法规的规定，针对突发事件的性质、特点和可能造成的社会危害，具体规定突发事件应急管理工作的组织指挥体系与职责和突发事件的预防与预警机制、处置程序、应急保障措施以及事后恢复与重建措施等内容。

第十九条 城乡规划应当符合预防、处置突发事件的需要，统筹安排应对突发事件所必需的设备和基础设施建设，合理确定应急避难场所。

第二十条 县级人民政府应当对本行政区域内容易引发自然灾害、事故灾难和公共卫生事件的危险源、危险区域进行调查、登记、风险评估，定期进行检查、监控，并责令有关单位采取安全防范措施。

省级和设区的市级人民政府应当对本行政区域内容易引发特别重大、重大突发事件的危险源、危险区域进行调查、登记、风险评估，组织进行检查、监控，并责令有关单位采取安全防范措施。

县级以上地方各级人民政府按照本法规定登记的危险源、危险区域，应当按照国家规定及时向社会公布。

第二十一条 县级人民政府及其有关部门、乡级人民政府、街道办事处、居民委员会、村民委员会应当及时调解处理可能引发社会安全事件的矛盾纠纷。

第二十二条 所有单位应当建立健全安全管理制度，定期检查本单位各项安全防范措施的落实情况，及时消除事故隐患；掌握并及时处理本单位存在的可能引发社会安全事件的问题，防止矛盾激化和事态扩大；对本单位可能发生的突发事件和采取安全防范措施的情况，应当按照规定及时向所在地人民政府或者人民政府有关部门报告。

第二十三条 矿山、建筑施工单位和易燃易爆物品、危险化学品、放射性物品等危险物品的生产、经营、储运、使用单位，应当制定具体应急预案，并对生产经营场所、有危险物品的建筑物、构筑物及周边环境开展隐患排查，及时采取措施消除隐患，防止发生突发事件。

第二十四条 公共交通工具、公共场所和其他人员密集场所的经营单位或者管理单位应当制定具体应急预案，为交通工具和有关场所配备报警装置和必要的应急救援设备、设施，注明其使用方法，并显著标明安全撤离的通道、路线，保证安全通道、出口的畅通。

有关单位应当定期检测、维护其报警装置和应急救援设备、设施，使其处于良好状态，确保正常使用。

第二十五条 县级以上人民政府应当建立健全突发事件应急管理培训制度，对人民政府及其有关部门负有处置突发事件职责的工作人员定期进行培训。

第二十六条 县级以上人民政府应当整合应急资源，建立或者确定综合性应急救援队伍。人民政府有关部门可以根据实际需要设立专业应急救援队伍。

县级以上人民政府及其有关部门可以建立由成年志愿者组成的应急救援队伍。单位应当建立由本单位职工组成的专职或者兼职应急救援队伍。

县级以上人民政府应当加强专业应急救援队伍与非专业应急救援队伍的合作、联合培训、联合演练，提高合成应急、协同应急的能力。

第二十七条 国务院有关部门、县级以上地方各级人民政府及其有关部门、有关单位应当为专业应急救援人员购买人身意外伤害保险，配备必要的防护装备和器材，减少应急救援人员的人身风险。

第二十八条 中国人民解放军、中国人民武装警察部队和民兵组织应当有计划地组织开展应急救援的专门训练。

第二十九条 县级人民政府及其有关部门、乡级人民政府、街道办事处应当组织开展应急知识的宣传普及活动和必要的应急演练。

居民委员会、村民委员会、企业事业单位应当根据所在地人民政府的要求，结合各自的实际情况，开展有关突发事件应急知识的宣传普及活动和必要的应急演练。

新闻媒体应当无偿开展突发事件预防与应急、自救与互救知识的公益宣传。

第三十条 各级各类学校应当把应急知识教育纳入教学内容，对学生进行应急知识教育，培养学生的安全意识和自救与互救能力。

教育主管部门应当对学校开展应急知识教育进行指导和监督。

第三十一条 国务院和县级以上地方各级人民政府应当采取财政措施，保障突发事件应对工作所需经费。

第三十二条 国家建立健全应急物资储备保障制度，完善重要应急物资的监管、生产、储备、调拨和紧急配送体系。

设区的市级以上人民政府和突发事件易发、多发地区的县级人民政府应当建立应急救援物资、生活必需品和应急处置装备的储备制度。

县级以上地方各级人民政府应当根据本地区的实际情况，与有关企业签订协议，保障应急救援物资、生活必需品和应急处置装备的生产、供给。

第三十三条 国家建立健全应急通信保障体系，完善公用通信网，建立有线与无线相结合、基础电信网络与机动通信系统相配套的应急通信系统，确保突发事件应对工作的通信畅通。

第三十四条 国家鼓励公民、法人和其他组织为人民政府应对突发事件工作提供物资、资金、技术支持和捐赠。

第三十五条 国家发展保险事业，建立国家财政支持的巨灾风险保险体系，并鼓励单位和公民参加保险。

第三十六条 国家鼓励、扶持具备相应条件的教学科研机构培养应急管理专门人才，鼓励、扶持教学科研机构和有关企业研究开发用于突发事件预防、监测、预警、应急处置与救援的新技术、新设备和新工具。

第三章 监测与预警

第三十七条 国务院建立全国统一的突发事件信息系统。

县级以上地方各级人民政府应当建立或者确定本地区统一的突发事件信息系统，汇集、储存、分析、传输有关突发事件的信息，并与上级人民政府及其有关部门、下级人民政府及其有关部门、专业机构和监测网点的突发事件信息系统实现互联互通，加强跨部门、跨地区的信息交流与情报合作。

第三十八条 县级以上人民政府及其有关部门、专业机构应当通过多种途径收集突发事件信息。

县级人民政府应当在居民委员会、村民委员会和有关单位建立专职或者兼职信息报告员制度。

获悉突发事件信息的公民、法人或者其他组织，应当立即向所在地人民政府、有关主管部门或者指定的专业机构报告。

第三十九条 地方各级人民政府应当按照国家有关规定向上级人民政府报送突发事件信息。县级以上人民政府有关主管部门应当向本级人民政府相关部门通报突发事件信息。专业机构、监测网点和信息报告员应当及时向所在地人民政府及其有关主管部门报告突发事件信息。

有关单位和人员报送、报告突发事件信息，应当做到及时、客观、真实，不得迟报、谎报、瞒报、漏报。

第四十条 县级以上地方各级人民政府应当及时汇总分析突发事件隐患和预警信息，必要时组织相关部门、专业技术人员、专家学者进行会商，对发生突发事件的可能性及其可能造成的影响进行评估；认为可能发生重大或者特别重大突发事件的，应当立即向上级人民政府报告，并向上级人民政府有关部门、当地驻军和可能受到危害的毗邻或者相关地区的人民政府通报。

第四十一条 国家建立健全突发事件监测制度。

县级以上人民政府及其有关部门应当根据自然灾害、事故灾难和公共卫生事件的种类和特点，建立健全基础信息数据库，完善监测网络，划分监测区域，确定监测点，明确监测项目，提供必要的设备、设施，配备专职或者兼职人员，对可能发生的突发事件进行监测。

第四十二条 国家建立健全突发事件预警制度。

可以预警的自然灾害、事故灾难和公共卫生事件的预警级别，按照突发事件发生的紧急程度、发展势态和可能造成的危害程度分为一级、二级、三级和四级，分别用红色、橙色、黄色和蓝色标示，一级为最高级别。

预警级别的划分标准由国务院或者国务院确定的部门制定。

第四十三条 可以预警的自然灾害、事故灾难或者公共卫生事件即将发生或者发生的可能性增大时，县级以上地方各级人民政府应当根据有关法律、行政法规和国务院规定的权限和程序，发布相应级别的警报，决定并宣布有关地区进入预警期，同时向上一级人民政府报告，必要时可以越级上报，并向当地驻军和可能受到危害的毗邻或者相关地区的人民政府通报。

第四十四条 发布三级、四级警报，宣布进入预警期后，县级以上地方各级人民政府应当根据即将发生的突发事件的特点和可能造成的危害，采取下列措施：

（一）启动应急预案；

（二）责令有关部门、专业机构、监测网点和负有特定职责的人员及时收集、报告有关信息，向社会公布反映突发事件信息的渠道，加强对突发事件发生、发展情况的监测、预报和预警工作；

（三）组织有关部门和机构、专业技术人员、有关专家学者，随时对突发事件信息进行分析评估，预测发生突发事件可能性的大小、影响范围和强度以及可能发生的突发事件的级别；

（四）定时向社会发布与公众有关的突发事件预测信息和分析评估结果，并对相关信息的报道工作进行管理；

（五）及时按照有关规定向社会发布可能受到突发事件危害的警告，宣传避免、减轻危害的常识，公布咨询电话。

第四十五条 发布一级、二级警报，宣布进入预警期后，县级以上地方各级人民政府除采取本法第四十四条规定的措施外，还应当针对即将发生的突发事件的特点和可能造成的危害，采取下列一项或者多项措施：

（一）责令应急救援队伍、负有特定职责的人员进入待命状态，并动员后备人员做好参加应急救援和处置工作的准备；

（二）调集应急救援所需物资、设备、工具，准备应急设施和避难场所，并确保其处于良好状态、随时可以投入正常使用；

（三）加强对重点单位、重要部位和重要基础设施的安全保卫，维护社会治安秩序；

（四）采取必要措施，确保交通、通信、供水、排水、供电、供气、供热等公共设施的安全和正常运行；

（五）及时向社会发布有关采取特定措施避免或者减轻危害的建议、劝告；

（六）转移、疏散或者撤离易受突发事件危害的人员并予以妥善安置，转移重要财产；

（七）关闭或者限制使用易受突发事件危害的场所，控制或者限制容易导致危害扩大的公共场所的活动；

（八）法律、法规、规章规定的其他必要的防范性、保护性措施。

第四十六条 对即将发生或者已经发生的社会安全事件，县级以上地方各级人民政府及其有关主管部门应当按照规定向上一级人民政府及其有关主管部门报告，必要时可以越级上报。

第四十七条 发布突发事件警报的人民政府应当根据事态的发展，按照有关规定适时调整预警级别并重新发布。

有事实证明不可能发生突发事件或者危险已经解除的，发布警报的人民政府应当立即宣布解除警报，终止预警期，并解除已经采取的有关措施。

第四章 应急处置与救援

第四十八条 突发事件发生后，履行统一领导职责或者组织处置突发事件的人民政府应当针对其性质、特点和危害程度，立即组织有关部门，调动应急救援队伍和社会力量，依照本章的规定和有关法律、法规、规章的规定采取应急处置措施。

第四十九条 自然灾害、事故灾难或者公共卫生事件发生后，履行统一领导职责的人民政府可以采取下列一项或者多项应急处置措施：

（一）组织营救和救治受害人员，疏散、撤离并妥善安置受到威胁的人员以及采取其他救助措施；

（二）迅速控制危险源，标明危险区域，封锁危险场所，划定警戒区，实行交通管制以及其他控制措施；

（三）立即抢修被损坏的交通、通信、供水、排水、供电、供气、供热等公共设施，向受到危害的人员提供避难场所和生活必需品，实施医疗救护和卫生防疫以及其他保障措施；

（四）禁止或者限制使用有关设备、设施，关闭或者限制使用有关场所，中止人员密集的活动或者可能导致危害扩大的生产经营活动以及采取其他保护措施；

（五）启用本级人民政府设置的财政预备费和储备的应急救援物资，必要时调用其他急需物资、设备、设施、工具；

（六）组织公民参加应急救援和处置工作，要求具有特定专长的人员提供服务；

（七）保障食品、饮用水、燃料等基本生活必需品的供应；

（八）依法从严惩处囤积居奇、哄抬物价、制假售假等扰乱市场秩序的行为，稳定市场价格，维护市场秩序；

（九）依法从严惩处哄抢财物、干扰破坏应急处置工作等扰乱社会秩序的行为，维护社会治安；

（十）采取防止发生次生、衍生事件的必要措施。

第五十条 社会安全事件发生后，组织处置工作的人民政府应当立即组织有关部门并由公安机关针对事件的性质和特点，依照有关法律、行政法规和国家其他有关规定，采取下列一项或者多项应急处置措施：

（一）强制隔离使用器械相互对抗或者以暴力行为参与冲突的当事人，妥善解决现场纠纷和争端，控制事态发展；

（二）对特定区域内的建筑物、交通工具、设备、设施以及燃料、燃气、电力、水的供应进行控制；

（三）封锁有关场所、道路，查验现场人员的身份证件，限制有关公共场所内的活动；

（四）加强对易受冲击的核心机关和单位的警卫，在国家机关、军事机关、国家通讯社、广播电台、电视台、外国驻华使领馆等单位附近设置临时警戒线；

（五）法律、行政法规和国务院规定的其他必要措施。

严重危害社会治安秩序的事件发生时，公安机关应当立即依法出动警力，根据现场情况依法采取相应的强制性措施，尽快使社会秩序恢复正常。

第五十一条 发生突发事件，严重影响国民经济正常运行时，国务院或者国务院授权的有关主管部门可以采取保障、控制等必要的应急措施，保障人民群众的基本生活需要，最大限度地减轻突发事件的影响。

第五十二条 履行统一领导职责或者组织处置突发事件的人民政府，必要时可以向单位和个人征用应急救援所需设备、设施、场地、交通工具和其他物资,请求其他地方人民政府提供人力、物力、财力或者技术支援,要求生产、供应生活必需品和应急救援物资的企业组织生产、保证供给,要求提供医疗、交通等公共服务的组织提供相应的服务。

履行统一领导职责或者组织处置突发事件的人民政府,应当组织协调运输经营单位,优先运送处置突发事件所需物资、设备、工具、应急救援人员和受到突发事件危害的人员。

第五十三条 履行统一领导职责或者组织处置突发事件的人民政府,应当按照有关规定统一、准确、及时发布有关突发事件事态发展和应急处置工作的信息。

第五十四条 任何单位和个人不得编造、传播有关突发事件事态发展或者应急处置工作的虚假信息。

第五十五条 突发事件发生地的居民委员会、村民委员会和其他组织应当按照当地人民政府的决定、命令,进行宣传动员,组织群众开展自救和互救,协助维护社会秩序。

第五十六条 受到自然灾害危害或者发生事故灾难、公共卫生事件的单位,应当立即组织本单位应急救援队伍和工作人员营救受害人员,疏散、撤离、安置受到威胁的人员,控制危险源,标明危险区域,封锁危险场所,并采取其他防止危害扩大的必要措施,同时向所在地县级人民政府报告;对因本单位的问题引发的或者主体是本单位人员的社会安全事件,有关单位应当按照规定上报情况,并迅速派出负责人赶赴现场开展劝解、疏导工作。

突发事件发生地的其他单位应当服从人民政府发布的决定、命令,配合人民政府采取的应急处置措施,做好本单位的应急救援工作,并积极组织人员参加所在地的应急救援和处置工作。

第五十七条 突发事件发生地的公民应当服从人民政府、居民委员会、村民委员会或者所属单位的指挥和安排,配合人民政府采取的应急处置措施,积极参加应急救援工作,协助维护社会秩序。

第五章 事后恢复与重建

第五十八条 突发事件的威胁和危害得到控制或者消除后,履行统一领导职责或者组织处置突发事件的人民政府应当停止执行依照本法规定采取的应急处置措施,同时采取或者继续实施必要措施,防止发生自然灾害、事故灾难、公共卫生事件的次生、衍生事件或者重新引发社会安全事件。

第五十九条 突发事件应急处置工作结束后,履行统一领导职责的人民政府应当立即组织对突发事件造成的损失进行评估,组织受影响地区尽快恢复生产、生活、工作和社会秩序,制定恢复重建计划,并向上一级人民政府报告。

受突发事件影响地区的人民政府应当及时组织和协调公安、交通、铁路、民航、邮电、建设等有关部门恢复社会治安秩序,尽快修复被损坏的交通、通信、供水、排水、供电、供气、供热等公共设施。

第六十条 受突发事件影响地区的人民政府开展恢复重建工作需要上一级人民政府支持的,可以向上一级人民政府提出请求。上一级人民政府应当根据受影响地区遭受的损失和实际情况,提供资金、物资支持和技术指导,组织其他地区提供资金、物资和人力支援。

第六十一条　国务院根据受突发事件影响地区遭受损失的情况，制定扶持该地区有关行业发展的优惠政策。

受突发事件影响地区的人民政府应当根据本地区遭受损失的情况，制定救助、补偿、抚慰、抚恤、安置等善后工作计划并组织实施，妥善解决因处置突发事件引发的矛盾和纠纷。

公民参加应急救援工作或者协助维护社会秩序期间，其在本单位的工资待遇和福利不变；表现突出、成绩显著的，由县级以上人民政府给予表彰或者奖励。

县级以上人民政府对在应急救援工作中伤亡的人员依法给予抚恤。

第六十二条　履行统一领导职责的人民政府应当及时查明突发事件的发生经过和原因，总结突发事件应急处置工作的经验教训，制定改进措施，并向上一级人民政府提出报告。

第六章　法律责任

第六十三条　地方各级人民政府和县级以上各级人民政府有关部门违反本法规定，不履行法定职责的，由其上级行政机关或者监察机关责令改正；有下列情形之一的，根据情节对直接负责的主管人员和其他直接责任人员依法给予处分：

（一）未按规定采取预防措施，导致发生突发事件，或者未采取必要的防范措施，导致发生次生、衍生事件的；

（二）迟报、谎报、瞒报、漏报有关突发事件的信息，或者通报、报送、公布虚假信息，造成后果的；

（三）未按规定及时发布突发事件警报、采取预警期的措施，导致损害发生的；

（四）未按规定及时采取措施处置突发事件或者处置不当，造成后果的；

（五）不服从上级人民政府对突发事件应急处置工作的统一领导、指挥和协调的；

（六）未及时组织开展生产自救、恢复重建等善后工作的；

（七）截留、挪用、私分或者变相私分应急救援资金、物资的；

（八）不及时归还征用的单位和个人的财产，或者对被征用财产的单位和个人不按规定给予补偿的。

第六十四条　有关单位有下列情形之一的，由所在地履行统一领导职责的人民政府责令停产停业，暂扣或者吊销许可证或营业执照，并处五万元以上二十万元以下的罚款；构成违反治安管理行为的，由公安机关依法给予处罚：

（一）未按规定采取预防措施，导致发生严重突发事件的；

（二）未及时消除已发现的可能引发突发事件的隐患，导致发生严重突发事件的；

（三）未做好应急设备、设施日常维护、检测工作，导致发生严重突发事件或者突发事件危害扩大的；

（四）突发事件发生后，不及时组织开展应急救援工作，造成严重后果的。

前款规定的行为，其他法律、行政法规规定由人民政府有关部门依法决定处罚的，从其规定。

第六十五条　违反本法规定，编造并传播有关突发事件事态发展或者应急处置工作的虚假信息，或者明知是有关突发事件事态发展或者应急处置工作的虚假信息而进行传播的，责令改正，给予警告；造成严重后果的，依法暂停其业务活动或者吊销其执业许可证；负有直接责任的人员是国家工作人员的，还应当对其依法给予处分；构成违反治安管理行为的，由公安机关依法给予处罚。

第六十六条 单位或者个人违反本法规定，不服从所在地人民政府及其有关部门发布的决定、命令或不配合其依法采取的措施，构成违反治安管理行为的，由公安机关依法给予处罚。

第六十七条 单位或者个人违反本法规定，导致突发事件发生或者危害扩大，给他人人身、财产造成损害的，应当依法承担民事责任。

第六十八条 违反本法规定，构成犯罪的，依法追究刑事责任。

第七章 附 则

第六十九条 发生特别重大突发事件，对人民生命财产安全、国家安全、公共安全、环境安全或者社会秩序构成重大威胁，采取本法和其他有关法律、法规、规章规定的应急处置措施不能消除或者有效控制、减轻其严重社会危害，需要进入紧急状态的，由全国人民代表大会常务委员会或者国务院依照宪法和其他有关法律规定的权限和程序决定。

紧急状态期间采取的非常措施，依照有关法律规定执行或者由全国人民代表大会常务委员会另行规定。

第七十条 本法自 2007 年 11 月 1 日起施行。

附二：

国家突发公共事件总体应急预案

（2006年1月8日颁布）

1 总则

1.1 编制目的

提高政府保障公共安全和处置突发公共事件的能力，最大程度地预防和减少突发公共事件及其造成的损害，保障公众的生命财产安全，维护国家安全和社会稳定，促进经济社会全面、协调、可持续发展。

1.2 编制依据

依据宪法及有关法律、行政法规，制定本预案。

1.3 分类分级

本预案所称突发公共事件是指突然发生，造成或者可能造成重大人员伤亡、财产损失、生态环境破坏和严重社会危害，危及公共安全的紧急事件。

根据突发公共事件的发生过程、性质和机理，突发公共事件主要分为以下四类：

（1）自然灾害。主要包括水旱灾害，气象灾害，地震灾害，地质灾害，海洋灾害，生物灾害和森林草原火灾等。

（2）事故灾难。主要包括工矿商贸等企业的各类安全事故，交通运输事故，公共设施和设备事故，环境污染和生态破坏事件等。

（3）公共卫生事件。主要包括传染病疫情，群体性不明原因疾病，食品安全和职业危害，动物疫情，以及其他严重影响公众健康和生命安全的事件。

（4）社会安全事件。主要包括恐怖袭击事件，经济安全事件和涉外突发事件等。

各类突发公共事件按照其性质、严重程度、可控性和影响范围等因素，一般分为四级：Ⅰ级（特别重大）、Ⅱ级（重大）、Ⅲ级（较大）和Ⅳ级（一般）。

1.4 适用范围

本预案适用于涉及跨省级行政区划的，或超出事发地省级人民政府处置能力的特别重大突发公共事件应对工作。

本预案指导全国的突发公共事件应对工作。

1.5 工作原则

（1）以人为本，减少危害。切实履行政府的社会管理和公共服务职能，把保障公众健康和生命财产安全作为首要任务，最大程度地减少突发公共事件及其造成的人员伤亡和危害。

（2）居安思危，预防为主。高度重视公共安全工作，常抓不懈，防患于未然。增强忧患意识，坚持预防与应急相结合，常态与非常态相结合，做好应对突发公共事件的各项准备工作。

（3）统一领导，分级负责。在党中央、国务院的统一领导下，建立健全分类管理、分级负责，条块结合、属地管理为主的应急管理体制，在各级党委领导下，实行行政领导责任制，充分发挥专业应急指挥机构的作用。

（4）依法规范，加强管理。依据有关法律和行政法规，加强应急管理，维护公众的合法权益，使应对突发公共事件的工作规范化、制度化、法制化。

（5）快速反应，协同应对。加强以属地管理为主的应急处置队伍建设，建立联动协调制度，充分动员和发挥乡镇、社区、企事业单位、社会团体和志愿者队伍的作用，依靠公众力量，形成统一指挥、反应灵敏、功能齐全、协调有序、运转高效的应急管理机制。

（6）依靠科技，提高素质。加强公共安全科学研究和技术开发，采用先进的监测、预测、预警、预防和应急处置技术及设施，充分发挥专家队伍和专业人员的作用，提高应对突发公共事件的科技水平和指挥能力，避免发生次生、衍生事件；加强宣传和培训教育工作，提高公众自救、互救和应对各类突发公共事件的综合素质。

1.6 应急预案体系

全国突发公共事件应急预案体系包括：

（1）突发公共事件总体应急预案。总体应急预案是全国应急预案体系的总纲，是国务院应对特别重大突发公共事件的规范性文件。

（2）突发公共事件专项应急预案。专项应急预案主要是国务院及其有关部门为应对某一类型或某几种类型突发公共事件而制定的应急预案。

（3）突发公共事件部门应急预案。部门应急预案是国务院有关部门根据总体应急预案、专项应急预案和部门职责为应对突发公共事件制定的预案。

（4）突发公共事件地方应急预案。具体包括：省级人民政府的突发公共事件总体应急预案、专项应急预案和部门应急预案；各市（地）、县（市）人民政府及其基层政权组织的突发公共事件应急预案。上述预案在省级人民政府的领导下，按照分类管理、分级负责的原则，由地方人民政府及其有关部门分别制定。

（5）企事业单位根据有关法律法规制定的应急预案。

（6）举办大型会展和文化体育等重大活动，主办单位应当制定应急预案。

各类预案将根据实际情况变化不断补充、完善。

2 组织体系

2.1 领导机构

国务院是突发公共事件应急管理工作的最高行政领导机构。在国务院总理领导下，由国务院常务会议和国家相关突发公共事件应急指挥机构（以下简称相关应急指挥机构）负责突发公共事件的应急管理工作；必要时，派出国务院工作组指导有关工作。

2.2 办事机构

国务院办公厅设国务院应急管理办公室，履行值守应急、信息汇总和综合协调职责，发挥运转枢纽作用。

2.3 工作机构

国务院有关部门依据有关法律、行政法规和各自的职责，负责相关类别突发公共事件的应急管理工作。具体负责相关类别的突发公共事件专项和部门应急预案的起草与实施，贯彻落实国务院有关决定事项。

2.4 地方机构

地方各级人民政府是本行政区域突发公共事件应急管理工作的行政领导机构，负责本行政区域各类突发公共事件的应对工作。

2.5 专家组

国务院和各应急管理机构建立各类专业人才库，可以根据实际需要聘请有关专家组成专家组，为应急管理提供决策建议，必要时参加突发公共事件的应急处置工作。

3 运行机制

3.1 预测与预警

各地区、各部门要针对各种可能发生的突发公共事件，完善预测预警机制，建立预测预警系统，开展风险分析，做到早发现、早报告、早处置。

3.1.1 预警级别和发布

根据预测分析结果，对可能发生和可以预警的突发公共事件进行预警。预警级别依据突发公共事件可能造成的危害程度、紧急程度和发展态势，一般划分为四级：Ⅰ级（特别严重）、Ⅱ级（严重）、Ⅲ级（较重）和Ⅳ级（一般），依次用红色、橙色、黄色和蓝色表示。

预警信息包括突发公共事件的类别、预警级别、起始时间、可能影响范围、警示事项、应采取的措施和发布机关等。

预警信息的发布、调整和解除可通过广播、电视、报刊、通信、信息网络、警报器、宣传车或组织人员逐户通知等方式进行,对老、幼、病、残、孕等特殊人群以及学校等特殊场所和警报盲区应当采取有针对性的公告方式。

3.2 应急处置

3.2.1 信息报告

特别重大或者重大突发公共事件发生后,各地区、各部门要立即报告,最迟不得超过 4 小时,同时通报有关地区和部门。应急处置过程中,要及时续报有关情况。

3.2.2 先期处置

突发公共事件发生后,事发地的省级人民政府或者国务院有关部门在报告特别重大、重大突发公共事件信息的同时,要根据职责和规定的权限启动相关应急预案,及时、有效地进行处置,控制事态。

在境外发生涉及中国公民和机构的突发事件,我驻外使领馆、国务院有关部门和有关地方人民政府要采取措施控制事态发展,组织开展应急救援工作。

3.2.3 应急响应

对于先期处置未能有效控制事态的特别重大突发公共事件,要及时启动相关预案,由国务院相关应急指挥机构或国务院工作组统一指挥或指导有关地区、部门开展处置工作。

现场应急指挥机构负责现场的应急处置工作。

需要多个国务院相关部门共同参与处置的突发公共事件,由该类突发公共事件的业务主管部门牵头,其他部门予以协助。

3.2.4 应急结束

特别重大突发公共事件应急处置工作结束,或者相关危险因素消除后,现场应急指挥机构予以撤销。

3.3 恢复与重建

3.3.1 善后处置

要积极稳妥、深入细致地做好善后处置工作。对突发公共事件中的伤亡人员、应急处置工作人员,以及紧急调集、征用有关单位及个人的物资,要按照规定给予抚恤、补助或补偿,并提供心理及司法援助。有关部门要做好疫病防治和环境污染消除工作。保险监管机构督促有关保险机构及时做好有关单位和个人损失的理赔工作。

3.3.2 调查与评估

要对特别重大突发公共事件的起因、性质、影响、责任、经验教训和恢复重建等问题进行调查评估。

3.3.3 恢复重建

根据受灾地区恢复重建计划组织实施恢复重建工作。

3.4 信息发布

突发公共事件的信息发布应当及时、准确、客观、全面。事件发生的第一时间要向社会发布简要信息，随后发布初步核实情况、政府应对措施和公众防范措施等，并根据事件处置情况做好后续发布工作。

信息发布形式主要包括授权发布、散发新闻稿、组织报道、接受记者采访、举行新闻发布会等。

4 应急保障

各有关部门要按照职责分工和相关预案做好突发公共事件的应对工作，同时根据总体预案切实做好应对突发公共事件的人力、物力、财力、交通运输、医疗卫生及通信保障等工作，保证应急救援工作的需要和灾区群众的基本生活，以及恢复重建工作的顺利进行。

4.1 人力资源

公安（消防）、医疗卫生、地震救援、海上搜救、矿山救护、森林消防、防洪抢险、核与辐射、环境监控、危险化学品事故救援、铁路事故、民航事故、基础信息网络和重要信息系统事故处置，以及水、电、油、气等工程抢险救援队伍是应急救援的专业队伍和骨干力量。地方各级人民政府和有关部门、单位要加强应急救援队伍的业务培训和应急演练，建立联动协调机制，提高装备水平；动员社会团体、企事业单位以及志愿者等各种社会力量参与应急救援工作；增进国际间的交流与合作。要加强以乡镇和社区为单位的公众应急能力建设，发挥其在应对突发公共事件中的重要作用。

中国人民解放军和中国人民武装警察部队是处置突发公共事件的骨干和突击力量，按照有关规定参加应急处置工作。

4.2 财力保障

要保证所需突发公共事件应急准备和救援工作资金。对受突发公共事件影响较大的行业、企事业单位和个人要及时研究提出相应的补偿或救助政策。要对突发公共事件财政应急保障资金的使用和效果进行监管和评估。

鼓励自然人、法人或者其他组织（包括国际组织）按照《中华人民共和国公益事业捐赠法》等有关法律、法规的规定进行捐赠和援助。

4.3 物资保障

要建立健全应急物资监测网络、预警体系和应急物资生产、储备、调拨及紧急配送体系，完善应急工作程序，确保应急所需物资和生活用品的及时供应，并加强对物资储备的监督管理，及时予以补充和更新。

地方各级人民政府应根据有关法律、法规和应急预案的规定，做好物资储备工作。

4.4 基本生活保障

要做好受灾群众的基本生活保障工作，确保灾区群众有饭吃、有水喝、有衣穿、有住处、有病能得到及时医治。

4.5 医疗卫生保障

卫生部门负责组建医疗卫生应急专业技术队伍，根据需要及时赴现场开展医疗救治、疾病预防控制等卫生应急工作。及时为受灾地区提供药品、器械等卫生和医疗设备。必要时，组织动员红十字会等社会卫生力量参与医疗卫生救助工作。

4.6 交通运输保障

要保证紧急情况下应急交通工具的优先安排、优先调度、优先放行，确保运输安全畅通；要依法建立紧急情况社会交通运输工具的征用程序，确保抢险救灾物资和人员能够及时、安全送达。

根据应急处置需要，对现场及相关通道实行交通管制，开设应急救援"绿色通道"，保证应急救援工作的顺利开展。

4.7 治安维护

要加强对重点地区、重点场所、重点人群、重要物资和设备的安全保护，依法严厉打击违法犯罪活动。必要时，依法采取有效管制措施，控制事态，维护社会秩序。

4.8 人员防护

要指定或建立与人口密度、城市规模相适应的应急避险场所，完善紧急疏散管理办法和程序，明确各级责任人，确保在紧急情况下公众安全、有序的转移或疏散。

要采取必要的防护措施，严格按照程序开展应急救援工作，确保人员安全。

4.9 通信保障

建立健全应急通信、应急广播电视保障工作体系，完善公用通信网，建立有线和无线相结合、基础电信网络与机动通信系统相配套的应急通信系统，确保通信畅通。

4.10 公共设施

有关部门要按照职责分工，分别负责煤、电、油、气、水的供给，以及废水、废气、固体废弃物等有害物质的监测和处理。

4.11 科技支撑

要积极开展公共安全领域的科学研究；加大公共安全监测、预测、预警、预防和应急处置技术研发的投入，不断改进技术装备，建立健全公共安全应急技术平台，提高我国公共安全科技水平；注意发挥企业在公共安全领域的研发作用。

5 监督管理

5.1 预案演练

各地区、各部门要结合实际，有计划、有重点地组织有关部门对相关预案进行演练。

5.2 宣传和培训

宣传、教育、文化、广电、新闻出版等有关部门要通过图书、报刊、音像制品和电子出版物、广播、电视、网络等，广泛宣传应急法律法规和预防、避险、自救、互救、减灾等常识，增强公众的忧患意识、社会责任意识和自救、互救能力。各有关方面要有计划地对应急救援和管理人员进行培训，提高其专业技能。

5.3 责任与奖惩

突发公共事件应急处置工作实行责任追究制。

对突发公共事件应急管理工作中做出突出贡献的先进集体和个人要给予表彰和奖励。

对迟报、谎报、瞒报和漏报突发公共事件重要情况或者应急管理工作中有其他失职、渎职行为的，依法对有关责任人给予行政处分；构成犯罪的，依法追究刑事责任。

6 附则

6.1 预案管理

根据实际情况的变化，及时修订本预案。

本预案自发布之日起实施。

主要参考文献

1. 郭济主编：《政府应急管理实务》，中共中央党校出版社 2004 年版。
2. 苗兴壮：《超越无常：突发事件应急静态系统建构》，人民出版社 2006 年版。
3. 许国忠等：《现代管理与领导艺术》，中国海洋出版社 2005 年版。
4. 黄顺康：《公共危机管理与危机法制研究》，中国检察出版社 2006 年版。
5. 夏宗素：《监狱学基础理论》，法律出版社 1999 年版。
6. 肖鹏军：《公共危机管理导论》，中国人民大学出版社 2006 年版。
7. 全国干部培训教材编审指导委员会组织编写：《公共危机管理》，党建读物出版社 2006 年版。
8. 刘艺林、费国忠：《突发灾祸及现场急救》，同济大学出版社 2003 年版。
9. 战俊红、张晓辉：《中国公共安全管理概论》，当代中国出版社 2007 年版。
10. 何心展等：《中国沿海城市突发公共事件应急机制》，经济科学出版社 2006 年版。
11. 景怀斌：《公共危机心理：SARS 个案》，社会科学文献出版社 2006 年版。
12. 陈伟兰：《灾害应急处置与综合减灾》，北京大学出版社 2007 年版。
13. 张榕榕：《欧美危机警务谈判》，中国公安大学出版社 2007 年版。
14. 阎梁、翟昆：《社会危机事件处理的理论与实践》，中共中央党校出版社 2003 年版。
15. 《学习时报》编辑部：《国家与政府的危机管理》，江西人民出版社 2003 年版。
16. 郭济：《政府应急管理实务》，中共中央党校出版社 2004 年版。
17. 许文惠、张成福：《危机状态下的政府管理》，中国人民大学出版社 1998 年版。
18. 黄绍华、孙平：《监狱现场管理实训教程》，中国政法大学出版社 2006 年版。
19. 俞可平：《治理与善治》，社会科学文献出版社 2000 年版。
20. 辛向阳：《新政府论》，中国工人出版社 1994 年版。
21. 薛澜、张强、钟开斌：《危机管理：转型期中国面临的挑战》，清华大学出版社 2003 年版。
22. ［英］洛克：《政府论》（下），叶启芳、瞿菊农译，商务印馆 1983 年版。
23. 战俊红、张晓辉：《中国公共安全管理概论》，当代中国出版社 2007 年版。
24. 孙平：《狱政管理》，中国政法大学出版社 2005 年版。
25. 王泰：《狱内侦查学》，群众出版社 2004 年版。
26. 史殿国、高良科：《狱内侦查方略》，法律出版社 2000 年版。
27. 香港急救暨灾难医疗培训学会：《现场急救课程》（第二版），解放军出版社 2005 年版。

28. 王泰：《现代监狱制度》，法律出版社 2003 年版。
29. 腰明亮：《监狱安全生产管理》，中国政法大学出版社 2006 年版。
30. 王一镗：《现场急救常用技术》，中国医学科技出版社 2003 年版。
31. 吴在德、吴肇汉：《外科学》（第六版），人民卫生出版社 2004 年版。
32. 叶任高、陆再英：《内科学》（第六版），人民卫生出版社 2006 年版。
33. 《安全生产、劳动保护政策法规系列专辑》编委会：《重、特大安全事故与突发事件应急预案专辑》，中国劳动社会保障出版社 2005 年版。
34. ［美］诺曼·R. 奥古斯丁等：《危机管理》，北京新华信商业风险管理有限公司译，中国人民大学出版社 2001 年版。
35. 姚国章："典型国家突发公共事件应急管理体系及其借鉴"，载《南京审计学院学报》2006 年第 5 期。
36. 姚国章："完善基础设施建设应对突发公共事件——日本应急管理信息系统建设模式与借鉴"，载《信息化建设》2006 年第 3 期。
37. 李娜："我国政府应急管理体系的构建"，载《政务建设》2006 年第 3 期。
38. 陈静、周峰："我国政府应急管理的进展及若干思考"，载《吉林广播电视大学学报》2006 年第 2 期。
39. 中国行政管理学会课题组："政府应急管理机制研究"，载《中国行政管理》2005 年第 1 期。
40. 高速："日本减灾科技研究概况"，参见 http：//www. cigem. gov. cn/ReadNews. asp？NewsID = 1852，访问日期：2004 年 11 月 23 日。
41. 美国应急管理体系，参见 http：//www. anquan. com. cn/Article/jingyan/Class30/200608/41610. html。
42. 迟娜娜、邓云峰："俄罗斯国家应急救援管理政策及其相关法律法规（一）"，载《中国职业安全卫生管理体系认证》2004 年第 5 期。
43. 王德迅："日本的防灾体制与防灾赈灾工作"，载《亚非纵横》2004 年第 3 期。
44. 魏忠杰："俄罗斯危机处理有预案行动快"，参见 http：//cn. ruschina. net/rove/ak/frtgy - hur/，访问日期：2003 年 8 月 25 日。
45. 孙锡春："强化警察'五个意识'落实监狱'三防'任务"，载《中国司法》1999 年第 9 期。
46. 徐革："监狱处置突发事件应急机制建设的思考"，载《决策导刊》2006 年第 7 期。
47. 康树华："论犯罪预防"，载《中国刑事法杂志》1999 年第 1 期。

后　　记

"非典"事件以后，政府在处置突发事件的认识上有了巨大的提高，在处置突发事件方面的准备工作方面也采取了积极有效的措施，其中之一就是组织编写政府各部门的处置突发事件的相关教材。广东省人事厅要求对公务员进行处置突发事件知识的培训，并要求有关厅局组织力量编写针对本部门实际需要的培训教材。广东省监狱管理局积极做出响应，马上联系了广东司法警官职业学院。广东司法警官职业学院是一所专门培养监狱、劳教系统警察的专业学校，在科研方面有较强的力量。为了完成广东省监狱管理局下达的任务，由广东司法警官职业学院科研处牵头组织骨干力量进行此书的编写，双方成立了联合课题组，组织编写人员到监狱一线进行调查，收集相关材料。监狱局的同志与学院的同志一起制订编写大纲，一起修订大纲。因为这是一部培训教材，要求编写体系完整，但是，可供参考的资料很有限，许多资料又是社会公共部门的材料，针对性不强。这本书的编写费了许多周折，一是编写人员较多，编写的体例不太一致；二是在书稿基本成型后，我国又出台了《突发事件应对法》；三是有关领导和警察在审定中提出了许多宝贵意见。这些都使这本书的修改难度很大，工作量很大，前后有三次大的修改审定，历时一年。虽然很难、很艰苦，但可喜的是在全体课题组成员的共同努力下，在监狱警察的帮助下，终于完成了这部迄今国内第一本监狱突发事件应急处置的培训教材。

本书编写人员的分工如下：

陈远忠：第一章、第二章第一节；

齐　霞：第二章第二节、第三节、第四节、第五节；

马英辉：第三章第一节、第四章第一节、第二节、第五章第一节、第二节；

林　岚：第三章第二节、第三节、第四节；

孙　平：第四章第三节；

周静茹：第五章第三节；

王　莉：第六章第一节、第二节、第三节；

顾　伟：第六章第四节、第七章；

罗光华：第八章；

李　岚：第九章第一节、第二节、第三节、第四节；

朱巧红：第九章第五节、第六节、第七节；

马　洁：第九章第八节、第九节、第十节、第十一节；

吕丽雅：第十章；

刘　斌：第十一章；

侯　伟：第十二章；

赵天虹：第十三章；

王新宇、林欣：审阅了第九章并进行了一些修改；

张世快、韩琛：审阅了第十、十一、十二、十三章并进行了一些修改。

本书第十四章至十七章的案例部分由相关监狱的政治处提供，在此表示感谢。

本书是集体合作的科研成果，其中许多内容是由不同的作者参与完成的，在具体的修改过程中，审定人员又成为编写成员。另外，这本书还参考了许多相关书籍和文献资料，在此一并谢忱。本书不足之处恳请读者指正，以便今后进行完善。

主　编

2008 年 10 月

图书在版编目（CIP）数据

监狱突发事件应急管理 ／黄绍华,孙平主编.—北京：中国政法大学出版社，2009.1
ISBN 978-7-5620-3324-0

Ⅰ.监… Ⅱ.①黄…②孙… Ⅲ.监狱-紧急事件-处理-中国 Ⅳ.D926.7
中国版本图书馆CIP数据核字(2009)第004777号

书　　名	监狱突发事件应急管理
出版发行	中国政法大学出版社(北京市海淀区西土城路25号)
	北京100088信箱8034分箱　　邮政编码100088
	zf5620@263.net
	http://www.cuplpress.com　　(网络实名：中国政法大学出版社)
	(010)58908325（发行部）　58908285(总编室)　　58908334(邮购部)
承　　印	固安华明印刷厂
规　　格	787×960　　16开本　　22.25印张　　410千字
版　　本	2009年2月第1版　2009年2月第1次印刷
书　　号	ISBN 978-7-5620-3324-0/D·3284
定　　价	36.00元

声　　明　1. 版权所有，侵权必究。
　　　　　2. 如有缺页、倒装问题，由本社发行部负责退换。
本社法律顾问　北京地平线律师事务所